Gesetz zur Ordnung des Handwerks

(Handwerksordnung)

und ergänzende Vorschriften

– 53. Auflage 2020 –

ISBN 978-3-86950-474-2

© 2020 by Verlagsanstalt Handwerk GmbH, Düsseldorf

Bearbeitung: Ass. Manfred Steinritz
Lektorat/Herstellung: Martina Burkert M. A.
Umschlaggestaltung: Dipl.-Des. Bärbel Bereth

Verlagsanstalt Handwerk GmbH
Auf'm Tetelberg 7, 40221 Düsseldorf
Tel.: 02 11/390 98-0, Fax: 02 11/390 98-29
E-Mail: info@verlagsanstalt-handwerk.de
Internet: www.verlagsanstalt-handwerk.de

Vorbemerkung zur 53. Auflage

Diese Neuauflage beinhaltet wie die Vorauflagen die für das Handwerk wichtigsten Gesetze und Verordnungen für den „täglichen Bedarf".

Berücksichtigung in dieser Auflage fanden folgende Gesetze:

– Fachkräfteeinwanderungsgesetz vom 15. August 2019 (BGBl. I S. 1307), dessen Art. 3 das Berufsqualifikationsfeststellungsgesetz ändert.

– Zweites Datenschutz-Anpassungs- und Umsetzungsgesetz EU vom 20. November 2019 (BGBl. I S. 1626), das u. a. die Handwerksordnung, das Berufsqualifikationsfeststellungsgesetz und das Aufstiegsfortbildungsförderungsgesetz ändert.

– Gesetz zur Modernisierung und Stärkung der beruflichen Bildung vom 12. Dezember 2019 (BGBl. I S. 2522), welches eine Vielzahl von Vorschriften des Berufsbildungsgesetzes und der Handwerksordnung ändert. Die wichtigsten Änderungen betreffen neue Möglichkeiten zur Anrechnung von Prüfungsleistungen, die Erweiterung der Möglichkeiten zur Nutzung der Teilzeitausbildung und den altersunabhängigen Freistellungsanspruch von Auszubildenden für Berufsschulzeiten. Neben der Erfassung der Ausbildungsvergütung in dem Verzeichnis der Auszubildenden sind sicherlich als viel diskutierte Änderung die Einführung einer Mindestausbildungsvergütung, aber auch die Einführung von Berufsabschlussbezeichnungen wie „Geprüfter Berufsspezialist", „Bachelor Professional" und „Master Professional" für die verschiedenen Stufen der beruflichen Fortbildung zu nennen. Des Weiteren werden die Einführung von Prüferdelegationen und neue Regelungen zur Freistellung und Prüfungsentschädigung festgeschrieben.

Darüber hinaus wurden wiederum zahlreiche Paragrafen des Gesetzes zur Bekämpfung der Schwarzarbeit und illegalen Beschäftigung (Schwarzarbeitsbekämpfungsgesetz) geändert, und zwar durch

– Art. 49 des Fachkräfteeinwanderungsgesetzes vom 15. August 2019 (BGBl. I S. 1307).

– Art. 63 des Zweiten Gesetzes zur Anpassung des Datenschutzrechts an die Verordnung (EU) 2016/679 und zur Umsetzung der Richtlinie EU 2016/680 vom 20. November 2019 (BGBl. I S. 1626).

– Art. 26 Abs. 5 des Gesetzes zur Umsetzung der Richtlinie (EU) 2016/680 im Strafverfahren sowie zur Anpassung datenschutzrechtlicher Bestimmungen an die Verordnung (EU) 2016/679 (BGBl. I S. 1724).

– Art. 32 des Gesetzes zur weiteren steuerlichen Förderung der Elektromobilität und zur Änderung weiterer steuerlicher Vorschriften vom 12. Dezember 2019 (BGBl. I S. 2451).

Aktuell eingearbeitet in diese Auflage wurden Änderungen der Handwerksordnung durch

– Art. 84 des Zweiten Datenschutz-Anpassungs- und Umsetzungsgesetzes EU vom 20. November 2019 (BGBl. I S. 1626), womit im Wesentlichen die Datenübermittlung aus der Handwerksrolle und dem Verzeichnis der Berufsausbildungsverhältnisse angepasst wurden.

- Art. 2 des Gesetzes zur Modernisierung und Stärkung der beruflichen Bildung (Beschreibung der Änderungen siehe S. 3).
- Art. 1 des Vierten Änderungsgesetzes zur Handwerksordnung vom 6. Februar 2020 (BGBl. I S. 142). Es ändert mit den entsprechenden Regelungen zum Bestandsschutz und zur Rentenversicherungsfreiheit der Unternehmen und deren Inhabern die Anlagen A, B Abschnitt 1 und B Abschnitt 2 zur Handwerksordnung. Hiernach werden die Handwerke der Fliesen-, Platten- und Mosaikleger, Beton- und Terrazzohersteller, Estrichleger, Behälter- und Apparatebauer, Parkettleger, Rollladen- und Sonnenschutztechniker, Drechsler (Elfenbeinschnitzer) und Holzspielzeugmacher, Böttcher, Glasveredler, Schilder- und Lichtreklamehersteller, Raumausstatter sowie der Orgel- und Harmoniumbauer aus der Anlage B Abschnitt 1, zulassungsfreie Handwerke, in die Anlage A zur Handwerksordnung überführt. Das Holz- und Bautenschutzgewerbe sowie das Bestattergewerbe werden von der Anlage B Abschnitt 2, handwerksähnliche Gewerbe, in die Anlage B Abschnitt 1, zulassungsfreie Gewerbe, überführt.

Ein Fünftes Änderungsgesetz mit der Überführung der Kosmetiker in die Anlage B Abschnitt 1 sowie Änderungen bei den Prüfungsvorschriften wird voraussichtlich Mitte des Jahres 2020 verabschiedet werden.

Die einzelnen Rechtsvorschriften dieser **53. Auflage** sind im Wesentlichen vollständig und ungekürzt abgedruckt; evtl. Auslassungen sind kenntlich gemacht. Sie geben den **Stand vom 14. Februar 2020** wieder. Anmerkungen des Bearbeiters, soweit erforderlich, finden sich in kursiv gedruckten Fußnoten. Nicht kursiv gesetzte Fußnoten sind Bestandteil des Gesetzestextes.

Inhaltsverzeichnis

Handwerksordnung und Durchführungsvorschriften

Berufsbildungsrecht

Bekämpfung der Schwarzarbeit

Gesetz zur Ordnung des Handwerks (Handwerksordnung)

in der Fassung der Bekanntmachung der Neufassung
vom 24. September 1998 (BGBl. I S. 3074),

geändert durch
- Artikel 33 des Gesetzes vom 19. Juni 2001 (BGBl. I S. 1046).
- Artikel 135 der Verordnung vom 29. Oktober 2001 (BGBl. I S. 2785).
- Artikel 13 des Gesetzes vom 10. November 2001 (BGBl. I S. 2992).
- Artikel 69 des Gesetzes vom 23. Dezember 2003 (BGBl. I S. 2848).
- Artikel 1 des Gesetzes vom 24. Dezember 2003 (BGBl. I S. 2933).
- Artikel 1 des Gesetzes vom 24. Dezember 2003 (BGBl. I S. 2934).
- Artikel 35b des Gesetzes vom 24. Dezember 2003 (BGBl. I S. 2954).
- Artikel 2, 2a, 8 des Gesetzes vom 23. März 2005 (BGBl. I S. 931).
- Artikel 5 des Gesetzes vom 9. Juni 2005 (BGBl. I S. 1534).
- Artikel 3b des Gesetzes vom 6. September 2005 (BGBl. I S. 2725).
- Artikel 146 der Verordnung vom 31. Oktober 2006 (BGBl. I S. 2407).
- Artikel 9a des Gesetzes vom 7. September 2007 (BGBl. I S. 2246).
- Artikel 8 des Gesetzes vom 11. Dezember 2008 (BGBl. I S. 2418).
- Artikel 6 des Gesetzes vom 21. Dezember 2008 (BGBl. I S. 2917).
- Artikel 2 des Gesetzes vom 17. Juli 2009 (BGBl. I S. 2091).
- Artikel 2 der Verordnung vom 14. Juni 2011 (BGBl. I S. 1077).
- Artikel 3 des Gesetzes vom 11. Juli 2011 (BGBl. I S. 1341).
- Artikel 3 des Gesetzes vom 6. Dezember 2011 (BGBl. I S. 2515).
- Artikel 33 des Gesetzes vom 20. Dezember 2011 (BGBl. I S. 2854).
- Artikel 2 des Gesetzes vom 5. Dezember 2012 (BGBl. I S. 2415).
- Artikel 19 des Gesetzes vom 25. Juli 2013 (BGBl. I S. 2749).
- Artikel 283 der Verordnung vom 31. August 2015 (BGBl. I S. 1474).
- Artikel 104 des Gesetzes vom 29. März 2017 (BGBl. I S. 626).
- Artikel 6 des Gesetzes vom 30. Juni 2017 (BGBl. I S. 2143).
- Artikel 84 des Gesetzes vom 20. November 2019 (BGBl. I S. 1626).
- Artikel 2 des Gesetzes vom 12. Dezember 2019 (BGBl. I S. 2522).
- Artikel 1 des Gesetzes vom 6. Februar 2020 (BGBl. I S. 142).

Inhaltsübersicht

7

Erster Teil
Ausübung eines Handwerks und eines handwerksähnlichen Gewerbes

Erster Abschnitt
Berechtigung zum selbstständigen Betrieb eines zulassungspflichtigen Handwerks

§ 1

(1) Der selbstständige Betrieb eines zulassungspflichtigen Handwerks als stehendes Gewerbe ist nur den in der Handwerksrolle eingetragenen natürlichen und juristischen Personen und Personengesellschaften gestattet. Personengesellschaften im Sinne dieses Gesetzes sind Personenhandelsgesellschaften und Gesellschaften des bürgerlichen Rechts.

(2) Ein Gewerbebetrieb ist ein Betrieb eines zulassungspflichtigen Handwerks, wenn er handwerksmäßig betrieben wird und ein Gewerbe vollständig umfasst, das in der Anlage A aufgeführt ist, oder Tätigkeiten ausgeübt werden, die für dieses Gewerbe wesentlich sind (wesentliche Tätigkeiten). Keine wesentlichen Tätigkeiten sind insbesondere solche, die

1. in einem Zeitraum von bis zu drei Monaten erlernt werden können,

2. zwar eine längere Anlernzeit verlangen, aber für das Gesamtbild des betreffenden zulassungspflichtigen Handwerks nebensächlich sind und deswegen nicht die Fertigkeiten und Kenntnisse erfordern, auf die die Ausbildung in diesem Handwerk hauptsächlich ausgerichtet ist, oder

3. nicht aus einem zulassungspflichtigen Handwerk entstanden sind.

Die Ausübung mehrerer Tätigkeiten im Sinne des Satzes 2 Nr. 1 und 2 ist zulässig, es sei denn, die Gesamtbetrachtung ergibt, dass sie für ein bestimmtes zulassungspflichtiges Handwerk wesentlich sind.

(3) Das Bundesministerium für Wirtschaft und Energie wird ermächtigt, durch Rechtsverordnung mit Zustimmung des Bundesrates die Anlage A zu diesem Gesetz dadurch zu ändern, dass es darin aufgeführte Gewerbe streicht, ganz oder teilweise zusammenfasst oder trennt oder Bezeichnungen für sie festsetzt, soweit es die technische und wirtschaftliche Entwicklung erfordert.

§ 2

Die Vorschriften dieses Gesetzes für den selbstständigen Betrieb eines zulassungspflichtigen Handwerks gelten auch

1. für gewerbliche Betriebe des Bundes, der Länder, der Gemeinden und der sonstigen juristischen Personen des öffentlichen Rechts, in denen Waren zum Absatz an Dritte handwerksmäßig hergestellt oder Leistungen für Dritte handwerksmäßig bewirkt werden,

2. für handwerkliche Nebenbetriebe, die mit einem Versorgungs- oder sonstigen Betrieb der in Nummer 1 bezeichneten öffentlich-rechtlichen Stellen verbunden sind,

3. für handwerkliche Nebenbetriebe, die mit einem Unternehmen eines zulassungspflichtigen Handwerks, der Industrie, des Handels, der Landwirtschaft oder sonstiger Wirtschafts- und Berufszweige verbunden sind.

§ 3

(1) Ein handwerklicher Nebenbetrieb im Sinne des § 2 Nr. 2 und 3 liegt vor, wenn in ihm Waren zum Absatz an Dritte handwerksmäßig hergestellt oder Leistungen für Dritte handwerksmäßig bewirkt werden, es sei denn, dass eine solche Tätigkeit nur in unerheblichem Umfange ausgeübt wird, oder dass es sich um einen Hilfsbetrieb handelt.

(2) Eine Tätigkeit im Sinne des Absatzes 1 ist unerheblich, wenn sie während eines Jahres die durchschnittliche Arbeitszeit eines ohne Hilfskräfte Vollzeit arbeitenden Betriebes des betreffenden Handwerkszweiges nicht übersteigt.

(3) Hilfsbetriebe im Sinne des Absatzes 1 sind unselbstständige, der wirtschaftlichen Zweckbestimmung des Hauptbetriebes dienende Betriebe eines zulassungspflichtigen Handwerks, wenn sie

1. Arbeiten für den Hauptbetrieb oder für andere dem Inhaber des Hauptbetriebes ganz oder überwiegend gehörende Betriebe ausführen oder

2. Leistungen an Dritte bewirken, die

    a) als handwerkliche Arbeiten untergeordneter Art zur gebrauchsfertigen Überlassung üblich sind oder

    b) in unentgeltlichen Pflege-, Installations-, Instandhaltungs- oder Instandsetzungsarbeiten bestehen oder

    c) in entgeltlichen Pflege-, Installations-, Instandhaltungs- oder Instandsetzungsarbeiten an solchen Gegenständen bestehen, die in einem Hauptbetrieb selbst hergestellt worden sind oder für die der Hauptbetrieb als Hersteller im Sinne des Produkthaftungsgesetzes gilt.

§ 4

(1) Nach dem Tod des Inhabers eines Betriebs dürfen der Ehegatte, der Lebenspartner, der Erbe, der Testamentsvollstrecker, Nachlassverwalter, Nachlassinsolvenzverwalter oder Nachlasspfleger den Betrieb fortführen, ohne die Voraussetzungen für die Eintragung in die Handwerksrolle zu erfüllen. Sie haben dafür Sorge zu tragen, dass unverzüglich ein Betriebsleiter (§ 7 Abs. 1) bestellt wird. Die Handwerkskammer kann in Härtefällen eine angemessene Frist setzen, wenn eine ordnungsgemäße Führung des Betriebs gewährleistet ist.

(2) Nach dem Ausscheiden des Betriebsleiters haben der in die Handwerksrolle eingetragene Inhaber eines Betriebs eines zulassungspflichtigen Handwerks oder sein Rechtsnachfolger oder sonstige verfügungsberechtigte Nachfolger unverzüglich für die Einsetzung eines anderen Betriebsleiters zu sorgen.

§ 5

Wer ein Handwerk nach § 1 Abs. 1 betreibt, kann hierbei auch Arbeiten in anderen Handwerken nach § 1 Abs. 1 ausführen, wenn sie mit dem Leistungsangebot seines Gewerbes technisch oder fachlich zusammenhängen oder es wirtschaftlich ergänzen.

§ 5a

(1) Öffentliche Stellen, die in Verfahren auf Grund dieses Gesetzes zu beteiligen sind, werden über das Ergebnis unterrichtet, soweit dies zur Erfüllung ihrer Aufgaben erforderlich ist. Der Empfänger darf die übermittelten Daten nur für den Zweck verarbeiten, für dessen Erfüllung sie ihm übermittelt worden sind.

(2) Handwerkskammern unterrichten sich, soweit dieses Gesetz keine besonderen Vorschriften enthält, gegenseitig, auch durch Übermittlung personenbezogener Daten, und durch Abruf im automatisierten Verfahren, soweit dies zur Feststellung erforderlich ist, ob der Betriebsleiter die Voraussetzungen für die Eintragung in die Handwerksrolle erfüllt und ob er seine Aufgaben ordnungsgemäß wahrnimmt. Das Bundesministerium für Wirtschaft und Energie wird ermächtigt, durch Rechtsverordnung mit Zustimmung des Bundesrates Einzelheiten eines Abrufs im automatisierten Verfahren zu regeln.*

§ 5b

Verfahren über eine einheitliche Stelle

Verwaltungsverfahren nach diesem Gesetz oder nach einer auf Grund dieses Gesetzes erlassenen Rechtsverordnung können über eine einheitliche Stelle abgewickelt werden.

Zweiter Abschnitt

Handwerksrolle

§ 6

(1) Die Handwerkskammer hat ein Verzeichnis zu führen, in welches die Inhaber von Betrieben zulassungspflichtiger Handwerke ihres Bezirks nach Maßgabe der Anlage D Abschnitt I zu diesem Gesetz mit dem von ihnen zu betreibenden Handwerk oder bei Ausübung mehrerer Handwerke mit diesen Handwerken einzutragen sind (Handwerksrolle).

(2) Eine Einzelauskunft aus der Handwerksrolle ist jedem zu erteilen, der ein berechtigtes Interesse glaubhaft darlegt. Eine listenmäßige Übermittlung von Daten aus der Handwerksrolle an nichtöffentliche Stellen ist unbeschadet des Absatzes 4 zulässig, wenn sie zur Erfüllung der Aufgaben der Handwerkskammer erforderlich ist oder wenn der Auskunftbegehrende ein berechtigtes Interesse an der Kenntnis der zu übermittelnden Daten glaubhaft darlegt und kein Grund zu der Annahme besteht, dass die betroffene Person ein schutzwürdiges Interesse an dem Ausschluss der Übermittlung hat. Ein solcher Grund besteht nicht, wenn Vor- und Familienname des Betriebsinha-

---

* *Die Verordnung über den automatisierten Datenabruf der Handwerkskammern nach § 5a der Handwerksordnung (in Kraft getreten am 1. Juli 2004) ist abgedruckt auf Seite 103.*

bers oder des gesetzlichen Vertreters oder des Betriebsleiters oder des für die technische Leitung des Betriebes verantwortlichen persönlich haftenden Gesellschafters, die Firma, das ausgeübte Handwerk oder die Anschrift der gewerblichen Niederlassung übermittelt werden. Die Übermittlung von Daten nach den Sätzen 2 und 3 ist nicht zulässig, wenn die betroffene Person widersprochen hat. Auf die Widerspruchsmöglichkeit sind die betroffenen Personen unbeschadet der Verordnung (EU) 2016/679 des Europäischen Parlaments und des Rates vom 27. April 2016 zum Schutz natürlicher Personen bei der Verarbeitung personenbezogener Daten, zum freien Datenverkehr und zur Aufhebung der Richtlinie 95/46/EG (Datenschutz-Grundverordnung) (ABl. L 119 vom 4.5.2016, S. 1; L 314 vom 22.11.2016, S. 72; L 127 vom 23.5.2018, S. 2) in der jeweils geltenden Fassung vor der ersten Übermittlung schriftlich oder elektronisch hinzuweisen. Von der Datenübermittlung ausgeschlossen sind die Wohnanschriften der Betriebsinhaber und der Betriebsleiter sowie deren elektronische Kontaktdaten, beispielsweise E-Mail-Adresse, Webseite, Telefaxnummer, Telefonnummer.

(3) Öffentlichen Stellen sind auf Ersuchen Daten aus der Handwerksrolle zu übermitteln, soweit die Kenntnis tatsächlicher oder rechtlicher Verhältnisse des Inhabers eines Betriebs eines zulassungspflichtigen Handwerks (§ 1 Abs. 1) zur Erfüllung ihrer Aufgaben erforderlich ist.*

(4) Die Übermittlung von Daten durch öffentliche Stellen an nicht-öffentliche Stellen ist zulässig, wenn der Empfänger sich gegenüber der übermittelnden öffentlichen Stelle verpflichtet hat, die Daten nur für den Zweck zu verarbeiten, zu dessen Erfüllung sie ihm übermittelt werden. Öffentliche Stellen dürfen die ihnen übermittelten Daten nur zu dem Zweck verarbeiten, zu dessen Erfüllung sie ihnen übermittelt wurden.

(5) Für das Verändern und das Einschränken der Verarbeitung der Daten in der Handwerksrolle gelten unbeschadet der Verordnung (EU) 2016/679 die Datenschutzgesetze der Länder.

§ 7

(1) Als Inhaber eines Betriebs eines zulassungspflichtigen Handwerks wird eine natürliche oder juristische Person oder eine Personengesellschaft in die Handwerksrolle eingetragen, wenn der Betriebsleiter die Voraussetzungen für die Eintragung in die Handwerksrolle mit dem zu betreibenden Handwerk oder einem mit diesem verwandten Handwerk erfüllt. Das Bundesministerium für Wirtschaft und Energie bestimmt durch Rechtsverordnung mit Zustimmung des Bundesrates, welche zulassungspflichtigen Handwerke sich so nahe stehen, dass die Beherrschung des einen zulassungspflichtigen Handwerks die fachgerechte Ausübung wesentlicher Tätigkeiten des anderen zulassungspflichtigen Handwerks ermöglicht (verwandte zulassungspflichtige Handwerke).

(1a) In die Handwerksrolle wird eingetragen, wer in dem von ihm zu betreibenden oder in einem mit diesem verwandten zulassungspflichtigen Handwerk die Meisterprüfung bestanden hat.

---

* Zu beachten sind insbesondere die Meldefristen und -tatbestände für selbstständig Tätige sowie für Handwerkskammern nach Art. 1 des EM-Leistungsverbesserungsgesetzes vom 17. Juli 2017 (BGBl. I S. 2509), wonach § 190a Abs. 1 und § 196 Abs. 3 SGB VI geändert wurden.

(2) In die Handwerksrolle werden ferner Ingenieure, Absolventen von technischen Hochschulen und von staatlichen oder staatlich anerkannten Fachschulen für Technik und für Gestaltung mit dem zulassungspflichtigen Handwerk eingetragen, dem der Studien- oder der Schulschwerpunkt ihrer Prüfung entspricht. Dies gilt auch für Personen, die eine andere, der Meisterprüfung für die Ausübung des betreffenden zulassungspflichtigen Handwerks mindestens gleichwertige deutsche staatliche oder staatlich anerkannte Prüfung erfolgreich abgelegt haben. Dazu gehören auch Prüfungen auf Grund einer nach § 42 dieses Gesetzes oder nach § 53 des Berufsbildungsgesetzes erlassenen Rechtsverordnung, soweit sie gleichwertig sind. Der Abschlussprüfung an einer deutschen Hochschule gleichgestellt sind Diplome, die nach Abschluss einer Ausbildung von mindestens drei Jahren oder einer Teilzeitausbildung von entsprechender Dauer an einer Universität, einer Hochschule oder einer anderen Ausbildungseinrichtung mit gleichwertigem Ausbildungsniveau in einem anderen Mitgliedstaat der Europäischen Union, einem anderen Vertragsstaat des Abkommens über den Europäischen Wirtschaftsraum oder in der Schweiz erteilt wurden; falls neben dem Studium eine Berufsausbildung gefordert wird, ist zusätzlich der Nachweis zu erbringen, dass diese abgeschlossen ist. Die Entscheidung, ob die Voraussetzungen für die Eintragung erfüllt sind, trifft die Handwerkskammer. Das Bundesministerium für Wirtschaft und Energie kann zum Zwecke der Eintragung in die Handwerksrolle nach Satz 1 im Einvernehmen mit dem Bundesministerium für Bildung und Forschung durch Rechtsverordnung mit Zustimmung des Bundesrates die Voraussetzungen bestimmen, unter denen die in Studien- oder Schulschwerpunkten abgelegten Prüfungen nach Satz 1 Meisterprüfungen in zulassungspflichtigen Handwerken entsprechen.

(2a) Das Bundesministerium für Wirtschaft und Energie kann durch Rechtsverordnung mit Zustimmung des Bundesrates bestimmen, dass in die Handwerksrolle einzutragen ist, wer in einem anderen Mitgliedstaat der Europäischen Gemeinschaft oder in einem anderen Vertragsstaat des Abkommens über den Europäischen Wirtschaftsraum eine der Meisterprüfung für die Ausübung des zu betreibenden Gewerbes oder wesentlicher Tätigkeiten dieses Gewerbes gleichwertige Berechtigung zur Ausübung eines Gewerbes erworben hat.

(3) In die Handwerksrolle wird ferner eingetragen, wer eine Ausnahmebewilligung nach § 8 oder § 9 Abs. 1 oder eine Gleichwertigkeitsfeststellung nach § 50b für das zu betreibende zulassungspflichtige Handwerk oder für ein diesem verwandtes zulassungspflichtiges Handwerk besitzt.

(4) (aufgehoben)

(5) (aufgehoben)

(6) (aufgehoben)

(7) In die Handwerksrolle wird eingetragen, wer für das zu betreibende Gewerbe oder für ein mit diesem verwandtes Gewerbe eine Ausübungsberechtigung nach § 7a oder § 7b besitzt.

(8) (aufgehoben)

(9) Vertriebene und Spätaussiedler, die vor dem erstmaligen Verlassen ihrer Herkunftsgebiete eine der Meisterprüfung gleichwertige Prüfung im Ausland bestanden haben, sind in die Handwerksrolle einzutragen. Satz 1 ist auf Vertriebene, die am 2. Oktober 1990 ihren ständigen Aufenthalt in dem in Artikel 3 des Einigungsvertrages genannten Gebiet hatten, anzuwenden.

§ 7 a

(1) Wer ein Handwerk nach § 1 betreibt, erhält eine Ausübungsberechtigung für ein anderes Gewerbe der Anlage A oder für wesentliche Tätigkeiten dieses Gewerbes, wenn die hierfür erforderlichen Kenntnisse und Fertigkeiten nachgewiesen sind; dabei sind auch seine bisherigen beruflichen Erfahrungen und Tätigkeiten zu berücksichtigen.

(2) § 8 Abs. 2 bis 4 gilt entsprechend.

§ 7 b

(1) Eine Ausübungsberechtigung für zulassungspflichtige Handwerke, ausgenommen in den Fällen der Nummern 12 und 33 bis 37 der Anlage A, erhält, wer

1. eine Gesellenprüfung in dem zu betreibenden zulassungspflichtigen Handwerk oder in einem mit diesem verwandten zulassungspflichtigen Handwerk oder eine Abschlussprüfung in einem dem zu betreibenden zulassungspflichtigen Handwerk entsprechenden anerkannten Ausbildungsberuf bestanden hat und

2. in dem zu betreibenden zulassungspflichtigen Handwerk oder in einem mit diesem verwandten zulassungspflichtigen Handwerk oder in einem dem zu betreibenden zulassungspflichtigen Handwerk entsprechenden Beruf eine Tätigkeit von insgesamt sechs Jahren ausgeübt hat, davon insgesamt vier Jahre in leitender Stellung. Eine leitende Stellung ist dann anzunehmen, wenn dem Gesellen eigenverantwortliche Entscheidungsbefugnisse in einem Betrieb oder in einem wesentlichen Betriebsteil übertragen worden sind. Der Nachweis hierüber kann durch Arbeitszeugnisse, Stellenbeschreibungen oder in anderer Weise erbracht werden. Im Falle einer Gleichwertigkeitsfeststellung nach § 40a wird nur die Berufserfahrung nach Erteilung derselben berücksichtigt.

3. Die ausgeübte Tätigkeit muss zumindest eine wesentliche Tätigkeit des zulassungspflichtigen Handwerks umfasst haben, für das die Ausübungsberechtigung beantragt wurde.

(1a) Die für die selbstständige Handwerksausübung erforderlichen betriebswirtschaftlichen, kaufmännischen und rechtlichen Kenntnisse gelten in der Regel durch die Berufserfahrung nach Absatz 1 Nr. 2 als nachgewiesen. Soweit dies nicht der Fall ist, sind die erforderlichen Kenntnisse durch Teilnahme an Lehrgängen oder auf sonstige Weise nachzuweisen.

(2) Die Ausübungsberechtigung wird auf Antrag des Gewerbetreibenden von der höheren Verwaltungsbehörde nach Anhörung der Handwerkskammer zu den Voraussetzungen des Absatzes 1 erteilt. Im Übrigen gilt § 8 Abs. 3 Satz 2 bis 5 und Abs. 4 entsprechend.

§ 8

(1) In Ausnahmefällen ist eine Bewilligung zur Eintragung in die Handwerksrolle (Ausnahmebewilligung) zu erteilen, wenn die zur selbstständigen Ausübung des von dem Antragsteller zu betreibenden zulassungspflichtigen Handwerks notwendigen Kenntnisse und Fertigkeiten nachgewiesen sind; dabei sind auch seine bisherigen beruflichen Erfahrungen und Tätigkeiten zu berücksichtigen. Ein Ausnahmefall liegt vor, wenn

die Ablegung einer Meisterprüfung zum Zeitpunkt der Antragstellung oder danach für ihn eine unzumutbare Belastung bedeuten würde. Ein Ausnahmefall liegt auch dann vor, wenn der Antragsteller eine Prüfung aufgrund einer nach § 42 dieses Gesetzes oder § 53 des Berufsbildungsgesetzes erlassenen Rechtsverordnung bestanden hat.

(2) Die Ausnahmebewilligung kann unter Auflagen oder Bedingungen oder befristet erteilt und auf einen wesentlichen Teil der Tätigkeiten beschränkt werden, die zu einem in der Anlage A zu diesem Gesetz aufgeführten Gewerbe gehören; in diesem Falle genügt der Nachweis der hierfür erforderlichen Kenntnisse und Fertigkeiten.

(3) Die Ausnahmebewilligung wird auf Antrag des Gewerbetreibenden von der höheren Verwaltungsbehörde nach Anhörung der Handwerkskammer zu den Voraussetzungen der Absätze 1 und 2 und des § 1 Abs. 2 erteilt. Die Handwerkskammer kann eine Stellungnahme der fachlich zuständigen Innung oder Berufsvereinigung einholen, wenn der Antragsteller ausdrücklich zustimmt. Sie hat ihre Stellungnahme einzuholen, wenn der Antragsteller es verlangt. Die Landesregierungen werden ermächtigt, durch Rechtsverordnung zu bestimmen, dass abweichend von Satz 1 anstelle der höheren Verwaltungsbehörde eine andere Behörde zuständig ist. Sie können diese Ermächtigung auf oberste Landesbehörden übertragen.

(4) Gegen die Entscheidung steht neben dem Antragsteller auch der Handwerkskammer der Verwaltungsrechtsweg offen; die Handwerkskammer ist beizuladen.

§ 9

(1) Das Bundesministerium für Wirtschaft und Energie wird ermächtigt, durch Rechtsverordnung mit Zustimmung des Bundesrates zur Durchführung von Richtlinien der Europäischen Union über die Anerkennung von Berufsqualifikationen im Rahmen der Niederlassungsfreiheit, des freien Dienstleistungsverkehrs und der Arbeitnehmerfreizügigkeit und zur Durchführung des Abkommens vom 2. Mai 1992 über den Europäischen Wirtschaftsraum (BGBl. 1993 II S. 267) sowie des Abkommens zwischen der Europäischen Gemeinschaft und ihren Mitgliedstaaten einerseits und der Schweizerischen Eidgenossenschaft andererseits über die Freizügigkeit vom 21. Juni 1999 (ABl. EG 2002 Nr. L 114 S. 6) zu bestimmen,

1. unter welchen Voraussetzungen einem Staatsangehörigen eines Mitgliedstaates der Europäischen Union, eines Vertragsstaates des Abkommens über den Europäischen Wirtschaftsraum oder der Schweiz, der im Inland zur Ausübung eines zulassungspflichtigen Handwerks eine gewerbliche Niederlassung unterhalten oder als Betriebsleiter tätig werden will, eine Ausnahmebewilligung zur Eintragung in die Handwerksrolle zu erteilen ist,

2. unter welchen Voraussetzungen einem Staatsangehörigen eines der vorgenannten Staaten, der im Inland keine gewerbliche Niederlassung unterhält, die grenzüberschreitende Dienstleistungserbringung in einem zulassungspflichtigen Handwerk gestattet ist und

3. wie die Verfahren zur Ausstellung des Europäischen Berufsausweises und zur Anerkennung von Berufsqualifikationen in den in den Nummern 1 und 2 genannten Fällen unter Verwendung von Europäischen Berufsausweisen sowie die Anwendung des Vorwarnmechanismus gemäß der Richtlinie 2005/36/EG des Europäischen Parlaments und des Rates vom 7. September 2005 über die Anerkennung von Berufsqualifikationen (ABl. L 255 vom 30.9.2005, S. 22), die zuletzt durch den

Delegierten Beschluss (EU) 2016/790 (ABl. L 134 vom 24.5.2016, S. 135) geändert worden ist, ausgestaltet sind.

In den in Satz 1 Nr. 1 genannten Fällen bleibt § 8 Abs. 1 unberührt; § 8 Abs. 2 bis 4 gilt entsprechend. In den in Satz 1 Nr. 2 genannten Fällen ist § 1 Abs. 1 nicht anzuwenden.

(2) In den Fällen des § 7 Abs. 2a und des § 50a findet § 1 Abs. 1 keine Anwendung, wenn der selbstständige Betrieb im Inland keine Niederlassung unterhält.

§ 10

(1) Die Eintragung in die Handwerksrolle erfolgt auf Antrag oder von Amts wegen. Wenn die Voraussetzungen zur Eintragung in die Handwerksrolle vorliegen, ist die Eintragung innerhalb von drei Monaten nach Eingang des Antrags einschließlich der vollständigen Unterlagen vorzunehmen. Hat die Handwerkskammer nicht innerhalb der Frist des Satzes 2 eingetragen, gilt die Eintragung als erfolgt. Die Vorschriften des Verwaltungsverfahrensgesetzes über die Genehmigungsfiktion gelten entsprechend.

(2) Über die Eintragung in die Handwerksrolle hat die Handwerkskammer eine Bescheinigung auszustellen (Handwerkskarte). In die Handwerkskarte sind einzutragen der Name und die Anschrift des Inhabers eines Betriebs eines zulassungspflichtigen Handwerks, der Betriebssitz, das zu betreibende zulassungspflichtige Handwerk und bei Ausübung mehrerer zulassungspflichtiger Handwerke diese Handwerke sowie der Zeitpunkt der Eintragung in die Handwerksrolle. In den Fällen des § 7 Abs. 1 ist zusätzlich der Name des Betriebsleiters, des für die technische Leitung verantwortlichen persönlich haftenden Gesellschafters oder des Leiters eines Nebenbetriebes einzutragen. Die Höhe der für die Ausstellung der Handwerkskarte zu entrichtenden Gebühr wird durch die Handwerkskammer mit Genehmigung der obersten Landesbehörde bestimmt.

§ 11

Die Handwerkskammer hat dem Gewerbetreibenden die beabsichtigte Eintragung in die Handwerksrolle gegen Empfangsbescheinigung mitzuteilen; gleichzeitig und in gleicher Weise hat sie dies der Industrie- und Handelskammer mitzuteilen, wenn der Gewerbetreibende dieser angehört.

§ 12

Gegen die Entscheidung über die Eintragung eines der Industrie- und Handelskammer angehörigen Gewerbetreibenden in die Handwerksrolle steht neben dem Gewerbetreibenden auch der Industrie- und Handelskammer der Verwaltungsrechtsweg offen.

§ 13

(1) Die Eintragung in die Handwerksrolle wird auf Antrag oder von Amts wegen gelöscht, wenn die Voraussetzungen für die Eintragung nicht vorliegen.

(2) Wird der Gewerbebetrieb nicht handwerksmäßig betrieben, so kann auch die Industrie- und Handelskammer die Löschung der Eintragung beantragen.

(3) Die Handwerkskammer hat dem Gewerbetreibenden die beabsichtigte Löschung der Eintragung in die Handwerksrolle gegen Empfangsbescheinigung mitzuteilen.

(4) Wird die Eintragung in die Handwerksrolle gelöscht, so ist die Handwerkskarte an die Handwerkskammer zurückzugeben.

(5) Die nach Absatz 1 in der Handwerksrolle gelöschten Daten sind für weitere dreißig Jahre ab dem Zeitpunkt der Löschung in einem gesonderten Dateisystem zu speichern. Eine Einzelauskunft aus diesem Dateisystem ist jedem zu erteilen, der ein berechtigtes Interesse glaubhaft darlegt, soweit die betroffene Person kein schutzwürdiges Interesse an dem Ausschluss der Übermittlung hat. § 6 Absatz 3 bis 5 gilt entsprechend.

§ 14

Ein in die Handwerksrolle eingetragener Gewerbetreibender kann die Löschung mit der Begründung, dass der Gewerbebetrieb kein Betrieb eines zulassungspflichtigen Handwerks im Sinne des § 1 Abs. 2 ist, erst nach Ablauf eines Jahres seit Eintritt der Unanfechtbarkeit der Eintragung und nur dann beantragen, wenn sich die Voraussetzungen für die Eintragung wesentlich geändert haben. Satz 1 gilt für den Antrag der Industrie- und Handelskammer nach § 13 Abs. 2 entsprechend.

§ 15

Ist einem Gewerbetreibenden die Eintragung in die Handwerksrolle abgelehnt worden, so kann er die Eintragung mit der Begründung, dass der Gewerbebetrieb nunmehr Handwerksbetrieb ist, erst nach Ablauf eines Jahres seit Eintritt der Unanfechtbarkeit der Ablehnung und nur dann beantragen, wenn sich die Voraussetzungen für die Ablehnung wesentlich geändert haben.

§ 16

(1) Wer den Betrieb eines zulassungspflichtigen Handwerks nach § 1 anfängt, hat gleichzeitig mit der nach § 14 der Gewerbeordnung zu erstattenden Anzeige der hiernach zuständigen Behörde die über die Eintragung in die Handwerksrolle ausgestellte Handwerkskarte (§ 10 Abs. 2) vorzulegen. Der Inhaber eines Hauptbetriebs im Sinne des § 3 Abs. 3 hat der für die Entgegennahme der Anzeige nach § 14 der Gewerbeordnung zuständigen Behörde die Ausübung eines handwerklichen Neben- oder Hilfsbetriebs anzuzeigen.

(2) Der Gewerbetreibende hat ferner der Handwerkskammer, in deren Bezirk seine gewerbliche Niederlassung liegt oder die nach § 6 Abs. 2 für seine Eintragung in die Handwerksrolle zuständig ist, unverzüglich den Beginn und die Beendigung seines Betriebs und in den Fällen des § 7 Abs. 1 die Bestellung und Abberufung des Betriebsleiters anzuzeigen; bei juristischen Personen sind auch die Namen der gesetzlichen Vertreter, bei Personengesellschaften die Namen der für die technische Leitung verantwortlichen und der vertretungsberechtigten Gesellschafter anzuzeigen.

(3) Wird der selbstständige Betrieb eines zulassungspflichtigen Handwerks als stehendes Gewerbe entgegen den Vorschriften dieses Gesetzes ausgeübt, so kann die

nach Landesrecht zuständige Behörde die Fortsetzung des Betriebs untersagen. Die Untersagung ist nur zulässig, wenn die Handwerkskammer und die Industrie- und Handelskammer zuvor angehört worden sind und in einer gemeinsamen Erklärung mitgeteilt haben, dass sie die Voraussetzungen einer Untersagung als gegeben ansehen.

(4) Können sich die Handwerkskammer und die Industrie- und Handelskammer nicht über eine gemeinsame Erklärung nach Absatz 3 Satz 2 verständigen, entscheidet eine von dem Deutschen Industrie- und Handelskammertag und dem Deutschen Handwerkskammertag (Trägerorganisationen) gemeinsam für die Dauer von jeweils vier Jahren gebildete Schlichtungskommission. Die Schlichtungskommission ist erstmals zum 1. Juli 2004 zu bilden.

(5) Der Schlichtungskommission gehören drei Mitglieder an, von denen je ein Mitglied von jeder Trägerorganisation und ein Mitglied von beiden Trägerorganisationen gemeinsam zu benennen sind. Das gemeinsam benannte Mitglied führt den Vorsitz. Hat eine Trägerorganisation ein Mitglied nicht innerhalb von einem Monat nach Benennung des Mitglieds der anderen Trägerorganisation benannt, so erfolgt die Benennung durch das Bundesministerium für Wirtschaft und Energie. Das Bundesministerium für Wirtschaft und Energie benennt auch das vorsitzende Mitglied, wenn sich die Trägerorganisationen nicht innerhalb eines Monats einigen können, nachdem beide ihre Vorschläge für das gemeinsam zu benennende Mitglied unterbreitet haben. Die Schlichtungskommission gibt sich eine Geschäftsordnung.

(6) Das Bundesministerium für Wirtschaft und Energie wird ermächtigt, durch Rechtsverordnung mit Zustimmung des Bundesrates das Schlichtungsverfahren zu regeln.*

(7) Hält die zuständige Behörde die Erklärung nach Absatz 3 Satz 2 oder die Entscheidung der Schlichtungskommission für rechtswidrig, kann sie unmittelbar die Entscheidung der obersten Landesbehörde herbeiführen.

(8) Bei Gefahr im Verzug kann die zuständige Behörde die Fortsetzung des Gewerbes auch ohne Einhaltung des Verfahrens nach Absatz 3 Satz 2 und Absatz 4 vorläufig untersagen.

(9) Die Ausübung des untersagten Gewerbes durch den Gewerbetreibenden kann durch Schließung der Betriebs- und Geschäftsräume oder durch andere geeignete Maßnahmen verhindert werden.

(10) Die Schlichtungskommission kann auch angerufen werden, wenn sich in den Fällen des § 90 Abs. 3 die Handwerkskammer und die Industrie- und Handelskammer nicht über die Zugehörigkeit eines Gewerbetreibenden zur Handwerkskammer oder zur Industrie- und Handelskammer einigen können. Die Absätze 4 bis 6 gelten entsprechend. Hält der Gewerbetreibende die Entscheidung der Schlichtungskommission für rechtswidrig, so entscheidet die oberste Landesbehörde. § 12 gilt entsprechend.

§ 17

(1) Die in der Handwerksrolle eingetragenen oder in diese einzutragenden Gewerbetreibenden sind verpflichtet, der Handwerkskammer die für die Prüfung der Ein-

---

* *Die Verordnung über das Schlichtungsverfahren nach § 16 der Handwerksordnung (in Kraft getreten am 1. Juli 2004) ist abgedruckt auf Seite 125.*

tragungsvoraussetzungen erforderliche Auskunft über Art und Umfang ihres Betriebs, über die Betriebsstätte, über die Zahl der im Betrieb beschäftigten gelernten und ungelernten Personen und über handwerkliche Prüfungen des Betriebsinhabers und des Betriebsleiters sowie über die vertragliche und praktische Ausgestaltung des Betriebsleiterverhältnisses zu erteilen sowie auf Verlangen sämtliche Dokumente vorzulegen, die zur Prüfung der Eintragung in die Handwerksrolle und zur Aufrechterhaltung der Eintragung in der Handwerksrolle erforderlich sind. Auskünfte, Nachweise und Informationen, die für die Prüfung der Eintragungsvoraussetzungen nach Satz 1 nicht erforderlich sind, dürfen von der Handwerkskammer nicht, auch nicht für Zwecke der Verfolgung von Straftaten oder Ordnungswidrigkeiten, verwertet werden. Die Handwerkskammer kann für die Erteilung der Auskunft eine Frist setzen.

(2) Die Beauftragten der Handwerkskammer sind nach Maßgabe des § 29 Abs. 2 der Gewerbeordnung befugt, zu dem in Absatz 1 bezeichneten Zweck Grundstücke und Geschäftsräume des Auskunftpflichtigen zu betreten und dort Prüfungen und Besichtigungen vorzunehmen. Der Auskunftpflichtige hat diese Maßnahmen zu dulden. Das Grundrecht der Unverletzlichkeit der Wohnung (Artikel 13 des Grundgesetzes) wird insoweit eingeschränkt.

(3) Der Auskunftpflichtige kann die Auskunft auf solche Fragen verweigern, deren Beantwortung ihn selbst oder einen der in § 383 Abs. 1 Nr. 1 bis 3 der Zivilprozessordnung bezeichneten Angehörigen der Gefahr strafgerichtlicher Verfolgung oder eines Verfahrens nach dem Gesetz über Ordnungswidrigkeiten aussetzen würde.

(4) Sofern ein Gewerbetreibender ohne Angabe von Name und Anschrift unter einem Telekommunikationsanschluss Handwerksleistungen anbietet und Anhaltspunkte dafür bestehen, dass er den selbstständigen Betrieb eines Handwerks als stehendes Gewerbe entgegen den Vorschriften dieses Gesetzes ausübt, ist der Anbieter der Telekommunikationsdienstleistung verpflichtet, den Handwerkskammern auf Verlangen Namen und Anschrift des Anschlussinhabers unentgeltlich mitzuteilen.

Dritter Abschnitt

Zulassungsfreie Handwerke und handwerksähnliche Gewerbe

§ 18

(1) Wer den selbstständigen Betrieb eines zulassungsfreien Handwerks oder eines handwerksähnlichen Gewerbes als stehendes Gewerbe beginnt oder beendet, hat dies unverzüglich der Handwerkskammer, in deren Bezirk seine gewerbliche Niederlassung liegt, anzuzeigen. Bei juristischen Personen sind auch die Namen der gesetzlichen Vertreter, bei Personengesellschaften die Namen der vertretungsberechtigten Gesellschafter anzuzeigen.

(2) Ein Gewerbe ist ein zulassungsfreies Handwerk im Sinne dieses Gesetzes, wenn es handwerksmäßig betrieben wird und in Anlage B Abschnitt 1 zu diesem Gesetz aufgeführt ist. Ein Gewerbe ist ein handwerksähnliches Gewerbe im Sinne

dieses Gesetzes, wenn es handwerksähnlich betrieben wird und in Anlage B Abschnitt 2 zu diesem Gesetz aufgeführt ist.

(3) Das Bundesministerium für Wirtschaft und Energie wird ermächtigt, durch Rechtsverordnung mit Zustimmung des Bundesrates die Anlage B zu diesem Gesetz dadurch zu ändern, dass es darin aufgeführte Gewerbe streicht, ganz oder teilweise zusammenfasst oder trennt, Bezeichnungen für sie festsetzt oder die Gewerbegruppen aufteilt, soweit es die technische und wirtschaftliche Entwicklung erfordert.

§ 19

Die Handwerkskammer hat ein Verzeichnis zu führen, in welches die Inhaber eines Betriebs eines zulassungsfreien Handwerks oder eines handwerksähnlichen Gewerbes nach Maßgabe der Anlage D Abschnitt II zu diesem Gesetz mit dem von ihnen betriebenen Gewerbe oder bei Ausübung mehrerer Gewerbe mit diesen Gewerben einzutragen sind. § 6 Abs. 2 bis 5 gilt entsprechend.

§ 20

Auf zulassungsfreie Handwerke und handwerksähnliche Gewerbe finden § 10 Abs. 1, die §§ 11, 12, 13 Abs. 1 bis 3, 5, die §§ 14, 15 und 17 entsprechend Anwendung. § 5a Abs. 2 Satz 1 findet entsprechende Anwendung, soweit dies zur Feststellung erforderlich ist, ob die Voraussetzungen für die Eintragung in das Verzeichnis der Inhaber eines Betriebes eines zulassungsfreien oder eines handwerksähnlichen Gewerbes vorliegen.

Zweiter Teil
Berufsbildung im Handwerk

Erster Abschnitt
Berechtigung zum Einstellen und Ausbilden

§ 21

(1) Lehrlinge (Auszubildende) dürfen nur eingestellt und ausgebildet werden, wenn

1. die Ausbildungsstätte nach Art und Einrichtung für die Berufsausbildung geeignet ist, und
2. die Zahl der Lehrlinge (Auszubildenden) in einem angemessenen Verhältnis zur Zahl der Ausbildungsplätze oder zur Zahl der beschäftigten Fachkräfte steht, es sei denn, dass anderenfalls die Berufsausbildung nicht gefährdet wird.

(2) Eine Ausbildungsstätte, in der die erforderlichen beruflichen Fertigkeiten, Kenntnisse und Fähigkeiten nicht in vollem Umfang vermittelt werden können, gilt als

geeignet, wenn diese durch Ausbildungsmaßnahmen außerhalb der Ausbildungsstätte vermittelt werden.

§ 22

(1) Lehrlinge (Auszubildende) darf nur einstellen, wer persönlich geeignet ist. Lehrlinge (Auszubildende) darf nur ausbilden, wer persönlich und fachlich geeignet ist.

(2) Wer fachlich nicht geeignet ist oder wer nicht selbst ausbildet, darf Lehrlinge (Auszubildende) nur dann einstellen, wenn er persönlich und fachlich geeignete Ausbilder bestellt, die die Ausbildungsinhalte unmittelbar, verantwortlich und in wesentlichem Umfang vermitteln.

(3) Unter der Verantwortung des Ausbilders kann bei der Berufsausbildung mitwirken, wer selbst nicht Ausbilder ist, aber abweichend von den besonderen Voraussetzungen des § 22b die für die Vermittlung von Ausbildungsinhalten erforderlichen beruflichen Fertigkeiten, Kenntnisse und Fähigkeiten besitzt und persönlich geeignet ist.

§ 22a

Persönlich nicht geeignet ist insbesondere, wer

1. Kinder und Jugendliche nicht beschäftigen darf oder

2. wiederholt oder schwer gegen dieses Gesetz oder die auf Grund dieses Gesetzes erlassenen Vorschriften und Bestimmungen verstoßen hat.

§ 22b

(1) Fachlich geeignet ist, wer die beruflichen sowie die berufs- und arbeitspädagogischen Fertigkeiten, Kenntnisse und Fähigkeiten besitzt, die für die Vermittlung der Ausbildungsinhalte erforderlich sind.

(2) In einem zulassungspflichtigen Handwerk besitzt die fachliche Eignung, wer

1. die Meisterprüfung in dem zulassungspflichtigen Handwerk, in dem ausgebildet werden soll, oder in einem mit diesem verwandten Handwerk bestanden hat oder

2. in dem zulassungspflichtigen Handwerk, in dem ausgebildet werden soll, oder in einem mit diesem verwandten Handwerk

   a) die Voraussetzungen zur Eintragung in die Handwerksrolle nach § 7 erfüllt oder

   b) eine Ausübungsberechtigung nach § 7a oder § 7b erhalten hat oder

   c) eine Ausnahmebewilligung nach § 8 oder nach § 9 Abs. 1 Satz 1 Nr. 1 erhalten hat

und den Teil IV der Meisterprüfung oder eine gleichwertige andere Prüfung, insbesondere eine Ausbildereignungsprüfung auf der Grundlage einer nach § 30 Abs. 5 des Berufsbildungsgesetzes erlassenen Rechtsverordnung, bestanden hat.

(3) In einem zulassungsfreien Handwerk oder einem handwerksähnlichen Gewerbe besitzt die für die fachliche Eignung erforderlichen beruflichen Fertigkeiten, Kenntnisse und Fähigkeiten, wer

1. die Meisterprüfung in dem zulassungsfreien Handwerk oder in dem handwerksähnlichen Gewerbe, in dem ausgebildet werden soll, bestanden hat,

2. die Gesellen- oder Abschlussprüfung in einer dem Ausbildungsberuf entsprechenden Fachrichtung bestanden hat,

3. eine anerkannte Prüfung an einer Ausbildungsstätte oder vor einer Prüfungsbehörde oder eine Abschlussprüfung an einer staatlichen oder staatlich anerkannten Schule in einer dem Ausbildungsberuf entsprechenden Fachrichtung bestanden hat,

4. eine Abschlussprüfung an einer deutschen Hochschule in einer dem Ausbildungsberuf entsprechenden Fachrichtung bestanden hat oder

5. eine Gleichwertigkeitsfeststellung nach § 51e oder einen Bildungsabschluss besitzt, dessen Gleichwertigkeit nach anderen rechtlichen Regelungen festgestellt worden ist

und im Falle der Nummern 2 bis 5 eine angemessene Zeit in seinem Beruf praktisch tätig gewesen ist. Der Abschlussprüfung an einer deutschen Hochschule gemäß Satz 1 Nr. 4 gleichgestellt sind Diplome nach § 7 Abs. 2 Satz 4. Für den Nachweis der berufs- und arbeitspädagogischen Fertigkeiten, Kenntnisse und Fähigkeiten finden die auf der Grundlage des § 30 Abs. 5 des Berufsbildungsgesetzes erlassenen Rechtsverordnungen Anwendung.

(4) Das Bundesministerium für Wirtschaft und Energie kann nach Anhörung des Hauptausschusses des Bundesinstituts für Berufsbildung durch Rechtsverordnung, die nicht der Zustimmung des Bundesrates bedarf, bestimmen, dass der Erwerb berufs- und arbeitspädagogischer Fertigkeiten, Kenntnisse und Fähigkeiten gesondert nachzuweisen ist. Dabei können Inhalt, Umfang und Abschluss der Maßnahmen für den Nachweis geregelt werden. Das Bestehen des Teils IV der Meisterprüfung gilt als Nachweis.

(5) Die nach Landesrecht zuständige Behörde kann Personen, die die Voraussetzungen der Absätze 2, 3 und 4 nicht erfüllen, die fachliche Eignung nach Anhören der Handwerkskammer widerruflich zuerkennen.

§ 22c

(1) In den Fällen des § 22b Abs. 3 besitzt die für die fachliche Eignung erforderlichen beruflichen Fertigkeiten, Kenntnisse und Fähigleiten auch, wer die Voraussetzungen für die Anerkennung seiner Berufsqualifikation nach der Richtlinie 2005/36/EG des Europäischen Parlaments und des Rates vom 7. September 2005 über die Anerkennung von Berufsqualifikationen (ABl. EU Nr. L 255 S. 22) erfüllt, sofern er eine angemessene Zeit in seinem Beruf praktisch tätig gewesen ist.

(2) Die Anerkennung kann unter den in Artikel 14 der in Absatz 1 genannten Richtlinie aufgeführten Voraussetzungen davon abhängig gemacht werden, dass der Antragsteller oder die Antragstellerin zunächst einen höchstens dreijährigen Anpassungslehrgang ableistet oder eine Eignungsprüfung ablegt.

(3) Die Entscheidung über die Anerkennung trifft die Handwerkskammer. Sie kann die Durchführung von Anpassungslehrgängen und Eignungsprüfungen regeln.

§ 23

(1) Die Handwerkskammer hat darüber zu wachen, dass die Eignung der Ausbildungsstätte sowie die persönliche und fachliche Eignung vorliegen.

(2) Werden Mängel der Eignung festgestellt, so hat die Handwerkskammer, falls der Mangel zu beheben und eine Gefährdung des Lehrlings (Auszubildenden) nicht zu erwarten ist, den Ausbildenden aufzufordern, innerhalb einer von ihr gesetzten Frist den Mangel zu beseitigen. Ist der Mangel der Eignung nicht zu beheben oder ist eine Gefährdung des Lehrlings (Auszubildenden) zu erwarten oder wird der Mangel nicht innerhalb der gesetzten Frist beseitigt, so hat die Handwerkskammer der nach Landesrecht zuständigen Behörde dies mitzuteilen.

§ 24

(1) Die nach Landesrecht zuständige Behörde kann für eine bestimmte Ausbildungsstätte das Einstellen und Ausbilden untersagen, wenn die Voraussetzungen nach § 21 nicht oder nicht mehr vorliegen.

(2) Die nach Landesrecht zuständige Behörde hat das Einstellen und Ausbilden zu untersagen, wenn die persönliche oder fachliche Eignung nicht oder nicht mehr vorliegt.

(3) Vor der Untersagung sind die Beteiligten und die Handwerkskammer zu hören. Dies gilt nicht in den Fällen des § 22a Nr. 1.

Zweiter Abschnitt

Ausbildungsordnung, Änderung der Ausbildungszeit

§ 25

(1) Als Grundlage für eine geordnete und einheitliche Berufsausbildung kann das Bundesministerium für Wirtschaft und Energie im Einvernehmen mit dem Bundesministerium für Bildung und Forschung durch Rechtsverordnung, die nicht der Zustimmung des Bundesrates bedarf, für Gewerbe der Anlage A und der Anlage B Ausbildungsberufe staatlich anerkennen und hierfür Ausbildungsordnungen nach § 26 erlassen. Dabei können in einem Gewerbe mehrere Ausbildungsberufe staatlich anerkannt werden, soweit dies wegen der Breite des Gewerbes erforderlich ist; die in diesen Berufen abgelegten Gesellenprüfungen sind Prüfungen im Sinne des § 49 Abs. 1 oder § 51a Abs. 5 Satz 1.

(2) Für einen anerkannten Ausbildungsberuf darf nur nach der Ausbildungsordnung ausgebildet werden.

(3) In anderen als anerkannten Ausbildungsberufen dürfen Jugendliche unter 18 Jahren nicht ausgebildet werden, soweit die Berufsausbildung nicht auf den Besuch weiterführender Bildungsgänge vorbereitet.

(4) Wird die Ausbildungsordnung eines Ausbildungsberufs aufgehoben oder geändert oder werden Gewerbe in der Anlage A oder in der Anlage B gestrichen, zusammengefasst oder getrennt, so sind für bestehende Berufsausbildungsverhältnisse weiterhin die bis zu dem Zeitpunkt der Aufhebung oder Änderung geltenden Vorschriften anzuwenden, es sei denn, die ändernde Verordnung sieht eine abweichende Regelung vor.

(5) Das Bundesministerium für Wirtschaft und Energie informiert die Länder frühzeitig über Neuordnungskonzepte und bezieht sie in die Abstimmung ein.

§ 26

(1) Die Ausbildungsordnung hat festzulegen

1. die Bezeichnung des Ausbildungsberufes, der anerkannt wird; sie kann von der Gewerbebezeichnung abweichen, muss jedoch inhaltlich von der Gewerbebezeichnung abgedeckt sein,

2. die Ausbildungsdauer; sie soll nicht mehr als drei und nicht weniger als zwei Jahre betragen,

3. die beruflichen Fertigkeiten, Kenntnisse und Fähigkeiten, die mindestens Gegenstand der Berufsausbildung sind (Ausbildungsberufsbild),

4. eine Anleitung zur sachlichen und zeitlichen Gliederung der Vermittlung der beruflichen Fertigkeiten, Kenntnisse und Fähigkeiten (Ausbildungsrahmenplan),

5. die Prüfungsanforderungen.

Bei der Festlegung der Fertigkeiten, Kenntnisse und Fähigkeiten nach Satz 1 Nummer 3 ist insbesondere die technologische und digitale Entwicklung zu beachten.

(2) Die Ausbildungsordnung kann vorsehen,

1. dass die Berufsausbildung in sachlich und zeitlich besonders gegliederten, aufeinander aufbauenden Stufen erfolgt; nach den einzelnen Stufen soll ein Ausbildungsabschluss vorgesehen werden, der sowohl zu einer qualifizierten beruflichen Tätigkeit im Sinne des § 1 Abs. 3 des Berufsbildungsgesetzes befähigt, als auch die Fortsetzung der Berufsausbildung in weiteren Stufen ermöglicht (Stufenausbildung),

2. dass die Gesellenprüfung in zwei zeitlich auseinanderfallenden Teilen durchgeführt wird,

2a. dass im Fall einer Regelung nach Nummer 2 bei nicht bestandener Gesellenprüfung in einem drei- oder dreieinhalbjährigen Ausbildungsberuf, der auf einem zweijährigen Ausbildungsberuf aufbaut, der Abschluss des zweijährigen Ausbildungsberufs erworben wird, sofern im ersten Teil der Gesellenprüfung mindestens ausreichende Prüfungsleistungen erbracht worden sind,

2b. dass Auszubildende bei erfolgreichem Abschluss eines zweijährigen Ausbildungsberufs vom ersten Teil der Gesellenprüfung oder einer Zwischenprüfung eines darauf aufbauenden drei- oder dreieinhalbjährigen Ausbildungsberufs befreit sind,

3. dass abweichend von § 25 Abs. 4 die Berufsausbildung in diesem Ausbildungsberuf unter Anrechnung der bereits zurückgelegten Ausbildungszeit fortgesetzt werden kann, wenn die Vertragsparteien dies vereinbaren,

4. dass auf die Dauer der durch die Ausbildungsordnung geregelten Berufsausbildung die Dauer einer anderen abgeschlossenen Berufsausbildung ganz oder teilweise anzurechnen ist,

5. dass über das in Absatz 1 Nr. 3 beschriebene Ausbildungsberufsbild hinaus zusätzliche berufliche Fertigkeiten, Kenntnisse und Fähigkeiten vermittelt werden können, die die berufliche Handlungsfähigkeit ergänzen oder erweitern,

6. dass Teile der Berufsausbildung in geeigneten Einrichtungen außerhalb der Ausbildungsstätte durchgeführt werden, wenn und soweit es die Berufsausbildung erfordert (überbetriebliche Berufsausbildung).

Im Fall des Satzes 1 Nummer 2a bedarf es eines Antrags der Lehrlinge (Auszubildenden). Im Fall des Satzes 1 Nummer 4 bedarf es der Vereinbarung der Vertragsparteien.

Im Rahmen der Ordnungsverfahren soll stets geprüft werden, ob Regelungen nach Nummer 1, 2, 2a, 2b und 4 sinnvoll und möglich sind.

§ 27

Zur Entwicklung und Erprobung neuer Ausbildungs- und Prüfungsformen kann das Bundesministerium für Wirtschaft und Energie im Einvernehmen mit dem Bundesministerium für Bildung und Forschung nach Anhörung des Hauptausschusses des Bundesinstituts für Berufsbildung durch Rechtsverordnung, die nicht der Zustimmung des Bundesrates bedarf, Ausnahmen von § 25 Abs. 2 und 3 sowie den §§ 26, 31 und 39 zulassen, die auch auf eine bestimmte Art und Zahl von Ausbildungsstätten beschränkt werden können.

§ 27a

(1) Die Landesregierungen können nach Anhörung des Landesausschusses für Berufsbildung durch Rechtsverordnung bestimmen, dass der Besuch eines Bildungsganges berufsbildender Schulen oder die Berufsausbildung in einer sonstigen Einrichtung ganz oder teilweise auf die Ausbildungsdauer angerechnet wird. Die Ermächtigung kann durch Rechtsverordnung auf oberste Landesbehörden weiter übertragen werden.

(2) Ist keine Rechtsverordnung nach Absatz 1 erlassen, kann eine Anrechnung der Ausbildungsdauer durch die zuständige Stelle im Einzelfall erfolgen. Für die Entscheidung über die Anrechnung kann der Hauptausschuss des Bundesinstituts für Berufsbildung Empfehlungen beschließen.

(3) Die Anrechnung bedarf des gemeinsamen Antrags des Lehrlings (Auszubildenden) und des Ausbildenden. Der Antrag ist an die Handwerkskammer zu richten. Er kann sich auf Teile des höchstzulässigen Anrechnungszeitraums beschränken.

(4) Ein Anrechnungszeitraum muss in ganzen Monaten durch sechs teilbar sein.

§ 27b

(1) Die Berufsausbildung kann in Teilzeit durchgeführt werden. Im Berufsausbildungsvertrag ist dazu für die gesamte Ausbildungszeit oder für einen bestimmten Zeitraum der Berufsausbildung die Verkürzung der täglichen oder der wöchentlichen Ausbildungszeit zu vereinbaren. Die Kürzung der täglichen oder der wöchentlichen Ausbildungszeit darf nicht mehr als 50 Prozent betragen.

(2) Die Dauer der Teilzeitberufsausbildung verlängert sich entsprechend, höchstens jedoch bis zum Eineinhalbfachen der Dauer, die in der Ausbildungsordnung für

die betreffende Berufsausbildung in Vollzeit festgelegt ist. Die Dauer der Teilzeitberufsausbildung ist auf ganze Monate abzurunden. § 27c Absatz 2 bleibt unberührt.

(3) Auf Verlangen des Lehrlings (Auszubildenden) verlängert sich die Ausbildungsdauer auch über die Höchstdauer nach Absatz 2 Satz 1 hinaus bis zur nächsten möglichen Gesellenprüfung.

(4) Der Antrag auf Eintragung des Berufsausbildungsvertrages nach § 30 Absatz 1 in das Verzeichnis der Berufsausbildungsverhältnisse (Lehrlingsrolle) für eine Teilzeitberufsausbildung kann mit einem Antrag auf Verkürzung der Ausbildungsdauer nach § 27c Absatz 1 verbunden werden.

§ 27c

(1) Auf gemeinsamen Antrag des Lehrlings (Auszubildenden) und des Ausbildenden hat die Handwerkskammer die Ausbildungsdauer zu kürzen, wenn zu erwarten ist, dass das Ausbildungsziel in der gekürzten Dauer erreicht wird.

(2) In Ausnahmefällen kann die Handwerkskammer auf Antrag des Lehrlings (Auszubildenden) die Ausbildungsdauer verlängern, wenn die Verlängerung erforderlich ist, um das Ausbildungsziel zu erreichen. Vor der Entscheidung nach Satz 1 ist der Ausbildende zu hören.

(3) Für die Entscheidung über die Verkürzung oder Verlängerung der Ausbildungsdauer kann der Hauptausschuss des Bundesinstituts für Berufsbildung Empfehlungen beschließen.

§ 27d

Werden in einem Betrieb zwei verwandte Handwerke ausgeübt, so kann in beiden Handwerken in einer verkürzten Gesamtausbildungszeit gleichzeitig ausgebildet werden. Das Bundesministerium für Wirtschaft und Energie bestimmt im Einvernehmen mit dem Bundesministerium für Bildung und Forschung durch Rechtsverordnung, für welche verwandte Handwerke eine Gesamtausbildungszeit vereinbart werden kann und die Dauer der Gesamtausbildungszeit.

Dritter Abschnitt
Verzeichnis der Berufsausbildungsverhältnisse

§ 28

(1) Die Handwerkskammer hat zur Regelung, Überwachung, Förderung und zum Nachweis der Berufsausbildung in anerkannten Ausbildungsberufen ein Verzeichnis der in ihrem Bezirk bestehenden Berufsausbildungsverhältnisse nach Maßgabe der Anlage D Abschnitt III zu diesem Gesetz einzurichten und zu führen (Lehrlingsrolle). Die Eintragung ist für den Lehrling (Auszubildenden) gebührenfrei.

(2) Die nach Absatz 1 gespeicherten Daten sind an öffentliche Stellen und an nicht-öffentliche Stellen zu übermitteln, soweit dies zu den in Absatz 1 genannten Zwecken erforderlich ist. Werden Daten an nicht-öffentliche Stellen übermittelt, so ist die jeweils betroffene Person unbeschadet der Verordnung (EU) 2016/679 hiervon zu benachrichtigen, es sei denn, dass sie von der Übermittlung auf andere Weise Kenntnis erlangt.

(3) Die Übermittlung von Daten durch öffentliche Stellen an nicht-öffentliche Stellen ist zulässig, wenn der jeweilige Empfänger sich gegenüber der übermittelnden öffentlichen Stelle verpflichtet hat, die Daten nur für den Zweck zu verarbeiten, zu dessen Erfüllung sie ihm übermittelt werden. Öffentliche Stellen dürfen die ihnen übermittelten Daten nur zu dem Zweck verarbeiten, zu dessen Erfüllung sie ihnen übermittelt wurden.

(4) Für das Verändern und das Einschränken der Verarbeitung der Daten in der Lehrlingsrolle gelten unbeschadet der Verordnung (EU) 2016/679 die Datenschutzgesetze der Länder.

(5) Die Eintragungen sind am Ende des Kalenderjahres, in dem das Berufsausbildungsverhältnis beendet wird, in der Lehrlingsrolle zu löschen.

(6) Die nach Absatz 5 gelöschten Daten sind in einem gesonderten Dateisystem zu speichern, so lange und soweit dies für den Nachweis der Berufsausbildung erforderlich ist, höchstens jedoch 60 Jahre. Die Übermittlung von Daten ist nur unter den Voraussetzungen des Absatzes 2 zulässig.

(7) Zur Verbesserung der Ausbildungsvermittlung, zur Verbesserung der Zuverlässigkeit und Aktualität der Ausbildungsvermittlungsstatistik sowie zur Verbesserung der Feststellung von Angebot und Nachfrage auf dem Ausbildungsmarkt übermittelt die Handwerkskammer folgende Daten aus der Lehrlingsrolle an die Bundesagentur für Arbeit:

1. Name, Geburtsname, Vorname, Geburtsdatum und Anschrift des Lehrlings (Auszubildenden),

2. Name und Anschrift der Ausbildenden, Name, Anschrift und Amtlicher Gemeindeschlüssel der Ausbildungsstätte, Wirtschaftszweig, Betriebsnummer der Ausbildungsstätte nach § 18i Absatz 1 oder § 18k Absatz 1 des Vierten Buches Sozialgesetzbuch, Zugehörigkeit zum öffentlichen Dienst,

3. Ausbildungsberuf einschließlich Fachrichtung sowie

4. Tag, Monat und Jahr des vertraglich vereinbarten Beginns und Endes der Berufsausbildung sowie Tag, Monat und Jahr einer vorzeitigen Auflösung des Ausbildungsverhältnisses.

Bei der Datenübermittlung sind dem jeweiligen Stand der Technik entsprechende Maßnahmen zur Sicherstellung von Datenschutz und Datensicherheit nach den Artikeln 24, 25 und 32 der Verordnung (EU) 2016/679 zu treffen, die insbesondere die Vertraulichkeit, Unversehrtheit und Zurechenbarkeit der Daten gewährleisten.

(8) Im Übrigen darf die Handwerkskammer Daten aus dem Berufsausbildungsvertrag, die nicht nach Absatz 1 oder Absatz 6 gespeichert sind, nur für die in Absatz 1 genannten Zwecke sowie in den Fällen des § 88 Abs. 2 des Berufsbildungsgesetzes übermitteln.

§ 29

(1) Ein Berufsausbildungsvertrag und Änderungen seines wesentlichen Inhalts sind in die Lehrlingsrolle einzutragen, wenn

1. der Berufsausbildungsvertrag den gesetzlichen Vorschriften und der Ausbildungsordnung entspricht,

2. die persönliche und fachliche Eignung sowie die Eignung der Ausbildungsstätte für das Einstellen und Ausbilden vorliegen und

3. für Auszubildende unter 18 Jahren die ärztliche Bescheinigung über die Erstuntersuchung nach § 32 Abs. 1 des Jugendarbeitsschutzgesetzes zur Einsicht vorgelegt wird.

(2) Die Eintragung ist abzulehnen oder zu löschen, wenn die Eintragungsvoraussetzungen nicht vorliegen und der Mangel nicht nach § 23 Abs. 2 behoben wird. Die Eintragung ist ferner zu löschen, wenn die ärztliche Bescheinigung über die erste Nachuntersuchung nach § 33 Abs. 1 des Jugendarbeitsschutzgesetzes nicht spätestens am Tag der Anmeldung des Auszubildenden zur Zwischenprüfung oder zum ersten Teil der Gesellenprüfung zur Einsicht vorgelegt und der Mangel nicht nach § 23 Abs. 2 behoben wird.

§ 30

(1) Der Ausbildende hat unverzüglich nach Abschluss des Berufsausbildungsvertrags die Eintragung in die Lehrlingsrolle zu beantragen. Der Antrag kann schriftlich oder elektronisch gestellt werden; eine Kopie der Vertragsniederschrift ist jeweils beizufügen. Auf einen betrieblichen Ausbildungsplan im Sinne des § 11 Absatz 1 Satz 2 Nummer 1 des Berufsbildungsgesetzes, der der zuständigen Stelle bereits vorliegt, kann dabei Bezug genommen werden. Entsprechendes gilt bei Änderungen des wesentlichen Vertragsinhalts.

(2) Der Ausbildende hat anzuzeigen

1. eine vorausgegangene allgemeine und berufliche Ausbildung des Lehrlings (Auszubildenden),

2. die Bestellung von Ausbildern.

Vierter Abschnitt

Prüfungswesen

§ 31

(1) In den anerkannten Ausbildungsberufen (Gewerbe der Anlage A oder der Anlage B) sind Gesellenprüfungen durchzuführen. Die Prüfung kann im Falle des Nichtbestehens zweimal wiederholt werden. Sofern die Gesellenprüfung in zwei zeitlich auseinanderfallenden Teilen durchgeführt wird, ist der erste Teil der Gesellenprüfung nicht eigenständig wiederholbar.

(2) Dem Prüfling ist ein Zeugnis auszustellen. Dem Ausbildenden werden auf dessen Verlangen die Ergebnisse der Gesellenprüfung des Lehrlings (Auszubildenden) übermittelt. Sofern die Gesellenprüfung in zwei zeitlich auseinanderfallenden Teilen durchgeführt wird, ist das Ergebnis der Prüfungsleistung im ersten Teil der Gesellenprüfung dem Prüfling schriftlich mitzuteilen.

(3) Dem Zeugnis ist auf Antrag des Lehrlings (Auszubildenden) eine englischsprachige und eine französischsprachige Übersetzung beizufügen. Auf Antrag des Lehrlings (Auszubildenden) ist das Ergebnis berufsschulischer Leistungsfeststellungen auf dem Zeugnis auszuweisen. Der Lehrling (Auszubildende) hat den Nachweis der berufsschulischen Leistungsfeststellungen dem Antrag beizufügen.

(4) Die Prüfung ist für den Lehrling (Auszubildenden) gebührenfrei.

§ 32

Durch die Gesellenprüfung ist festzustellen, ob der Prüfling die berufliche Handlungsfähigkeit im Sinne des § 1 Abs. 3 des Berufsbildungsgesetzes erworben hat. In ihr soll der Prüfling nachweisen, dass er die erforderlichen beruflichen Fertigkeiten beherrscht, die notwendigen beruflichen Kenntnisse und Fähigkeiten besitzt und mit dem im Berufsschulunterricht zu vermittelnden, für die Berufsausbildung wesentlichen Lehrstoff vertraut ist. Die Ausbildungsordnung ist zugrunde zu legen.

§ 33

(1) Für die Durchführung der Gesellenprüfung errichtet die Handwerkskammer Prüfungsausschüsse. Mehrere Handwerkskammern können bei einer von ihnen gemeinsame Prüfungsausschüsse errichten. Die Handwerkskammer kann Handwerksinnungen ermächtigen, Prüfungsausschüsse zu errichten, wenn die Leistungsfähigkeit der Handwerksinnung die ordnungsgemäße Durchführung der Prüfung sicherstellt.

(2) Werden von einer Handwerksinnung Prüfungsausschüsse errichtet, so sind sie für die Abnahme der Gesellenprüfung aller Lehrlinge (Auszubildenden) der in der Handwerksinnung vertretenen Handwerke ihres Bezirks zuständig, soweit nicht die Handwerkskammer etwas anderes bestimmt.

(3) Prüfungsausschüsse oder Prüferdelegationen nach § 35a Absatz 2 nehmen die Prüfungsleistungen ab.

(4) Prüfungsausschüsse oder Prüferdelegationen nach § 35a Absatz 2 können zur Bewertung einzelner, nicht mündlich zu erbringender Prüfungsleistungen gutachterliche Stellungnahmen Dritter, insbesondere berufsbildender Schulen, einholen. Im Rahmen der Begutachtung nach Satz 1 sind die wesentlichen Abläufe zu dokumentieren und die für die Bewertung erheblichen Tatsachen festzuhalten.

§ 34

(1) Der Prüfungsausschuss besteht aus mindestens drei Mitgliedern. Die Mitglieder müssen für die Prüfungsgebiete sachkundig und für die Mitwirkung im Prüfungswesen geeignet sein.

(2) Dem Prüfungsausschuss müssen als Mitglieder für zulassungspflichtige Handwerke Arbeitgeber oder Betriebsleiter und Arbeitnehmer in gleicher Zahl, für zulassungsfreie Handwerke oder handwerksähnliche Gewerbe Beauftragte der Arbeitgeber und Arbeitnehmer in gleicher Zahl sowie mindestens eine Lehrkraft einer berufsbildenden Schule angehören. Mindestens zwei Drittel der Gesamtzahl der Mitglieder müssen in zulassungspflichtigen Handwerken Arbeitgeber und Arbeitnehmer, in zulassungsfreien Handwerken oder handwerksähnlichen Gewerben Beauftragte der Arbeitgeber und der Arbeitnehmer sein. Die Mitglieder haben Stellvertreter. Die Mitglieder und die Stellvertreter werden längstens für fünf Jahre berufen oder gewählt.

(3) Die Arbeitgeber müssen in dem zulassungspflichtigen Handwerk, für das der Prüfungsausschuss errichtet ist, die Meisterprüfung abgelegt haben oder zum Ausbilden berechtigt sein. In dem zulassungsfreien Handwerk oder in dem handwerksähnlichen Gewerbe, für das der Prüfungsausschuss errichtet ist, müssen die Arbeitgeber oder die Beauftragten der Arbeitgeber die Gesellenprüfung oder eine entsprechende Abschlussprüfung in einem anerkannten Ausbildungsberuf nach § 4 des Berufsbildungsgesetzes bestanden haben und in diesem Handwerk oder in diesem Gewerbe tätig sein. Die Arbeitnehmer und die Beauftragten der Arbeitnehmer müssen die Gesellenprüfung in dem zulassungspflichtigen oder zulassungsfreien Handwerk oder in dem handwerksähnlichen Gewerbe, für das der Prüfungsausschuss errichtet ist, oder eine entsprechende Abschlussprüfung in einem anerkannten Ausbildungsberuf nach § 4 des Berufsbildungsgesetzes bestanden haben und in diesem Handwerk oder in diesem Gewerbe tätig sein. Arbeitnehmer, die eine entsprechende ausländische Befähigung erworben haben und handwerklich tätig sind, können in den Prüfungsausschuss berufen werden.

(4) Die Mitglieder werden von der Handwerkskammer berufen. Die Arbeitnehmer und die Beauftragten der Arbeitnehmer der von der Handwerkskammer errichteten Prüfungsausschüsse werden auf Vorschlag der Mehrheit der Gesellenvertreter in der Vollversammlung der Handwerkskammer berufen. Die Lehrkraft einer berufsbildenden Schule wird im Einvernehmen mit der Schulaufsichtsbehörde oder der von ihr bestimmten Stelle berufen.

(5) Für die mit Ermächtigung der Handwerkskammer von der Handwerksinnung errichteten Prüfungsausschüsse werden die Arbeitgeber und die Beauftragten der Arbeitgeber von der Innungsversammlung, die Arbeitnehmer und die Beauftragten der Arbeitnehmer von dem Gesellenausschuss gewählt. Die Lehrkraft einer berufsbildenden Schule wird im Einvernehmen mit der Schulaufsichtsbehörde oder der von ihr bestimmten Stelle nach Anhörung der Handwerksinnung von der Handwerkskammer berufen.

(6) Die Mitglieder der Prüfungsausschüsse können nach Anhörung der an ihrer Berufung Beteiligten aus wichtigem Grund abberufen werden. Die Absätze 4 und 5 gelten für die Stellvertreter entsprechend.

(7) Die Handwerkskammer oder die nach § 33 Absatz 1 Satz 3 von der Handwerkskammer zur Errichtung von Prüfungsausschüssen ermächtigte Handwerksinnung kann weitere Prüfende für den Einsatz in Prüferdelegationen nach § 35a Absatz 2 berufen. Die Berufung weiterer Prüfender kann auf bestimmte Prüf- oder Fachgebiete beschränkt werden. Die Absätze 4 bis 6 sind entsprechend anzuwenden.

(8) Die für die Berufung von Prüfungsausschussmitgliedern Vorschlagsberechtigten sind über die Anzahl und die Größe der einzurichtenden Prüfungsausschüsse so-

wie über die Zahl der von ihnen vorzuschlagenden weiteren Prüfenden zu unterrichten. Die Vorschlagsberechtigten werden von der Handwerkskammer oder im Fall des § 33 Absatz 1 Satz 2 von der Innung darüber unterrichtet, welche der von ihnen vorgeschlagenen Mitglieder sowie Stellvertreter und Stellvertreterinnen und weiteren Prüfenden berufen wurden.

(9) Die Tätigkeit im Prüfungsausschuss oder in einer Prüferdelegation ist ehrenamtlich. Für bare Auslagen und für Zeitversäumnis ist, soweit eine Entschädigung nicht von anderer Seite gewährt wird, eine angemessene Entschädigung zu zahlen, deren Höhe von der Handwerkskammer mit Genehmigung der obersten Landesbehörde festgesetzt wird. Die Entschädigung für Zeitversäumnis hat mindestens im Umfang von § 16 des Justizvergütungs- und -entschädigungsgesetzes in der jeweils geltenden Fassung zu erfolgen.

(9a) Prüfende sind von ihrem Arbeitgeber von der Erbringung der Arbeitsleistung freizustellen, wenn

1. es zur ordnungsgemäßen Durchführung der ihnen durch das Gesetz zugewiesenen Aufgaben erforderlich ist und

2. wichtige betriebliche Gründe nicht entgegenstehen.

(10) Von Absatz 2 darf nur abgewichen werden, wenn anderenfalls die erforderliche Zahl von Mitgliedern des Prüfungsausschusses nicht berufen werden kann.

§ 35

Der Prüfungsausschuss wählt aus seiner Mitte einen Vorsitzenden und dessen Stellvertreter. Der Vorsitzende und sein Stellvertreter sollen nicht derselben Mitgliedergruppe angehören. Der Prüfungsausschuss ist beschlussfähig, wenn zwei Drittel der Mitglieder, mindestens drei, mitwirken. Er beschließt mit der Mehrheit der abgegebenen Stimmen. Bei Stimmengleichheit gibt die Stimme des Vorsitzenden den Ausschlag.

§ 35a

(1) Der Prüfungsausschuss fasst die Beschlüsse über

1. die Noten zur Bewertung einzelner Prüfungsleistungen, die er selbst abgenommen hat,

2. die Noten zur Bewertung der Prüfung insgesamt sowie

3. das Bestehen oder Nichtbestehen der Gesellenprüfung.

(2) Die zuständige Stelle kann im Einvernehmen mit den Mitgliedern des Prüfungsausschusses die Abnahme und abschließende Bewertung von Prüfungsleistungen auf Prüferdelegationen übertragen. Für die Zusammensetzung von Prüferdelegationen und für die Abstimmungen in der Prüferdelegation sind § 34 Absatz 1 bis 3 und § 35 Satz 3 bis 5 entsprechend anzuwenden. Mitglieder von Prüferdelegationen können die Mitglieder des Prüfungsausschusses, deren Stellvertreter und Stellvertreterinnen sowie weitere Prüfende sein, die durch die Handwerkskammer nach § 34 Absatz 7 berufen worden sind.

(3) Die zuständige Stelle hat vor Beginn der Prüfung über die Bildung von Prüferdelegationen, über deren Mitglieder sowie über deren Stellvertreter und Stellvertreterinnen zu entscheiden. Prüfende können Mitglieder mehrerer Prüferdelegationen sein. Sind verschiedene Prüfungsleistungen derart aufeinander bezogen, dass deren Beurteilung nur einheitlich erfolgen kann, so müssen diese Prüfungsleistungen von denselben Prüfenden abgenommen werden.

(4) Nach § 38 Absatz 2 Satz 2 erstellte oder ausgewählte Antwort-Wahl-Aufgaben können automatisiert ausgewertet werden, wenn das Aufgabenerstellungs- oder Aufgabenauswahlgremium festgelegt hat, welche Antworten als zutreffend anerkannt werden. Die Ergebnisse sind vom Prüfungsausschuss zu übernehmen.

(5) Der Prüfungsausschuss oder die Prüferdelegation kann einvernehmlich die Abnahme und Bewertung einzelner schriftlicher oder sonstiger Prüfungsleistungen, deren Bewertung unabhängig von der Anwesenheit bei der Erbringung erfolgen kann, so vornehmen, dass zwei seiner oder ihrer Mitglieder die Prüfungsleistungen selbständig und unabhängig bewerten. Weichen die auf der Grundlage des in der Prüfungsordnung vorgesehenen Bewertungsschlüssels erfolgten Bewertungen der beiden Prüfenden um nicht mehr als 10 Prozent der erreichbaren Punkte voneinander ab, so errechnet sich die endgültige Bewertung aus dem Durchschnitt der beiden Bewertungen. Bei einer größeren Abweichung erfolgt die endgültige Bewertung durch ein vorab bestimmtes weiteres Mitglied des Prüfungsausschusses oder der Prüferdelegation.

(6) Sieht die Ausbildungsordnung vor, dass Auszubildende bei erfolgreichem Abschluss eines zweijährigen Ausbildungsberufs vom ersten Teil der Gesellenprüfung eines darauf aufbauenden drei- oder dreieinhalbjährigen Ausbildungsberufs befreit sind, so ist das Ergebnis der Gesellenprüfung des zweijährigen Ausbildungsberufs vom Prüfungsausschuss als das Ergebnis des ersten Teils der Gesellenprüfung des auf dem zweijährigen Ausbildungsberuf aufbauenden drei- oder dreieinhalbjährigen Ausbildungsberufs zu übernehmen.

§ 36

(1) Zur Gesellenprüfung ist zuzulassen,

1. wer die Ausbildungsdauer zurückgelegt hat oder wessen Ausbildungsdauer nicht später als zwei Monate nach dem Prüfungstermin endet,

2. wer an vorgeschriebenen Zwischenprüfungen teilgenommen sowie einen vom Ausbilder und Auszubildenden unterzeichneten Ausbildungsnachweis nach § 13 Satz 2 Nummer 7 des Berufsbildungsgesetzes vorgelegt hat und

3. wessen Berufsausbildungsverhältnis in die Lehrlingsrolle eingetragen oder aus einem Grunde nicht eingetragen ist, den weder der Lehrling (Auszubildende) noch dessen gesetzlicher Vertreter zu vertreten hat.

(2) Zur Gesellenprüfung ist ferner zuzulassen, wer in einer berufsbildenden Schule oder einer sonstigen Berufsbildungseinrichtung ausgebildet worden ist, wenn dieser Bildungsgang der Berufsausbildung in einem anerkannten Ausbildungsberuf (Gewerbe der Anlage A oder der Anlage B) entspricht. Ein Bildungsgang entspricht der Berufsausbildung in einem anerkannten Ausbildungsberuf, wenn er

1. nach Inhalt, Anforderung und zeitlichem Umfang der jeweiligen Ausbildungsordnung gleichwertig ist,

2. systematisch, insbesondere im Rahmen einer sachlichen und zeitlichen Gliederung durchgeführt wird, und

3. durch Lernortkooperation einen angemessenen Anteil an fachpraktischer Ausbildung gewährleistet.

§ 36a

(1) Sofern die Gesellenprüfung in zwei zeitlich auseinanderfallenden Teilen durchgeführt wird, ist über die Zulassung jeweils gesondert zu entscheiden.

(2) Zum ersten Teil der Gesellenprüfung ist zuzulassen, wer die in der Ausbildungsordnung vorgeschriebene, erforderliche Ausbildungsdauer zurückgelegt hat und die Voraussetzungen des § 36 Abs. 1 Nr. 2 und 3 erfüllt.

(3) Zum zweiten Teil der Gesellenprüfung ist zuzulassen, wer

1. über die Voraussetzungen des § 36 Absatz 1 hinaus am ersten Teil der Gesellenprüfung teilgenommen hat,

2. auf Grund einer Rechtsverordnung nach § 26 Absatz 2 Satz 1 Nummer 2b von der Ablegung des ersten Teils der Gesellenprüfung befreit ist oder

3. aus Gründen, die er nicht zu vertreten hat, am ersten Teil der Gesellenprüfung nicht teilgenommen hat.

Im Fall des Satzes 1 Nummer 3 ist der erste Teil der Gesellenprüfung zusammen mit dem zweiten Teil abzulegen.

§ 37

(1) Der Lehrling (Auszubildende) kann nach Anhörung des Ausbildenden und der Berufsschule vor Ablauf seiner Ausbildungsdauer zur Gesellenprüfung zugelassen werden, wenn seine Leistungen dies rechtfertigen.

(2) Zur Gesellenprüfung ist auch zuzulassen, wer nachweist, dass er mindestens das Eineinhalbfache der Zeit, die als Ausbildungsdauer vorgeschrieben ist, in dem Beruf tätig gewesen ist, in dem er die Prüfung ablegen will. Als Zeiten der Berufstätigkeit gelten auch Ausbildungszeiten in einem anderen, einschlägigen Ausbildungsberuf. Vom Nachweis der Mindestzeit nach Satz 1 kann ganz oder teilweise abgesehen werden, wenn durch Vorlage von Zeugnissen oder auf andere Weise glaubhaft gemacht wird, dass der Bewerber die berufliche Handlungsfähigkeit erworben hat, die die Zulassung zur Prüfung rechtfertigt. Ausländische Bildungsabschlüsse und Zeiten der Berufstätigkeit im Ausland sind dabei zu berücksichtigen.

(3) Soldaten auf Zeit und ehemalige Soldaten sind nach Absatz 2 Satz 3 zur Gesellenprüfung zuzulassen, wenn das Bundesministerium der Verteidigung oder die von ihm bestimmte Stelle bescheinigt, dass der Bewerber berufliche Fertigkeiten, Kenntnisse und Fähigkeiten erworben hat, welche die Zulassung zur Prüfung rechtfertigen.

§37a

(1) Über die Zulassung zur Gesellenprüfung entscheidet der Vorsitzende des Prüfungsausschusses. Hält er die Zulassungsvoraussetzungen nicht für gegeben, so entscheidet der Prüfungsausschuss.

(2) Auszubildenden, die Elternzeit in Anspruch genommen haben, darf bei der Entscheidung über die Zulassung hieraus kein Nachteil erwachsen.

§38

(1) Die Handwerkskammer hat eine Prüfungsordnung für die Gesellenprüfung zu erlassen. Die Prüfungsordnung bedarf der Genehmigung der zuständigen obersten Landesbehörde.

(2) Die Prüfungsordnung muss die Zulassung, die Gliederung der Prüfung, die Bewertungsmaßstäbe, die Erteilung der Prüfungszeugnisse, die Folgen von Verstößen gegen die Prüfungsordnung und die Wiederholungsprüfung regeln. Sie kann vorsehen, dass Prüfungsaufgaben, die überregional oder von einem Aufgabenerstellungsausschuss bei der Handwerkskammer erstellt oder ausgewählt werden, zu übernehmen sind, sofern diese Aufgaben von Gremien erstellt oder ausgewählt werden, die entsprechend §34 Abs. 2 zusammengesetzt sind.

(3) Der Hauptausschuss des Bundesinstituts für Berufsbildung erlässt für die Prüfungsordnung Richtlinien.

§39

(1) Während der Berufsausbildung ist zur Ermittlung des Ausbildungsstands eine Zwischenprüfung entsprechend der Ausbildungsordnung durchzuführen. Die §§31 bis 33 gelten entsprechend.

(2) Die Zwischenprüfung entfällt, sofern

1. die Ausbildungsordnung vorsieht, dass die Gesellenprüfung in zwei zeitlich auseinanderfallenden Teilen durchgeführt wird, oder

2. die Ausbildungsordnung vorsieht, dass auf die Dauer der durch die Ausbildungsordnung geregelten Berufsausbildung die Dauer einer anderen abgeschlossenen Berufsausbildung im Umfang von mindestens zwei Jahren anzurechnen ist, und die Vertragsparteien die Anrechnung mit mindestens dieser Dauer vereinbart haben.

(3) Umzuschulende sind auf ihren Antrag zur Zwischenprüfung zuzulassen.

§39a

(1) Zusätzliche berufliche Fertigkeiten, Kenntnisse und Fähigkeiten nach §26 Abs. 2 Nr. 5 werden gesondert geprüft und bescheinigt. Das Ergebnis der Prüfung nach §31 bleibt unberührt.

(2) §31 Abs. 3 und 4 sowie die §§33 bis 35a und 38 gelten entsprechend.

§40

(1) Das Bundesministerium für Wirtschaft und Energie kann im Einvernehmen mit dem Bundesministerium für Bildung und Forschung nach Anhörung des Hauptausschusses des Bundesinstituts für Berufsbildung durch Rechtsverordnung außerhalb des Anwendungsbereichs dieses Gesetzes erworbene Prüfungszeugnisse den entsprechenden Zeugnissen über das Bestehen der Gesellenprüfung gleichstellen, wenn die Berufsausbildung und die in der Prüfung nachzuweisenden beruflichen Fertigkeiten, Kenntnisse und Fähigkeiten gleichwertig sind.*

(2) Das Bundesministerium für Wirtschaft und Energie kann im Einvernehmen mit dem Bundesministerium für Bildung und Forschung nach Anhörung des Hauptausschusses des Bundesinstituts für Berufsbildung durch Rechtsverordnung im Ausland erworbene Prüfungszeugnisse den entsprechenden Zeugnissen über das Bestehen der Gesellenprüfung gleichstellen, wenn die in der Prüfung nachzuweisenden beruflichen Fertigkeiten, Kenntnisse und Fähigkeiten gleichwertig sind.**

§40a

Ausländische Ausbildungsnachweise stehen der Gesellenprüfung im Sinne dieses Gesetzes und der auf ihm beruhenden Rechtsverordnungen gleich, wenn ihre Gleichwertigkeit festgestellt wurde. § 50b Absatz 4 gilt entsprechend. Die Vorschriften des Berufsqualifikationsfeststellungsgesetzes für nicht reglementierte Berufe sowie § 17 sind anzuwenden.

Fünfter Abschnitt

Regelung und Überwachung der Berufsausbildung

§41

Soweit Vorschriften nicht bestehen, regelt die Handwerkskammer die Durchführung der Berufsausbildung im Rahmen der gesetzlichen Vorschriften.

§41a

(1) Die Handwerkskammer überwacht die Durchführung

1. der Berufsausbildungsvorbereitung,

2. der Berufsausbildung und

3. der beruflichen Umschulung

---

* *Entsprechende Rechtsverordnungen sind für Prüfungszeugnisse der Staatlichen Glasfachschule Rheinbach, der Staatlichen Glasfachschule Hadamar, der Berufsfachschule für das Holz und Elfenbein verarbeitende Handwerk in Michelstadt, der staatlich anerkannten Hiberniaschule Herne, der Berufsfachschule – Handwerksberufe – an der Berufsbildenden Schule des Bezirksverbandes Pfalz in Kaiserslautern sowie der Staatlichen Zeichenakademie Hanau erlassen worden. Auf den Abdruck der Verordnungen wird in dieser Ausgabe verzichtet.*

** *Entsprechende Verordnungen über die Gleichstellung französischer bzw. österreichischer Prüfungszeugnisse sind erlassen worden; vgl. S. 229 ff. und 235 ff.*

und fördert diese durch Beratung der an der Berufsbildung beteiligten Personen. Sie hat zu diesem Zweck Berater zu bestellen. § 111 ist anzuwenden.

(2) Ausbildende, Umschulende und Anbieter von Maßnahmen der Berufsausbildungsvorbereitung sind auf Verlangen verpflichtet, die für die Überwachung notwendigen Auskünfte zu erteilen und Unterlagen vorzulegen sowie die Besichtigung der Ausbildungsstätten zu gestatten.

(3) Die Durchführung von Auslandsaufenthalten nach § 2 Abs. 3 des Berufsbildungsgesetzes überwacht und fördert die Handwerkskammer in geeigneter Weise. Beträgt die Dauer eines Ausbildungsabschnitts im Ausland mehr als acht Wochen, ist hierfür ein mit der Handwerkskammer abgestimmter Plan erforderlich.

(4) Die Handwerkskammer teilt der Aufsichtsbehörde nach dem Jugendarbeitsschutzgesetz Wahrnehmungen mit, die für die Durchführung des Jugendarbeitsschutzgesetzes von Bedeutung sein können.

Sechster Abschnitt
Berufliche Fortbildung, berufliche Umschulung
§ 42

(1) Als Grundlage für eine einheitliche höherqualifizierende Berufsbildung kann das Bundesministerium für Bildung und Forschung im Einvernehmen mit dem Bundesministerium für Wirtschaft und Energie nach Anhörung des Hauptausschusses des Bundesinstituts für Berufsbildung durch Rechtsverordnung, die nicht der Zustimmung des Bundesrates bedarf, Abschlüsse der höherqualifizierenden Berufsbildung anerkennen und hierfür Prüfungsregelungen erlassen (Fortbildungsordnungen).

(2) Die Fortbildungsordnungen haben festzulegen:

1. die Bezeichnung des Fortbildungsabschlusses,

2. die Fortbildungsstufe,

3. das Ziel, den Inhalt und die Anforderungen der Prüfung,

4. die Zulassungsvoraussetzungen für die Prüfung und

5. das Prüfungsverfahren.

§ 42a

(1) Die Fortbildungsstufen der höherqualifizierenden Berufsbildung sind

1. als erste Fortbildungsstufe der Geprüfte Berufsspezialist und die Geprüfte Berufsspezialistin,

2. als zweite Fortbildungsstufe der Bachelor Professional und

3. als dritte Fortbildungsstufe der Master Professional.

(2) Jede Fortbildungsordnung, die eine höherqualifizierende Berufsbildung der ersten Fortbildungsstufe regelt, soll auf einen Abschluss der zweiten Fortbildungsstufe hinführen.

§ 42b

(1) Den Fortbildungsabschluss des Geprüften Berufsspezialisten oder der Geprüften Berufsspezialistin erlangt, wer eine Prüfung der ersten beruflichen Fortbildungsstufe besteht.

(2) In der Fortbildungsprüfung der ersten beruflichen Fortbildungsstufe wird festgestellt, ob der Prüfling

1. die Fertigkeiten, Kenntnisse und Fähigkeiten, die er in der Regel im Rahmen der Berufsausbildung erworben hat, vertieft hat und

2. die in der Regel im Rahmen der Berufsausbildung erworbene berufliche Handlungsfähigkeit um neue Fertigkeiten, Kenntnisse und Fähigkeiten ergänzt hat.

Der Lernumfang für den Erwerb dieser Fertigkeiten, Kenntnisse und Fähigkeiten soll mindestens 400 Stunden betragen.

(3) Als Zulassungsvoraussetzung für eine Prüfung der ersten beruflichen Fortbildungsstufe ist als Regelzugang der Abschluss in einem anerkannten Ausbildungsberuf vorzusehen.

(4) Die Bezeichnung eines Fortbildungsabschlusses der ersten beruflichen Fortbildungsstufe beginnt mit den Wörtern „Geprüfter Berufsspezialist für" oder „Geprüfte Berufsspezialistin für". Die Fortbildungsordnung kann vorsehen, dass dieser Abschlussbezeichnung eine weitere Abschlussbezeichnung vorangestellt wird. Die Abschlussbezeichnung der ersten beruflichen Fortbildungsstufe darf nur führen, wer

1. die Prüfung der ersten beruflichen Fortbildungsstufe bestanden hat oder

2. die Prüfung einer gleichwertigen beruflichen Fortbildung auf der Grundlage bundes- oder landesrechtlicher Regelungen, die diese Abschlussbezeichnung vorsehen, bestanden hat.

§ 42c

(1) Den Fortbildungsabschluss Bachelor Professional erlangt, wer eine Prüfung der zweiten beruflichen Fortbildungsstufe erfolgreich besteht.

(2) In der Fortbildungsprüfung der zweiten beruflichen Fortbildungsstufe wird festgestellt, ob der Prüfling in der Lage ist, Fach- und Führungsfunktionen zu übernehmen, in denen zu verantwortende Leitungsprozesse von Organisationen eigenständig gesteuert werden, eigenständig ausgeführt werden und dafür Mitarbeiter und Mitarbeiterinnen geführt werden. Der Lernumfang für den Erwerb dieser Fertigkeiten, Kenntnisse und Fähigkeiten soll mindestens 1 200 Stunden betragen.

(3) Als Voraussetzung zur Zulassung für eine Prüfung der zweiten beruflichen Fortbildungsstufe ist als Regelzugang vorzusehen:

1. der Abschluss in einem anerkannten Ausbildungsberuf oder

2. ein Abschluss der ersten beruflichen Fortbildungsstufe.

(4) Die Bezeichnung eines Fortbildungsabschlusses der zweiten beruflichen Fortbildungsstufe beginnt mit den Wörtern „Bachelor Professional in". Die Fortbildungsordnung kann vorsehen, dass dieser Abschlussbezeichnung eine weitere Abschluss-

bezeichnung vorangestellt wird. Die Abschlussbezeichnung der zweiten beruflichen Fortbildungsstufe darf nur führen, wer

1. die Prüfung der zweiten beruflichen Fortbildungsstufe bestanden hat oder

2. die Prüfung einer gleichwertigen beruflichen Fortbildung auf der Grundlage bundes- oder landesrechtlicher Regelungen, die diese Abschlussbezeichnung vorsehen, bestanden hat.

Die §§ 51 und 51d bleiben unberührt.

§ 42d

(1) Den Fortbildungsabschluss Master Professional erlangt, wer die Prüfung der dritten beruflichen Fortbildungsstufe besteht.

(2) In der Fortbildungsprüfung der dritten beruflichen Fortbildungsstufe wird festgestellt, ob der Prüfling

1. die Fertigkeiten, Kenntnisse und Fähigkeiten, die er in der Regel mit der Vorbereitung auf eine Fortbildungsprüfung der zweiten Fortbildungsstufe erworben hat, vertieft hat und

2. neue Fertigkeiten, Kenntnisse und Fähigkeiten erworben hat, die erforderlich sind für die verantwortliche Führung von Organisationen oder zur Bearbeitung von neuen, komplexen Aufgaben- und Problemstellungen wie der Entwicklung von Verfahren und Produkten. Der Lernumfang für den Erwerb dieser Fertigkeiten, Kenntnisse und Fähigkeiten soll mindestens 1 600 Stunden betragen.

(3) Als Voraussetzung zur Zulassung für eine Prüfung der dritten beruflichen Fortbildungsstufe ist als Regelzugang ein Abschluss auf der zweiten beruflichen Fortbildungsstufe oder eine bestandene Meisterprüfung vorzusehen.

(4) Die Bezeichnung eines Fortbildungsabschlusses der dritten beruflichen Fortbildungsstufe beginnt mit den Wörtern „Master Professional in". Die Fortbildungsordnung kann vorsehen, dass dieser Abschlussbezeichnung eine weitere Abschlussbezeichnung vorangestellt wird. Die Abschlussbezeichnung der dritten beruflichen Fortbildungsstufe darf führen, wer

1. die Prüfung der dritten beruflichen Fortbildungsstufe bestanden hat oder

2. die Prüfung einer gleichwertigen beruflichen Fortbildung auf der Grundlage bundes- oder landesrechtlicher Regelungen, die diese Abschlussbezeichnung vorsehen, bestanden hat.

§42e

(1) Als Grundlage für eine einheitliche Anpassungsfortbildung kann das Bundesministerium für Bildung und Forschung im Einvernehmen mit dem Bundesministerium für Wirtschaft und Energie nach Anhörung des Hauptausschusses des Bundesinstituts für Berufsbildung durch Rechtsverordnung, die nicht der Zustimmung des Bundesrates bedarf, Fortbildungsabschlüsse anerkennen und hierfür Prüfungsregelungen erlassen (Anpassungsfortbildungsordnungen).

(2) Die Anpassungsfortbildungsordnungen haben festzulegen:

1. die Bezeichnung des Fortbildungsabschlusses,

2. das Ziel, den Inhalt und die Anforderungen der Prüfung,

3. die Zulassungsvoraussetzungen und

4. das Prüfungsverfahren.

§ 42f

(1) Sofern für einen Fortbildungsabschluss weder eine Fortbildungsordnung noch eine Anpassungsfortbildungsordnung erlassen worden ist, kann die Handwerkskammer Fortbildungsprüfungsregelungen erlassen.

(2) Die Fortbildungsprüfungsregelungen haben festzulegen:

1. die Bezeichnung des Fortbildungsabschlusses,

2. das Ziel, den Inhalt und die Anforderungen der Prüfungen,

3. die Zulassungsvoraussetzungen für die Prüfung und

4. das Prüfungsverfahren.

(3) Bestätigt die zuständige oberste Landesbehörde,

1. dass die Fortbildungsprüfungsregelungen die Voraussetzungen des § 42b Absatz 2 und 3 sowie des § 42a Absatz 2 erfüllen, so beginnt die Bezeichnung des Fortbildungsabschlusses mit den Wörtern „Geprüfter Berufsspezialist für" oder „Geprüfte Berufsspezialistin für",

2. dass die Fortbildungsprüfungsregelungen die Voraussetzungen des § 42c Absatz 2 und 3 erfüllen, so beginnt die Bezeichnung des Fortbildungsabschlusses mit den Wörtern „Bachelor Professional in ",

3. dass die Fortbildungsprüfungsregelungen die Voraussetzungen des § 42d Absatz 2 und 3 erfüllen, so beginnt die Bezeichnung des Fortbildungsabschlusses mit den Wörtern „Master Professional in".

Der Abschlussbezeichnung nach Satz 1 ist in Klammern ein Zusatz beizufügen, aus dem sich zweifelsfrei die Handwerkskammer ergibt, die die Fortbildungsprüfungsregelungen erlassen hat. Die Fortbildungsprüfungsregelungen können vorsehen, dass dieser Abschlussbezeichnung eine weitere Abschlussbezeichnung vorangestellt wird.

(4) Eine Abschlussbezeichnung, die in einer von der zuständigen obersten Landesbehörde bestätigten Fortbildungsprüfungsregelung enthalten ist, darf nur führen, wer die Prüfung bestanden hat. § 42c Absatz 4 Satz 2 und 3 sowie § 42d Absatz 4 Satz 2 und 3 bleiben unberührt.

§ 42g

Sofern Fortbildungsordnungen, Anpassungsfortbildungsordnungen oder Fortbildungsprüfungsregelungen nach § 42f Zulassungsvoraussetzungen zu Prüfungen vorsehen, sind ausländische Bildungsabschlüsse und Zeiten der Berufstätigkeit im Ausland zu berücksichtigen.

§ 42h

(1) Für die Durchführung von Prüfungen im Bereich der beruflichen Fortbildung errichtet die Handwerkskammer Prüfungsausschüsse. § 31 Absatz 2 Satz 1 und 2 und Absatz 3 Satz 1 sowie § 33 Absatz 1 Satz 2, Absatz 3 und 4 und die §§ 34 bis 35a, 37a und 38 sind entsprechend anzuwenden.

(2) Der Prüfling ist auf Antrag von der Ablegung einzelner Prüfungsbestandteile durch die Handwerkskammer zu befreien, wenn

1. er eine andere vergleichbare Prüfung vor einer öffentlichen oder einer staatlich anerkannten Bildungseinrichtung oder vor einem staatlichen Prüfungsausschuss erfolgreich abgelegt hat und

2. die Anmeldung zur Fortbildungsprüfung innerhalb von zehn Jahren nach der Bekanntgabe des Bestehens der Prüfung erfolgt.

§ 42i

Das Bundesministerium für Wirtschaft und Energie kann im Einvernehmen mit dem Bundesministerium für Bildung und Forschung nach Anhörung des Hauptausschusses des Bundesinstituts für Berufsbildung durch Rechtsverordnung Prüfungszeugnisse, die außerhalb des Anwendungsbereichs dieses Gesetzes oder im Ausland erworben worden sind, den entsprechenden Zeugnissen über das Bestehen einer Fortbildungsprüfung auf der Grundlage der §§ 42b bis 42f gleichstellen, wenn die in der Prüfung nachzuweisenden beruflichen Fertigkeiten, Kenntnisse und Fähigkeiten gleichwertig sind.

§ 42j

Als Grundlage für eine geordnete und einheitliche berufliche Umschulung kann das Bundesministerium für Bildung und Forschung im Einvernehmen mit dem Bundesministerium für Wirtschaft und Energie nach Anhörung des Hauptausschusses des Bundesinstituts für Berufsbildung durch Rechtsverordnung, die nicht der Zustimmung des Bundesrates bedarf,

1. die Bezeichnung des Umschulungsabschlusses,

2. das Ziel, den Inhalt, die Art und Dauer der Umschulung,

3. die Anforderungen der Umschulungsprüfung und ihre Zulassungsvoraussetzungen sowie

4. das Prüfungsverfahren der Umschulung

unter Berücksichtigung der besonderen Erfordernisse der beruflichen Erwachsenenbildung bestimmen (Umschulungsordnung).

§ 42k

Soweit Rechtsverordnungen nach § 42j nicht erlassen sind, kann die Handwerkskammer Umschulungsprüfungsregelungen erlassen. Die Handwerkskammer regelt die Bezeichnung des Umschulungsabschlusses, Ziel, Inhalt und Anforderungen der Prüfungen, ihre Zulassungsvoraussetzungen sowie das Prüfungsverfahren unter Berücksichtigung der besonderen Erfordernisse beruflicher Erwachsenenbildung.

§ 42l

Sofern sich die Umschulungsordnung (§ 42j) oder eine Regelung der Handwerkskammer (§ 42k) auf die Umschulung für einen anerkannten Ausbildungsberuf (Gewerbe der Anlage A oder der Anlage B) richtet, sind das Ausbildungsberufsbild (§ 26 Abs. 1 Nr. 3), der Ausbildungsrahmenplan (§ 26 Abs. 1 Nr. 4) und die Prüfungsanforderungen (§ 26 Abs. 1 Nr. 5) zugrunde zu legen. Die §§ 21 bis 24 gelten entsprechend.

§ 42m

Sofern die Umschulungsordnung (§ 42j) oder eine Regelung der Handwerkskammer (§ 42k) Zulassungsvoraussetzungen vorsieht, sind ausländische Bildungsabschlüsse und Zeiten der Berufstätigkeit im Ausland zu berücksichtigen.

§ 42n

(1) Maßnahmen der beruflichen Umschulung müssen nach Inhalt, Art, Ziel und Dauer den besonderen Erfordernissen der beruflichen Erwachsenenbildung entsprechen.

(2) Der Umschulende hat die Durchführung der beruflichen Umschulung unverzüglich vor Beginn der Maßnahme der Handwerkskammer schriftlich anzuzeigen. Die Anzeigepflicht erstreckt sich auf den wesentlichen Inhalt des Umschulungsverhältnisses. Bei Abschluss eines Umschulungsvertrages ist eine Ausfertigung der Vertragsniederschrift beizufügen.

(3) Für die Durchführung von Prüfungen im Bereich der beruflichen Umschulung errichtet die Handwerkskammer Prüfungsausschüsse. § 31 Abs. 2 und 3 sowie § 33 Absatz 3 und die §§ 34 bis 35a, 37a und 38 gelten entsprechend.

(4) Der Prüfling ist auf Antrag von der Ablegung einzelner Prüfungsbestandteile durch die Handwerkskammer zu befreien, wenn er eine andere vergleichbare Prüfung vor einer öffentlichen oder staatlich anerkannten Bildungseinrichtung oder vor einem staatlichen Prüfungsausschuss erfolgreich abgelegt hat und die Anmeldung zur Umschulungsprüfung innerhalb von zehn Jahren nach der Bekanntgabe des Bestehens der anderen Prüfung erfolgt.

§ 42o

Das Bundesministerium für Wirtschaft und Energie kann im Einvernehmen mit dem Bundesministerium für Bildung und Forschung nach Anhörung des Hauptausschusses des Bundesinstituts für Berufsbildung durch Rechtsverordnung außerhalb des Anwendungsbereichs dieses Gesetzes oder im Ausland erworbene Prüfungszeugnisse den entsprechenden Zeugnissen über das Bestehen einer Umschulungsprüfung auf der Grundlage der §§ 42j und 42k gleichstellen, wenn die in der Prüfung nachzuweisenden beruflichen Fertigkeiten, Kenntnisse und Fähigkeiten gleichwertig sind.

Siebenter Abschnitt

Berufliche Bildung behinderter Menschen, Berufsausbildungsvorbereitung

§ 42p

Behinderte Menschen (§ 2 Abs. 1 Satz 1 des Neunten Buches Sozialgesetzbuch) sollen in anerkannten Ausbildungsberufen ausgebildet werden.

§ 42q

(1) Regelungen nach den §§ 38 und 41 sollen die besonderen Verhältnisse behinderter Menschen berücksichtigen. Dies gilt insbesondere für die zeitliche und sachliche Gliederung der Ausbildung, die Dauer von Prüfungszeiten, die Zulassung von Hilfsmitteln und die Inanspruchnahme von Hilfeleistungen Dritter, wie Gebärdendolmetscher für hörbehinderte Menschen.

(2) Der Berufsausbildungsvertrag mit einem behinderten Menschen ist in die Lehrlingsrolle (§ 28) einzutragen. Der behinderte Mensch ist zur Gesellenprüfung auch zuzulassen, wenn die Voraussetzungen des § 36 Abs. 1 Nr. 2 und 3 nicht vorliegen.

§ 42r

(1) Für behinderte Menschen, für die wegen Art und Schwere ihrer Behinderung eine Ausbildung in einem anerkannten Ausbildungsberuf nicht in Betracht kommt, trifft die Handwerkskammer auf Antrag der behinderten Menschen und ihrer gesetzlichen Vertreter Ausbildungsregelungen entsprechend den Empfehlungen des Hauptausschusses des Bundesinstituts für Berufsbildung. Die Ausbildungsinhalte sollen unter Berücksichtigung von Lage und Entwicklung des allgemeinen Arbeitsmarktes aus den Inhalten anerkannter Ausbildungsberufe entwickelt werden. Im Antrag nach Satz 1 ist eine Ausbildungsmöglichkeit in dem angestrebten Ausbildungsgang nachzuweisen.

(2) § 42q Absatz 2 Satz 1 ist entsprechend anzuwenden.

§ 42s

Für die berufliche Fortbildung und die berufliche Umschulung behinderter Menschen gelten die §§ 42p bis 42r entsprechend, soweit Art und Schwere der Behinderung dies erfordern.

§ 42t

(1) Die Berufsausbildungsvorbereitung richtet sich an lernbeeinträchtigte oder sozial benachteiligte Personen, deren Entwicklungsstand eine erfolgreiche Ausbildung in einem anerkannten Ausbildungsberuf (Gewerbe der Anlage A oder der Anlage B) noch nicht erwarten lässt. Sie muss nach Inhalt, Art, Ziel und Dauer den besonderen Erfordernissen des in Satz 1 genannten Personenkreises entsprechen und durch umfassende sozialpädagogische Betreuung und Unterstützung begleitet werden.

(2) Für die Berufsausbildungsvorbereitung, die nicht im Rahmen des Dritten Buches Sozialgesetzbuch oder anderer vergleichbarer, öffentlich geförderter Maßnahmen durchgeführt wird, gelten die §§ 21 bis 24 entsprechend.

§ 42u

(1) Die Vermittlung von Grundlagen für den Erwerb beruflicher Handlungsfähigkeit (§ 1 Abs. 2 des Berufsbildungsgesetzes) kann insbesondere durch inhaltlich und zeitlich abgegrenzte Lerneinheiten erfolgen, die aus den Inhalten anerkannter Ausbildungsberufe (Gewerbe der Anlage A oder der Anlage B) entwickelt werden (Qualifizierungsbausteine).

(2) Über vermittelte Grundlagen für den Erwerb beruflicher Handlungsfähigkeit stellt der Anbieter der Berufsausbildungsvorbereitung eine Bescheinigung aus. Das Nähere regelt das Bundesministerium für Bildung und Forschung im Einvernehmen mit dem Bundesministerium für Wirtschaft und Energie nach Anhörung des Hauptausschusses des Bundesinstituts für Berufsbildung durch Rechtsverordnung, die nicht der Zustimmung des Bundesrates bedarf.

§ 42v

(1) Die nach Landesrecht zuständige Behörde hat die Berufsausbildungsvorbereitung zu untersagen, wenn die Voraussetzungen des § 42t Absatz 1 nicht vorliegen.

(2) Der Anbieter hat die Durchführung von Maßnahmen der Berufsausbildungsvorbereitung vor Beginn der Maßnahme der Handwerkskammer schriftlich anzuzeigen. Die Anzeigepflicht erstreckt sich auf den wesentlichen Inhalt des Qualifizierungsvertrages.

(3) Die Absätze 1 und 2 sowie § 41a finden keine Anwendung, soweit die Berufsausbildungsvorbereitung im Rahmen des Dritten Buches Sozialgesetzbuch oder anderer vergleichbarer, öffentlich geförderter Maßnahmen durchgeführt wird.

Achter Abschnitt

Berufsbildungsausschuss

§ 43

(1) Die Handwerkskammer errichtet einen Berufsbildungsausschuss. Ihm gehören sechs Arbeitgeber, sechs Arbeitnehmer und sechs Lehrkräfte an berufsbildenden Schulen an, die Lehrkräfte mit beratender Stimme.

(2) Die Vertreter der Arbeitgeber werden von der Gruppe der Arbeitgeber, die Vertreter der Arbeitnehmer von der Gruppe der Vertreter der Gesellen und der anderen Arbeitnehmer mit einer abgeschlossenen Berufsausbildung in der Vollversammlung gewählt. Die Lehrkräfte an berufsbildenden Schulen werden von der nach Landesrecht zuständigen Behörde als Mitglieder berufen. Die Amtszeit der Mitglieder beträgt längstens fünf Jahre.

(3) § 34 Absatz 9 gilt entsprechend.

(4) Die Mitglieder können nach Anhören der an ihrer Berufung Beteiligten aus wichtigem Grund abberufen werden.

(5) Die Mitglieder haben Stellvertreter, die bei Verhinderung der Mitglieder an deren Stelle treten. Die Absätze 1 bis 4 gelten für die Stellvertreter entsprechend.

(6) Der Berufsbildungsausschuss wählt aus seiner Mitte einen Vorsitzenden und dessen Stellvertreter. Der Vorsitzende und sein Stellvertreter sollen nicht derselben Mitgliedergruppe angehören.

§ 44

(1) Der Berufsbildungsausschuss ist in allen wichtigen Angelegenheiten der beruflichen Bildung zu unterrichten und zu hören. Er hat im Rahmen seiner Aufgaben auf eine stetige Entwicklung der Qualität der beruflichen Bildung hinzuwirken.

(2) Wichtige Angelegenheiten, in denen der Berufsbildungsausschuss anzuhören ist, sind insbesondere:

1. Erlass von Verwaltungsgrundsätzen über die Eignung von Ausbildungs- und Umschulungsstätten, für das Führen von Ausbildungsnachweisen nach § 13 Satz 2 Nummer 7 des Berufsbildungsgesetzes, für die Verkürzung der Ausbildungsdauer, für die vorzeitige Zulassung zur Gesellenprüfung, für die Durchführung der Prüfungen, zur Durchführung von über- und außerbetrieblicher Ausbildung sowie Verwaltungsrichtlinien zur beruflichen Bildung,

2. Umsetzung der vom Landesausschuss für Berufsbildung (§ 82 des Berufsbildungsgesetzes) empfohlenen Maßnahmen,

3. wesentliche inhaltliche Änderungen des Ausbildungsvertragsmusters.

(3) Wichtige Angelegenheiten, in denen der Berufsbildungsausschuss zu unterrichten ist, sind insbesondere:

1. Zahl und Art der der Handwerkskammer angezeigten Maßnahmen der Berufsausbildungsvorbereitung und beruflichen Umschulung sowie der eingetragenen Berufsausbildungsverhältnisse,

2. Zahl und Ergebnisse von durchgeführten Prüfungen sowie hierbei gewonnene Erfahrungen,

3. Tätigkeit der Berater und Beraterinnen nach § 41a Abs. 1 Satz 2,

4. für den räumlichen und fachlichen Zuständigkeitsbereich der Handwerkskammer neue Formen, Inhalte und Methoden der Berufsbildung,

5. Stellungnahmen oder Vorschläge der Handwerkskammer gegenüber anderen Stellen und Behörden, soweit sie sich auf die Durchführung dieses Gesetzes oder der auf Grund dieses Gesetzes erlassenen Rechtsvorschriften im Bereich der beruflichen Bildung beziehen,

6. Bau eigener überbetrieblicher Berufsbildungsstätten,

7. Beschlüsse nach Absatz 5 sowie beschlossene Haushaltsansätze zur Durchführung der Berufsbildung mit Ausnahme der Personalkosten,

8. Verfahren zur Beilegung von Streitigkeiten aus Ausbildungsverhältnissen.

9. Arbeitsmarktfragen, soweit sie die Berufsbildung im Zuständigkeitsbereich der Handwerkskammer berühren.

(4) Vor einer Beschlussfassung in der Vollversammlung über Vorschriften zur Durchführung der Berufsbildung, insbesondere nach den §§ 41, 42, 42f und 42j bis 42l, ist die Stellungnahme des Berufsbildungsausschusses einzuholen. Der Berufsbildungsausschuss kann der Vollversammlung auch von sich aus Vorschläge für Vorschriften zur Durchführung der Berufsbildung vorlegen. Die Stellungnahmen und Vorschläge des Berufsbildungsausschusses sind zu begründen.

(5) Die Vorschläge und Stellungnahmen des Berufsbildungsausschusses gelten vorbehaltlich der Vorschrift des Satzes 2 als von der Vollversammlung angenommen, wenn sie nicht mit einer Mehrheit von drei Vierteln der Mitglieder der Vollversammlung in ihrer nächsten Sitzung geändert oder abgelehnt werden. Beschlüsse, zu deren Durchführung die für Berufsbildung im laufenden Haushalt vorgesehenen Mittel nicht ausreichen oder zu deren Durchführung in folgenden Haushaltsjahren Mittel bereitgestellt werden müssen, die die Ausgaben für Berufsbildung des laufenden Haushalts nicht unwesentlich übersteigen, bedürfen der Zustimmung der Vollversammlung.

(6) Abweichend von § 43 Abs. 1 haben die Lehrkräfte Stimmrecht bei Beschlüssen zu Angelegenheiten der Berufsausbildungsvorbereitung und Berufsausbildung, soweit sich die Beschlüsse unmittelbar auf die Organisation der schulischen Berufsbildung (§ 2 Abs. 1 Nr. 2 des Berufsbildungsgesetzes) auswirken.

§ 44a

(1) Der Berufsbildungsausschuss ist beschlussfähig, wenn mehr als die Hälfte seiner stimmberechtigten Mitglieder anwesend ist. Er beschließt mit der Mehrheit der abgegebenen Stimmen.

(2) Zur Wirksamkeit eines Beschlusses ist es erforderlich, dass der Gegenstand bei der Einberufung des Ausschusses bezeichnet ist, es sei denn, dass er mit Zustimmung von zwei Dritteln der stimmberechtigten Mitglieder nachträglich auf die Tagesordnung gesetzt wird.

§ 44b

Der Berufsbildungsausschuss gibt sich eine Geschäftsordnung. Sie kann die Bildung von Unterausschüssen vorsehen und bestimmen, dass ihnen nicht nur Mitglieder des Ausschusses angehören. Für die Unterausschüsse gelten § 43 Abs. 2 bis 6 und § 44a entsprechend.

Dritter Teil
Meisterprüfung, Meistertitel

Erster Abschnitt
Meisterprüfung in einem zulassungspflichtigen Handwerk

§ 45

(1) Als Grundlage für ein geordnetes und einheitliches Meisterprüfungswesen für zulassungspflichtige Handwerke kann das Bundesministerium für Wirtschaft und Energie im Einvernehmen mit dem Bundesministerium für Bildung und Forschung durch Rechtsverordnung, die nicht der Zustimmung des Bundesrates bedarf, bestimmen,

1. welche Fertigkeiten und Kenntnisse in den einzelnen zulassungspflichtigen Handwerken zum Zwecke der Meisterprüfung zu berücksichtigen (Meisterprüfungsberufsbild A)

2. welche Anforderungen in der Meisterprüfung zu stellen sind und

3. welche handwerksspezifischen Verfahrensregelungen in der Meisterprüfung gelten.

(2) Durch die Meisterprüfung ist festzustellen, ob der Prüfling befähigt ist, ein zulassungspflichtiges Handwerk meisterhaft auszuüben und selbstständig zu führen sowie Lehrlinge ordnungsgemäß auszubilden. Wer die Meisterprüfung bestanden hat, hat damit auch den Fortbildungsabschluss Bachelor Professional erlangt.

(3) Der Prüfling hat in vier selbstständigen Prüfungsteilen nachzuweisen, dass er wesentliche Tätigkeiten seines Gewerbes meisterhaft verrichten kann (Teil I), die erforderlichen fachtheoretischen Kenntnisse (Teil II), die erforderlichen betriebswirtschaftlichen, kaufmännischen und rechtlichen Kenntnisse (Teil III) sowie die erforderlichen berufs- und arbeitspädagogischen Kenntnisse (Teil IV) besitzt.

(4) Bei der Prüfung in Teil I können in der Rechtsverordnung Schwerpunkte gebildet werden. In dem schwerpunktspezifischen Bereich hat der Prüfling nachzuweisen, dass er wesentliche Tätigkeiten in dem von ihm gewählten Schwerpunkt meisterhaft verrichten kann. Für den schwerpunktübergreifenden Bereich sind die Grundfertigkeiten und Grundkenntnisse nachzuweisen, die die fachgerechte Ausübung auch dieser Tätigkeiten ermöglichen.

§ 46

(1) Der Prüfling ist von der Ablegung einzelner Teile der Meisterprüfung befreit, wenn er eine dem jeweiligen Teil der Meisterprüfung vergleichbare Prüfung auf Grund einer nach § 42 oder § 51a Abs. 1 in Verbindung mit Abs. 2 dieses Gesetzes oder § 53 des Berufsbildungsgesetzes erlassenen Rechtsverordnung oder eine andere vergleichbare Prüfung vor einer öffentlichen oder staatlich anerkannten Bildungseinrichtung oder vor einem staatlichen Prüfungsausschuss erfolgreich abgelegt hat. Er ist von der Ablegung der Teile III und IV befreit, wenn er die Meisterprüfung in einem anderen zulassungspflichtigen oder zulassungsfreien Handwerk oder in einem handwerksähnlichen Gewerbe bestanden hat.

(2) Prüflinge, die andere deutsche staatliche oder staatlich anerkannte Prüfungen mit Erfolg abgelegt haben, sind auf Antrag durch den Meisterprüfungsausschuss von ein-

zelnen Teilen der Meisterprüfung zu befreien, wenn bei diesen Prüfungen mindestens die gleichen Anforderungen gestellt werden wie in der Meisterprüfung. Der Abschlussprüfung an einer deutschen Hochschule gleichgestellt sind Diplome nach § 7 Abs. 2 Satz 4.

(3) Der Prüfling ist auf Antrag von der Ablegung der Prüfung in gleichartigen Prüfungsbereichen, Prüfungsfächern oder Handlungsfeldern durch den Meisterprüfungsausschuss zu befreien, wenn er die Meisterprüfung in einem anderen zulassungspflichtigen oder zulassungsfreien Handwerk oder handwerksähnlichen Gewerbe bestanden hat oder eine andere vergleichbare Prüfung vor einer öffentlichen oder staatlich anerkannten Bildungseinrichtung oder vor einem staatlichen Prüfungsausschuss erfolgreich abgelegt hat.

(4) Der Meisterprüfungsausschuss entscheidet auf Antrag des Prüflings auch über Befreiungen auf Grund ausländischer Bildungsabschlüsse.

§ 47

(1) Die Meisterprüfung wird durch Meisterprüfungsausschüsse abgenommen. Für die Handwerke werden Meisterprüfungsausschüsse als staatliche Prüfungsbehörden am Sitz der Handwerkskammer für ihren Bezirk errichtet. Die oberste Landesbehörde kann in besonderen Fällen die Errichtung eines Meisterprüfungsausschusses für mehrere Handwerkskammerbezirke anordnen und hiermit die für den Sitz des Meisterprüfungsausschusses zuständige höhere Verwaltungsbehörde beauftragen. Soll der Meisterprüfungsausschuss für Handwerkskammerbezirke mehrerer Länder zuständig sein, so bedarf es hierfür des Einvernehmens der beteiligten obersten Landesbehörden. Die Landesregierungen werden ermächtigt, durch Rechtsverordnung zu bestimmen, dass abweichend von Satz 3 anstelle der obersten Landesbehörde die höhere Verwaltungsbehörde zuständig ist. Sie können diese Ermächtigung auf oberste Landesbehörden übertragen.

(2) Die höhere Verwaltungsbehörde errichtet die Meisterprüfungsausschüsse nach Anhörung der Handwerkskammer und ernennt aufgrund ihrer Vorschläge die Mitglieder und die Stellvertreter für längstens fünf Jahre. Die Geschäftsführung der Meisterprüfungsausschüsse liegt bei der Handwerkskammer.

§ 48

(1) Der Meisterprüfungsausschuss besteht aus fünf Mitgliedern; für die Mitglieder sind Stellvertreter zu berufen. Die Mitglieder und die Stellvertreter sollen das vierundzwanzigste Lebensjahr vollendet haben.

(2) Der Vorsitzende braucht nicht in einem zulassungspflichtigen Handwerk tätig zu sein; er soll dem zulassungspflichtigen Handwerk, für welches der Meisterprüfungsausschuss errichtet ist, nicht angehören.

(3) Zwei Beisitzer müssen das Handwerk, für das der Meisterprüfungsausschuss errichtet ist, mindestens seit einem Jahr selbstständig als stehendes Gewerbe betreiben und in diesem Handwerk die Meisterprüfung abgelegt haben oder das Recht zum Ausbilden von Lehrlingen besitzen oder in dem zulassungspflichtigen Handwerk als

Betriebsleiter, die in ihrer Person die Voraussetzungen zur Eintragung in die Handwerksrolle erfüllen, tätig sein.

(4) Ein Beisitzer soll ein Geselle sein, der in dem zulassungspflichtigen Handwerk, für das der Meisterprüfungsausschuss errichtet ist, die Meisterprüfung abgelegt hat oder das Recht zum Ausbilden von Lehrlingen besitzt und in dem betreffenden zulassungspflichtigen Handwerk tätig ist.

(5) Für die Abnahme der Prüfung in der wirtschaftlichen Betriebsführung sowie in den kaufmännischen, rechtlichen und berufserzieherischen Kenntnissen soll ein Beisitzer bestellt werden, der in diesen Prüfungsgebieten besonders sachkundig ist und dem Handwerk nicht anzugehören braucht.

(6) § 34 Absatz 6 Satz 1 und Absatz 9 ist entsprechend anzuwenden.

§ 49

(1) Zur Meisterprüfung ist zuzulassen, wer eine Gesellenprüfung in dem zulassungspflichtigen Handwerk, in dem er die Meisterprüfung ablegen will, oder in einem damit verwandten zulassungspflichtigen Handwerk oder eine entsprechende Abschlussprüfung in einem anerkannten Ausbildungsberuf oder eine Prüfung auf Grund einer nach § 45 oder § 51a Abs. 1 in Verbindung mit Abs. 2 erlassenen Rechtsverordnung bestanden hat oder eine Gleichwertigkeitsfeststellung nach § 40a für das entsprechende zulassungspflichtige Handwerk oder für ein verwandtes zulassungspflichtiges Handwerk besitzt.

(2) Zur Meisterprüfung ist auch zuzulassen, wer eine andere Gesellenprüfung oder eine andere Abschlussprüfung in einem anerkannten Ausbildungsberuf bestanden hat und in dem zulassungspflichtigen Handwerk, in dem er die Meisterprüfung ablegen will, eine mehrjährige Berufstätigkeit ausgeübt hat. Für die Zeit der Berufstätigkeit dürfen nicht mehr als drei Jahre gefordert werden. Ferner ist der erfolgreiche Abschluss einer Fachschule bei einjährigen Fachschulen mit einem Jahr, bei mehrjährigen Fachschulen mit zwei Jahren auf die Berufstätigkeit anzurechnen.

(3) Ist der Prüfling in dem zulassungspflichtigen Handwerk, in dem er die Meisterprüfung ablegen will, selbstständig, als Werkmeister oder in ähnlicher Stellung tätig gewesen, oder weist er eine der Gesellentätigkeit gleichwertige praktische Tätigkeit nach, so ist die Zeit dieser Tätigkeit anzurechnen.

(4) Die Handwerkskammer kann auf Antrag

1. eine auf drei Jahre festgesetzte Dauer der Berufstätigkeit unter besonderer Berücksichtigung der in der Gesellen- oder Abschlussprüfung und während der Zeit der Berufstätigkeit nachgewiesenen beruflichen Befähigung abkürzen,

2. in Ausnahmefällen von den Voraussetzungen der Absätze 1 bis 4 ganz oder teilweise befreien,

3. unter Berücksichtigung ausländischer Bildungsabschlüsse und Zeiten der Berufstätigkeit im Ausland von den Voraussetzungen der Absätze 1 bis 4 ganz oder teilweise befreien.

Die Handwerkskammer kann eine Stellungnahme des Meisterprüfungsausschusses einholen.

(5) Die Zulassung wird vom Vorsitzenden des Meisterprüfungsausschusses ausgesprochen. Hält der Vorsitzende die Zulassungsvoraussetzungen nicht für gegeben, so entscheidet der Prüfungsausschuss.

§ 50

(1) Die durch die Abnahme der Meisterprüfung entstehenden Kosten trägt die Handwerkskammer. Das Zulassungsverfahren sowie das allgemeine Prüfungsverfahren werden durch eine von der Handwerkskammer mit Genehmigung der obersten Landesbehörde zu erlassende Meisterprüfungsordnung geregelt.

(2) Das Bundesministerium für Wirtschaft und Energie wird ermächtigt, durch Rechtsverordnung mit Zustimmung des Bundesrates Vorschriften über das Zulassungsverfahren sowie das allgemeine Prüfungsverfahren nach Absatz 1 Satz 2 zu erlassen. Die Rechtsverordnung kann insbesondere die Zulassung zur Prüfung, das Bewertungssystem, die Erteilung der Prüfungszeugnisse, die Folgen von Verstößen gegen die Prüfungsvorschriften und die Wiederholungsprüfung regeln.

§ 50a

Das Bundesministerium für Wirtschaft und Energie kann im Einvernehmen mit dem Bundesministerium für Bildung und Forschung durch Rechtsverordnung mit Zustimmung des Bundesrates im Ausland erworbene Prüfungszeugnisse den entsprechenden Zeugnissen über das Bestehen einer deutschen Meisterprüfung in zulassungspflichtigen Handwerken gleichstellen, wenn an den Bildungsgang und in den Prüfungen gleichwertige Anforderungen gestellt werden. Die Vorschriften des Bundesvertriebenengesetzes bleiben unberührt.

§ 50b

(1) Die Gleichwertigkeit ist festzustellen,

1. wenn die Antragstellerin oder der Antragsteller einen Ausbildungsnachweis besitzt, der im Ausland erworben wurde, und
2. dieser Ausbildungsnachweis – soweit erforderlich – unter Berücksichtigung sonstiger Befähigungsnachweise der Meisterprüfung in dem zu betreibenden zulassungspflichtigen Handwerk gleichwertig ist.

Ausbildungsnachweise sind Prüfungszeugnisse und sonstige Befähigungsnachweise, die von verantwortlichen Stellen für den Abschluss einer erfolgreich absolvierten Berufsbildung ausgestellt werden.

(2) Ein Ausbildungsnachweis – soweit erforderlich – unter Berücksichtigung sonstiger Befähigungsnachweise ist als gleichwertig anzusehen, sofern

1. der im Ausland erworbene Ausbildungsnachweis, bezogen auf die Meisterprüfung, in dem zu betreibenden zulassungspflichtigen Handwerk die Befähigung zu vergleichbaren beruflichen Tätigkeiten belegt,
2. die Antragstellerin oder der Antragsteller im Ausbildungsstaat zur Ausübung des zu betreibenden zulassungspflichtigen Handwerks berechtigt ist oder die Berech-

tigung zur Ausübung des zu betreibenden Handwerks aus Gründen verwehrt wurde, die der Ausübung im Inland nicht entgegenstehen, und

3. zwischen der nachgewiesenen Befähigung und der Meisterprüfung in dem zu betreibenden zulassungspflichtigen Handwerk keine wesentlichen Unterschiede bestehen.

(3) Wesentliche Unterschiede zwischen der nachgewiesenen Befähigung und der entsprechenden Meisterprüfung liegen vor, sofern

1. sich der im Ausland erworbene Ausbildungsnachweis auf Fertigkeiten und Kenntnisse bezieht, die sich wesentlich von den Fertigkeiten und Kenntnissen der entsprechenden Meisterprüfung unterscheiden; dabei sind Inhalt und Dauer der Ausbildung zu berücksichtigen,

2. die entsprechenden Fertigkeiten und Kenntnisse maßgeblich für die Ausübung zumindest einer wesentlichen Tätigkeit des zulassungspflichtigen Handwerks sind und

3. die Antragstellerin oder der Antragsteller diese Unterschiede nicht durch sonstige Befähigungsnachweise oder nachgewiesene einschlägige Berufserfahrung ausgeglichen hat.

(4) Kann die Antragstellerin oder der Antragsteller die für die Feststellung der Gleichwertigkeit erforderlichen Nachweise nicht oder nur teilweise vorlegen, bestehen Zweifel an der Echtheit oder Richtigkeit der Nachweise oder sind diese inhaltlich nicht ausreichend, kann die Handwerkskammer, insbesondere in Fällen, in denen bei der Gleichwertigkeitsfeststellung Berufserfahrung herangezogen wird, die für einen Vergleich mit der Meisterprüfung in dem zu betreibenden zulassungspflichtigen Handwerk relevanten beruflichen Fertigkeiten, Kenntnisse und Fähigkeiten der Antragstellerin oder des Antragstellers im Rahmen geeigneter Verfahren feststellen. Geeignete Verfahren sind insbesondere Arbeitsproben, Fachgespräche sowie praktische und theoretische Prüfungen.

(5) Sofern die Gleichwertigkeit wegen wesentlicher Unterschiede zu der entsprechenden Meisterprüfung nicht festgestellt werden kann, kann die Handwerkskammer zur Feststellung der Gleichwertigkeit die Teilnahme an einem Anpassungslehrgang, der Gegenstand einer Bewertung ist, oder das Ablegen einer Eignungsprüfung verlangen. Verlangt die Handwerkskammer eine Eignungsprüfung, soll sie ermöglichen, dass diese innerhalb von sechs Monaten abgelegt werden kann.

(6) § 8 Absatz 2 und 3 Satz 2 und 3 gilt entsprechend. Im Übrigen sind die Vorschriften des Berufsqualifikationsfeststellungsgesetzes über reglementierte Berufe sowie § 17 anzuwenden.

§ 51

(1) Die Ausbildungsbezeichnung Meister/Meisterin in Verbindung mit einem zulassungspflichtigen Handwerk oder in Verbindung mit einer anderen Ausbildungsbezeichnung, die auf eine Tätigkeit in einem oder mehreren zulassungspflichtigen Handwerken hinweist, darf nur führen, wer für dieses zulassungspflichtige Handwerk oder für diese zulassungspflichtigen Handwerke die Meisterprüfung bestanden hat.

(2) Wer eine Ausbildungsbezeichnung nach Absatz 1 führen darf, darf zusätzlich die Bezeichnung „Bachelor Professional in" unter Angabe des Handwerks führen, für das er eine Ausbildungsbezeichnung nach Absatz 1 zu führen berechtigt ist.

Zweiter Abschnitt

Meisterprüfung in einem zulassungsfreien Handwerk oder in einem handwerksähnlichen Gewerbe

§ 51 a

(1) Für zulassungsfreie Handwerke oder handwerksähnliche Gewerbe, für die eine Ausbildungsordnung nach § 25 dieses Gesetzes oder nach § 4 des Berufsbildungsgesetzes erlassen worden ist, kann eine Meisterprüfung abgelegt werden.

(2) Als Grundlage für ein geordnetes und einheitliches Meisterprüfungswesen für Handwerke oder Gewerbe im Sinne des Absatzes 1 kann das Bundesministerium für Wirtschaft und Energie im Einvernehmen mit dem Bundesministerium für Bildung und Forschung durch Rechtsverordnung, die nicht der Zustimmung des Bundesrates bedarf, bestimmen,

1. welche Fertigkeiten und Kenntnisse in den einzelnen zulassungsfreien Handwerken oder handwerksähnlichen Gewerben zum Zwecke der Meisterprüfung zu berücksichtigen sind (Meisterprüfungsberufsbild B),

2. welche Anforderungen in der Meisterprüfung zu stellen sind und

3. welche handwerks- und gewerbespezifischen Verfahrensregelungen in der Meisterprüfung gelten.

(3) Durch die Meisterprüfung ist festzustellen, ob der Prüfling eine besondere Befähigung in einem zulassungsfreien Handwerk oder in einem handwerksähnlichen Gewerbe erworben hat und Lehrlinge ordnungsgemäß ausbilden kann. Zu diesem Zweck hat der Prüfling in vier selbstständigen Prüfungsteilen nachzuweisen, dass er Tätigkeiten seines zulassungsfreien Handwerks oder seines handwerksähnlichen Gewerbes meisterhaft verrichten kann (Teil I), besondere fachtheoretische Kenntnisse (Teil II), besondere betriebswirtschaftliche, kaufmännische und rechtliche Kenntnisse (Teil III) sowie die erforderlichen berufs- und arbeitspädagogischen Kenntnisse (Teil IV) besitzt. § 45 Absatz 2 Satz 2 ist entsprechend anzuwenden.

(4) Zum Nachweis der Fertigkeiten und Kenntnisse führt die Handwerkskammer Prüfungen durch und errichtet zu diesem Zweck Prüfungsausschüsse. Die durch die Abnahme der Meisterprüfung entstehenden Kosten trägt die Handwerkskammer.

(5) Zur Prüfung ist zuzulassen, wer eine Gesellenprüfung oder eine Abschlussprüfung in einem anerkannten Ausbildungsberuf bestanden hat oder eine Gleichwertigkeitsfeststellung nach § 40a besitzt. Die Handwerkskammer kann auf Antrag in Ausnahmefällen von der Zulassungsvoraussetzung befreien. Für die Ablegung des Teils III der Meisterprüfung entfällt die Zulassungsvoraussetzung.

(6) Für Befreiungen gilt § 46 entsprechend.

(7) Das Bundesministerium für Wirtschaft und Energie kann durch Rechtsverordnung mit Zustimmung des Bundesrates Vorschriften über das Zulassungsverfahren sowie das allgemeine Prüfungsverfahren erlassen. Die Rechtsverordnung kann insbesondere die Zulassung zur Prüfung, das Bewertungssystem, die Erteilung der Prüfungszeugnisse, die Folgen von Verstößen gegen die Prüfungsvorschriften und die Wiederholungsprüfung regeln.

§ 51b

(1) Die Handwerkskammer errichtet an ihrem Sitz für ihren Bezirk Meisterprüfungsausschüsse. Mehrere Handwerkskammern können bei einer von ihnen gemeinsame Meisterprüfungsausschüsse errichten.

(2) Der Meisterprüfungsausschuss besteht aus fünf Mitgliedern; für die Mitglieder sind Stellvertreter zu berufen. Sie werden für längstens fünf Jahre ernannt.

(3) Der Vorsitzende braucht nicht in einem zulassungsfreien Handwerk oder einem handwerksähnlichen Gewerbe tätig zu sein; er soll dem zulassungsfreien Handwerk oder dem handwerksähnlichen Gewerbe, für welches der Meisterprüfungsausschuss errichtet ist, nicht angehören.

(4) Zwei Beisitzer müssen das zulassungsfreie Handwerk oder das handwerksähnliche Gewerbe, für das der Meisterprüfungsausschuss errichtet ist, mindestens seit einem Jahr selbstständig als stehendes Gewerbe betreiben und in diesem zulassungsfreien Handwerk oder in diesem handwerksähnlichen Gewerbe die Meisterprüfung abgelegt haben oder das Recht zum Ausbilden von Lehrlingen besitzen.

(5) Ein Beisitzer soll ein Geselle sein, der in dem zulassungsfreien Handwerk oder in dem handwerksähnlichen Gewerbe, für das der Meisterprüfungsausschuss errichtet ist, die Meisterprüfung abgelegt hat oder das Recht zum Ausbilden von Lehrlingen besitzt und in dem betreffenden zulassungsfreien Handwerk oder handwerksähnlichen Gewerbe tätig ist.

(6) Für die Abnahme der Prüfung der betriebswirtschaftlichen, kaufmännischen und rechtlichen Kenntnisse sowie der berufs- und arbeitspädagogischen Kenntnisse soll ein Beisitzer bestellt werden, der in diesen Prüfungsgebieten besonders sachkundig ist und einem zulassungsfreien Handwerk oder einem handwerksähnlichen Gewerbe nicht anzugehören braucht.

(7) § 34 Absatz 6 Satz 1 und Absatz 9 ist entsprechend anzuwenden.

§ 51c

Das Bundesministerium für Wirtschaft und Energie kann im Einvernehmen mit dem Bundesministerium für Bildung und Forschung durch Rechtsverordnung mit Zustimmung des Bundesrates im Ausland erworbene Prüfungszeugnisse den entsprechenden Zeugnissen über das Bestehen einer deutschen Meisterprüfung in einem zulassungsfreien Handwerk oder handwerksähnlichen Gewerbe gleichstellen, wenn an den Bildungsgang und in den Prüfungen gleichwertige Anforderungen gestellt werden. Die Vorschriften des Bundesvertriebenengesetzes bleiben unberührt.

§ 51d

Die Ausbildungsbezeichnung Meister/Meisterin in Verbindung mit einem zulassungsfreien Handwerk oder handwerksähnlichen Gewerbe darf nur führen, wer die Prüfung nach § 51a Abs. 3 in diesem Handwerk oder Gewerbe bestanden hat. § 51 Absatz 2 ist entsprechend anzuwenden.

§ 51e

Im Fall der Gleichwertigkeit eines im Ausland erworbenen Ausbildungsnachweises mit der Meisterprüfung ist die Gleichwertigkeit festzustellen. § 50b gilt entsprechend.

Vierter Teil
Organisation des Handwerks

Erster Abschnitt

Handwerksinnungen

§ 52

(1) Inhaber von Betrieben des gleichen zulassungspflichtigen Handwerks oder des gleichen zulassungsfreien Handwerks oder des gleichen handwerksähnlichen Gewerbes oder solcher Handwerke oder handwerksähnlicher Gewerbe, die sich fachlich oder wirtschaftlich nahe stehen, können zur Förderung ihrer gemeinsamen gewerblichen Interessen innerhalb eines bestimmten Bezirks zu einer Handwerksinnung zusammentreten. Voraussetzung ist, dass für das jeweilige Gewerbe eine Ausbildungsordnung erlassen worden ist. Für jedes Gewerbe kann in dem gleichen Bezirk nur eine Handwerksinnung gebildet werden; sie ist allein berechtigt, die Bezeichnung Innung in Verbindung mit dem Gewerbe zu führen, für das sie errichtet ist.

(2) Der Innungsbezirk soll unter Berücksichtigung einheitlicher Wirtschaftsgebiete so abgegrenzt sein, dass die Zahl der Innungsmitglieder ausreicht, um die Handwerksinnung leistungsfähig zu gestalten, und dass die Mitglieder an dem Leben und den Einrichtungen der Handwerksinnung teilnehmen können. Der Innungsbezirk hat sich mindestens mit dem Gebiet einer kreisfreien Stadt oder eines Landkreises zu decken. Die Handwerkskammer kann unter den Voraussetzungen des Satzes 1 eine andere Abgrenzung zulassen.

(3) Der Innungsbezirk soll sich nicht über den Bezirk einer Handwerkskammer hinaus erstrecken. Soll der Innungsbezirk über den Bezirk einer Handwerkskammer hinaus erstreckt werden, so bedarf die Bezirksabgrenzung der Genehmigung durch die oberste Landesbehörde. Soll sich der Innungsbezirk auch auf ein anderes Land erstrecken, so kann die Genehmigung nur im Einvernehmen mit den beteiligten obersten Landesbehörden erteilt werden.

§ 53

Die Handwerksinnung ist eine Körperschaft des öffentlichen Rechts. Sie wird mit Genehmigung der Satzung rechtsfähig.

§ 54

(1) Aufgabe der Handwerksinnung ist, die gemeinsamen gewerblichen Interessen ihrer Mitglieder zu fördern. Insbesondere hat sie

1. den Gemeingeist und die Berufsehre zu pflegen,
2. ein gutes Verhältnis zwischen Meistern, Gesellen und Lehrlingen anzustreben,
3. entsprechend den Vorschriften der Handwerkskammer die Lehrlingsausbildung zu regeln und zu überwachen sowie für die berufliche Ausbildung der Lehrlinge zu sorgen und ihre charakterliche Entwicklung zu fördern,
4. die Gesellenprüfungen abzunehmen und hierfür Gesellenprüfungsausschüsse zu errichten, sofern sie von der Handwerkskammer dazu ermächtigt ist,
5. das handwerkliche Können der Meister und Gesellen zu fördern; zu diesem Zweck kann sie insbesondere Fachschulen errichten oder unterstützen und Lehrgänge veranstalten,
6. bei der Verwaltung der Berufsschulen gemäß den bundes- und landesrechtlichen Bestimmungen mitzuwirken,
7. das Genossenschaftswesen im Handwerk zu fördern,
8. über Angelegenheiten der in ihr vertretenen Handwerke den Behörden Gutachten und Auskünfte zu erstatten,
9. die sonstigen handwerklichen Organisationen und Einrichtungen in der Erfüllung ihrer Aufgaben zu unterstützen,
10. die von der Handwerkskammer innerhalb ihrer Zuständigkeit erlassenen Vorschriften und Anordnungen durchzuführen.

(2) Die Handwerksinnung soll

1. zwecks Erhöhung der Wirtschaftlichkeit der Betriebe ihrer Mitglieder Einrichtungen zur Verbesserung der Arbeitsweise und der Betriebsführung schaffen und fördern,
2. bei der Vergebung öffentlicher Lieferungen und Leistungen die Vergebungsstellen beraten,
3. das handwerkliche Pressewesen unterstützen.

(3) Die Handwerksinnung kann

1. Tarifverträge abschließen, soweit und solange solche Verträge nicht durch den Innungsverband für den Bereich der Handwerksinnung geschlossen sind,
2. für ihre Mitglieder und deren Angehörige Unterstützungskassen für Fälle der Krankheit, des Todes, der Arbeitsunfähigkeit oder sonstiger Bedürftigkeit errichten,
3. bei Streitigkeiten zwischen den Innungsmitgliedern und ihren Auftraggebern auf Antrag vermitteln.

(4) Die Handwerksinnung kann auch sonstige Maßnahmen zur Förderung der gemeinsamen gewerblichen Interessen der Innungsmitglieder durchführen.

(5) Die Errichtung und die Rechtsverhältnisse der Innungskrankenkassen richten sich nach den hierfür geltenden bundesrechtlichen Bestimmungen.

§ 55

(1) Die Aufgaben der Handwerksinnung, ihre Verwaltung und die Rechtsverhältnisse ihrer Mitglieder sind, soweit gesetzlich nichts darüber bestimmt ist, durch die Satzung zu regeln.

(2) Die Satzung muss Bestimmungen enthalten über

1. den Namen, den Sitz und den Bezirk der Handwerksinnung sowie die Handwerke, für welche die Handwerksinnung errichtet ist,
2. die Aufgaben der Handwerksinnung,
3. den Eintritt, den Austritt und den Ausschluss der Mitglieder,
4. die Rechte und Pflichten der Mitglieder sowie die Bemessungsgrundlage für die Erhebung der Mitgliedsbeiträge,
5. die Einberufung der Innungsversammlung, das Stimmrecht in ihr und die Art der Beschlussfassung,
6. die Bildung des Vorstandes,
7. die Bildung des Gesellenausschusses,
8. die Beurkundung der Beschlüsse der Innungsversammlung und des Vorstands,
9. die Aufstellung des Haushaltsplans sowie die Aufstellung und Prüfung der Jahresrechnung,
10. die Voraussetzungen für die Änderung der Satzung und für die Auflösung der Handwerksinnung sowie den Erlass und die Änderung der Nebensatzungen,
11. die Verwendung des bei der Auflösung der Handwerksinnung verbleibenden Vermögens.

§ 56

(1) Die Satzung der Handwerksinnung bedarf der Genehmigung durch die Handwerkskammer des Bezirks, in dem die Handwerksinnung ihren Sitz nimmt.

(2) Die Genehmigung ist zu versagen, wenn

1. die Satzung den gesetzlichen Vorschriften nicht entspricht,
2. die durch die Satzung vorgesehene Begrenzung des Innungsbezirks die nach § 52 Abs. 3 Satz 2 erforderliche Genehmigung nicht erhalten hat.

§ 57

(1) Soll in der Handwerksinnung eine Einrichtung der im § 54 Abs. 3 Nr. 2 vorgesehenen Art getroffen werden, so sind die dafür erforderlichen Bestimmungen in Nebensatzungen zusammenzufassen. Diese bedürfen der Genehmigung der Handwerkskammer des Bezirks, in dem die Handwerksinnung ihren Sitz hat.

(2) Über die Einnahmen und Ausgaben solcher Einrichtungen ist getrennt Rechnung zu führen und das hierfür bestimmte Vermögen gesondert von dem Innungsvermögen zu verwalten. Das getrennt verwaltete Vermögen darf für andere Zwecke nicht verwandt werden. Die Gläubiger haben das Recht auf gesonderte Befriedigung aus diesem Vermögen.

§ 58

(1) Mitglied bei der Handwerksinnung kann jeder Inhaber eines Betriebs eines Handwerks oder eines handwerksähnlichen Gewerbes werden, der das Gewerbe

ausübt, für welches die Handwerksinnung gebildet ist. Die Handwerksinnung kann durch Satzung im Rahmen ihrer örtlichen Zuständigkeit bestimmen, dass Gewerbetreibende, die ein dem Gewerbe, für welches die Handwerksinnung gebildet ist, fachlich oder wirtschaftlich nahe stehendes handwerksähnliches Gewerbe ausüben, für das keine Ausbildungsordnung erlassen worden ist, Mitglied der Handwerksinnung werden können.

(2) Übt der Inhaber eines Betriebs eines Handwerks oder eines handwerksähnlichen Gewerbes mehrere Gewerbe aus, so kann er allen für diese Gewerbe gebildeten Handwerksinnungen angehören.

(3) Dem Inhaber eines Betriebs eines Handwerks oder eines handwerksähnlichen Gewerbes, das den gesetzlichen und satzungsmäßigen Vorschriften entspricht, darf der Eintritt in die Handwerksinnung nicht versagt werden.

(4) Von der Erfüllung der gesetzlichen und satzungsmäßigen Bedingungen kann zu Gunsten Einzelner nicht abgesehen werden.

§ 59

Die Handwerksinnung kann Gastmitglieder aufnehmen, die dem Handwerk, für das die Innung gebildet ist, beruflich oder wirtschaftlich nahe stehen. Ihre Rechte und Pflichten sind in der Satzung zu regeln. An der Innungsversammlung nehmen sie mit beratender Stimme teil.

§ 60

Die Organe der Handwerksinnung sind

1. die Innungsversammlung,
2. der Vorstand,
3. die Ausschüsse.

§ 61

(1) Die Innungsversammlung beschließt über alle Angelegenheiten der Handwerksinnung, soweit sie nicht vom Vorstand oder den Ausschüssen wahrzunehmen sind. Die Innungsversammlung besteht aus den Mitgliedern der Handwerksinnung. Die Satzung kann bestimmen, dass die Innungsversammlung aus Vertretern besteht, die von den Mitgliedern der Handwerksinnung aus ihrer Mitte gewählt werden (Vertreterversammlung); es kann auch bestimmt werden, dass nur einzelne Obliegenheiten der Innungsversammlung durch eine Vertreterversammlung wahrgenommen werden.

(2) Der Innungsversammlung obliegt im Besonderen

1. die Feststellung des Haushaltsplans und die Bewilligung von Ausgaben, die im Haushaltsplan nicht vorgesehen sind;
2. die Beschlussfassung über die Höhe der Innungsbeiträge und über die Festsetzung von Gebühren; Gebühren können auch von Nichtmitgliedern, die Tätigkeiten oder Einrichtungen der Innung in Anspruch nehmen, erhoben werden;
3. die Prüfung und Abnahme der Jahresrechnung;

4. die Wahl des Vorstands und derjenigen Mitglieder der Ausschüsse, die der Zahl der Innungsmitglieder zu entnehmen sind;
5. die Einsetzung besonderer Ausschüsse zur Vorbereitung einzelner Angelegenheiten;
6. der Erlass von Vorschriften über die Lehrlingsausbildung (§ 54 Abs. 1 Nr. 3);
7. die Beschlussfassung über
   a) den Erwerb, die Veräußerung oder die dingliche Belastung von Grundeigentum,
   b) die Veräußerung von Gegenständen, die einen geschichtlichen, wissenschaftlichen oder Kunstwert haben,
   c) die Ermächtigung zur Aufnahme von Krediten,
   d) den Abschluss von Verträgen, durch welche der Handwerksinnung fortlaufende Verpflichtungen auferlegt werden, mit Ausnahme der laufenden Geschäfte der Verwaltung,
   e) die Anlegung des Innungsvermögens;
8. die Beschlussfassung über die Änderung der Satzung und die Auflösung der Handwerksinnung;
9. die Beschlussfassung über den Erwerb und die Beendigung der Mitgliedschaft beim Landesinnungsverband.

(3) Die nach Absatz 2 Nr. 6, 7 und 8 gefassten Beschlüsse bedürfen der Genehmigung durch die Handwerkskammer.

§ 62

(1) Zur Gültigkeit eines Beschlusses der Innungsversammlung ist erforderlich, dass der Gegenstand bei ihrer Einberufung bezeichnet ist, es sei denn, dass er in der Innungsversammlung mit Zustimmung von drei Vierteln der erschienenen Mitglieder nachträglich auf die Tagesordnung gesetzt wird, sofern es sich nicht um einen Beschluss über eine Satzungsänderung oder Auflösung der Handwerksinnung handelt.

(2) Beschlüsse der Innungsversammlung werden mit einfacher Mehrheit der erschienenen Mitglieder gefasst. Zu Beschlüssen über Änderungen der Satzung der Handwerksinnung ist eine Mehrheit von drei Vierteln der erschienenen Mitglieder erforderlich. Der Beschluss auf Auflösung der Handwerksinnung kann nur mit einer Mehrheit von drei Vierteln der stimmberechtigten Mitglieder gefasst werden. Sind in der ersten Innungsversammlung drei Viertel der Stimmberechtigten nicht erschienen, so ist binnen vier Wochen eine zweite Innungsversammlung einzuberufen, in welcher der Auflösungsbeschluss mit einer Mehrheit von drei Vierteln der erschienenen Mitglieder gefasst werden kann. Satz 3 gilt für den Beschluss zur Bildung einer Vertreterversammlung (§ 61 Abs. 1 Satz 3) mit der Maßgabe, dass er auch im Wege schriftlicher Abstimmung gefasst werden kann.

(3) Die Innungsversammlung ist in den durch die Satzung bestimmten Fällen sowie dann einzuberufen, wenn das Interesse der Handwerksinnung es erfordert. Sie ist ferner einzuberufen, wenn der durch die Satzung bestimmte Teil oder in Ermangelung einer Bestimmung der zehnte Teil der Mitglieder die Einberufung schriftlich unter Angabe des Zwecks und der Gründe verlangt; wird dem Verlangen nicht entsprochen oder erfordert es das Interesse der Handwerksinnung, so kann die Handwerkskammer die Innungsversammlung einberufen und leiten.

§63

Stimmberechtigt in der Innungsversammlung sind die Mitglieder der Handwerksinnung im Sinne des §58 Abs. 1. Für eine juristische Person oder eine Personengesellschaft kann nur eine Stimme abgegeben werden, auch wenn mehrere vertretungsberechtigte Personen vorhanden sind.

§64

Ein Mitglied ist nicht stimmberechtigt, wenn die Beschlussfassung die Vornahme eines Rechtsgeschäfts oder die Einleitung oder Erledigung eines Rechtsstreits zwischen ihm und der Handwerksinnung betrifft.

§65

(1) Ein gemäß §63 stimmberechtigtes Mitglied, das Inhaber eines Nebenbetriebs im Sinne des §2 Nr. 2 oder 3 ist, kann sein Stimmrecht auf den Leiter des Nebenbetriebs übertragen, falls dieser die Pflichten übernimmt, die seinen Vollmachtgebern gegenüber der Handwerksinnung obliegen.

(2) Die Satzung kann die Übertragung der in Absatz 1 bezeichneten Rechte unter den dort gesetzten Voraussetzungen auch in anderen Ausnahmefällen zulassen.

(3) Die Übertragung und die Übernahme der Rechte bedarf der schriftlichen Erklärung gegenüber der Handwerksinnung.

§66

(1) Der Vorstand der Handwerksinnung wird von der Innungsversammlung für die in der Satzung bestimmte Zeit mit verdeckten Stimmzetteln gewählt. Die Wahl durch Zuruf ist zulässig, wenn niemand widerspricht. Über die Wahlhandlung ist eine Niederschrift anzufertigen. Die Wahl des Vorstands ist der Handwerkskammer binnen einer Woche anzuzeigen.

(2) Die Satzung kann bestimmen, dass die Bestellung des Vorstands jederzeit widerruflich ist. Die Satzung kann ferner bestimmen, dass der Widerruf nur zulässig ist, wenn ein wichtiger Grund vorliegt; ein solcher Grund ist insbesondere grobe Pflichtverletzung oder Unfähigkeit.

(3) Der Vorstand vertritt die Handwerksinnung gerichtlich und außergerichtlich. Durch die Satzung kann die Vertretung einem oder mehreren Mitgliedern des Vorstands oder dem Geschäftsführer übertragen werden. Als Ausweis genügt bei allen Rechtsgeschäften die Bescheinigung der Handwerkskammer, dass die darin bezeichneten Personen zurzeit den Vorstand bilden.

(4) Die Mitglieder des Vorstands verwalten ihr Amt als Ehrenamt unentgeltlich; es kann ihnen nach näherer Bestimmung der Satzung Ersatz barer Auslagen und eine Entschädigung für Zeitversäumnis gewährt werden.

§67

(1) Die Handwerksinnung kann zur Wahrnehmung einzelner Angelegenheiten Ausschüsse bilden.

(2) Zur Förderung der Berufsbildung ist ein Ausschuss zu bilden. Er besteht aus einem Vorsitzenden und mindestens vier Beisitzern, von denen die Hälfte Innungsmitglieder, die in der Regel Gesellen oder Lehrlinge beschäftigen, und die andere Hälfte Gesellen sein müssen.

(3) Die Handwerksinnung kann einen Ausschuss zur Schlichtung von Streitigkeiten zwischen Ausbildenden und Lehrlingen (Auszubildenden) errichten, der für alle Berufsausbildungsverhältnisse der in der Handwerksinnung vertretenen Handwerke ihres Bezirks zuständig ist. Die Handwerkskammer erlässt die hierfür erforderliche Verfahrensordnung.

§68

(1) Im Interesse eines guten Verhältnisses zwischen den Innungsmitgliedern und den bei ihnen beschäftigten Gesellen (§ 54 Abs. 1 Nr. 2) wird bei der Handwerksinnung ein Gesellenausschuss errichtet. Der Gesellenausschuss hat die Gesellenmitglieder der Ausschüsse zu wählen, bei denen die Mitwirkung der Gesellen durch Gesetz oder Satzung vorgesehen ist.

(2) Der Gesellenausschuss ist zu beteiligen

1. bei Erlass von Vorschriften über die Regelung der Lehrlingsausbildung (§ 54 Abs. 1 Nr. 3),
2. bei Maßnahmen zur Förderung und Überwachung der beruflichen Ausbildung und zur Förderung der charakterlichen Entwicklung der Lehrlinge (§ 54 Abs. 1 Nr. 3),
3. bei der Errichtung der Gesellenprüfungsausschüsse (§ 54 Abs. 1 Nr. 4),
4. bei Maßnahmen zur Förderung des handwerklichen Könnens der Gesellen, insbesondere bei der Errichtung oder Unterstützung der zu dieser Förderung bestimmten Fachschulen und Lehrgänge (§ 54 Abs. 1 Nr. 5),
5. bei der Mitwirkung an der Verwaltung der Berufsschulen gemäß den Vorschriften der Unterrichtsverwaltungen (§ 54 Abs. 1 Nr. 6),
6. bei der Wahl oder Benennung der Vorsitzenden von Ausschüssen, bei denen die Mitwirkung der Gesellen durch Gesetz oder Satzung vorgesehen ist,
7. bei der Begründung und Verwaltung aller Einrichtungen, für welche die Gesellen Beiträge entrichten oder eine besondere Mühewaltung übernehmen oder die zu ihrer Unterstützung bestimmt sind.

(3) Die Beteiligung des Gesellenausschusses hat mit der Maßgabe zu erfolgen, dass

1. bei der Beratung und Beschlussfassung des Vorstandes der Handwerksinnung mindestens ein Mitglied des Gesellenausschusses mit vollem Stimmrecht teilnimmt,
2. bei der Beratung und Beschlussfassung der Innungsversammlung seine sämtlichen Mitglieder mit vollem Stimmrecht teilnehmen,
3. bei der Verwaltung von Einrichtungen, für welche die Gesellen Aufwendungen zu machen haben, vom Gesellenausschuss gewählte Gesellen in gleicher Zahl zu beteiligen sind wie die Innungsmitglieder.

(4) Zur Durchführung von Beschlüssen der Innungsversammlung in den in Absatz 2 bezeichneten Angelegenheiten bedarf es der Zustimmung des Gesellenausschusses. Wird die Zustimmung versagt oder nicht in angemessener Frist erteilt, so kann die Handwerksinnung die Entscheidung der Handwerkskammer binnen eines Monats beantragen.

(5) Die Beteiligung des Gesellenausschusses entfällt in den Angelegenheiten, die Gegenstand eines von der Handwerksinnung oder von dem Innungsverband abgeschlossenen oder abzuschließenden Tarifvertrags sind.

§ 69

(1) Der Gesellenausschuss besteht aus dem Vorsitzenden (Altgesellen) und einer weiteren Zahl von Mitgliedern.

(2) Für die Mitglieder des Gesellenausschusses sind Stellvertreter zu wählen, die im Falle der Verhinderung oder des Ausscheidens für den Rest der Wahlzeit in der Reihenfolge der Wahl eintreten.

(3) Die Mitglieder des Gesellenausschusses werden mit verdeckten Stimmzetteln in allgemeiner, unmittelbarer und gleicher Wahl gewählt. Zum Zwecke der Wahl ist eine Wahlversammlung einzuberufen; in der Versammlung können durch Zuruf Wahlvorschläge gemacht werden. Führt die Wahlversammlung zu keinem Ergebnis, so ist aufgrund von schriftlichen Wahlvorschlägen nach den Grundsätzen der Verhältniswahl zu wählen; jeder Wahlvorschlag muss die Namen von ebenso vielen Bewerbern enthalten, wie Mitglieder des Gesellenausschusses zu wählen sind; wird nur ein gültiger Wahlvorschlag eingereicht, so gelten die darin bezeichneten Bewerber als gewählt. Die Satzung trifft die näheren Bestimmungen über die Zusammensetzung des Gesellenausschusses und über das Wahlverfahren, insbesondere darüber, wie viele Unterschriften für einen gültigen schriftlichen Wahlvorschlag erforderlich sind.

(4) Die Mitglieder des Gesellenausschusses dürfen in der Ausübung ihrer Tätigkeit nicht behindert werden. Auch dürfen sie deswegen nicht benachteiligt oder begünstigt werden. Die Mitglieder des Gesellenausschusses sind, soweit es zur ordnungsgemäßen Durchführung der ihnen gesetzlich zugewiesenen Aufgaben erforderlich ist und wichtige betriebliche Gründe nicht entgegenstehen, von ihrer beruflichen Tätigkeit ohne Minderung des Arbeitsentgelts freizustellen.

(5) Das Ergebnis der Wahl der Mitglieder des Gesellenausschusses ist in den für die Bekanntmachung der zuständigen Handwerkskammer bestimmten Organen zu veröffentlichen.

§ 70

Berechtigt zur Wahl des Gesellenausschusses sind die bei einem Innungsmitglied beschäftigten Gesellen.

§ 71

(1) Wählbar ist jeder Geselle, der

1. volljährig ist,

2. eine Gesellenprüfung oder eine entsprechende Abschlussprüfung abgelegt hat und

3. seit mindestens drei Monaten in dem Betrieb eines der Handwerksinnung angehörenden selbstständigen Handwerkers beschäftigt ist.

(2) Über die Wahlhandlung ist eine Niederschrift anzufertigen.

§ 71a

Eine kurzzeitige Arbeitslosigkeit lässt das Wahlrecht nach den §§ 70 und 71 unberührt, wenn diese zum Zeitpunkt der Wahl nicht länger als drei Monate besteht.

§ 72

Mitglieder des Gesellenausschusses behalten, auch wenn sie nicht mehr bei Innungsmitgliedern beschäftigt sind, solange sie im Bezirk der Handwerksinnung im Betrieb eines selbstständigen Handwerkers verbleiben, die Mitgliedschaft noch bis zum Ende der Wahlzeit, jedoch höchstens für ein Jahr. Im Falle eintretender Arbeitslosigkeit behalten sie ihr Amt bis zum Ende der Wahlzeit.

§ 73

(1) Die der Handwerksinnung und ihrem Gesellenausschuss erwachsenden Kosten sind, soweit sie aus den Erträgen des Vermögens oder aus anderen Einnahmen keine Deckung finden, von den Innungsmitgliedern durch Beiträge aufzubringen. Zu den Kosten des Gesellenausschusses zählen auch die anteiligen Lohn- und Lohnnebenkosten, die dem Arbeitgeber durch die Freistellung der Mitglieder des Gesellenausschusses von ihrer beruflichen Tätigkeit entstehen. Diese Kosten sind dem Arbeitgeber auf Antrag von der Innung zu erstatten.

(2) Die Handwerksinnung kann für die Benutzung der von ihr getroffenen Einrichtungen Gebühren erheben.

(3) Soweit die Handwerksinnung ihre Beiträge nach dem Gewerbesteuermessbetrag, Gewerbekapital, Gewerbeertrag, Gewinn aus Gewerbebetrieb oder der Lohnsumme bemisst, gilt § 113 Abs. 2 Satz 2, 3 und 8 bis 11.

(4) Die Beiträge und Gebühren werden auf Antrag des Innungsvorstands nach den für die Beitreibung von Gemeindeabgaben geltenden landesrechtlichen Vorschriften beigetrieben.

§ 74

Die Handwerksinnung ist für den Schaden verantwortlich, den der Vorstand, ein Mitglied des Vorstands oder ein anderer satzungsmäßig berufener Vertreter durch eine in Ausführung der ihm zustehenden Verrichtungen begangene, zum Schadensersatz verpflichtende Handlung einem Dritten zufügt.

§ 75

Die Aufsicht über die Handwerksinnung führt die Handwerkskammer, in deren Bezirk die Handwerksinnung ihren Sitz hat. Die Aufsicht erstreckt sich darauf, dass Gesetz und Satzung beachtet, insbesondere dass die der Handwerksinnung übertragenen Aufgaben erfüllt werden.

§76

Die Handwerksinnung kann durch die Handwerkskammer nach Anhörung des Landesinnungsverbands aufgelöst werden,

1. wenn sie durch einen gesetzwidrigen Beschluss der Mitgliederversammlung oder durch gesetzwidriges Verhalten des Vorstands das Gemeinwohl gefährdet,
2. wenn sie andere als die gesetzlich oder satzungsmäßig zulässigen Zwecke verfolgt,
3. wenn die Zahl ihrer Mitglieder so weit zurückgeht, dass die Erfüllung der gesetzlichen und satzungsmäßigen Aufgaben gefährdet erscheint.

§77

(1) Die Eröffnung des Insolvenzverfahrens über das Vermögen der Handwerksinnung hat die Auflösung kraft Gesetzes zur Folge.

(2) Der Vorstand hat im Falle der Zahlungsunfähigkeit oder der Überschuldung die Eröffnung des Insolvenzverfahrens oder des gerichtlichen Vergleichsverfahrens zu beantragen. Wird die Stellung des Antrags verzögert, so sind die Vorstandsmitglieder, denen ein Verschulden zur Last fällt, den Gläubigern für den daraus entstehenden Schaden verantwortlich; sie haften als Gesamtschuldner.

§78

(1) Wird die Handwerksinnung durch Beschluss der Innungsversammlung oder durch die Handwerkskammer aufgelöst, so wird das Innungsvermögen in entsprechender Anwendung der §§ 47 bis 53 des Bürgerlichen Gesetzbuchs liquidiert.

(2) Wird eine Innung geteilt oder wird der Innungsbezirk neu abgegrenzt, so findet eine Vermögensauseinandersetzung statt, die der Genehmigung der für den Sitz der Innung zuständigen Handwerkskammer bedarf; kommt eine Einigung über die Vermögensauseinandersetzung nicht zustande, so entscheidet die für den Innungsbezirk zuständige Handwerkskammer. Erstreckt sich der Innungsbezirk auf mehrere Handwerkskammerbezirke, so kann die Genehmigung oder Entscheidung nur im Einvernehmen mit den beteiligten Handwerkskammern ergehen.

Zweiter Abschnitt

Innungsverbände

§79

(1) Der Landesinnungsverband ist der Zusammenschluss von Handwerksinnungen des gleichen Handwerks oder sich fachlich oder wirtschaftlich nahe stehender Handwerke im Bezirk eines Landes. Für mehrere Bundesländer kann ein gemeinsamer Landesinnungsverband gebildet werden.

(2) Innerhalb eines Landes kann in der Regel nur ein Landesinnungsverband für dasselbe Handwerk oder für sich fachlich oder wirtschaftlich nahe stehende Hand-

werke gebildet werden. Ausnahmen können von der obersten Landesbehörde zugelassen werden.

(3) Durch die Satzung kann bestimmt werden, dass selbstständige Handwerker dem Landesinnungsverband ihres Handwerks als Einzelmitglieder beitreten können.

§ 80

Der Landesinnungsverband ist eine juristische Person des privaten Rechts; er wird mit Genehmigung der Satzung rechtsfähig. Die Satzung und ihre Änderung bedürfen der Genehmigung durch die oberste Landesbehörde. Im Falle eines gemeinsamen Landesinnungsverbandes nach § 79 Abs. 1 Satz 2 ist die Genehmigung durch die für den Sitz des Landesinnungsverbandes zuständige oberste Landesbehörde im Einvernehmen mit den beteiligten obersten Landesbehörden zu erteilen. Die Satzung muss den Bestimmungen des § 55 Abs. 2 entsprechen.

§ 81

(1) Der Landesinnungsverband hat die Aufgabe,

1. die Interessen des Handwerks wahrzunehmen, für das er gebildet ist,

2. die angeschlossenen Handwerksinnungen in der Erfüllung ihrer gesetzlichen und satzungsmäßigen Aufgaben zu unterstützen,

3. den Behörden Anregungen und Vorschläge zu unterbreiten sowie ihnen auf Verlangen Gutachten zu erstatten.

(2) Er ist befugt, Fachschulen und Fachkurse einzurichten oder zu fördern.

§ 82

Der Landesinnungsverband kann ferner die wirtschaftlichen und sozialen Interessen der den Handwerksinnungen angehörenden Mitglieder fördern. Zu diesem Zweck kann er insbesondere

1. Einrichtungen zur Erhöhung der Leistungsfähigkeit der Betriebe, vor allem in technischer und betriebswirtschaftlicher Hinsicht, schaffen oder unterstützen,

2. den gemeinschaftlichen Einkauf und die gemeinschaftliche Übernahme von Lieferungen und Leistungen durch die Bildung von Genossenschaften, Arbeitsgemeinschaften oder auf sonstige Weise im Rahmen der allgemeinen Gesetze fördern,

3. Tarifverträge abschließen.

§ 83

(1) Auf den Landesinnungsverband finden entsprechende Anwendung:

1. § 55 Abs. 1 und Abs. 2 Nr. 1 bis 6, 8 bis 9 und hinsichtlich der Voraussetzungen für die Änderung der Satzung und für die Auflösung des Landesinnungsverbandes Nummer 10 sowie Nummer 11,

2. §§ 60, 61 Abs. 1 und Abs. 2 Nr. 1 und hinsichtlich der Beschlussfassung über die Höhe der Beiträge zum Landesinnungsverband Nummer 2 sowie Nummern 3 bis 5 und 7 bis 8,

3. §§ 59, 62, 64, 66 und 74,

4. § 39 und §§ 41 bis 53 des Bürgerlichen Gesetzbuchs.

(2) Die Mitgliederversammlung besteht aus den Vertretern der angeschlossenen Handwerksinnungen und im Fall des § 79 Abs. 3 auch aus den von den Einzelmitgliedern nach näherer Bestimmung der Satzung gewählten Vertretern. Die Satzung kann bestimmen, dass die Handwerksinnungen und die Gruppe der Einzelmitglieder entsprechend der Zahl der Mitglieder der Handwerksinnungen und der Einzelmitglieder mehrere Stimmen haben und die Stimmen einer Handwerksinnung oder der Gruppe der Einzelmitglieder uneinheitlich abgegeben werden können.

(3) Nach näherer Bestimmung der Satzung können bis zur Hälfte der Mitglieder des Vorstands Personen sein, die nicht von der Mitgliederversammlung gewählt sind.

§ 84

Durch die Satzung kann bestimmt werden, dass sich Vereinigungen von Inhabern handwerksähnlicher Betriebe oder Inhaber handwerksähnlicher Betriebe einem Landesinnungsverband anschließen können. In diesem Fall obliegt dem Landesinnungsverband nach Maßgabe der §§ 81 und 82 auch die Wahrnehmung der Interessen des handwerksähnlichen Gewerbes. § 83 Abs. 2 gilt entsprechend für die Vertretung des handwerksähnlichen Gewerbes in der Mitgliederversammlung.

§ 85

(1) Der Bundesinnungsverband ist der Zusammenschluss von Landesinnungsverbänden des gleichen Handwerks oder sich fachlich oder wirtschaftlich nahe stehender Handwerke im Bundesgebiet.

(2) Auf den Bundesinnungsverband finden die Vorschriften dieses Abschnitts sinngemäß Anwendung. Die nach § 80 erforderliche Genehmigung der Satzung und ihrer Änderung erfolgt durch das Bundesministerium für Wirtschaft und Energie.

Dritter Abschnitt

Kreishandwerkerschaften

§ 86

Die Handwerksinnungen, die in einem Stadt- oder Landkreis ihren Sitz haben, bilden die Kreishandwerkerschaft. Die Handwerkskammer kann eine andere Abgrenzung zulassen.

§87

Die Kreishandwerkerschaft hat die Aufgabe,

1. die Gesamtinteressen des selbstständigen Handwerks und des handwerksähnlichen Gewerbes sowie die gemeinsamen Interessen der Handwerksinnungen ihres Bezirks wahrzunehmen,

2. die Handwerksinnungen bei der Erfüllung ihrer Aufgaben zu unterstützen,

3. Einrichtungen zur Förderung und Vertretung der gewerblichen, wirtschaftlichen und sozialen Interessen der Mitglieder der Handwerksinnungen zu schaffen oder zu unterstützen,

4. die Behörden bei den das selbstständige Handwerk und das handwerksähnliche Gewerbe ihres Bezirks berührenden Maßnahmen zu unterstützen und ihnen Anregungen, Auskünfte und Gutachten zu erteilen,

5. die Geschäfte der Handwerksinnungen auf deren Ansuchen zu führen,

6. die von der Handwerkskammer innerhalb ihrer Zuständigkeit erlassenen Vorschriften und Anordnungen durchzuführen; die Handwerkskammer hat sich an den hierdurch entstehenden Kosten angemessen zu beteiligen.

§88

Die Mitgliederversammlung der Kreishandwerkerschaft besteht aus Vertretern der Handwerksinnungen. Die Vertreter oder ihre Stellvertreter üben das Stimmrecht für die von ihnen vertretenen Handwerksinnungen aus. Jede Handwerksinnung hat eine Stimme. Die Satzung kann bestimmen, dass den Handwerksinnungen entsprechend der Zahl ihrer Mitglieder bis höchstens zwei Zusatzstimmen zuerkannt und die Stimmen einer Handwerksinnung uneinheitlich abgegeben werden können.

§89

(1) Auf die Kreishandwerkerschaft finden entsprechende Anwendung:

1. § 53 und § 55 mit Ausnahme des Absatzes 2 Nummern 3 und 7 sowie hinsichtlich der Voraussetzungen für die Änderung der Satzung § 55 Abs. 2 Nr. 10,

2. § 56 Abs. 1 und Abs. 2 Nr. 1,

3. § 60 und § 61 Abs. 1, Abs. 2 Nr. 1 bis 5, 7 und hinsichtlich der Beschlussfassung über die Änderung der Satzung Nummer 8; die nach § 61 Abs. 2 Nr. 1 bis 3, 7 und 8 gefassten Beschlüsse bedürfen der Genehmigung der Handwerkskammer,

4. § 62 Abs. 1, Abs. 2 Sätze 1 und 2 sowie Abs. 3,

5. §§ 64, 66, 67 Abs. 1 und §§ 73 bis 77.

(2) Wird die Kreishandwerkerschaft durch die Handwerkskammer aufgelöst, so wird das Vermögen der Kreishandwerkerschaft in entsprechender Anwendung der §§ 47 bis 53 des Bürgerlichen Gesetzbuchs liquidiert. § 78 Abs. 2 gilt entsprechend.

Vierter Abschnitt

Handwerkskammern

§ 90

(1) Zur Vertretung der Interessen des Handwerks werden Handwerkskammern errichtet; sie sind Körperschaften des öffentlichen Rechtes.

(2) Zur Handwerkskammer gehören die Inhaber eines Betriebs eines Handwerks und eines handwerksähnlichen Gewerbes des Handwerkskammerbezirks sowie die Gesellen, andere Arbeitnehmer mit einer abgeschlossenen Berufsausbildung und die Lehrlinge dieser Gewerbetreibenden.

(3) Zur Handwerkskammer gehören auch Personen, die im Kammerbezirk selbstständig eine gewerbliche Tätigkeit nach § 1 Abs. 2 Satz 2 Nr. 1 ausüben, wenn

1. sie die Gesellenprüfung in einem zulassungspflichtigen Handwerk erfolgreich abgelegt haben,
2. die betreffende Tätigkeit Bestandteil der Erstausbildung in diesem zulassungspflichtigen Handwerk war und
3. die Tätigkeit den überwiegenden Teil der gewerblichen Tätigkeit ausmacht.

Satz 1 gilt entsprechend auch für Personen, die ausbildungsvorbereitende Maßnahmen erfolgreich absolviert haben, wenn diese Maßnahmen überwiegend Ausbildungsinhalte in Ausbildungsordnungen vermitteln, die nach § 25 erlassen worden sind und insgesamt einer abgeschlossenen Gesellenausbildung im Wesentlichen entsprechen.

(4) Absatz 3 findet nur unter der Voraussetzung Anwendung, dass die Tätigkeit in einer dem Handwerk entsprechenden Betriebsform erbracht wird. Satz 1 und Absatz 3 gelten nur für Gewerbetreibende, die erstmalig nach dem 30. Dezember 2003 eine gewerbliche Tätigkeit anmelden. Die Handwerkskammer hat ein Verzeichnis zu führen, in welches die Personen nach § 90 Abs. 3 und 4 ihres Bezirks nach Maßgabe der Anlage D Abschnitt IV zu diesem Gesetz mit dem von ihnen betriebenen Gewerbe einzutragen sind (Verzeichnis der Personen nach § 90 Abs. 3 und 4 der Handwerksordnung).

(5) Die Landesregierungen werden ermächtigt, durch Rechtsverordnung Handwerkskammern zu errrichten und die Bezirke der Handwerkskammern zu bestimmen; die Bezirke sollen sich in der Regel mit denen der höheren Verwaltungsbehörde decken. Wird der Bezirk einer Handwerkskammer nach Satz 1 geändert, muss eine Vermögensauseinandersetzung erfolgen, welche der Genehmigung durch die oberste Landesbehörde bedarf. Können sich die beteiligten Handwerkskammern hierüber nicht einigen, so entscheidet die oberste Landesbehörde.

§ 91

(1) Aufgabe der Handwerkskammer ist insbesondere,

1. die Interessen des Handwerks zu fördern und für einen gerechten Ausgleich der Interessen der einzelnen Handwerke und ihrer Organisationen zu sorgen,
2. die Behörden in der Förderung des Handwerks durch Anregungen, Vorschläge und durch Erstattung von Gutachten zu unterstützen und regelmäßig Berichte über die Verhältnisse des Handwerks zu erstatten,
3. die Handwerksrolle (§ 6) zu führen,

4. die Berufsausbildung zu regeln (§ 41), Vorschriften hierfür zu erlassen, ihre Durchführung zu überwachen (§ 41a) sowie eine Lehrlingsrolle (§ 28 Absatz 1) zu führen,

4a. Vorschriften für Prüfungen im Rahmen einer beruflichen Fortbildung oder Umschulung zu erlassen und Prüfungsausschüsse hierfür zu errichten,

5. Gesellenprüfungsordnungen für die einzelnen Handwerke zu erlassen (§ 38), Prüfungsausschüsse für die Abnahme der Gesellenprüfungen zu errichten oder Handwerksinnungen zu der Errichtung von Gesellenprüfungsausschüssen zu ermächtigen (§ 37)* und die ordnungsmäßige Durchführung der Gesellenprüfungen zu überwachen,

6. Meisterprüfungsordnungen für die einzelnen Handwerke zu erlassen (§ 50) und die Geschäfte des Meisterprüfungsausschusses (§ 47 Abs. 2) zu führen,

6a. die Gleichwertigkeit festzustellen (§§ 40a, 50b, 51e),

7. die technische und betriebswirtschaftliche Fortbildung der Meister und Gesellen zur Erhaltung und Steigerung der Leistungsfähigkeit des Handwerks in Zusammenarbeit mit den Innungsverbänden zu fördern, die erforderlichen Einrichtungen hierfür zu schaffen oder zu unterstützen und zu diesem Zweck eine Gewerbeförderungsstelle zu unterhalten,

7a. Maßnahmen zur Förderung und Durchführung der Berufsbildung, insbesondere der Berufsausbildungsvorbereitung, Berufsausbildung, beruflichen Fortbildung und beruflichen Umschulung, sowie der technischen und betriebswirtschaftlichen Weiterbildung, insbesondere Sachkundenachweise und Sachkundeprüfungen nach gesetzlichen Vorschriften, nach Vorschriften der Unfallversicherungsträger oder nach technischen Normvorschriften in Zusammenarbeit mit den Innungsverbänden anzubieten,

8. Sachverständige zur Erstattung von Gutachten über Waren, Leistungen und Preise von Handwerkern zu bestellen und zu vereidigen,

9. die wirtschaftlichen Interessen des Handwerks und die ihnen dienenden Einrichtungen, insbesondere das Genossenschaftswesen, zu fördern,

10. die Formgestaltung im Handwerk zu fördern,

11. Vermittlungsstellen zur Beilegung von Streitigkeiten zwischen Inhabern eines Betriebs eines Handwerks und ihren Auftraggebern einzurichten,

12. Ursprungszeugnisse über in Handwerksbetrieben gefertigte Erzeugnisse und andere dem Wirtschaftsverkehr dienende Bescheinigungen auszustellen, soweit nicht Rechtsvorschriften diese Aufgaben anderen Stellen zuweisen,

13. die Maßnahmen zur Unterstützung Not leidender Handwerker sowie Gesellen und anderer Arbeitnehmer mit einer abgeschlossenen Berufsausbildung zu treffen oder zu unterstützen.

(1a) Die Länder können durch Gesetz der Handwerkskammer die Aufgaben einer einheitlichen Stelle im Sinne des Verwaltungsverfahrensgesetzes übertragen. Das Gesetz regelt, welche Aufgabenbereiche von der Zuweisung erfasst sind. Dabei kann das Gesetz vorsehen, dass die Handwerkskammer auch für nicht Kammerzugehörige tätig wird. Das Gesetz regelt auch die Aufsicht.

(2) Die Handwerkskammer kann gemeinsam mit der Industrie- und Handelskammer Prüfungsausschüsse errichten.

---

* Die Verweisung auf § 37 ist unrichtig; es muss § 33 heißen.

(2a) Die Länder können durch Gesetz der Handwerkskammer ermöglichen, sich an einer Einrichtung zu beteiligen, die Aufgaben einer einheitlichen Stelle im Sinne des Verwaltungsverfahrensgesetzes erfüllt.

(3) Die Handwerkskammer soll in allen wichtigen das Handwerk und das handwerksähnliche Gewerbe berührenden Angelegenheiten gehört werden.

(4) Absatz 1 Nr. 1, 2 und 7 bis 13 findet auf handwerksähnliche Gewerbe entsprechende Anwendung.

§ 92

Die Organe der Handwerkskammer sind

1. die Mitgliederversammlung (Vollversammlung),
2. der Vorstand,
3. die Ausschüsse.

§ 93

(1) Die Vollversammlung besteht aus gewählten Mitgliedern. Ein Drittel der Mitglieder müssen Gesellen oder andere Arbeitnehmer mit einer abgeschlossenen Berufsausbildung sein, die in dem Betrieb eines Gewerbes der Anlage A oder Betrieb eines Gewerbes der Anlage B beschäftigt sind.

(2) Durch die Satzung ist die Zahl der Mitglieder der Vollversammlung und ihre Aufteilung auf die einzelnen in den Anlagen A und B zu diesem Gesetz aufgeführten Gewerbe zu bestimmen. Die Satzung kann bestimmen, dass die Aufteilung der Zahl der Mitglieder der Vollversammlung auch die Personen nach § 90 Abs. 3 und 4 zu berücksichtigen hat. Bei der Aufteilung sollen die wirtschaftlichen Besonderheiten und die wirtschaftliche Bedeutung der einzelnen Gewerbe berücksichtigt werden.

(3) Für jedes Mitglied sind mindestens ein, aber höchstens zwei Stellvertreter zu wählen, die im Verhinderungsfall oder im Falle des Ausscheidens der Mitglieder einzutreten haben.

(4) Die Vollversammlung kann sich nach näherer Bestimmung der Satzung bis zu einem Fünftel der Mitgliederzahl durch Zuwahl von sachverständigen Personen unter Wahrung der in Absatz 1 festgelegten Verhältniszahl ergänzen; diese haben gleiche Rechte und Pflichten wie die gewählten Mitglieder der Vollversammlung. Die Zuwahl der sachverständigen Personen, die auf das Drittel der Gesellen und anderer Arbeitnehmer mit einer abgeschlossenen Berufsausbildung anzurechnen sind, erfolgt auf Vorschlag der Mehrheit dieser Gruppe.

§ 94

Die Mitglieder der Vollversammlung sind Vertreter des gesamten Handwerks und des handwerksähnlichen Gewerbes und als solche an Aufträge und Weisungen nicht gebunden. § 66 Abs. 4, § 69 Abs. 4 und § 73 Abs. 1 gelten entsprechend.

§95

(1) Die Mitglieder der Vollversammlung und ihre Stellvertreter werden durch Listen in allgemeiner, freier, gleicher und geheimer Wahl gewählt. Die Wahlen zur Vollversammlung werden im Briefwahlverfahren durchgeführt.

(2) Das Wahlverfahren regelt sich nach der diesem Gesetz als Anlage C beigefügten Wahlordnung.

§96

(1) Berechtigt zur Wahl der Vertreter des Handwerks und des handwerksähnlichen Gewerbes sind die in der Handwerksrolle (§ 6) oder im Verzeichnis nach § 19 eingetragenen natürlichen und juristischen Personen und Personengesellschaften sowie die in das Verzeichnis nach § 90 Abs. 4 Satz 2 eingetragenen natürlichen Personen. Die nach § 90 Abs. 4 Satz 2 eingetragenen Personen sind zur Wahl der Vertreter der Personen nach § 90 Abs. 3 und 4 berechtigt, sofern die Satzung dies nach § 93 bestimmt. Das Wahlrecht kann nur von volljährigen Personen ausgeübt werden. Juristische Personen und Personengesellschaften haben jeweils nur eine Stimme.

(2) Nicht wahlberechtigt sind Personen, die infolge strafgerichtlicher Verurteilung das Recht, in öffentlichen Angelegenheiten zu wählen oder zu stimmen, nicht besitzen.

(3) An der Ausübung des Wahlrechts ist behindert,

1. wer wegen Geisteskrankheit oder Geistesschwäche in einem psychiatrischen Krankenhaus untergebracht ist,

2. wer sich in Straf- oder Untersuchungshaft befindet,

3. wer infolge gerichtlicher oder polizeilicher Anordnung in Verwahrung gehalten wird.

§97

(1) Wählbar als Vertreter der zulassungspflichtigen Handwerke sind

1. die wahlberechtigten natürlichen Personen, sofern sie

   a) im Bezirk der Handwerkskammer seit mindestens einem Jahr ohne Unterbrechung ein Handwerk selbstständig betreiben,

   b) die Befugnis zum Ausbilden von Lehrlingen besitzen,

   c) am Wahltag volljährig sind;

2. die gesetzlichen Vertreter der wahlberechtigten juristischen Personen und die vertretungsberechtigten Gesellschafter der wahlberechtigten Personengesellschaften, sofern

   a) die von ihnen vertretene juristische Person oder Personengesellschaft im Bezirk der Handwerkskammer seit mindestens einem Jahr ein Handwerk selbstständig betreibt und

   b) sie im Bezirk der Handwerkskammer seit mindestens einem Jahr ohne Unterbrechung gesetzliche Vertreter oder vertretungsberechtigte Gesellschafter einer in der Handwerksrolle eingetragenen juristischen Person oder Personengesellschaft und am Wahltag volljährig sind.

Nicht wählbar ist, wer infolge Richterspruchs die Fähigkeit zur Bekleidung öffentlicher Ämter oder infolge strafgerichtlicher Verurteilung die Fähigkeit, Rechte aus öffentlichen Wahlen zu erlangen, nicht besitzt.

(2) Bei der Berechnung der Fristen in Absatz 1 Nr. 1 Buchstabe a und Nr. 2 Buchstabe b sind die Tätigkeiten als selbstständiger Handwerker in einem zulassungspflichtigen Handwerk und als gesetzlicher Vertreter oder vertretungsberechtigter Gesellschafter einer in der Handwerksrolle eingetragenen juristischen Person oder Personengesellschaft gegenseitig anzurechnen.

(3) Für die Wahl der Vertreter der zulassungsfreien Handwerke, der handwerksähnlichen Gewerbe und der Personen nach § 90 Abs. 3 und 4 gelten die Absätze 1 und 2 entsprechend.

§ 98

(1) Berechtigt zur Wahl der Vertreter der Arbeitnehmer in der Handwerkskammer sind die Gesellen und die weiteren Arbeitnehmer mit abgeschlossener Berufsausbildung, sofern sie am Tag der Wahl volljährig sind und in einem Betrieb eines Handwerks oder eines handwerksähnlichen Gewerbes beschäftigt sind. § 96 Abs. 2 und 3 findet Anwendung.

(2) Kurzzeitig bestehende Arbeitslosigkeit lässt das Wahlrecht unberührt, wenn diese zum Zeitpunkt der Wahl nicht länger als drei Monate besteht.

§ 99

Wählbar zum Vertreter der Arbeitnehmer in der Vollversammlung sind die wahlberechtigten Arbeitnehmer im Sinne des § 90 Abs. 2, sofern sie

1. am Wahltag volljährig sind,
2. eine Gesellenprüfung oder eine andere Abschlussprüfung abgelegt haben oder, wenn sie in einem Betrieb eines handwerksähnlichen Gewerbes beschäftigt sind, nicht nur vorübergehend mit Arbeiten betraut sind, die gewöhnlich nur von einem Gesellen oder einem Arbeitnehmer ausgeführt werden, der einen Berufsabschluss hat.

§ 100

(1) Die Handwerkskammer prüft die Gültigkeit der Wahl ihrer Mitglieder von Amts wegen.

(2) Das Ergebnis der Wahl ist öffentlich bekannt zu machen.

§ 101

(1) Gegen die Rechtsgültigkeit der Wahl kann jeder Wahlberechtigte innerhalb von einem Monat nach der Bekanntgabe des Wahlergebnisses Einspruch erheben; der Einspruch eines Inhabers eines Betriebs eines Handwerks oder handwerksähnlichen Gewerbes kann sich nur gegen die Wahl der Vertreter der Handwerke und handwerksähnlichen Gewerbe, der Einspruch eines Gesellen oder anderen Arbeitnehmers

mit einer abgeschlossenen Berufsausbildung nur gegen die Wahl der Vertreter der Arbeitnehmer richten.

(2) Der Einspruch gegen die Wahl eines Gewählten kann nur auf eine Verletzung der Vorschriften der §§ 96 bis 99 gestützt werden.

(3) Richtet sich der Einspruch gegen die Wahl insgesamt, so ist er binnen eines Monats nach der Bekanntgabe des Wahlergebnisses bei der Handwerkskammer einzulegen. Er kann nur darauf gestützt werden, dass

1. gegen das Gesetz oder gegen die aufgrund des Gesetzes erlassenen Wahlvorschriften verstoßen worden ist und

2. der Verstoß geeignet war, das Ergebnis der Wahl zu beeinflussen.

§ 102

(1) Der Gewählte kann die Annahme der Wahl nur ablehnen, wenn er

1. das sechzigste Lebensjahr vollendet hat oder

2. durch Krankheit oder Gebrechen verhindert ist, das Amt ordnungsmäßig zu führen.

(2) Ablehnungsgründe sind nur zu berücksichtigen, wenn sie binnen zwei Wochen nach der Bekanntgabe des Wahlergebnisses bei der Handwerkskammer geltend gemacht worden sind.

(3) Mitglieder der Handwerkskammer können nach Vollendung des sechzigsten Lebensjahres ihr Amt niederlegen.

§ 103

(1) Die Wahl zur Handwerkskammer erfolgt auf fünf Jahre. Eine Wiederwahl ist zulässig.

(2) Nach Ablauf der Wahlzeit bleiben die Gewählten so lange im Amt, bis ihre Nachfolger eintreten.

(3) Die Vertreter der Arbeitnehmer behalten, auch wenn sie nicht mehr im Betrieb eines Handwerks oder eines handwerksähnlichen Gewerbes beschäftigt sind, solange sie im Bezirk der Handwerkskammer verbleiben, das Amt noch bis zum Ende der Wahlzeit, jedoch höchstens für ein Jahr. Im Falle der Arbeitslosigkeit behalten sie das Amt bis zum Ende der Wahlzeit.

§ 104

(1) Mitglieder der Vollversammlung haben aus dem Amt auszuscheiden, wenn sie durch Krankheit oder Gebrechen verhindert sind, das Amt ordnungsmäßig zu führen oder wenn Tatsachen eintreten, die ihre Wählbarkeit ausschließen.

(2) Gesetzliche Vertreter juristischer Personen und vertretungsberechtigte Gesellschafter der Personengesellschaften haben ferner aus dem Amt auszuscheiden, wenn

1. sie die Vertretungsbefugnis verloren haben,

2. die juristische Person oder die Personengesellschaft in der Handwerksrolle oder in dem Verzeichnis nach § 19 gelöscht worden ist.

(3) Weigert sich das Mitglied auszuscheiden, so ist es von der obersten Landesbehörde nach Anhörung der Handwerkskammer seines Amtes zu entheben.

§ 105

(1) Für die Handwerkskammer ist von der obersten Landesbehörde eine Satzung zu erlassen. Über eine Änderung der Satzung beschließt die Vollversammlung; der Beschluss bedarf der Genehmigung durch die oberste Landesbehörde.

(2) Die Satzung muss Bestimmungen enthalten über

1. den Namen, den Sitz und den Bezirk der Handwerkskammer,

2. die Zahl der Mitglieder der Handwerkskammer und der Stellvertreter sowie die Reihenfolge ihres Eintritts im Falle der Behinderung oder des Ausscheidens der Mitglieder,

3. die Verteilung der Mitglieder und der Stellvertreter auf die im Bezirk der Handwerkskammer vertretenen Handwerke,

4. die Zuwahl zur Handwerkskammer,

5. die Wahl des Vorstands und seine Befugnisse,

6. die Einberufung der Handwerkskammer und ihrer Organe,

7. die Form der Beschlussfassung und die Beurkundung der Beschlüsse der Handwerkskammer und des Vorstands,

8. die Erstellung einer mittelfristigen Finanzplanung und deren Übermittlung an die Vollversammlung,

9. die Aufstellung und Genehmigung des Haushaltsplans,

10. die Aufstellung, Prüfung und Abnahme der Jahresrechnung sowie über die Übertragung der Prüfung auf eine unabhängige Stelle außerhalb der Handwerkskammer,

11. die Voraussetzungen und die Form einer Änderung der Satzung,

12. die Organe einschließlich elektronischer Medien, in denen die Bekanntmachungen der Handwerkskammer zu veröffentlichen sind.

(3) Die Satzung darf keine Bestimmung enthalten, die mit den in diesem Gesetz bezeichneten Aufgaben der Handwerkskammer nicht in Verbindung steht oder gesetzlichen Vorschriften zuwiderläuft.

(4) Die Satzung nach Absatz 1 Satz 1 ist in dem amtlichen Organ der für den Sitz der Handwerkskammer zuständigen höheren Verwaltungsbehörde bekannt zu machen.

§ 106

(1) Der Beschlussfassung der Vollversammlung bleibt vorbehalten

1. die Wahl des Vorstands und der Ausschüsse,

2. die Zuwahl von sachverständigen Personen (§ 93 Abs. 4),

3. die Wahl des Geschäftsführers, bei mehreren Geschäftsführern des Hauptgeschäftsführers und der Geschäftsführer,

4. die Feststellung des Haushaltsplans einschließlich des Stellenplans, die Bewilligung von Ausgaben, die nicht im Haushaltsplan vorgesehen sind, die Ermächtigung zur Aufnahme von Krediten und die dingliche Belastung von Grundeigentum,

5. die Festsetzung der Beiträge zur Handwerkskammer und die Erhebung von Gebühren,

6. der Erlass einer Haushalts-, Kassen- und Rechnungslegungsordnung,

7. die Prüfung und Abnahme der Jahresrechnung und die Entscheidung darüber, durch welche unabhängige Stelle die Jahresrechnung geprüft werden soll,

8. die Beteiligung an Gesellschaften des privaten und öffentlichen Rechts und die Aufrechterhaltung der Beteiligung,

8a. die Beteiligung an einer Einrichtung nach § 91 Abs. 2a,

9. der Erwerb und die Veräußerung von Grundeigentum,

10. der Erlass von Vorschriften über die Berufsausbildung, berufliche Fortbildung und berufliche Umschulung (§ 91 Abs. 1 Nr. 4 und 4a),

11. der Erlass der Gesellen- und Meisterprüfungsordnungen (§ 91 Abs. 1 Nr. 5 und 6),

12. der Erlass der Vorschriften über die öffentliche Bestellung und Vereidigung von Sachverständigen (§ 91 Abs. 1 Nr. 8),

13. die Festsetzung der den Mitgliedern zu gewährenden Entschädigung (§ 94),

14. die Änderung der Satzung.

(2) Die nach Absatz 1 Nr. 3 bis 7, 10 bis 12 und 14 gefassten Beschlüsse bedürfen der Genehmigung durch die oberste Landesbehörde. Die Beschlüsse nach Absatz 1 Nr. 5, 10 bis 12 und 14 sind in den für die Bekanntmachungen der Handwerkskammern bestimmten Organen einschließlich der elektronischen Medien (§ 105 Abs. 2 Nr. 12) zu veröffentlichen.

§ 107

Die Handwerkskammer kann zu ihren Verhandlungen Sachverständige mit beratender Stimme zuziehen.

§ 108

(1) Die Vollversammlung wählt aus ihrer Mitte den Vorstand. Ein Drittel der Mitglieder müssen Gesellen oder andere Arbeitnehmer mit abgeschlossener Berufsausbildung sein.

(2) Der Vorstand besteht nach näherer Bestimmung der Satzung aus dem Vorsitzenden (Präsidenten), zwei Stellvertretern (Vizepräsidenten), von denen einer Geselle oder ein anderer Arbeitnehmer mit abgeschlossener Berufsausbildung sein muss, und einer weiteren Zahl von Mitgliedern.

(3) Der Präsident wird von der Vollversammlung mit absoluter Stimmenmehrheit der anwesenden Mitglieder gewählt. Fällt die Mehrzahl der Stimmen nicht auf eine Person, so findet eine engere Wahl zwischen den beiden Personen statt, welche die meisten Stimmen erhalten haben.

(4) Die Wahl der Vizepräsidenten darf nicht gegen die Mehrheit der Stimmen der Gruppe, der sie angehören, erfolgen. Erfolgt in zwei Wahlgängen keine Entscheidung, so entscheidet ab dem dritten Wahlgang die Stimmenmehrheit der jeweils betroffenen Gruppe. Gleiches gilt für die Wahl der weiteren Mitglieder des Vorstands.

(5) Die Wahl des Präsidenten und seiner Stellvertreter ist der obersten Landesbehörde binnen einer Woche anzuzeigen.

(6) Als Ausweis des Vorstands genügt eine Bescheinigung der obersten Landesbehörde, dass die darin bezeichneten Personen zurzeit den Vorstand bilden.

§ 109

Dem Vorstand obliegt die Verwaltung der Handwerkskammer; Präsident und Hauptgeschäftsführer vertreten die Handwerkskammer gerichtlich und außergerichtlich. Das Nähere regelt die Satzung, die auch bestimmen kann, dass die Handwerkskammer durch zwei Vorstandsmitglieder vertreten wird.

§ 110

Die Vollversammlung kann unter Wahrung der im § 93 Abs. 1 bestimmten Verhältniszahl aus ihrer Mitte Ausschüsse bilden und sie mit besonderen regelmäßigen oder vorübergehenden Aufgaben betrauen. § 107 findet entsprechende Anwendung.

§ 111

(1) Die in die Handwerksrolle und in das Verzeichnis nach § 19 eingetragenen Gewerbetreibenden haben der Handwerkskammer die zur Durchführung von Rechtsvorschriften über die Berufsbildung und der von der Handwerkskammer erlassenen Vorschriften, Anordnungen und der sonstigen von ihr getroffenen Maßnahmen erforderlichen Auskünfte zu erteilen und Unterlagen vorzulegen. Die Handwerkskammer kann für die Erteilung der Auskunft eine Frist setzen.

(2) Die von der Handwerkskammer mit der Einholung von Auskünften beauftragten Personen sind befugt, zu dem in Absatz 1 bezeichneten Zweck die Betriebsräume, Betriebseinrichtungen und Ausbildungsplätze sowie die für den Aufenthalt und die Unterkunft der Lehrlinge und Gesellen bestimmten Räume oder Einrichtungen zu betreten und dort Prüfungen und Besichtigungen vorzunehmen. Der Auskunftspflichtige hat die Maßnahme von Satz 1 zu dulden. Das Grundrecht der Unverletzlichkeit der Wohnung (Artikel 13 des Grundgesetzes) wird insoweit eingeschränkt.

(3) Der Auskunftspflichtige kann die Auskunft auf solche Fragen verweigern, deren Beantwortung ihn selbst oder einen der in § 383 Abs. 1 Nr. 1 bis 3 der Zivilprozessordnung bezeichneten Angehörigen der Gefahr strafgerichtlicher Verfolgung oder eines Verfahrens nach dem Gesetz über Ordnungswidrigkeiten aussetzen würde.

§ 112

(1) Die Handwerkskammer kann bei Zuwiderhandlungen gegen die von ihr innerhalb ihrer Zuständigkeit erlassenen Vorschriften oder Anordnungen Ordnungsgeld bis zu fünfhundert Euro festsetzen.

(2) Das Ordnungsgeld muss vorher schriftlich angedroht werden. Die Androhung und die Festsetzung des Ordnungsgelds sind dem Betroffenen zuzustellen.

(3) Gegen die Androhung und die Festsetzung des Ordnungsgelds steht dem Betroffenen der Verwaltungsrechtsweg offen.

(4) Das Ordnungsgeld fließt der Handwerkskammer zu. Es wird auf Antrag des Vorstandes der Handwerkskammer nach Maßgabe des § 113 Abs. 2* Satz 1 beigetrieben.

§ 113

(1) Die durch die Errichtung und Tätigkeit der Handwerkskammer entstehenden Kosten werden, soweit sie nicht anderweitig gedeckt sind, von den Inhabern eines Betriebs eines Handwerks und eines handwerksähnlichen Gewerbes sowie den Mitgliedern der Handwerkskammer nach § 90 Abs. 3 nach einem von der Handwerkskammer mit Genehmigung der obersten Landesbehörde festgesetzten Beitragsmaßstab getragen.

(2) Die Handwerkskammer kann als Beiträge auch Grundbeiträge, Zusatzbeiträge und außerdem Sonderbeiträge erheben. Die Beiträge können nach der Leistungskraft der beitragspflichtigen Kammerzugehörigen gestaffelt werden. Soweit die Handwerkskammer Beiträge nach dem Gewerbesteuermessbetrag, Gewerbeertrag oder Gewinn aus Gewerbebetrieb bemisst, richtet sich die Zulässigkeit der Mitteilung der hierfür erforderlichen Besteuerungsgrundlagen durch die Finanzbehörden für die Beitragsbemessung nach § 31 der Abgabenordnung. Personen, die nach § 90 Abs. 3 Mitglied der Handwerkskammer sind und deren Gewerbeertrag nach dem Gewerbesteuergesetz oder, soweit für das Bemessungsjahr ein Gewerbesteuermessbetrag nicht festgesetzt wird, deren nach dem Einkommen- oder Körperschaftssteuergesetz ermittelter Gewinn aus Gewerbebetrieb 5200 Euro nicht übersteigt, sind vom Beitrag befreit. Natürliche Personen, die erstmalig ein Gewerbe angemeldet haben, sind für das Jahr der Anmeldung von der Entrichtung des Grundbeitrages und des Zusatzbeitrages, für das zweite und dritte Jahr von der Entrichtung der Hälfte des Grundbeitrages und vom Zusatzbeitrag und für das vierte Jahr von der Entrichtung des Zusatzbeitrages befreit, soweit deren Gewerbeertrag nach dem Gewerbesteuergesetz oder, soweit für das Bemessungsjahr ein Gewerbesteuermessbetrag nicht festgesetzt wird, deren nach dem Einkommensteuergesetz ermittelter Gewinn aus Gewerbebetrieb 25000 Euro nicht übersteigt. Die Beitragsbefreiung nach Satz 5 ist nur auf Kammerzugehörige anzuwenden, deren Gewerbeanzeige nach dem 31. Dezember 2003 erfolgt. Wenn zum Zeitpunkt der Verabschiedung der Haushaltssatzung zu besorgen ist, dass bei einer Kammer auf Grund der Besonderheiten der Wirtschaftsstruktur ihres Bezirks die Zahl der Beitragspflichtigen, die einen Beitrag zahlen, durch die in den Sätzen 4 und 5 geregelten Beitragsbefreiungen auf weniger als 55 vom Hundert aller ihr zugehörigen Gewerbetreibenden sinkt, kann die Vollversammlung für das betreffende Haushaltsjahr eine entsprechende Herabsetzung der dort genannten Grenzen für den Gewerbeertrag oder den Gewinn aus Gewerbebetrieb beschließen. Die Handwerkskammern und ihre Gemeinschaftseinrichtungen, die öffentliche Stellen im Sinne des § 2 Absatz 2 des Bundesdatenschutzgesetzes sind, erheben zur Festsetzung der Beiträge die genannten Bemessungsgrundlagen bei den Finanzbehörden. Bis zum 31. Dezember 1997 können die Beiträge in dem in Artikel 3 des Einigungsvertrages genannten Gebiet auch nach dem Umsatz, der Beschäftigtenzahl oder nach der Lohnsumme bemessen werden. Soweit die Beiträge nach der Lohnsumme bemessen werden, sind die beitragspflichtigen Kammerzugehörigen verpflichtet, der Handwerkskammer Auskunft durch Übermittlung eines Doppels des

---

* Die Verweisung auf Absatz 2 ist unrichtig; es muss Absatz 3 heißen.

Lohnnachweises nach § 165 des Siebten Buches Sozialgesetzbuch zu geben. Soweit die Handwerkskammer Beiträge nach der Zahl der Beschäftigten bemisst, ist sie berechtigt, bei den beitragspflichtigen Kammerzugehörigen die Zahl der Beschäftigten zu erheben. Die übermittelten Daten dürfen nur für Zwecke der Beitragsfestsetzung verarbeitet sowie gemäß § 5 Nr. 7 des Statistikregistergesetzes zum Aufbau und zur Führung des Statistikregisters den Statistischen Ämtern der Länder und dem Statistischen Bundesamt übermittelt werden. Die beitragspflichtigen Kammerzugehörigen sind verpflichtet, der Handwerkskammer Auskunft über die zur Festsetzung der Beiträge erforderlichen Grundlagen zu erteilen; die Handwerkskammer ist berechtigt, die sich hierauf beziehenden Geschäftsunterlagen einzusehen und für die Erteilung der Auskunft eine Frist zu setzen.

(3) Die Beiträge der Inhaber von Betrieben eines Handwerks oder handwerksähnlichen Gewerbes oder der Mitglieder der Handwerkskammer nach § 90 Abs. 3 werden von den Gemeinden aufgrund einer von der Handwerkskammer aufzustellenden Aufbringungsliste nach den für Gemeindeabgaben geltenden landesrechtlichen Vorschriften eingezogen und beigetrieben. Die Gemeinden können für ihre Tätigkeit eine angemessene Vergütung von der Handwerkskammer beanspruchen, deren Höhe im Streitfall die höhere Verwaltungsbehörde festsetzt. Die Landesregierung kann durch Rechtsverordnung auf Antrag der Handwerkskammer eine andere Form der Beitragseinziehung und Beitragsbeitreibung zulassen. Die Landesregierung kann die Ermächtigung auf die zuständige oberste Landesbehörde übertragen.

(4) Die Handwerkskammer kann für Amtshandlungen und für die Inanspruchnahme besonderer Einrichtungen oder Tätigkeiten mit Genehmigung der obersten Landesbehörde Gebühren erheben. Für ihre Beitreibung gilt Absatz 3.

§ 114

(aufgehoben)

§ 115

(1) Die oberste Landesbehörde führt die Staatsaufsicht über die Handwerkskammer. Die Staatsaufsicht beschränkt sich darauf, soweit nichts anderes bestimmt ist, dass Gesetz und Satzung beachtet, insbesondere die den Handwerkskammern übertragenen Aufgaben erfüllt werden.

(2) Die Aufsichtsbehörde kann, falls andere Aufsichtsmittel nicht ausreichen, die Vollversammlung auflösen, wenn sich die Kammer trotz wiederholter Aufforderung nicht im Rahmen der für sie geltenden Rechtsvorschriften hält. Innerhalb von drei Monaten nach Eintritt der Unanfechtbarkeit der Anordnung über die Auflösung ist eine Neuwahl vorzunehmen. Der bisherige Vorstand führt seine Geschäfte bis zum Amtsantritt des neuen Vorstands weiter und bereitet die Neuwahl der Vollversammlung vor.

§ 116

Die Landesregierungen werden ermächtigt, durch Rechtsverordnung die zuständigen Behörden abweichend von § 104 Abs. 3 und § 108 Abs. 6 zu bestimmen. Sie können diese Ermächtigung auf oberste Landesbehörden übertragen.

Fünfter Teil
Bußgeld-, Übergangs- und Schlussvorschriften

Erster Abschnitt

Bußgeldvorschriften

§ 117

(1) Ordnungswidrig handelt, wer

1. entgegen § 1 Abs. 1 Satz 1 ein dort genanntes Gewerbe als stehendes Gewerbe selbstständig betreibt oder

2. entgegen § 42b Absatz 4 Satz 3, § 42c Absatz 4 Satz 3, § 42d Absatz 4 Satz 3, § 42f Absatz 4 Satz 1, § 51 Absatz 1 oder § 51d Satz 1 eine dort genannte Abschluss- oder Ausbildungsbezeichnung führt.

(2) Die Ordnungswidrigkeit nach Absatz 1 Nr. 1 kann mit einer Geldbuße bis zu zehntausend Euro, die Ordnungswidrigkeit nach Absatz 1 Nr. 2 kann mit einer Geldbuße bis zu fünftausend Euro geahndet werden.

§ 118

(1) Ordnungswidrig handelt, wer

1. eine Anzeige nach § 16 Abs. 2 oder § 18 Abs. 1 nicht, nicht richtig, nicht vollständig oder nicht rechtzeitig erstattet,

2. entgegen § 17 Abs. 1 oder Abs. 2 Satz 2, § 111 Abs. 1 oder Abs. 2 Satz 2 oder § 113 Abs. 2 Satz 11, auch in Verbindung mit § 73 Abs. 3, eine Auskunft nicht, nicht richtig, nicht vollständig oder nicht rechtzeitig erteilt, Unterlagen nicht vorlegt oder das Betreten von Grundstücken oder Geschäftsräumen oder die Vornahme von Prüfungen oder Besichtigungen nicht duldet,

3. Lehrlinge (Auszubildende) einstellt oder ausbildet, obwohl er nach § 22a Nr. 1 persönlich oder nach § 22b Abs. 1 fachlich nicht geeignet ist,

4. entgegen § 22 Abs. 2 einen Lehrling (Auszubildenden) einstellt,

5. Lehrlinge (Auszubildende) einstellt oder ausbildet, obwohl ihm das Einstellen oder Ausbilden nach § 24 untersagt worden ist,

6. entgegen § 30 die Eintragung in die Lehrlingsrolle nicht oder nicht rechtzeitig beantragt oder eine Ausfertigung der Vertragsniederschrift nicht beifügt,

7. einer Rechtsverordnung nach § 9 Abs. 1 Satz 1 Nr. 2 zuwiderhandelt, soweit sie für einen bestimmten Tatbestand auf diese Bußgeldvorschrift verweist.

(2) Die Ordnungswidrigkeiten nach Absatz 1 Nr. 1, 2, 6 und 7 können mit einer Geldbuße bis zu eintausend Euro, die Ordnungswidrigkeiten nach Absatz 1 Nr. 3 bis 5 können mit einer Geldbuße bis zu fünftausend Euro geahndet werden.

§ 118a

Die zuständige Behörde unterrichtet die zuständige Handwerkskammer über die Einleitung von und die abschließende Entscheidung in Verfahren wegen Ordnungswidrigkeiten nach den §§ 117 und 118. Gleiches gilt für Verfahren wegen Ordnungs-widrigkeiten nach dem Gesetz zur Bekämpfung der Schwarzarbeit in der Fassung der Bekanntmachung vom 29. Januar 1982, zuletzt geändert durch Anlage I Kapitel VIII Sachgebiet E Nr. 3 des Einigungsvertrages vom 31. August 1990 in Verbindung mit Artikel 1 des Gesetzes vom 23. September 1990 (BGBl. 1990 II S. 885, 1038), in seiner jeweils geltenden Fassung, soweit Gegenstand des Verfahrens eine handwerkliche Tätigkeit ist.

Zweiter Abschnitt
Übergangsvorschriften

§ 119*

(1) Die bei Inkrafttreten dieses Gesetzes vorhandene Berechtigung eines Gewer-betreibenden, ein Handwerk als stehendes Gewerbe selbstständig zu betreiben, bleibt bestehen. Für juristische Personen, Personengesellschaften und Betriebe im Sinne des § 7 Abs. 5 oder 6 gilt dies nur, wenn und solange der Betrieb von einer Person geleitet wird, die am 1. April 1998 Betriebsleiter oder für die technische Leitung verantwortlicher persönlich haftender Gesellschafter oder Leiter eines Betriebs im Sinne des § 7 Abs. 5 und 6 ist; das Gleiche gilt für Personen, die eine dem Betriebs-leiter vergleichbare Stellung haben. Soweit die Berechtigung zur Ausübung eines selbstständigen Handwerks anderen bundesrechtlichen Beschränkungen als den in diesem Gesetz bestimmten unterworfen ist, bleiben diese Vorschriften unberührt.

(2) Ist ein nach Absatz 1 Satz 1 berechtigter Gewerbetreibender bei Inkrafttreten dieses Gesetzes nicht in der Handwerksrolle eingetragen, so ist er auf Antrag oder von Amts wegen binnen drei Monaten in die Handwerksrolle einzutragen.

(3) Die Absätze 1 und 2 gelten für Gewerbe, die in die Anlage A zu diesem Gesetz aufgenommen werden, entsprechend. In diesen Fällen darf nach dem Wechsel des Betriebsleiters einer juristischen Person oder eines für die technische Leitung verantwortlichen persönlich haftenden Gesellschafters einer Personengesellschaft oder des Leiters eines Betriebs im Sinne des § 7 Abs. 5 oder 6 der Betrieb für die Dauer von drei Jahren fortgeführt werden, ohne dass die Voraussetzungen für die Eintragung in die Handwerksrolle erfüllt sind. Zur Verhütung von Gefahren für die öffentliche Sicherheit kann die höhere Verwaltungsbehörde die Fortführung des Betriebs davon abhängig machen, dass er von einem Handwerker geleitet wird, der die Voraus-setzungen für die Eintragung in die Handwerksrolle erfüllt.

(4) Werden in der Anlage A zu diesem Gesetz aufgeführte Gewerbe durch Gesetz oder durch eine nach § 1 Abs. 3 erlassene Rechtsverordnung zusammengefasst, so ist der selbstständige Handwerker, der eines der zusammengefassten Handwerke

---

* Gemäß Anlage I Kapitel V Sachgebiet B Abschnitt III Nr. 1 des Gesetzes zu dem Vertrag vom 31. August 1990 zwischen der Bundesrepublik Deutschland und der Deutschen Demokratischen Republik über die Herstel-lung der Einheit Deutschlands – Einigungsvertragsgesetz – und der Vereinbarung vom 18. September 1990 vom 23. September 1990 (BGBl. 1990 II S. 885, 998) gelten das Gesetz zur Ordnung des Handwerks und die aufgrund dieses Gesetzes nach § 7 Abs. 2, §§ 25, 27 a Abs. 1, §§ 40 und 46 Abs. 3 Satz 3 erlassenen Rechtsverordnungen in dem in Artikel 3 des Vertrages genannten Gebiet mit folgenden Maßgaben:

a) Eine am Tage des Wirksamwerdens des Beitritts in dem in Artikel 3 des Vertrages genannten Gebiet bestehende Berechtigung,
   aa) ein Handwerk als stehendes Gewerbe selbstständig zu betreiben,
   bb) zum Einstellen oder zur Ausbildung von Lehrlingen in Handwerksbetrieben oder
   cc) zur Führung des Meistertitels
   bleibt bestehen.

b) Einkaufs- und Liefergenossenschaften und Arbeitsgemeinschaften der Produktionsgenossenschaften des Handwerks bleiben Mitglied der Handwerkskammer, soweit sie Mitglied der Handwerkskammer sind.

c) Gewerbetreibende, die am Tage des Wirksamwerdens des Beitritts in dem in Artikel 3 des Vertrages genannten Gebiet berechtigt sind, ein Handwerk als stehendes Gewerbe selbstständig zu betreiben, werden auf Antrag oder von Amts wegen mit dem Handwerk der Anlage A der Handwerksordnung in die Handwerksrolle eingetragen, das dem bisherigen Handwerk zugeordnet werden kann. Führen solche Gewerbetreibende rechtmäßig den Titel Meister des Handwerks, sind sie berechtigt, den Meistertitel des Handwerks der Anlage A der Handwerksordnung zu führen.

d) Gewerbetreibende, die am Tage des Wirksamwerdens des Beitritts in dem in Artikel 3 des Vertrages genannten Gebiet selbstständig ein stehendes Gewerbe betreiben, das dort nicht als Handwerk eingestuft, jedoch in der Anlage A der Handwerksordnung als Handwerk aufgeführt ist, werden auf Antrag oder von Amts wegen mit diesem Handwerk in die Handwerksrolle eingetragen.

e) Buchstabe c Satz 1 findet auf Gewerbetreibende, die ein handwerksähnliches Gewerbe betreiben, entsprechende Anwendung.

f) Die am Tage des Wirksamwerdens des Beitritts in dem in Artikel 3 des Vertrages genannten Gebiet bestehenden Organisationen des Handwerks sind bis 31. Dezember 1991 den Bestimmungen der Handwerksordnung entsprechend anzupassen; bis dahin gelten sie als Organisationen im Sinne der Handwerksordnung. Dasselbe gilt für die bestehenden Facharbeiter- und Meisterprüfungskommissionen; bis zum 31. Dezember 1991 gelten sie als Prüfungsausschüsse im Sinne der Handwerksordnung. Die Handwerkskammern haben unverzüglich, spätestens jedoch bis zum 31. Dezember 1991, die Voraussetzungen für die Beteiligung der Gesellen entsprechend den Bestimmungen der Handwerksordnung zu schaffen.

g) Am Tage des Wirksamwerdens des Beitritts bestehende Lehrverhältnisse werden nach den bisherigen Vorschriften zu Ende geführt, es sei denn, die Parteien des Lehrvertrages vereinbaren die Fortsetzung der Berufsausbildung in einem Handwerk der Anlage A der Handwerksordnung.

h) Lehrlinge, die ihre Berufsausbildung nach bisherigem Recht durchlaufen, werden nach den bisherigen Rechtsvorschriften geprüft, soweit nicht der Bundesminister für Wirtschaft im Einvernehmen mit dem Bundesminister für Bildung und Wissenschaft durch Rechtsverordnung, die nicht der Zustimmung des Bundesrates bedarf, Übergangsvorschriften für Verfahren und Zuständigkeit erlässt.

i) Die am Tage des Wirksamwerdens des Beitritts laufenden Prüfungsverfahren werden nach den bisherigen Vorschriften zu Ende geführt.

k) Die Handwerkskammern können bis zum 1. Dezember 1995 Ausnahmen von den nach § 25 der Handwerksordnung erlassenen Rechtsverordnungen zulassen, wenn die gesetzten Anforderungen noch nicht erfüllt werden können. Die Ausnahmen sind zu befristen. Der Bundesminister für Wirtschaft kann im Einvernehmen mit dem Bundesminister für Bildung und Wissenschaft durch Rechtsverordnung, die nicht der Zustimmung des Bundesrates bedarf, die Befugnis nach Satz 1 einschränken oder aufheben.

l) Die Rechtsverordnungen nach § 27a Abs. 1 und § 40 der Handwerksordnung bedürfen der gesonderten Inkraftsetzung durch den Bundesminister für Wirtschaft im Einvernehmen mit dem Bundesminister für Bildung und Wissenschaft durch Rechtsverordnung, die nicht der Zustimmung des Bundesrates bedarf.

m) Der Bundesminister für Wirtschaft bestimmt durch Rechtsverordnung nach § 46 Abs. 3 der Handwerksordnung, welche Prüfungen an Ausbildungseinrichtungen der Nationalen Volksarmee nach Maßgabe des § 3 Abs. 2 der Verordnung über die Anerkennung von Prüfungen bei der Eintragung in die Handwerksrolle und bei der Ablegung der Meisterprüfung im Handwerk vom 2. November 1982 (BGBl. I S. 1475) als Voraussetzung für die Befreiung von Teil II der Meisterprüfung im Handwerk anerkannt werden.

n) Der Bundesminister für Wirtschaft kann durch Rechtsverordnung nach § 7 Abs. 2 der Handwerksordnung bestimmen, welche Prüfungen von Meistern der volkseigenen Industrie, die bis zum 31. Dezember 1991 abgelegt worden sind, mit welcher Maßgabe als ausreichende Voraussetzung für die Eintragung in die Handwerksrolle anerkannt werden.

o) Prüfungszeugnisse nach der Systematik der Ausbildungsberufe sowie der Systematik der Facharbeiterberufe in Handwerksberufen aus dem in Artikel 3 des Vertrages genannten Gebiet stehen Gesellenprüfungszeugnissen nach § 31 Abs. 2 der Handwerksordnung gleich."

betreibt, mit dem durch die Zusammenfassung entstandenen Handwerk in die Handwerksrolle einzutragen.

(5) Soweit durch Gesetz oder durch Rechtsverordnung nach § 1 Abs. 3 Handwerke oder handwerksähnliche Gewerbe zusammengefasst werden, gelten die vor dem Inkrafttreten der jeweiligen Änderungsvorschrift nach § 25 dieses Gesetzes oder nach § 4 des Berufsbildungsgesetzes erlassenen Ausbildungsordnungen und die nach § 45 Abs. 1 oder § 51a Abs. 1 in Verbindung mit Abs. 2 sowie die nach § 50 Abs. 2 oder § 51a Abs. 7 dieses Gesetzes erlassenen Rechtsvorschriften bis zum Erlass neuer Rechtsverordnungen nach diesem Gesetz fort. Satz 1 gilt entsprechend für noch bestehende Vorschriften gemäß § 122 Abs. 2 und 4.

(6) Soweit durch Gesetz zulassungspflichtige Handwerke in die Anlage B überführt werden, gilt für die Ausbildungsordnungen Absatz 5 entsprechend. Die bis zum 31. Dezember 2003 begonnenen Meisterprüfungsverfahren sind auf Antrag des Prüflings nach den bis dahin geltenden Vorschriften von den vor dem 31. Dezember 2003 von der höheren Verwaltungsbehörde errichteten Meisterprüfungsausschüssen abzuschließen.

(7) In den Fällen des Absatzes 3 Satz 1 liegt ein Ausnahmefall nach § 8 Abs. 1 Satz 2 auch dann vor, wenn zum Zeitpunkt der Antragstellung für das zu betreibende Handwerk eine Rechtsverordnung nach § 45 noch nicht in Kraft getreten ist.

§ 120

(1) Die am 31. Dezember 2003 vorhandene Befugnis zur Einstellung oder zur Ausbildung von Lehrlingen (Auszubildenden) in Handwerksbetrieben bleibt erhalten.

(2) Wer bis zum 31. Dezember 2003 die Befugnis zur Ausbildung von Lehrlingen (Auszubildenden) in einem Gewerbe erworben hat, das in die Anlage A zu diesem Gesetz aufgenommen wird, gilt im Sinne des § 22b Abs. 1 als fachlich geeignet.

§ 121

Der Meisterprüfung im Sinne des § 45 bleiben die in § 133 Abs. 10 der Gewerbeordnung bezeichneten Prüfungen gleichgestellt, sofern sie vor Inkrafttreten dieses Gesetzes abgelegt worden sind.

§ 122

(1) Werden zulassungspflichtige Handwerke durch Gesetz oder durch eine nach § 1 Abs. 3 erlassene Rechtsverordnung getrennt oder zusammengefasst, so können auch solche Personen als Beisitzer der Gesellen- oder Meisterprüfungsausschüsse der durch die Trennung oder Zusammenfassung entstandenen Handwerke oder handwerksähnlichen Gewerbe berufen werden, die in dem getrennten oder in einem der zusammengefassten Handwerke oder handwerksähnlichen Gewerbe die Gesellen- oder Meisterprüfung abgelegt haben oder das Recht zum Ausbilden von Lehrlingen besitzen und im Falle des § 48 Abs. 3 seit mindestens einem Jahr in dem Handwerk, für das der Meisterprüfungsausschuss errichtet ist, selbstständig tätig sind.

(2) Die für die einzelnen Handwerke oder handwerksähnlichen Gewerbe geltenden Gesellen-, Abschluss- und Meisterprüfungsvorschriften sind bis zum Inkrafttreten der nach § 25 Abs. 1 und § 38 sowie § 45 Abs. 1 Nr. 2 dieses Gesetzes oder nach § 4 des Berufsbildungsgesetzes vorgesehenen Prüfungsverordnungen anzuwenden, soweit sie nicht mit diesem Gesetz in Widerspruch stehen. Dies gilt für die nach § 50 Abs. 1 Satz 2 erlassenen Meisterprüfungsordnungen sowie für die nach § 50 Abs. 2 erlassene Rechtsverordnung entsprechend.

(3) Die für die einzelnen Handwerke oder handwerksähnlichen Gewerbe geltenden Berufsbilder oder Meisterprüfungsverordnungen sind bis zum Inkrafttreten von Rechtsverordnungen nach § 45 Abs. 1 und § 51a Abs. 1 in Verbindung mit Abs. 2 anzuwenden.

(4) Die für die einzelnen Handwerke oder handwerksähnlichen Gewerbe geltenden fachlichen Vorschriften sind bis zum Inkrafttreten von Rechtsverordnungen nach § 25 Abs. 1, § 45 Abs. 1 und § 51a Abs. 1 in Verbindung mit Abs. 2 anzuwenden.

§ 123

(1) Beantragt ein Gewerbetreibender, der bis zum 31. Dezember 2003 berechtigt ist, ein zulassungspflichtiges Handwerk als stehendes Gewerbe selbstständig zu betreiben, in diesem Handwerk zur Meisterprüfung zugelassen zu werden, so gelten für die Zulassung zur Prüfung die Bestimmungen der §§ 49 und 50 entsprechend.

(2) Absatz 1 gilt entsprechend für ein Gewerbe, das in die Anlage A aufgenommen wird.

§ 124

(1) Die bei Inkrafttreten dieses Gesetzes bestehenden Handwerksinnungen oder Handwerkerinnungen, Kreishandwerkerschaften oder Kreisinnungsverbände, Innungsverbände und Handwerkskammern sind nach den Bestimmungen dieses Gesetzes bis zum 30. September 1954 umzubilden; bis zu ihrer Umbildung gelten sie als Handwerksinnungen, Kreishandwerkerschaften, Innungsverbände und Handwerkskammern im Sinne dieses Gesetzes. Wenn sie sich nicht bis zum 30. September 1954 umgebildet haben, sind sie aufgelöst. Endet die Wahlzeit der Mitglieder einer Handwerkskammer vor dem 30. September 1954, so wird sie bis zu der Umbildung der Handwerkskammer nach Satz 1, längstens jedoch bis zum 30. September 1954, verlängert.

(2) Die nach diesem Gesetz umgebildeten Handwerksinnungen, Kreishandwerkerschaften, Innungsverbände und Handwerkskammern gelten als Rechtsnachfolger der entsprechenden bisher bestehenden Handwerksorganisationen.

(3) Soweit für die bisher bestehenden Handwerksorganisationen eine Rechtsnachfolge nicht eintritt, findet eine Vermögensauseinandersetzung nach den für sie bisher geltenden gesetzlichen Bestimmungen statt. Bei Meinungsverschiedenheiten entscheidet die nach dem geltenden Recht zuständige Aufsichtsbehörde.

§ 124a

(1) Verfahren zur Wahl der Vollversammlung von Handwerkskammern, die nach den Satzungsbestimmungen bis zum 31. Dezember 2004 zu beginnen sind, können nach den bisherigen Vorschriften zu Ende geführt werden. Durch Beschluss der Voll-

versammlung kann die Wahlzeit nach Wahlen, die entsprechend Satz 1 nach den bisherigen Vorschriften zu Ende geführt werden, in Abweichung von § 103 Abs. 1 Satz 1 verkürzt werden. Wahlzeiten, die nach den Satzungsbestimmungen bis zum 31. Dezember 2004 enden, können durch Beschluss der Vollversammlung bis zu einem Jahr verlängert werden, um die Wahl zur Handwerkskammer nach den neuen Vorschriften durchzuführen. Die Verlängerung oder Verkürzung der Wahlzeiten sind der obersten Landesbehörde anzuzeigen.

(2) Für das Verfahren der Wahl zu einer Vollversammlung einer Handwerkskammer, deren laufende Wahlperiode nach dem 14. Februar 2020 und spätestens zum Ablauf des 31. Dezember 2020 endet, gilt Absatz 1 entsprechend.

§ 124b

Die Landesregierungen werden ermächtigt, durch Rechtsverordnung die nach diesem Gesetz den höheren Verwaltungsbehörden oder den sonstigen nach Landesrecht zuständigen Behörden übertragenen Zuständigkeiten nach den §§ 7a, 7b, 8, 9, 22b, 23, 24 und 42v auf andere Behörden oder auf Handwerkskammern zu übertragen. Satz 1 gilt auch für die Zuständigkeiten nach § 16 Absatz 3; eine Übertragung auf Handwerkskammern ist jedoch ausgeschlossen. Die Staatsaufsicht nach § 115 Abs. 1 umfasst im Falle einer Übertragung von Zuständigkeiten nach den §§ 7a, 7b, 8 und 9 auch die Fachaufsicht.

Dritter Abschnitt

Schlussvorschriften

§ 125

(1) Auf Ausbildungsverträge, die vor dem 30. September 2017 abgeschlossen wurden oder bis zu diesem Zeitpunkt abgeschlossen werden, sind § 6 Absatz 2 Satz 5, § 26 Absatz 2 Satz 1, § 36 Absatz 1 Nummer 2 und § 44 Absatz 2 Nummer 1 in ihrer bis zum 5. April 2017 geltenden Fassung weiter anzuwenden.

(2) Sofern für einen anerkannten Fortbildungsabschluss eine Fortbildungsordnung auf Grund des § 42 in der bis zum Ablauf des 31. Dezember 2019 geltenden Fassung erlassen worden ist, ist diese Fortbildungsordnung bis zum erstmaligen Erlass einer Fortbildungsordnung nach § 42 in der ab dem 1. Januar 2020 geltenden Fassung weiterhin anzuwenden. Sofern eine Fortbildungsprüfungsregelung nach § 42a in der bis zum Ablauf des 31. Dezember 2019 geltenden Fassung erlassen worden ist, ist diese Fortbildungsprüfungsregelung bis zum erstmaligen Erlass einer Fortbildungsprüfungsregelung nach § 42f in der ab dem 1. Januar 2020 geltenden Fassung weiterhin anzuwenden.

(3) Für Berufsausbildungsverträge mit Ausbildungsbeginn ab dem 1. Januar 2020 ist das Datum „bei Vertragsabschluss vereinbarte Vergütung für jedes Ausbildungsjahr" in der Lehrlingsrolle nach § 28 Absatz 1 und der Anlage D Abschnitt III Nummer 4 in der ab dem 1. Januar 2020 geltenden Fassung zu speichern. Im Übrigen sind für

Berufsausbildungsverträge mit Ausbildungsbeginn bis zum Ablauf des 31. Dezember 2020 § 28 und die Anlage D in der am 31. Dezember 2019 geltenden Fassung weiterhin anzuwenden.

§ 126

(1) Wer am 13. Februar 2020 einen Betrieb eines zulassungsfreien Handwerks innehat, das in Anlage B Abschnitt 1 Nummer 1, 2, 3, 4, 12, 13, 15, 17, 27, 34, 44 oder 53 in der am 13. Februar 2020 geltenden Fassung aufgeführt ist, ist abweichend von § 7 Absatz 1a auch ohne eine bestandene Meisterprüfung des Betriebsleiters mit dem ausgeübten Handwerk von Amts wegen in die Handwerksrolle umzutragen. Bis zum Vollzug der Umtragung nach Satz 1 ist abweichend von § 1 Absatz 1 Satz 1 der Betrieb des Handwerks ab dem 14. Februar 2020 gestattet.

(2) Wer am 13. Februar 2020 einen handwerklichen Nebenbetrieb eines zulassungsfreien Handwerks innehat, das in Anlage B Abschnitt 1 Nummer 1, 2, 3, 4, 12, 13, 15, 17, 27, 34, 44 oder 53 in der am 13. Februar 2020 geltenden Fassung aufgeführt ist, und nicht in das Verzeichnis nach § 19 Satz 1 eingetragen ist, ist abweichend von § 7 Absatz 1a auch ohne eine bestandene Meisterprüfung des Betriebsleiters mit dem ausgeübten Handwerk auf Antrag in die Handwerksrolle einzutragen. Der Antrag ist innerhalb eines Jahres nach dem 14. Februar 2020 bei der zuständigen Handwerkskammer unter Beifügen oder Vorlegen geeigneter Nachweise für das Innehaben eines handwerklichen Nebenbetriebs zu stellen. Bis zum Vollzug der Eintragung in die Handwerksrolle aufgrund eines Antrags nach Satz 1 oder bis zur rechtskräftigen Entscheidung über eine ablehnende Entscheidung ist abweichend von § 1 Absatz 1 Satz 1 der Betrieb des Handwerks als handwerklicher Nebenbetrieb ab dem 14. Februar 2020 gestattet.

(3) Der Inhaber eines Betriebs, der nach Absatz 1 von Amts wegen in die Handwerksrolle umzutragen ist oder umgetragen wurde, bleibt in der Handwerksrolle eingetragen, auch wenn einzelne Eigentümer oder Gesellschafter nach dem 13. Februar 2020 ausscheiden.

(4) Wird ab dem 14. Februar 2020 der Inhaber eines Betriebs, der nach Absatz 1 Satz 1 von Amts wegen in die Handwerksrolle umzutragen ist oder umgetragen wurde, um einen weiteren Eigentümer oder Gesellschafter erweitert, so muss das Erfüllen der Anforderung für die Eintragung in die Handwerksrolle nach § 7 Absatz 1a, 2, 3, 7 oder 9 innerhalb von sechs Monaten nach der Erweiterung durch Vorlage geeigneter Unterlagen gegenüber der zuständigen Handwerkskammer nachgewiesen werden. Liegt der Nachweis gegenüber der zuständigen Handwerkskammer innerhalb der vorgenannten Frist nicht vor, so ist die Eintragung des Betriebs in der Handwerksrolle zu löschen. Im Übrigen bleibt § 4 unberührt.

Anlage A

zu dem Gesetz zur Ordnung des Handwerks (Handwerksordnung)

Verzeichnis der Gewerbe, die als zulassungspflichtige Handwerke betrieben werden können (§ 1 Abs. 2)

1   Maurer und Betonbauer
2   Ofen- und Luftheizungsbauer
3   Zimmerer
4   Dachdecker
5   Straßenbauer
6   Wärme-, Kälte- und Schallschutzisolierer
7   Brunnenbauer
8   Steinmetzen und Steinbildhauer
9   Stuckateure
10   Maler und Lackierer
11   Gerüstbauer
12   Schornsteinfeger
13   Metallbauer
14   Chirurgiemechaniker
15   Karosserie- und Fahrzeugbauer
16   Feinwerkmechaniker
17   Zweiradmechaniker
18   Kälteanlagenbauer
19   Informationstechniker
20   Kraftfahrzeugtechniker
21   Landmaschinenmechaniker
22   Büchsenmacher
23   Klempner
24   Installateur und Heizungsbauer
25   Elektrotechniker
26   Elektromaschinenbauer
27   Tischler
28   Boots- und Schiffbauer
29   Seiler
30   Bäcker
31   Konditoren
32   Fleischer
33   Augenoptiker
34   Hörakustiker
35   Orthopädietechniker
36   Orthopädieschuhmacher
37   Zahntechniker
38   Friseure
39   Glaser
40   Glasbläser und Glasapparatebauer
41   Mechaniker für Reifen- und Vulkanisationstechnik

42 Fliesen-, Platten- und Mosaikleger
43 Betonstein- und Terrazzohersteller
44 Estrichleger
45 Behälter- und Apparatebauer
46 Parkettleger
47 Rollladen- und Sonnenschutztechniker
48 Drechsler (Elfenbeinschnitzer) und Holzspielzeugmacher
49 Böttcher
50 Glasveredler
51 Schilder- und Lichtreklamehersteller
52 Raumausstatter
53 Orgel- und Harmoniumbauer

Anlage B

zu dem Gesetz zur Ordnung des Handwerks (Handwerksordnung)

Verzeichnis der Gewerbe, die als zulassungsfreie Handwerke oder handwerksähnliche Gewerbe betrieben werden können (§ 18 Abs. 2)

Abschnitt 1: Zulassungsfreie Handwerke

1 entfällt
2 entfällt
3 entfällt
4 entfällt
5 Uhrmacher
6 Graveure
7 Metallbildner
8 Galvaniseure
9 Metall- und Glockengießer
10 Schneidwerkzeugmechaniker
11 Gold- und Silberschmiede
12 entfällt
13 entfällt
14 Modellbauer
15 entfällt
16 Holzbildhauer
17 entfällt
18 Korb- und Flechtwerkgestalter
19 Maßschneider
20 Textilgestalter (Sticker, Weber, Klöppler, Posamentierer, Stricker)
21 Modisten
22 (weggefallen)
23 Segelmacher
24 Kürschner
25 Schuhmacher
26 Sattler und Feintäschner
27 entfällt
28 Müller
29 Brauer und Mälzer
30 Weinküfer
31 Textilreiniger
32 Wachszieher
33 Gebäudereiniger
34 entfällt
35 Feinoptiker
36 Glas- und Porzellanmaler
37 Edelsteinschleifer und -graveure

38	Fotografen
39	Buchbinder
40	Drucker
41	Siebdrucker
42	Flexografen
43	Keramiker
44	entfällt
45	Klavier- und Cembalobauer
46	Handzuginstrumentenmacher
47	Geigenbauer
48	Bogenmacher
49	Metallblasinstrumentenmacher
50	Holzblasinstrumentenmacher
51	Zupfinstrumentenmacher
52	Vergolder
53	entfällt
54	Holz- und Bautenschützer (Mauerschutz und Holzimprägnierung in Gebäuden)
55	Bestatter

Abschnitt 2: Handwerksähnliche Gewerbe

1	Eisenflechter
2	Bautentrocknungsgewerbe
3	Bodenleger
4	Asphaltierer (ohne Straßenbau)
5	Fuger (im Hochbau)
6	entfällt
7	Rammgewerbe (Einrammen von Pfählen im Wasserbau)
8	Betonbohrer und -schneider
9	Theater- und Ausstattungsmaler
10	Herstellung von Drahtgestellen für Dekorationszwecke in Sonderanfertigung
11	Metallschleifer und Metallpolierer
12	Metallsägen-Schärfer
13	Tankschutzbetriebe (Korrosionsschutz von Öltanks für Feuerungsanlagen ohne chemische Verfahren)
14	Fahrzeugverwerter
15	Rohr- und Kanalreiniger
16	Kabelverleger im Hochbau (ohne Anschlussarbeiten)
17	Holzschuhmacher
18	Holzblockmacher
19	Daubenhauer
20	Holz-Leitermacher (Sonderanfertigung)
21	Muldenhauer
22	Holzreifenmacher
23	Holzschindelmacher
24	Einbau von genormten Baufertigteilen (z. B. Fenster, Türen, Zargen, Regale)
25	Bürsten- und Pinselmacher
26	Bügelanstalten für Herren-Oberbekleidung

27	Dekorationsnäher (ohne Schaufensterdekoration)
28	Fleckteppichhersteller
29	(weggefallen)
30	Theaterkostümnäher
31	Plisseebrenner
32	(weggefallen)
33	Stoffmaler
34	(weggefallen)
35	Textil-Handdrucker
36	Kunststopfer
37	Änderungsschneider
38	Handschuhmacher
39	Ausführung einfacher Schuhreparaturen
40	Gerber
41	Innerei-Fleischer (Kuttler)
42	Speiseeishersteller (mit Vertrieb von Speiseeis mit üblichem Zubehör)
43	Fleischzerleger, Ausbeiner
44	Appreteure, Dekateure
45	Schnellreiniger
46	Teppichreiniger
47	Getränkeleitungsreiniger
48	Kosmetiker
49	Maskenbildner
50	entfällt
51	Lampenschirmhersteller (Sonderanfertigung)
52	Klavierstimmer
53	Theaterplastiker
54	Requisiteure
55	Schirmmacher
56	Steindrucker
57	Schlagzeugmacher

Anlage C

zu dem Gesetz zur Ordnung des Handwerks (Handwerksordnung)

Wahlordnung für die Wahlen der Mitglieder der Vollversammlung der Handwerkskammern

Inhaltsübersicht

Erster Abschnitt

Zeitpunkt der Wahl, Wahlleiter und Wahlausschuss

§ 1

Der Vorstand der Handwerkskammer bestimmt den Tag der Wahl. Er bestellt einen Wahlleiter sowie einen Stellvertreter, die nicht zu den Wahlberechtigten gemäß § 96 Abs. 1 und § 98 der Handwerksordnung gehören und nicht Mitarbeiter der Handwerkskammer sein dürfen.

§ 2

(1) Der Wahlleiter beruft aus der Zahl der Wahlberechtigten vier Beisitzer und die erforderliche Zahl von Stellvertretern, die je zur Hälfte Wahlberechtigte nach § 96 Abs. 1 und nach § 98 der Handwerksordnung sein müssen. Der Wahlleiter und die Beisitzer bilden den Wahlausschuss; den Vorsitz führt der Wahlleiter.

(2) Der Wahlausschuss ist beschlussfähig, wenn außer dem Wahlleiter oder seinem Stellvertreter mindestens je ein Wahlberechtigter nach § 96 Abs. 1 und nach § 98 der Handwerksordnung als Beisitzer anwesend sind. Er beschließt mit Stimmenmehrheit; bei Stimmengleichheit entscheidet die Stimme des Wahlleiters.

(3) Die in den Wahlausschuss berufenen Beisitzer und Stellvertreter werden von dem Vorsitzenden auf unparteiische und gewissenhafte Erfüllung ihres Amtes sowie zur Verschwiegenheit über die ihnen bei ihrer amtlichen Tätigkeit bekannt gewordenen Tatsachen, insbesondere über alle dem Wahlgeheimnis unterliegenden Angelegenheiten verpflichtet.

(4) Die Stellvertreter werden für abwesende oder ausgeschiedene Beisitzer herangezogen.

(5) Zu den Verhandlungen des Wahlausschusses bestellt der Vorsitzende einen Schriftführer, den er auf unparteiische und gewissenhafte Erfüllung seines Amtes verpflichtet; der Schriftführer ist nicht stimmberechtigt und soll nicht zu den Wahlberechtigten gemäß § 96 Abs. 1 und § 98 der Handwerksordnung gehören.

(6) Ort und Zeit der Sitzungen bestimmt der Vorsitzende. Die Beisitzer und der Schriftführer werden zu den Sitzungen eingeladen.

(7) Der Wahlausschuss entscheidet in öffentlicher Sitzung.

(8) Öffentlich sind diese Sitzungen auch dann, wenn Zeit, Ort und Gegenstand der Sitzung vorher durch Aushang am Eingang des Sitzungshauses mit dem Hinweis bekannt gegeben worden sind, dass der Zutritt zur Sitzung den Stimmberechtigten offen steht.

(9) Die Beisitzer des Wahlausschusses erhalten keine Vergütung; es wird ihnen für bare Auslagen und Zeitversäumnisse eine Entschädigung nach den für die Mitglieder der Handwerkskammer festgesetzten Sätzen gewährt. Die Arbeitnehmer sind, soweit es zur ordnungsgemäßen Durchführung der ihnen gesetzlich zugewiesenen Aufgaben erforderlich ist und wichtige betriebliche Gründe nicht entgegenstehen, von ihrer beruflichen Tätigkeit ohne Minderung des Arbeitsentgelts gemäß § 69 Abs. 4 Satz 3 freizustellen.

(10) (aufgehoben)

Zweiter Abschnitt

Wahlbezirk

§ 3

Der Handwerkskammerbezirk bildet einen Wahlbezirk.

Dritter Abschnitt

Stimmbezirke

§ 4

Zur Aufteilung der Mitglieder der Vollversammlung können die Handwerkskammern in ihrer Satzung gemäß § 93 Absatz 2 der Handwerksordnung Gruppen bilden.

Vierter Abschnitt

Abstimmungsvorstand

§§ 5, 6

(weggefallen)

Fünfter Abschnitt

Wahlvorschläge

§ 7

Der Wahlleiter hat spätestens drei Monate vor dem Wahltag in den für die Bekanntmachungen der Handwerkskammer bestimmten Organen zur Einreichung von Wahlvorschlägen aufzufordern und dabei die Erfordernisse dieser Wahlvorschläge (§§ 8 bis 10) bekannt zu geben.

§ 8

(1) Die Wahlvorschläge gelten für den Wahlbezirk (§ 3); sie sind getrennt für die Wahl der Vertreter des Handwerks und des handwerksähnlichen Gewerbes und für die Wahl der Vertreter der Gesellen und anderen Arbeitnehmer mit abgeschlossener Berufsausbildung in Form von Listen einzureichen und müssen die Namen von so vielen Bewerbern enthalten, als Mitglieder und Stellvertreter in dem Wahlbezirk zu wählen sind.

(2) Die Bewerber sind mit Vor- und Zunamen, Beruf, Wohnort und Wohnung so deutlich zu bezeichnen, dass über die Person kein Zweifel besteht. In gleicher Weise sind für jedes einzelne Mitglied der oder die Stellvertreter deutlich zu bezeichnen, so dass zweifelsfrei hervorgeht, wer als Mitglied und wer als Stellvertreter vorgeschlagen wird. Bei zwei Stellvertretern für jedes einzelne Mitglied muss aus der Bezeichnung zweifelsfrei hervorgehen, wer als erster oder zweiter Stellvertreter vorgeschlagen wird.

(3) Die Verteilung der Bewerber des Handwerks und des handwerksähnlichen Gewerbes sowie der Gesellen und anderen Arbeitnehmer mit abgeschlossener Berufsausbildung muss den Bestimmungen der Satzung der Handwerkskammer entsprechen.

(4) Auf jedem Wahlvorschlag sollen eine Vertrauensperson und ein Stellvertreter bezeichnet sein, die bevollmächtigt sind, dem Wahlleiter gegenüber Erklärungen abzugeben. Fehlt diese Bezeichnung, so gilt der erste Unterzeichnete als Vertrauensperson, der zweite als sein Stellvertreter.

(5) Die Wahlvorschläge müssen mindestens von der zweifachen Anzahl der jeweils für die Arbeitgeber- und Arbeitnehmerseite in der Vollversammlung zu besetzenden Sitze an Wahlberechtigten, höchstens aber von 70 Wahlberechtigten, unterzeichnet sein.

(6) Die Unterzeichner der Wahlvorschläge müssen bei der Unterschrift auch Beruf, Wohnort und Wohnung angeben. Die Unterschriften müssen leserlich sein.

§ 9

Die Wahlvorschläge müssen spätestens am fünfunddreißigsten Tag vor dem Wahltag bei dem Wahlleiter eingereicht sein.

§ 10

(1) Mit jedem Wahlvorschlag sind einzureichen

1. die Erklärung der Bewerber, dass sie der Aufnahme ihrer Namen in den Wahlvorschlag zustimmen,

2. die Bescheinigung der Handwerkskammer, dass bei den Bewerbern die Voraussetzungen

   a) aufseiten der Inhaber eines Betriebs eines Handwerks oder handwerksähnlichen Gewerbes des § 97,

   b) aufseiten der Gesellen und anderen Arbeitnehmern mit abgeschlossener Berufsausbildung des § 99

   der Handwerksordnung vorliegen und

3. die Bescheinigung der Handwerkskammer, dass die Unterzeichner des Wahlvorschlages

   a) bei den Inhabern eines Betriebs eines Handwerks und eines handwerksähnlichen Gewerbes in die Wählerliste (§ 12 Abs. 1) eingetragen sind,

   b) bei den Gesellen und anderen Arbeitnehmern mit abgeschlossener Berufsausbildung, die Voraussetzungen für die Wahlberechtigung (§ 98) erfüllen.

(2) Die Bescheinigungen sind gebührenfrei auszustellen.

§ 11

(1) Weisen die Wahlvorschläge Mängel auf, so fordert der Wahlleiter die Vertrauenspersonen unter Setzung einer angemessenen Frist zu deren Beseitigung auf.

(2) Spätestens am zwanzigsten Tag vor dem Wahltag entscheidet der Wahlausschuss (§ 2) über die Zulassung der Wahlvorschläge.

(3) Die Vertrauenspersonen der Wahlvorschläge sind über Ort, Zeit und Gegenstand der Sitzung zu benachrichtigen.

(4) Nicht zuzulassen sind Wahlvorschläge, die zu spät eingereicht sind oder den gesetzlichen Voraussetzungen nicht entsprechen.

(5) Nachdem die Wahlvorschläge festgesetzt sind, können sie nicht mehr geändert werden.

(6) Der Wahlleiter veröffentlicht spätestens am fünfzehnten Tag vor dem Wahltag die zugelassenen Wahlvorschläge in den für die Bekanntmachung der Handwerkskammer bestimmten Organen in der zugelassenen Form, aber ohne die Namen der Unterzeichner. Jeder Wahlvorschlag soll eine fortlaufende Nummer und ein Kennwort erhalten, das ihn von allen anderen Wahlvorschlägen deutlich unterscheidet.

Sechster Abschnitt
Wahl

§ 12

(1) Für die Wahl der Vertreter des Handwerks und des handwerksähnlichen Gewerbes dient als Wahlunterlage ein von der Handwerkskammer herzustellender und zu beglaubigender Auszug aus der Handwerksrolle und dem Verzeichnis nach § 19 der Handwerksordnung, der alle am Wahltag Wahlberechtigten der Handwerkskammer enthält (Wahlverzeichnis). Wählen kann nur, wer in dem Wahlverzeichnis eingetragen ist.

(2) Das Wahlverzeichnis ist öffentlich auszulegen. Die Auslegungzeit und den Ort bestimmt der Wahlleiter. Innerhalb der Auslegungsfrist ist das Anfertigen von Auszügen aus dem Wählerverzeichnis durch Wahlberechtigte zulässig, soweit dies im Zusammenhang mit der Prüfung des Wahlrechts einzelner bestimmter Personen steht. Die Auszüge dürfen nur für diesen Zweck verwendet und unbeteiligten Dritten nicht zugänglich gemacht werden.

(3) Wer das Wahlverzeichnis für unrichtig oder unvollständig hält, kann dagegen bis zum Ablauf der Auslegungsfrist bei der Handwerkskammer oder einem von ihr ernannten Beauftragten schriftlich oder zur Niederschrift Einspruch einlegen. Soweit die Richtigkeit seiner Behauptung nicht offenkundig ist, hat er für sie Beweismittel beizubringen.

(4) Wenn der Einspruch nicht für begründet erachtet wird, entscheidet über ihn die höhere Verwaltungsbehörde.

(5) Die Entscheidung muss spätestens am vorletzten Tag vor dem Abstimmungstag gefällt und den Beteiligten bekannt gegeben sein.

(6) Wenn die Auslegungsfrist abgelaufen ist, können Stimmberechtigte nur auf rechtzeitig angebrachte Einsprüche aufgenommen oder gestrichen werden.

(7) Wird das Wahlverzeichnis berichtigt, so sind die Gründe der Streichungen in Spalte „Bemerkungen" anzugeben. Wenn das Stimmrecht ruht oder der Stimmberechtigte in der Ausübung des Stimmrechts behindert ist, so ist dies in dem Wahlverzeichnis besonders zu bezeichnen. Ergänzungen sind als Nachtrag aufzunehmen.

(8) Das Wählerverzeichnis ist bis zum Wahltag fortzuführen.

§ 13

(1) Die ihr Wahlrecht wahrnehmenden Gesellen und Arbeitnehmer mit abgeschlossener Berufsausbildung weisen dem Wahlleiter ihre Wahlberechtigung durch eine die Unterschrift des Betriebsrates, soweit dieser in Betrieben vorhanden ist, in allen übrigen Betrieben durch eine die Unterschrift des Betriebsinhabers oder seines gesetzlichen Vertreters tragende Bescheinigung (Wahlberechtigungsschein) nach.

(2) Wählen kann nur, wer sich durch eine solche Bescheinigung als Wahlberechtigter legitimiert oder wer von kurzzeitiger Arbeitslosigkeit (§ 98) betroffen ist. Diese ist dem Wahlleiter durch Vorlage einer Bescheinigung der Agentur für Arbeit nachzuweisen.

§ 14

(1) Bei der Wahl sind nur solche Stimmen gültig, die unverändert auf einen der vom Wahlausschuss zugelassenen und vom Wahlleiter veröffentlichten Vorschläge lauten.

(2) Zur Gültigkeit des Stimmzettels genügt es, dass er den Wahlvorschlag nach der vom Wahlleiter veröffentlichten Nummer und dem Kennwort bezeichnet.

§ 15

Bei der Wahl dürfen nur von der Handwerkskammer amtlich hergestellte Stimmzettel und die zugehörigen amtlich hergestellten Umschläge verwendet werden. Sie sind von der Handwerkskammer zu beschaffen. Die Umschläge sind mit dem Stempel der Handwerkskammer zu versehen. Die Stimmzettel sollen für die Wahl der Wahlberechtigten nach § 96 Abs. 1 und der Wahlberechtigten nach § 98 der Handwerksordnung in verschiedener Farbe hergestellt sein. Sie enthalten den Namen oder das Kennwort der nach § 11 zugelassenen Wahlvorschläge.

§ 16

(1) Die Kammer übermittelt den nach § 96 der Handwerksordnung Wahlberechtigten folgende Unterlagen:

(a) einen Nachweis der Berechtigung zur Ausübung des Wahlrechts (Wahlschein),

(b) einen Stimmzettel,

(c) einen neutralen Umschlag der Bezeichnung „Handwerkskammer-Wahl" (Wahlumschlag) und

(d) einen Umschlag für die Rücksendung der Wahlunterlagen (Rücksendeumschlag).

Die nach § 98 der Handwerksordnung Wahlberechtigten erhalten die Wahlunterlagen vom Wahlleiter nach Vorlage des Wahlberechtigungsscheines (§ 13).

(2) Der Wahlberechtigte kennzeichnet den von ihm gewählten Wahlvorschlag dadurch, dass er dessen Namen auf dem Wahlvorschlag ankreuzt. Er darf nur eine Liste ankreuzen.

(3) Der Wahlberechtigte hat den von ihm gemäß Absatz 2 gekennzeichneten Stimmzettel in dem verschlossenen Wahlumschlag unter Beifügung des von ihm unterzeichneten Wahlscheins in dem Rücksendeumschlag so rechtzeitig an den Wahlleiter zurückzusenden, dass die Unterlagen am Wahltag bis spätestens 18.00 Uhr bei der Handwerkskammer eingehen. Ist der Wahltag ein Sonn- oder Feiertag, müssen die Wahlunterlagen am ersten darauf folgenden Werktag bis spätestens 18.00 Uhr bei der Handwerkskammer eingehen. Die rechtzeitig bei der Kammer eingegangenen Wahlumschläge werden nach Prüfung der Wahlberechtigung unverzüglich ungeöffnet in die Wahlurne gelegt.

§ 17

(1) Nach Schluss der Abstimmung beruft der Wahlleiter den Wahlausschuss ein. Der Wahlausschuss hat unverzüglich das Ergebnis der Wahl zu ermitteln.

(2) Ungültig sind Stimmzettel,

1. die nicht in einem amtlich abgestempelten Umschlag oder die in einem mit Kennzeichen versehenen Umschlag übergeben worden sind,
2. die als nichtamtlich hergestellte erkennbar sind,
3. aus deren Beantwortung oder zulässiger Kennzeichnung der Wille des Abstimmenden nicht unzweifelhaft zu erkennen ist,
4. denen ein durch den Umschlag deutlich fühlbarer Gegenstand beigefügt ist,
5. die mit Vermerken oder Vorbehalten versehen sind.

(3) Mehrere in einem Umschlag enthaltene Zettel gelten als eine Stimme, wenn sie gleich lautend sind oder wenn nur einer von ihnen eine Stimmabgabe enthält; sonst sind sie ungültig.

(4) Die Stimmzettel, über deren Gültigkeit oder Ungültigkeit der Wahlausschuss Beschluss gefasst hat, sind mit fortlaufender Nummer zu versehen und der Niederschrift beizufügen. In der Niederschrift sind die Gründe kurz anzugeben, aus denen die Stimmzettel für gültig oder ungültig erklärt worden sind.

(5) Ist ein Stimmzettel wegen der Beschaffenheit des Umschlags für ungültig erklärt worden, so ist auch der Umschlag beizufügen.

(6) Alle gültigen Stimmzettel, die nicht nach den Absätzen 4 und 5 der Abstimmungsniederschrift beigefügt sind, hat der Wahlausschuss in Papier einzuschlagen, zu versiegeln und dem Wahlleiter zu übergeben, der sie verwahrt, bis die Abstimmung für gültig erklärt oder eine neue Wahl angeordnet ist Das Gleiche gilt für die Wahlberechtigungsscheine der Arbeitnehmer.

(7) Das Wählerverzeichnis wird dem Wahlleiter übergeben.

(8) Über die Sitzung des Wahlausschusses ist eine Niederschrift zu fertigen. Diese ist zusammen mit den Wahlunterlagen aufzubewahren und der Aufsichtsbehörde auf Anforderung vorzulegen.

§ 17a

(1) Das Wählerverzeichnis, die Wahlberechtigungsscheine und sonstigen Wahlunterlagen sind so zu verwahren, dass sie gegen Einsichtnahme durch Unbefugte geschützt sind.

(2) Nach der Wahl sind die in Absatz 1 genannten Unterlagen bis zur Unanfechtbarkeit der Wahl aufzubewahren und danach zu vernichten.

(3) Auskünfte aus den in Absatz 1 genannten Unterlagen dürfen nur Behörden, Gerichten und sonstigen öffentlichen Stellen und nur dann erteilt werden, wenn diese die Auskünfte zur Erfüllung von Aufgaben benötigen, die sich auf die Vorbereitung, Durchführung oder Überprüfung der Wahl sowie die Verfolgung von Wahlstraftaten, Wahlprüfungsangelegenheiten oder auf wahlstatistische Arbeiten beziehen.

§ 18

(1) Nach Übergabe der Unterlagen an den Wahlleiter stellt der Wahlausschuss das Gesamtergebnis der Wahl fest, das durch den Wahlleiter in den für die Bekannt-

machung der Handwerkskammer bestimmten Organen öffentlich bekannt zu machen und der Aufsichtsbehörde anzuzeigen ist. Die Wahlunterlagen sind aufzubewahren und der Aufsichtsbehörde auf Anforderung vorzulegen.

(2) Als gewählt gelten die Bewerber desjenigen Wahlvorschlags, der die Mehrheit der abgegebenen Stimmen erhalten hat.

Siebenter Abschnitt

Engere Wahl

§ 19

(aufgehoben)

Achter Abschnitt

Wegfall der Wahlhandlung

§ 20

Wird für den Wahlbezirk nur ein Wahlvorschlag zugelassen, so gelten die darauf bezeichneten Bewerber als gewählt, ohne dass es einer Wahlhandlung bedarf.

Neunter Abschnitt

Beschwerdeverfahren, Kosten

§ 21

Beschwerden über die Ernennung der Beisitzer des Wahlausschusses entscheidet die höhere Verwaltungsbehörde.

§ 22

Die Kosten der Wahl trägt die Handwerkskammer.

Anlage
zur Wahlordnung für die Wahlen
der Mitglieder der Vollversammlung der Handwerkskammern

Wahlberechtigungsschein
zur Vornahme der Wahl der Arbeitnehmermitglieder
der Vollversammlung der Handwerkskammer
(§ 13 Abs. 1 der Wahlordnung für die Wahlen der Mitglieder
der Vollversammlung der Handwerkskammer)

Der Inhaber dieses Wahlberechtigungsscheins

Herr/Frau _____ Arbeitnehmer(in),

wohnhaft in PLZ _____ Ort _____,

Str. _____ Nr. _____,

hat eine abgeschlossene Berufsausbildung und ist/war bis zum_____

als Mitarbeiter(in) im Unternehmen (Name des Unternehmens)

_____,

PLZ _____ Ort _____,

Str. _____ Nr. _____,

beschäftigt.

Sie/Er ist berechtigt, das Stimmrecht zur Wahl der Arbeitnehmermitglieder der Voll-

versammlung der Handwerkskammer _____

auszuüben.

_____, den _____

_____, den _____

_____*)

Anlage D

zu dem Gesetz zur Ordnung des Handwerks (Handwerksordnung)

Art der personenbezogenen Daten in der Handwerksrolle, in dem Verzeichnis der Inhaber eines zulassungsfreien Handwerks oder handwerksähnlichen Gewerbes und in der Lehrlingsrolle

I. In der Handwerksrolle sind folgende Daten zu speichern:

1. bei natürlichen Personen

   a) Name, Vorname, Geburtsname, Geburtsdatum, Staatsangehörigkeit, Wohnanschrift und elektronische Kontaktdaten, beispielsweise E-Mail-Adresse, Webseite, Telefaxnummer oder Telefonnummer, des Betriebsinhabers, bei nicht voll geschäftsfähigen Personen auch der Name, Vorname des gesetzlichen Vertreters; im Falle des § 4 Absatz 2 oder im Falle des § 7 Absatz 1 Satz 1 der Handwerksordnung sind auch der Name, Vorname, Geburtsname, Geburtsdatum, Staatsangehörigkeit, Wohnanschrift und elektronische Kontaktdaten, beispielsweise E-Mail-Adresse, Internet-Adresse, Telefaxnummer oder Telefonnummer, des Betriebsleiters sowie die für ihn in Betracht kommenden Angaben nach Buchstabe e einzutragen;

   b) die Firma, wenn der selbstständige Handwerker eine Firma führt, die sich auf den Handwerksbetrieb bezieht, die Webseite des Handwerksbetriebes sowie dessen Etablissementbezeichnung;

   c) Ort und Straße der gewerblichen Niederlassung;

   d) das zu betreibende Handwerk oder bei Ausübung mehrerer Handwerke diese Handwerke;

   e) die Bezeichnung der Rechtsvorschriften, nach denen der selbstständige Handwerker die Voraussetzungen für die Eintragung in die Handwerksrolle erfüllt und in dem zu betreibenden Handwerk zur Ausbildung von Lehrlingen befugt ist; hat der selbstständige Handwerker die zur Ausübung des zu betreibenden Handwerks notwendigen Kenntnisse und Fertigkeiten durch eine Prüfung nachgewiesen, so sind auch Art, Ort und Zeitpunkt dieser Prüfung sowie die Stelle, vor der die Prüfung abgelegt wurde, einzutragen;

   f) der Zeitpunkt der Eintragung in die Handwerksrolle;

2. bei juristischen Personen

   a) die Firma oder der Name der juristischen Person, deren Internetseite und Firmierung sowie Ort und Straße der gewerblichen Niederlassung;

   b) Name, Vorname, Geburtsname, Geburtsdatum, Staatsangehörigkeit, Wohnanschrift und elektronische Kontaktdaten, beispielsweise E-Mail-Adresse, Webseite, Telefaxnummer oder Telefonnummer, der gesetzlichen Vertreter;

c) das zu betreibende Handwerk oder bei Ausübung mehrerer Handwerke diese Handwerke;

d) Name, Vorname, Geburtsname, Geburtsdatum, Staatsangehörigkeit, Wohnanschrift und elektronische Kontaktdaten, beispielsweise E-Mail-Adresse, Webseite, Telefaxnummer oder Telefonnummer, des Betriebsleiters sowie die für ihn in Betracht kommenden Angaben nach Nummer 1 Buchstabe e;

e) der Zeitpunkt der Eintragung in die Handwerksrolle;

3. bei Personengesellschaften

a) bei Personenhandelsgesellschaften die Firma, bei Gesellschaften des bürgerlichen Rechts die Bezeichnung, unter der sie das Handwerk betreiben, deren Webseite und Firmierung sowie der Ort und die Straße der gewerblichen Niederlassung;

b) Name, Vorname, Geburtsname, Geburtsdatum, Staatsangehörigkeit, Wohnanschrift und elektronische Kontaktdaten, beispielsweise E-Mail-Adresse, Webseite, Telefaxnummer oder Telefonnummer, des für die technische Leitung des Betriebes verantwortlichen persönlich haftenden Gesellschafters oder im Falle des § 7 Absatz 1 Satz 1 des Betriebsleiters Angaben über eine Vertretungsbefugnis und die für ihn in Betracht kommenden Angaben nach Nummer 1 Buchstabe e;

c) Name, Vorname, Geburtsname, Geburtsdatum, Staatsangehörigkeit, Wohnanschrift und elektronische Kontaktdaten, beispielsweise E-Mail-Adresse, Webseite, Telefaxnummer oder Telefonnummer, der übrigen Gesellschafter, Angaben über eine Vertretungsbefugnis und die für ihn in Betracht kommenden Angaben nach Nummer 1 Buchstabe e;

d) das zu betreibende Handwerk oder bei Ausübung mehrerer Handwerke diese Handwerke;

e) der Zeitpunkt der Eintragung in die Handwerksrolle;

4. bei handwerklichen Nebenbetrieben

a) Angaben über den Inhaber des Nebenbetriebs in entsprechender Anwendung der Nummer 1 Buchstabe a bis c, Nummer 2 Buchstabe a und b und Nummer 3 Buchstabe a und c;

b) das zu betreibende Handwerk oder bei Ausübung mehrerer Handwerke diese Handwerke;

c) Bezeichnung oder Firma und Gegenstand sowie Ort und Straße der gewerblichen Niederlassung des Unternehmens, mit dem der Nebenbetrieb verbunden ist;

d) Bezeichnung oder Firma, deren Internetseite und Firmierung sowie Ort und Straße der gewerblichen Niederlassung des Nebenbetriebs;

e) Name, Vorname, Geburtsname, Geburtsdatum, Staatsangehörigkeit, Wohnanschrift und elektronische Kontaktdaten, beispielsweise E-Mail-Adresse, Webseite, Telefaxnummer oder Telefonnummer, des Leiters des Nebenbetriebes und die für ihn in Betracht kommenden Angaben nach Nummer 1 Buchstabe e;

f) der Zeitpunkt der Eintragung in die Handwerksrolle.

II. Abschnitt I gilt entsprechend für das Verzeichnis der Inhaber von Betrieben in zulassungsfreien Handwerken oder handwerksähnlichen Gewerben. Dieses Verzeichnis braucht nicht die gleichen Angaben wie die Handwerksrolle zu enthalten. Mindestinhalt sind die wesentlichen betrieblichen Verhältnisse einschließlich der wichtigsten persönlichen Daten des Betriebsinhabers.

III. In der Lehrlingsrolle sind folgende personenbezogene Daten zu speichern:

1. bei den Ausbildenden,

   a) die in der Handwerksrolle eingetragen sind:
      die Eintragungen in der Handwerksrolle, soweit sie für die Zwecke der Führung der Lehrlingsrolle erforderlich sind;

   b) die nicht in der Handwerksrolle eingetragen sind:
      die der Eintragung nach Abschnitt I Nummer 1 Buchstabe a entsprechenden Daten mit Ausnahme der Daten zum Betriebsleiter zum Zeitpunkt der Eintragung in die Handwerksrolle und die Angaben zu Abschnitt I Nummer 1 Buchstabe e, soweit sie für die Zwecke der Lehrlingsrolle erforderlich sind;

2. bei den Ausbildern:
   Name, Geburtsname, Vorname, Geschlecht, Geburtsdatum, Anschrift, elektronische Kontaktdaten, beispielsweise E-Mail-Adresse, Webseite, Telefaxnummer oder Telefonnummer, Art der fachlichen Eignung;

3. bei den Auszubildenden

   a) beim Lehrling:
      Name, Geburtsname, Vorname, Geschlecht, Geburtsdatum, Staatsangehörigkeit, allgemeinbildender Schulabschluss, vorausgegangene Teilnahme an berufsvorbereitender Qualifizierung oder beruflicher Grundbildung, vorherige Berufsausbildung sowie vorheriges Studium, Anschlussvertrag bei Anrechnung einer zuvor absolvierten dualen Berufsausbildung nach dem Berufsbildungsgesetz oder der Handwerksordnung einschließlich Ausbildungsberuf, Anschrift des Lehrlings und dessen elektronische Kontaktdaten, beispielsweise E-Mail-Adresse, Webseite, Telefaxnummer oder Telefonnummer;

   b) bei gesetzlichen Vertretern:
      Name, Vorname und Anschrift der gesetzlichen Vertreter;

4. beim Ausbildungsverhältnis:
   Ausbildungsberuf einschließlich Fachrichtung, ausbildungsintegrierendes duales Studium, Tag, Monat und Jahr des Abschlusses des Ausbildungsvertrages, Ausbildungsdauer, Tag, Monat und Jahr des vertraglich vereinbarten Beginns und Endes der Berufsausbildung, Tag, Monat und Jahr einer vorzeitigen Auflösung des Ausbildungsverhältnisses, Dauer der Probezeit, Verkürzung der Ausbildungsdauer, Teilzeitberufsausbildung, die bei Vertragsabschluss vereinbarte Vergütung für jedes Ausbildungsjahr, Art der Förderung bei überwiegend öffentlich, insbesondere auf Grund des Dritten Buches Sozialgesetzbuch geförderten Berufsausbildungsverhältnissen, Anschrift und Amtlicher Gemeindeschlüssel der Ausbildungsstätte, Wirtschaftszweig, Betriebsnummer der Ausbildungsstätte nach § 18i Absatz 1 oder § 18k Absatz 1 des Vierten Buches Sozialgesetzbuch, Zugehörigkeit zum öffentlichen Dienst.

IV. In das Verzeichnis der Unternehmer nach § 90 Abs. 3 und 4 der Handwerksordnung werden die Personen nach § 90 Abs. 3 und 4 der Handwerksordnung mit den nach Abschnitt I Nr. 1 Buchstabe a und c geforderten Angaben für natürliche Personen sowie der Zeitpunkt der Gewerbeanmeldung eingetragen.

Verordnung über den automatisierten Datenabruf der Handwerkskammern nach § 5a Abs. 2 der Handwerksordnung*

Vom 22. Juni 2004 (BGBl. I S. 1315)

§ 1

Anlass und Zweck des Abrufverfahrens

(1) Eine Handwerkskammer darf bei anderen Handwerkskammern im automatisierten Verfahren Daten abrufen, soweit dies erforderlich ist, um

1. bei einem Antrag auf Eintragung als Betriebsleiter in die Handwerksrolle festzustellen, ob der Antragsteller bereits anderweitig als Betriebsleiter eingetragen ist und ob die beantragte Eintragung unzulässig ist, oder

2. bei hinreichenden Anhaltspunkten dafür, dass ein für ihren Bezirk in die Handwerksrolle eingetragener Betriebsleiter in weiteren Betrieben tätig ist, festzustellen, ob der Betriebsleiter bereits anderweitig als Betriebsleiter eingetragen ist und ob die Eintragung in ihrem Bezirk als Betriebsleiter unzulässig ist.

(2) Die abrufende Handwerkskammer darf zur Durchführung des Abrufes Familienname, Geburtsname und Vornamen sowie Geburtsdatum des Betriebsleiters und das Datum der Übernahme der Betriebsleitung übermitteln.

§ 2

Art der zu übermittelnden Daten

Folgende personenbezogene Daten der Kammerzugehörigen dürfen durch Abruf im automatisierten Verfahren übermittelt werden, wenn der Betriebsleiter in dem Bezirk der übermittelnden Handwerkskammer eingetragen ist:

1. Familienname, Geburtsname und Vornamen sowie Geburtsdatum des Betriebsleiters,

2. Datum der Übernahme der Betriebsleitung,

3. Familienname und Vornamen des Betriebsinhabers,

4. Name, Anschrift, Telefon- und Telefaxnummer sowie E-Mail-Adresse des Betriebs,

5. Unternehmens- und Geschäftsgegenstand,

6. Betriebsgröße,

7. weitere Betriebsstätten und Zweigniederlassungen, für die derselbe Betriebsleiter zuständig ist.

---

* *Artikel 2 der Verordnung über den Erlass und die Änderung handwerksrechtlicher Verordnungen ist am 1. Juli 2004 in Kraft getreten.*

§3

Technisch-organisatorische Maßnahmen und Protokollierung

(1) Das automatisierte Abrufverfahren darf nur eingerichtet werden, wenn die beteiligten Stellen

1. die zur Datensicherung erforderlichen technischen und organisatorischen Maßnahmen getroffen haben, insbesondere durch Vergabe von Kennungen und Passwörtern an die zum Abruf berechtigten Handwerkskammern und die Datenendgeräte, und

2. gewährleisten, dass die Zulässigkeit der einzelnen Abrufe kontrolliert werden kann. Zur Gewährleistung dieser Kontrolle hat die übermittelnde Handwerkskammer den Tag und die Uhrzeit des Abrufes, die Kennung der abrufenden Handwerkskammer sowie die zur Durchführung des Abrufes verwendeten und die abgerufenen Daten zu protokollieren. Die protokollierten Daten dürfen nur für Zwecke der Datenschutzkontrolle, der Datensicherung oder zur Sicherstellung eines ordnungsgemäßen Betriebs der Datenverarbeitungsanlage verwendet werden. Sie sind durch geeignete Vorkehrungen gegen zweckfremde Verwendung und gegen sonstigen Missbrauch zu schützen und nach sechs Monaten zu löschen.

(2) Die Verantwortung für die Zulässigkeit des einzelnen Abrufes trägt die abrufende Stelle. Die speichernde Stelle prüft die Zulässigkeit des Abrufes nur, wenn dazu Anlass besteht.

Übergangsgesetz aus Anlass des Zweiten Gesetzes zur Änderung der Handwerksordnung und anderer handwerksrechtlicher Vorschriften

Vom 25. März 1998 (BGBl. I S. 596, 604),

geändert durch
– Artikel 1 des Gesetzes vom 31. Mai 2000 (BGBl. I S. 774).
– Artikel 2 des Gesetzes vom 24. Dezember 2003 (BGBl. I S. 2934).
– Artikel 3 des Gesetzes vom 6. Februar 2020 (BGBl. I S. 142).

§ 1

(1) Die wesentliche Tätigkeit Herstellung und Reparatur von Ziegeldächern des Gewerbes Nummer 4 Dachdecker der Anlage A zur Handwerksordnung wird auch dem Gewerbe Nummer 3 Zimmerer der Anlage A zur Handwerksordnung als wesentliche Tätigkeit zugeordnet.

(2) Die wesentliche Tätigkeit Herstellung und Reparatur von Dachstühlen des Gewerbes Nummer 3 Zimmerer der Anlage A zur Handwerksordnung wird auch dem Gewerbe Nummer 4 Dachdecker der Anlage A zur Handwerksordnung als wesentliche Tätigkeit zugeordnet.

(3) Die wesentliche Tätigkeit Lackierung von Karosserien und Fahrzeugen des Gewerbes Nummer 10 Maler und Lackierer der Anlage A zur Handwerksordnung wird auch den Gewerben Nummer 15 Karosserie- und Fahrzeugbauer und Nummer 20 Kraftfahrzeugtechniker der Anlage A zur Handwerksordnung als wesentliche Tätigkeit zugeordnet. Die wesentliche Tätigkeit Reparatur von Karosserien und Fahrzeugen der Gewerbe Nummer 15 Karosserie- und Fahrzeugbauer und Nummer 20 Kraftfahrzeugtechniker der Anlage A zur Handwerksordnung wird auch dem Gewerbe Nummer 10 Maler und Lackierer der Anlage A zur Handwerksordnung als wesentliche Tätigkeit zugeordnet, soweit dies zur Vorbereitung der Lackierung von Fahrzeugen und Karosserien erforderlich ist.

(4) Die wesentliche Tätigkeit Aufstellen von Arbeits- und Schutzgerüsten des Gewerbes Nummer 11 Gerüstbauer der Anlage A zur Handwerksordnung wird auch den Gewerben Nummer 1 Maurer und Betonbauer, Nummer 3 Zimmerer, Nummer 4 Dachdecker, Nummer 5 Straßenbauer, Nummer 6 Wärme-, Kälte- Schallschutzisolierer, Nummer 7 Brunnenbauer, Nummer 8 Steinmetzen und Steinbildhauer, Nummer 9 Stukkateure, Nummer 10 Maler und Lackierer, Nummer 12 Schornsteinfeger, Nummer 13 Metallbauer, Nummer 18 Kälteanlagenbauer, Nummer 23 Klempner, Nummer 24 Installateur und Heizungsbauer, Nummer 25 Elektrotechniker, Nummer 27 Tischler, Nummer 39 Glaser, Nummer 42 Fliesen-, Platten- und Mosaikleger, Nummer 43 Betonstein- und Terrazzohersteller, Nummer 44 Estrichleger und Nummer 51 Schilder- und Lichtreklamehersteller der Anlage A zur Handwerksordnung als wesentliche Tätigkeit zugeordnet. Die wesentliche Tätigkeit Aufstellen von Arbeits- und Schutzgerüsten des Gewerbes Nummer 11 Gerüstbauer der Anlage A zur Handwerksordnung darf auch das Gewerbe Nummer 33 Gebäudereiniger der Anlage B Abschnitt 1

zur Handwerksordnung ausüben, mit der Maßgabe, dass § 1 Absatz 1 Satz 1 der Handwerksordnung insoweit nicht anzuwenden ist.

(5) Das Gewerbe Nummer 19 Informationstechniker der Anlage A zur Handwerksordnung umfasst nicht die strukturierte Verkabelung als wesentliche Tätigkeit.

(6) Die wesentliche Tätigkeit Herstellung und Reparatur von Energieversorgungsanschlüssen des Gewerbes Nummer 24 Installateur und Heizungsbauer der Anlage A zur Handwerksordnung wird auch dem Gewerbe Nummer 2 Ofen- und Luftheizungsbauer der Anlage A zur Handwerksordnung als wesentliche Tätigkeit zugeordnet.

(7) Der Akustik- und Trockenbau ist keine wesentliche Tätigkeit eines der in der Anlage A zur Handwerksordnung aufgeführten Gewerbe.

§ 2

Soweit durch Artikel 1 des Zweiten Gesetzes zur Änderung der Handwerksordnung und anderer handwerksrechtlicher Vorschriften vom 25. März 1998 (BGBl. I S. 596) Gewerbe in der Anlage A zur Handwerksordnung in der Fassung der Bekanntmachung vom 28. Dezember 1965 (BGBl. I 1996 S. 1), die zuletzt durch Artikel 2 Abs. 21 des Gesetzes vom 17. Dezember 1997 (BGBl. I S. 3108) geändert worden ist, zu Gewerben zusammengefasst werden, werden die wesentlichen Tätigkeiten der bisherigen Gewerbe beibehalten, soweit in § 1 nicht etwas anderes bestimmt ist. Satz 1 gilt entsprechend, soweit Gewerbe eine neue Bezeichnung erhalten.

§ 3

Wer ein zulassungsfreies Handwerk nach § 18 Abs. 2 Satz 1 der Handwerksordnung betreibt und am 31. Dezember 2003 berechtigt war, ein zulassungspflichtiges Handwerk auszuüben, kann hierbei auch Arbeiten in zulassungspflichtigen Handwerken nach § 1 Abs. 1 der Handwerksordnung ausüben, wenn sie mit dem Leistungsangebot seines Gewerbes technisch oder fachlich zusammenhängen oder es wirtschaftlich ergänzen.

Bekanntmachung
der Beschlüsse
des „Bund-Länder-Ausschusses Handwerksrecht"
zum Vollzug der Handwerksordnung

Vom 21. November 2000
(Bundesanzeiger Nr. 234, S. 23193)

Das Bundesministerium für Wirtschaft und Technologie gibt bekannt:

Allgemeines

Zur Vereinheitlichung der Praxis beim Vollzug der Handwerksordnung haben die Handwerksrechtsreferenten des Bundes und der Länder am 21. November 2000 beschlossen, dass die Handwerksordnung wie nachfolgend dargestellt auszulegen und anzuwenden ist. Der Zentralverband des Deutschen Handwerks ist angehört worden.

Die Länder werden die zuständigen Behörden über die Beschlüsse unterrichten und die Behörden bitten, entsprechend zu verfahren. Die Länder werden darauf hinwirken, dass auch die Behörden der Gemeinden und Landkreise die Beschlüsse beachten und dass die Handwerkskammern, die ihrer Rechtsaufsicht unterliegen, diese bei der Wahrnehmung ihrer Aufgaben berücksichtigen.

Das Bundesverfassungsgericht hat in seinen Entscheidungen vom 31. März 2000 (– 1 BvR 608/99 – GewArch 2000 S. 240) und 27. September 2000 (– 1 BvR 2176/98 GewArch 2000 S. 480) darauf Bezug genommen, dass es mit seinem Beschluss vom 17. Juli 1961 (BVerfGE 13, 97) die maßgeblichen verfassungsrechtlichen Fragen zum Befähigungsnachweis für das Handwerk bereits entschieden hat. Die Handwerksordnung enthält, wie das Bundesverfassungsgericht in der Entscheidung vom 31. März 2000 feststellt, empfindliche Eingriffe in die Freiheit selbstständiger Berufsausübung. Jedoch folgt aus den gesetzlichen Regelungen, dass der Gesetzgeber den tatsächlichen Gegebenheiten des Wirtschaftslebens Rechnung zu tragen sucht und fließende Übergänge zwischen den Bereichen zu schaffen trachtet. Dazu hat er in mehrfacher Hinsicht Schwellen normiert, wobei unterhalb der jeweiligen Schwelle der Erwerb eines Meisterbriefs zur selbstständigen Berufsausübung nicht erforderlich ist.

Dementsprechend hat das Bundesverwaltungsgericht unter Beachtung der verfassungsrechtlich garantierten Berufsfreiheit in zahlreichen Entscheidungen den Kernbereich, den Neben- und Hilfsbetrieb und nicht dem Erfordernis der Meisterprüfung unterliegende Tätigkeiten voneinander abgegrenzt. Nur wenn die Handwerksordnung grundrechtsfreundlich ausgelegt, den Vorschriften über Ausnahmen und Schwellen das ihnen von Verfassungs wegen zukommende Gewicht beigemessen wird und von Amts wegen alle Umstände des Einzelfalls aufgeklärt und berücksichtigt werden, entspricht die Auslegung und Anwendung der Handwerksordnung den verfassungsrechtlichen Erfordernissen. Die Beteiligten sollen bei der Ermittlung des Sachverhalts mitwirken. Die Behörde soll die Beteiligten beraten.

Erreicht werden soll insbesondere, dass bei der Anerkennung von Ausnahmefällen im Rahmen des § 8 der Handwerksordnung (HwO) in allen Ländern ein möglichst einheitlicher und möglichst großzügiger Vollzug der Handwerksordnung gewährleistet wird und Existenzgründungen erleichtert werden.

1. Erfordernis der Eintragung in die Handwerksrolle (§ 1 Abs. 2 HwO)

1.1 Der selbstständige Betrieb eines Handwerks als stehendes Gewerbe setzt die Eintragung in die Handwerksrolle voraus. Ein Gewerbebetrieb ist Handwerksbetrieb, wenn er „handwerksmäßig betrieben wird und ein Gewerbe vollständig umfasst, das in der Anlage A" zur Handwerksordnung „aufgeführt ist oder Tätigkeiten ausgeübt werden, die für dieses Gewerbe wesentlich sind (wesentliche Tätigkeiten)". Es handelt sich um Kriterien, die selbstständig nebeneinander bestehen und Voraussetzungen der Eintragungspflicht sind.

1.2 Hinsichtlich der Beurteilung der Frage, ob der Betrieb „ein Gewerbe vollständig umfasst, das in der Anlage A aufgeführt ist oder Tätigkeiten ausgeübt werden, die für dieses Gewerbe wesentlich sind", hat der Gesetzgeber durch das Zweite Gesetz zur Änderung der Handwerksordnung und anderer handwerksrechtlicher Vorschriften vom 25. März 1998 (BGBl. I S. 596) klargestellt, dass Meisterprüfungsberufsbilder „zum Zwecke der Meisterprüfung" erarbeitet und nicht zum Zweck der Festlegung von Vorbehaltsbereichen getroffen werden (Beschlussempfehlung und Bericht des Wirtschaftsausschusses des Deutschen Bundestages, Drucksache 13/9875 vom 11. Februar 1998, S. 34). Es bleibt jedoch dabei, dass die Inhalte von Meisterprüfungsverordnungen und Ausbildungsvorschriften zur Auslegung von Gewerbebezeichnungen und der von ihnen erfassten Vorbehaltsbereiche entsprechend der ständigen Rechtsprechung des Bundesverwaltungsgerichts „mit herangezogen" werden können. „Sie enthalten nämlich erläuternde Einzelheiten über das Arbeitsgebiet und die zu dessen Bewältigung benötigten Fertigkeiten und Kenntnisse". Dabei ist zu berücksichtigen, dass Meisterprüfungsberufsbilder Überschneidungen mit anderen Handwerken und handwerksähnlichen Gewerben enthalten können, also Tätigkeiten aus dem Kernbereich anderer Handwerke, „einfache" Tätigkeiten sowie Tätigkeiten, die von nichthandwerklichen Gewerben der Anlage B oder sonstigen nicht der Anlage A unterfallenden Gewerben ausgeübt werden. Das tatsächliche Arbeitsgebiet darf deshalb nicht gleichgesetzt werden mit einer Beschreibung von Vorbehaltsbereichen. Das bedeutet, dass allein aufgrund der zum „Zweck der Meisterprüfung" und zur „Berufsausbildung" erlassenen Verordnungen und fachlichen Vorschriften ohne Heranziehung weiterer Umstände keine Entscheidungen über Abgrenzungsfragen und das Vorliegen von Vorbehaltsbereichen getroffen werden können.

Auf der Grundlage der Rechtsprechung des Bundesverwaltungsgerichts, die das Bundesverfassungsgericht durch seine Entscheidungen vom 31. März 2000 und 27. September 2000 bestätigt hat, wird die Abgrenzung „wesentlicher" Tätigkeiten von anderen Tätigkeiten, die nicht unter dem Vorbehalt des handwerklichen Befähigungsnachweises stehen, wie folgt präzisiert:

Zur Auslegung des § 1 Abs. 2 HwO besteht eine seit Jahren gefestigte höchstrichterliche Rechtsprechung des Bundesverwaltungsgerichts (u. a. Entscheidungen vom

23. Juni 1983 – 5 C 37/81 BVerwGE 67, 273, GewArch 1984 S. 96; 30. März 1993 – 1 C 26.91 – GewArch 1993 S. 329; 22. Oktober 1997 – 1 B 1999/97 – GewArch 1998 S. 125), die zuletzt durch das Urteil des Bundesverwaltungsgerichts vom 25. Februar 1992 (– 1 C 27.89 – GewArch 1992 S. 386) fortentwickelt worden ist. Danach sind „wesentliche Tätigkeiten" solche, „die nicht nur fachlich zu dem betreffenden Handwerk gehören, sondern gerade den Kernbereich dieses Handwerks ausmachen und ihm sein essenzielles Gepräge verleihen. Arbeitsvorgänge, die aus der Sicht des vollhandwerklich arbeitenden Betriebes als untergeordnet erscheinen, also lediglich einen Randbereich des betreffenden Handwerks erfassen, können demnach die Annahme eines handwerklichen Betriebes nicht rechtfertigen. Dies trifft namentlich auf Arbeitsvorgänge zu, die – ihre einwandfreie Ausführung vorausgesetzt – wegen ihres geringen Schwierigkeitsgrades keine qualifizierten Kenntnisse und Fertigkeiten erfordern". Dies gilt für Tätigkeiten, „die in kurzer Zeit erlernbar" sind*. Das Bundesverfassungsgericht hat durch Bezugnahme auf diese Entscheidung die Ausführungen des Bundesverwaltungsgerichts als Kriterium für die Abgrenzung „minderhandwerklicher", also „einfacher" Tätigkeiten, zu Kernbereichstätigkeiten bestätigt.

Das Tätigkeitsfeld von Handwerken umfasst üblicherweise auch Tätigkeiten, die auch von „handwerksähnlichen" Gewerben der Anlage B der Handwerksordnung oder nicht den Anlagen A oder B unterfallenden Gewerben ausgeübt werden; solche Tätigkeiten erfordern ebenfalls nicht die Eintragung in die Handwerksrolle, wenn der Gewerbetreibende darüber hinaus keine Tätigkeiten ausübt, die zum „Kernbereich" eines Handwerks gehören. Eine handwerksrechtliche Qualifikation (Meisterprüfung, Ausnahmebewilligung o. Ä.) darf hierfür nicht verlangt werden.

Nicht zum Vorbehaltsbereich gehören auch solche Tätigkeiten, die zwar anspruchsvoll, aber im Rahmen des Gesamtbildes des betreffenden Handwerks nebensächlich sind und deswegen nicht die Kenntnisse und Fertigkeiten verlangen, auf welche die einschlägige handwerkliche Ausbildung hauptsächlich ausgerichtet ist (BVerwG, Urteile vom 11. Dezember 1990 – GewArch 1991 S. 231 und vom 27. Oktober 1992 – GewArch 1993 S. 250). Die Meisterprüfung darf hierfür verlangt werden.

2. Ausnahmebewilligung (§ 8 HwO)

2.1 In Ausnahmefällen ist nach § 8 Abs. 1 HwO eine Bewilligung zur Eintragung in die Handwerksrolle (Ausnahmebewilligung) zu erteilen, wenn die zur selbstständigen Ausübung des von dem Antragsteller zu betreibenden Handwerks notwendigen Kenntnisse und Fertigkeiten nachgewiesen sind; dabei sind auch seine bisherigen beruflichen Erfahrungen und Tätigkeiten zu berücksichtigen. Ein Ausnahmefall liegt vor, wenn die Ablegung der Meisterprüfung zum Zeitpunkt der Antragstellung oder danach für ihn eine unzumutbare Belastung bedeuten würde. Die Ausnahmebewilligung kann nach § 8 Abs. 2 HwO unter Auflagen oder Bedingungen oder befristet erteilt oder auf einen wesentlichen Teil der Tätigkeiten beschränkt werden, die zu einem in der Anlage A aufgeführten Gewerbe gehören. Liegt ein Ausnahmefall vor und ist der Nachweis erbracht, dass der Antragsteller über die erforderliche Befähigung verfügt, so ist die Ausnahmebewilligung zu erteilen. Der Antragsteller hat hierauf einen

---

* Das Bundesverwaltungsgericht hat im o. a. Urteil entschieden, dass qualifizierte handwerkliche Kenntnisse und Fertigkeiten nicht erforderlich sind für Tätigkeiten, die „von einem durchschnittlich begabten Berufsanfänger innerhalb von zwei bis drei Monaten zu erlernen" sind.

Rechtsanspruch. Die Behörde hat von Amts wegen zu ermitteln (vgl. oben „Allgemeines").

2.2 Die Ausnahmebewilligung nach § 8 HwO ist das verfassungsrechtliche Gegengewicht zur Meisterprüfung. Das Bundesverfassungsgericht hat die einschlägigen verfassungsrechtlichen Fragen bereits in seinem Beschluss vom 17. Juli 1961 entschieden. Hierauf nehmen die beiden Entscheidungen des Bundesverfassungsgerichts vom 31. März 2000 und 27. September 2000 Bezug. Das Bundesverfassungsgericht hat bereits in seinem Beschluss vom 17. Juli 1961 klargestellt, dass von der Möglichkeit der Erteilung einer Ausnahmebewilligung nicht engherzig Gebrauch gemacht werden soll und eine großzügige Praxis dem Ziel der Handwerksordnung entgegenkommt, die Schicht leistungsfähiger, selbstständiger Handwerkerexistenzen zu vergrößern. In seiner Entscheidung vom 31. März 2000 hat das Bundesverfassungsgericht erneut klargestellt, dass die Handwerksordnung großzügig auszulegen ist. Dies gilt auch für die Ausnahmebewilligung. Im Einklang mit der Rechtsprechung des Bundesverfassungsgerichts hat auch das Bundesverwaltungsgericht in ständiger Rechtsprechung eine „großzügige Handhabung" gefordert.

2.3 Nach der Rechtsprechung des Bundesverfassungsgerichts ist ein Ausnahmefall mindestens dann anzunehmen, wenn es eine übermäßige, nicht zumutbare Belastung darstellen würde, einen Berufsbewerber auf den Nachweis seiner fachlichen Befähigung durch Ablegen der Meisterprüfung zu verweisen. Die Frage der Unzumutbarkeit muss unter Berücksichtigung aller Umstände des Einzelfalls beurteilt werden.

Der Ausnahmefall besteht in Umständen, die zum Zeitpunkt der Antragstellung vorliegen oder danach eingetreten sind und es dem Antragsteller unzumutbar machen, die Meisterprüfung zu absolvieren. Dabei ist auf die Meisterprüfung selbst und eine angemessene Zeit der Vorbereitung abzustellen.

Durch die mit Gesetz zur Änderung der Handwerksordnung, anderer handwerksrechtlicher Vorschriften und des Berufsbildungsgesetzes vom 20. Dezember 1993 (BGBl. I S. 2256) geänderte Fassung des § 8 Abs. 1 HwO wird eine „Vergangenheitsforschung" ausgeschlossen. Der Gesetzgeber hat, um dies sicherzustellen, den Ausnahmefall in der Weise präzisiert, dass die Unzumutbarkeit der Meisterprüfung durch solche Umstände begründet wird, die zum Zeitpunkt der Antragstellung vorgelegen haben oder danach eingetreten sind. Umstände, die vor diesem Zeitpunkt vorgelegen haben, dürfen für die Entscheidung, ob dem Antragsteller die Meisterprüfung zumutbar ist, nicht berücksichtigt werden. Hierzu gehört auch ein Nichtbestehen der Meisterprüfung in der Vergangenheit.

Maßgeblicher Zeitpunkt für die Beurteilung der Unzumutbarkeit durch die zuständige Behörde ist das Datum der Entscheidung.

2.4 Einen Ausnahmefall begründen insbesondere die nachfolgenden, nicht abschließend aufgeführten Umstände (Nummern 2.5 bis 2.12), ohne dass eine Berücksichtigung weiterer Umstände des Einzelfalls erforderlich wäre. Der Nachweis der erforderlichen Fertigkeiten und Kenntnisse bleibt unberührt.

Dabei gilt allgemein:

Liegt ein Ausnahmefall vor und ist die erforderliche Befähigung erwiesen, so kann die Ausnahmebewilligung nach § 8 Abs. 2 HwO mit einer Nebenbestimmung versehen werden. Eine Nebenbestimmung kann auch in Form einer Befristung erteilt werden.

Bei Ablauf einer befristeten Ausnahmebewilligung ist eine erneute Befristung zu erteilen, wenn sich die Ablegung der Meisterprüfung aufgrund von Umständen verzögert hat, die vom Antragsteller nicht zu vertreten sind. Ebenso ist zu verfahren, wenn die erteilte Frist nicht ausreichend war, z. B. weil der Kandidat die Meisterprüfung nicht bestanden hat und diese wiederholen will.

2.5 Andere Prüfungen

2.5.1 Ein Ausnahmefall liegt vor, wenn der Antragsteller eine Prüfung aufgrund einer nach § 42 Abs. 2 HwO oder § 46 Abs. 2, § 81 Abs. 4 oder § 95 Abs. 4 des Berufsbildungsgesetzes (BBiG) erlassenen Rechtsverordnung bestanden hat, die in wesentlichen fachlichen Punkten mit der Meisterprüfung für ein Gewerbe der Anlage A übereinstimmt (§ 8 Abs. 1 Satz 3 HwO). Bei der Entscheidung, ob eine solche Übereinstimmung besteht, ist großzügig zu verfahren.

2.5.2 Ein Ausnahmefall ist auch dann anzunehmen, wenn der Antragsteller eine fachlich einschlägige Prüfung aufgrund einer nach § 42 Abs. 1 HwO von der Handwerkskammer oder nach § 46 Abs. 1 BBiG von der zuständigen Stelle erlassenen Rechtsvorschrift bestanden hat und die Prüfung in etwa dem Niveau einer nach § 42 Abs. 2 HwO oder § 46 Abs. 2, § 81 Abs. 4 oder § 95 Abs. 4 BBiG geregelten Prüfung entspricht.

2.5.3 Abschlüsse einer wissenschaftlichen Hochschule oder Fachhochschule oder andere Prüfungen nach § 7 Abs. 2 HwO gelten als Ausnahmefall, wenn die weiteren in der Vorschrift genannten Voraussetzungen (Gesellenprüfung, Abschlussprüfung in einem entsprechenden anerkannten Ausbildungsberuf, praktische Tätigkeit) ganz oder teilweise nicht erfüllt sind.

2.5.4 Bei Inhabern einer Abschlussprüfung nach § 2 der Verordnung über die Anerkennung von Prüfungen bei der Eintragung in die Handwerksrolle und bei der Ablegung der Meisterprüfung im Handwerk vom 2. November 1982 (BGBl. I S. 1479) ist bis zu einer anderweitigen Regelung ein Ausnahmefall anzunehmen, unbeschadet, ob die Prüfung in Anlage 3 der Verordnung aufgeführt ist.

2.6 Outsourcing

Bei Arbeitslosigkeit und bei drohender Arbeitslosigkeit infolge einer Ausgliederung handwerklicher Leistungen oder Umstrukturierung handwerklicher Betriebe ist ein Ausnahmefall anzunehmen, wenn der Antragsteller mehrere Jahre in dem Bereich beschäftigt war und aus Mangel an vergleichbaren offenen Stellen in seinem Beruf keine adäquate Stelle findet.

2.7 Lange Wartezeiten

Sind die Voraussetzungen zur Ablegung der Meisterprüfung erfüllt, ist zu gewährleisten, dass der Prüfling die Meisterprüfung alsbald ablegen kann. Bei unzumutbar langen Wartezeiten für Kurse zur Vorbereitung auf die Meisterprüfung ist ein Ausnahmefall anzunehmen. Unzumutbar ist in der Regel eine Wartezeit von zwei Jahren. Ein

Ausnahmefall ist weiter dann anzunehmen, wenn die Wartezeit für die Ablegung der Meisterprüfung zwei Jahre beträgt.

Die Ausnahmebewilligung ist grundsätzlich mit einer Befristung zu erteilen.

2.8 Gesundheitliche Gründe oder körperliche Behinderung

Ein Ausnahmefall liegt vor bei erheblicher, nicht nur vorübergehender gesundheitlicher Beeinträchtigung oder körperlicher Behinderung, wenn die daraus resultierende Belastung nicht durch eine spezielle, den Umständen des Einzelfalls gerecht werdende Gestaltung des Prüfungsverfahrens ausgeschlossen werden kann oder ausgeschlossen worden ist.

Zum Nachweis der gesundheitlichen Beeinträchtigung oder der körperlichen Behinderung und ihrer Bedeutung hat die zuständige Behörde in Zweifelsfällen von dem Amtsarzt ein Attest anzufordern.

Die Ausnahmebewilligung ist unbefristet zu erteilen.

Die Ausführungen gelten entsprechend für eine Schwerbehinderung des Antragstellers. Ein zusätzliches amtsärztliches Zeugnis ist nicht erforderlich.

2.9 Handwerksrechtliche Qualifikation für ein Handwerk, sofern ein anderes Handwerk ausgeübt werden soll und die Voraussetzungen des § 7a HwO nicht oder nur teilweise vorliegen.

Nach § 7a HwO erhält der Antragsteller bei Nachweis der erforderlichen Fertigkeiten und Kenntnisse eine Ausübungsberechtigung für ein anderes Gewerbe der Anlage A oder für wesentliche Tätigkeiten dieses Gewerbes, wenn er mit einem anderen Handwerk in die Handwerksrolle eingetragen ist und dieses ausübt.

Ein Ausnahmefall liegt vor, wenn der Antragsteller die handwerksrechtliche Befähigung für die Ausübung eines bestimmten Handwerks besitzt, mit diesem aber nicht in die Handwerksrolle eingetragen ist oder dieses nicht ausübt und ein anderes Handwerk ausüben möchte. Es ist dem Antragsteller nicht zumutbar, für ein Handwerk, für das er die Eintragungsvoraussetzungen besitzt, erst die Eintragung herbeiführen und das Handwerk dann ausüben zu müssen, wenn er die Kosten und den Aufwand für diese Betriebsgründung vermeiden und ein anderes Handwerk ausüben möchte. Der Nachweis der Befähigung für ein Handwerk ist deshalb, auch wenn er mit diesem nicht eingetragen ist oder es nicht ausübt, als Ausnahmefall anzusehen, der die Ablegung der Meisterprüfung für das andere Handwerk unzumutbar macht.

Die Ausnahmebewilligung ist unbefristet zu erteilen.

2.10 Gelegenheit zur Betriebsübernahme

Ein Ausnahmefall liegt vor, wenn die Übernahme eines Betriebes oder eines nicht unerheblichen Gesellschaftsanteils, verbunden mit der Funktion des Betriebsleiters bzw. des für die technische Leitung verantwortlichen, persönlich haftenden Gesellschafters, für den Antragsteller eine günstige Gelegenheit darstellt, die er nicht ergreifen könnte, wenn ihm die vorherige Ablegung der Meisterprüfung zugemutet würde.

Die Ausnahmebewilligung ist grundsätzlich zu befristen.

2.11 Ausübung einer Spezialtätigkeit

Ein Ausnahmefall ist anzunehmen, wenn sich ein Antragsteller auf eine begrenzte Spezialtätigkeit aus dem Kernbereich eines Handwerks beschränken will, insbesondere, wenn er mehrere Jahre lang in dem Bereich beschäftigt war.

Die Ausnahmebewilligung ist unbefristet zu erteilen.

2.12 Fortgeschrittenes Alter

Bei einem Lebensalter von etwa 47 Jahren ist ein Ausnahmefall anzunehmen, der die Ablegung der Meisterprüfung unzumutbar macht.

Bei Inhabern einer Gesellen- oder gleichwertigen Abschlussprüfung, die langjährig (20 Jahre) in dem betreffenden oder einem diesem verwandten Handwerk tätig waren, ist diese Altersgrenze angemessen zu verkürzen, wenn Aufgaben in herausgehobener, verantwortlicher oder leitender Stellung wahrgenommen wurden.

Die Ausnahmebewilligung ist unbefristet zu erteilen.

2.13 Weitere Ausnahmefälle sind nach Maßgabe der Nummern 2.1 bis 2.4 und in Ergänzung zu den in Nummern 2.5 bis 2.12 dargelegten Ausnahmefällen aufgrund einer Gesamtbetrachtung aller Umstände des Einzelfalls dann anzunehmen, wenn es eine übermäßige, nicht zumutbare Belastung darstellen würde, einen Antragsteller auf die Ablegung der Meisterprüfung zu verweisen. Hierbei sind weitere, auch familiäre Belastungen – z. B. überdurchschnittlich große Familie, gesundheitliche Beeinträchtigungen bei Angehörigen –, Arbeitslosigkeit und andere belastende soziale Aspekte von besonderer Bedeutung sowie die unter Nummern 2.5 bis 2.12 genannten Umstände zu beachten und die wirtschaftliche Situation des Antragstellers zu berücksichtigen.

Die Ausnahmebewilligung kann je nach den Umständen des Einzelfalls befristet werden.

Verordnung über verwandte Handwerke

Vom 18. Dezember 1968 (BGBl. I S. 1355),

geändert durch

– Erste Änderungsverordnung vom 10. Juli 1978 (BGBl. I S. 984).
– Zweite Änderungsverordnung vom 25. Juni 1981 (BGBl. I S. 572).
– Dritte Änderungsverordnung vom 2. November 1983 (BGBl. I S. 1354).
– Vierte Änderungsverordnung vom 18. Dezember 1987 (BGBl. I S. 2807).
– Fünfte Änderungsverordnung vom 19. März 1989 (BGBl. I S. 551).
– Sechste Änderungsverordnung vom 9. Dezember 1991 (BGBl. I S. 2169).
– Artikel 4 Abs. 2 des Gesetzes vom 25. März 1998 (BGBl. I S. 596, 604).
– Artikel 8 Abs. 1 des Gesetzes vom 24. Dezember 2003 (BGBl. I S. 2934).
– Artikel 3 der Verordnung vom 22. Juni 2004 (BGBl. I S. 1314).

§ 1

Die in der Anlage zu dieser Verordnung in Spalte I aufgeführten zulassungspflichtigen Handwerke sind mit den unter der gleichen Nummer in Spalte II aufgeführten zulassungspflichtigen Handwerken im Sinne des § 7 Abs. 1 Satz 2 der Handwerksordnung verwandt.

§ 2

(aufgehoben)

§ 3

Diese Verordnung tritt am Tage nach der Verkündung in Kraft.

Anlage
(zu § 1)

Verzeichnis der verwandten Handwerke

Spalte I	Spalte II
1. Bäcker	Konditoren
2. Konditoren	Bäcker
3. Informationstechniker	Elektrotechniker
4. Elektrotechniker	Informationstechniker
5. Elektrotechniker	Elektromaschinenbauer
6. Elektromaschinenbauer	Elektrotechniker
7. Kraftfahrzeugtechniker	Zweiradmechaniker (Krafträder)
8. Zweiradmechaniker	Kraftfahrzeugtechniker (Krafträder)
9. Landmaschinenmechaniker	Metallbauer
10. Metallbauer	Feinwerkmechaniker; Landmaschinenmechaniker
11. Maler und Lackierer	Stukkateure
12. Stukkateure	Maler und Lackierer (Maler)
13. Dachdecker	Klempner
14. Klempner	Dachdecker
15. Orthopädietechniker	Orthopädieschuhmacher (diabetesadaptierte Fußbettungen)
16. Orthopädieschuhmacher	Orthopädietechniker (diabetesadaptierte Fußbettungen)

Verordnung
über die für Staatsangehörige eines Mitgliedstaates der Europäischen Union oder eines anderen Vertragsstaates des Abkommens über den Europäischen Wirtschaftsraum oder der Schweiz geltenden Voraussetzungen für die Ausübung eines zulassungspflichtigen Handwerks (EU/EWR-Handwerk-Verordnung – EU/EWR HwV)*

Vom 18. März 2016 (BGBl. I S. 509)

Auf Grund des § 9 Absatz 1 Satz 1 Nummer 1 und 2 der Handwerksordnung in der Fassung der Bekanntmachung vom 24. September 1998 (BGBl. I S. 3074; 2006 I S. 2095), der zuletzt durch Artikel 283 der Verordnung vom 31. August 2015 (BGBl. I S. 1474) geändert worden ist, verordnet das Bundesministerium für Wirtschaft und Energie:

Abschnitt 1
Eintragung in die Handwerksrolle

§ 1

Ausnahmebewilligung zur Eintragung in die Handwerksrolle

Staatsangehörigen eines Mitgliedstaates der Europäischen Union, eines anderen Vertragsstaates des Abkommens über den Europäischen Wirtschaftsraum oder der Schweiz, nachfolgend Herkunftsstaaten genannt, die im Inland zur Ausübung eines Handwerks der Anlage A der Handwerksordnung in der Fassung der Bekanntmachung vom 24. September 1998 (BGBl. I S. 3074; 2006 I S. 2095), die zuletzt durch Artikel 283 der Verordnung vom 31. August 2015 (BGBl. I S. 1474) geändert worden ist, eine gewerbliche Niederlassung unterhalten oder als Betriebsleiterin oder Betriebsleiter tätig sein wollen, wird nach Maßgabe der folgenden Vorschriften auf Antrag eine Ausnahmebewilligung zur Eintragung in die Handwerksrolle nach § 9 Absatz 1 Satz 1 Nummer 1 in Verbindung mit § 7 Absatz 3 der Handwerksordnung erteilt. Die Möglichkeit einer Ausnahmebewilligung nach § 8 Absatz 1 der Handwerksordnung bleibt unberührt.

§ 2

Anerkennung von Berufserfahrung

(1) Eine Ausnahmebewilligung erhält, wer in dem betreffenden Gewerbe die notwendige Berufserfahrung im Sinne der Absätze 2 und 3 besitzt. Satz 1 gilt nicht für Gewerbe nach Anlage A Nummer 33 bis 37 der Handwerksordnung.

---

* Diese Verordnung dient der Umsetzung der Richtlinie 2005/36/EG des Europäischen Parlaments und des Rates vom 7. September 2005 über die Anerkennung von Berufsqualifikationen (ABl. L 255 vom 30.9.2005, S. 22), die zuletzt durch die Richtlinie 2013/55/EU des Europäischen Parlaments und des Rates vom 20. November 2013 zur Änderung der Richtlinie 2005/36/EG über die Anerkennung von Berufsqualifikationen und der Verordnung (EU) Nr. 1024/2012 über die Verwaltungszusammenarbeit mit Hilfe des Binnenmarkt-Informationssystems („IMI-Verordnung") (ABl. L 354 vom 28.12.2013, S. 132) geändert worden ist.

(2) Die notwendige Berufserfahrung besitzen Personen, die in einem anderen Herkunftsstaat zumindest eine wesentliche Tätigkeit des Gewerbes tatsächlich und rechtmäßig als Vollzeitbeschäftigung oder als entsprechende Teilzeitbeschäftigung ausgeübt haben, und zwar:

1. mindestens sechs Jahre ununterbrochen als Selbständige oder als Betriebsverantwortliche, sofern die Tätigkeit nicht länger als zehn Jahre vor der Antragstellung beendet wurde,

2. mindestens drei Jahre ununterbrochen als Selbständige oder als Betriebsverantwortliche, wenn eine mindestens dreijährige Ausbildung in der Tätigkeit vorangegangen ist,

3. mindestens vier Jahre ununterbrochen als Selbständige oder als Betriebsverantwortliche, wenn eine mindestens zweijährige Ausbildung in der Tätigkeit vorangegangen ist,

4. mindestens drei Jahre ununterbrochen als Selbständige und mindestens fünf Jahre als Arbeitnehmerinnen oder Arbeitnehmer, sofern die Tätigkeit nicht länger als zehn Jahre vor der Antragstellung beendet wurde, oder

5. mindestens fünf Jahre ununterbrochen in einer leitenden Stellung eines Unternehmens, von denen mindestens drei Jahre auf eine Tätigkeit mit technischen Aufgaben und mit der Verantwortung für mindestens eine Abteilung des Unternehmens entfallen müssen, und der außerdem eine mindestens dreijährige Ausbildung in der Tätigkeit vorausgegangen ist; dies gilt nicht für das Friseurgewerbe nach Anlage A Nummer 38 der Handwerksordnung.

(3) Betriebsverantwortliche im Sinne des Absatzes 2 Nummer 1 bis 3 sind Personen, die in einem Unternehmen des entsprechenden Gewerbes in folgender Position tätig sind:

1. als Leiterin oder Leiter des Unternehmens oder einer Zweigniederlassung,

2. als Stellvertreterin oder Stellvertreter einer Inhaberin oder eines Inhabers oder einer Leiterin oder eines Leiters des Unternehmens, wenn mit dieser Stellung eine Verantwortung verbunden ist, die mit der Verantwortung der vertretenen Person vergleichbar ist, oder

3. in leitender Stellung mit kaufmännischen oder technischen Aufgaben und mit der Verantwortung für mindestens eine Abteilung des Unternehmens.

§3

Anerkennung von Ausbildungs- und Befähigungsnachweisen

(1) Die Ausnahmebewilligung wird vorbehaltlich der Anordnung von Ausgleichsmaßnahmen nach § 5 auch erteilt, wenn die Antragstellerin oder der Antragsteller in einem anderen Herkunftsstaat eine berufliche Qualifikation erworben hat, die dort Voraussetzung für die Ausübung zumindest einer wesentlichen Tätigkeit des betreffenden Gewerbes ist. Die berufliche Qualifikation muss durch die Vorlage eines Ausbildungs- oder Befähigungsnachweises nachgewiesen werden.

(2) Die Ausnahmebewilligung wird vorbehaltlich der Anordnung von Ausgleichsmaßnahmen nach § 5 auch erteilt, wenn die Antragstellerin oder der Antragsteller in einem anderen Herkunftsstaat, in dem für die Ausübung des betreffenden Gewerbes keine bestimmte berufliche Qualifikation notwendig ist, eine reglementierte Ausbildung abgeschlossen hat. Eine reglementierte Ausbildung ist eine Ausbildung,

1. die auf die Ausübung eines bestimmten Berufes ausgerichtet ist und aus einem oder mehreren abgeschlossenen Ausbildungsgängen besteht, dies gegebenenfalls ergänzt durch ein Berufspraktikum oder eine Berufspraxis, und

2. deren Aufbau und Niveau

   a) durch Rechts- und Verwaltungsvorschriften festgelegt sind oder

   b) von einer Behörde, die zur Kontrolle und Genehmigung bestimmt ist, kontrolliert oder genehmigt werden müssen.

(3) Die Ausnahmebewilligung wird vorbehaltlich der Anordnung von Ausgleichsmaßnahmen nach § 5 auch erteilt, wenn die Antragstellerin oder der Antragsteller nachweist, dass sie oder er in einem der anderen Herkunftsstaaten, in dem weder die Ausbildung für diesen Beruf noch der Beruf selbst reglementiert ist, eine wesentliche Tätigkeit des Berufes als Vollzeitbeschäftigung mindestens ein Jahr oder als entsprechende Teilzeitbeschäftigung tatsächlich und rechtmäßig ausgeübt hat und mit einem Ausbildungs- oder Befähigungsnachweis nachweist, dass sie oder er fachlich durch eine Ausbildung auf die Ausübung dieses Berufes vorbereitet wurde. Beschäftigungszeiten, die länger als zehn Jahre vor der Antragstellung liegen, bleiben unberücksichtigt.

(4) Ausbildungen, die in einem anderen Herkunftsstaat auf Voll- oder entsprechender Teilzeitbasis im Rahmen von Ausbildungsprogrammen erfolgreich abgeschlossen wurden, sind den in den Absätzen 1 bis 3 genannten beruflichen Qualifikationen gleichgestellt, wenn sie

1. von diesem Herkunftsstaat im Hinblick auf die jeweilige Tätigkeit als gleichwertig anerkannt werden und

2. in Bezug auf die Aufnahme oder Ausübung eines Berufes in diesem Herkunftsstaat dieselben Rechte verleihen oder auf die Ausübung dieses Berufes vorbereiten.

Dies gilt auch, wenn eine Ausbildung in einem anderen Herkunftsstaat durchgeführt wurde und aus Gründen des Bestandsschutzes auch dann zur Ausübung eines Berufes berechtigt, wenn die berufliche Qualifikation nicht oder nicht mehr den derzeitigen Anforderungen dieses Herkunftsstaates entspricht.

(5) Ausbildungen, die in einem Staat, der kein Herkunftsstaat ist, erfolgreich abgeschlossen wurden, sind den in den Absätzen 1 bis 3 genannten beruflichen Qualifikationen gleichgestellt, wenn

1. ein anderer Herkunftsstaat der Antragstellerin oder dem Antragsteller aufgrund dieser Ausbildung die Ausübung eines Berufes gestattet hat, für den dieser Herkunftsstaat eine bestimmte Qualifikation voraussetzt, und

2. die Antragstellerin oder der Antragsteller diesen Beruf dort mindestens drei Jahre als Vollzeitbeschäftigung oder als entsprechende Teilzeitbeschäftigung ausgeübt hat.

§ 4
Gemeinsame Ausbildungsrahmen und Ausbildungsprüfungen

(1) Die Ausnahmebewilligung wird auch erteilt, wenn die Antragstellerin oder der Antragsteller in einem anderen Herkunftsstaat für das betreffende Gewerbe erfolgreich einen gemeinsamen Ausbildungsrahmen durchlaufen hat. Ein gemeinsamer Ausbildungsrahmen ist ein Ausbildungsrahmen, der auf Grundlage der Artikel 49a und 57c der Richtlinie 2005/36/EG des Europäischen Parlaments und des Rates vom 7. September 2005 über die Anerkennung von Berufsqualifikationen (ABl. L 255 vom 30.9.2005, S. 22), die zuletzt durch die Richtlinie 2013/55/EU (ABl. L 354 vom 28.12.2013, S. 132) geändert worden ist, von der Europäischen Kommission als delegierter Rechtsakt erlassen und in der Bundesrepublik Deutschland eingeführt wurde. Ein gemeinsamer Ausbildungsrahmen deckt ein gemeinsames Spektrum von Kenntnissen, Fähigkeiten und Kompetenzen ab, die für die Ausübung des betreffenden Berufes mindestens erforderlich sind.

(2) Die Ausnahmebewilligung wird auch erteilt, wenn die Antragstellerin oder der Antragsteller in einem anderen Herkunftsstaat für das betreffende Gewerbe eine gemeinsame Ausbildungsprüfung bestanden hat. Eine gemeinsame Ausbildungsprüfung ist eine Ausbildungsprüfung, die auf Grundlage der Artikel 49b und 57c der Richtlinie 2005/36/EG von der Europäischen Kommission als delegierter Rechtsakt erlassen und in der Bundesrepublik Deutschland eingeführt wurde. Die gemeinsame Ausbildungsprüfung ist eine standardisierte Eignungsprüfung, die den Inhabern und Inhaberinnen einer bestimmten Berufsqualifikation vorbehalten ist.

§ 5
Ausgleichsmaßnahmen

(1) Die zuständige Behörde kann von der Antragstellerin oder dem Antragsteller vor der Erteilung einer Ausnahmebewilligung als Ausgleichsmaßnahme die Teilnahme an einem höchstens dreijährigen Anpassungslehrgang oder das Ablegen einer Eignungsprüfung verlangen, wenn

1. die bisherige Ausbildung der Antragstellerin oder des Antragstellers sich auf Fächer oder Handlungsfelder bezieht, die sich wesentlich von denen unterscheiden, die durch eine inländische Meisterprüfung in dem entsprechenden Handwerk abgedeckt werden, oder

2. das Gewerbe, für das eine Ausnahmebewilligung beantragt wird, im Inland wesentliche Tätigkeiten umfasst, die im Herkunftsstaat der Antragstellerin oder des Antragstellers nicht Bestandteil des entsprechenden Berufes sind und, wenn dieser Unterschied in einer besonderen Ausbildung besteht, die im Inland erforderlich ist und sich auf Fächer oder Handlungsfelder bezieht, die sich wesentlich von denen unterscheiden, die durch den vorgelegten Befähigungs- oder Ausbildungsnachweis abgedeckt werden.

(2) Ausgleichsmaßnahmen werden nicht angeordnet

1. in den Fällen der §§ 2 und 4,

2. wenn die von der Antragstellerin oder dem Antragsteller im Rahmen der Berufserfahrung erworbenen Kenntnisse geeignet sind, die in Absatz 1 genannten Unterschiede auszugleichen, oder

3. wenn die von der Antragstellerin oder dem Antragsteller durch lebenslanges Lernen erworbenen Kenntnisse, Fähigkeiten und Kompetenzen, die hierfür von einer zuständigen Behörde oder öffentlichen Einrichtung des anderen Herkunftsstaates als gültig anerkannt wurden, den wesentlichen Unterschied in Bezug auf die Fächer oder Handlungsfelder gemäß Absatz 1 Nummer 1 ausgleichen können; das lebenslange Lernen umfasst jegliche Aktivitäten der allgemeinen, beruflichen und sonstigen Bildung sowie des informellen Lernens während des gesamten Lebens, aus denen sich eine Verbesserung von Kenntnissen, Fähigkeiten und Kompetenzen ergibt.

§ 6

Anerkennungsverfahren, Mitteilungspflichten und Fristen

(1) Die zuständige Behörde kann von der Antragstellerin oder dem Antragsteller insbesondere folgende Unterlagen und Bescheinigungen verlangen:

1. einen Nachweis der Staatsangehörigkeit,

2. in den in den §§ 2 und 3 Absatz 2 genannten Fällen eine Bescheinigung über Art und Dauer der Tätigkeit, die von der zuständigen Behörde oder öffentlichen Einrichtung des anderen Herkunftsstaates ausgestellt wird,

3. in den in § 2 Absatz 2 Nummer 2, 3 und 5 genannten Fällen eine Bescheinigung der Ausbildung durch ein staatlich anerkanntes Zeugnis oder die Anerkennung der Ausbildung durch eine zuständige Berufsorganisation des anderen Herkunftsstaates,

4. in den in den §§ 3 bis 5 genannten Fällen eine beglaubigte Kopie des Befähigungs-, Ausbildungs- oder Prüfungsnachweises, der von der zuständigen Behörde oder öffentlichen Einrichtung des anderen Herkunftsstaates ausgestellt wurde,

5. in den in § 3 Absatz 5 genannten Fällen eine Bescheinigung der Berufserfahrung durch die zuständige Behörde des anderen Herkunftsstaates, der die Ausübung des Berufes gestattet hat, und

6. Unterlagen, die von der zuständigen Behörde des anderen Herkunftsstaates ausgestellt wurden und die belegen, dass die Ausübung des Gewerbes nicht wegen Unzuverlässigkeit untersagt worden ist.

(2) Werden in dem anderen Herkunftsstaat die Unterlagen nach Absatz 1 nicht ausgestellt, können sie durch eine Versicherung an Eides statt oder in Herkunftsstaaten, in denen es eine solche nicht gibt, durch eine feierliche Erklärung ersetzt werden, die die Antragstellerin oder der Antragsteller vor einer zuständigen Behörde

oder öffentlichen Einrichtung oder einer Notarin oder einem Notar des anderen Herkunftsstaates abgegeben hat und die durch diese Stelle bescheinigt wurde. Die Unterlagen dürfen bei ihrer Vorlage nicht älter als drei Monate sein.

(3) Die Antragstellerin oder der Antragsteller kann aufgefordert werden, Informationen zu ihrer oder seiner Ausbildung vorzulegen, soweit dies erforderlich ist, um festzustellen, ob die Voraussetzungen nach § 5 Absatz 1 Nummer 1 oder 2 vorliegen. Ferner kann sich die zuständige Behörde an die Kontaktstelle oder die zuständige Behörde oder öffentliche Einrichtung des anderen Herkunftsstaates wenden, um erforderliche Informationen über die Ausbildung der Antragstellerin oder des Antragstellers zu erlangen.

(4) Die zuständige Behörde bestätigt der Antragstellerin oder dem Antragsteller binnen eines Monats den Empfang der Unterlagen und teilt dabei mit, ob Unterlagen fehlen. Spätestens drei Monate nach Einreichung der vollständigen Unterlagen muss zu einem Antrag nach den §§ 2 bis 4 eine Entscheidung ergangen sein. Diese Frist kann um einen Monat verlängert werden, wenn dies im Einzelfall, insbesondere aufgrund des Umfangs oder der tatsächlichen oder rechtlichen Schwierigkeiten des Falles, gerechtfertigt ist. Die Fristverlängerung ist durch die zuständige Behörde zu begründen und der Antragstellerin oder dem Antragsteller vor Ablauf der Frist nach Satz 2 mitzuteilen.

(5) Bestehen Zweifel an der Echtheit der vorgelegten Bescheinigungen und Ausbildungsnachweise oder an den dadurch verliehenen Rechten, hat die zuständige Behörde durch Nachfrage bei der zuständigen Behörde oder öffentlichen Einrichtung des anderen Herkunftsstaates, insbesondere unter Nutzung des Binnenmarkt-Informationssystems, die Echtheit oder die dadurch verliehenen Rechte zu überprüfen. Der Fristablauf nach Absatz 4 ist bis zu einer Klärung gehemmt.

(6) Wird einer oder einem Berufsangehörigen der Gesundheitshandwerke der Anlage A Nummer 33 bis 37 der Handwerksordnung die Berufsausübung durch eine Behörde oder ein Gericht ganz oder teilweise, dauerhaft oder vorübergehend, untersagt oder beschränkt, unterrichtet die zuständige Behörde die zuständigen Behörden der Herkunftsstaaten über

1. die Identität der Berufsangehörigen,

2. das betroffene Gewerbe,

3. die für die Entscheidung zuständige Behörde oder das zuständige Gericht,

4. den Umfang der Beschränkung oder Untersagung sowie

5. den Geltungszeitraum der Beschränkung oder Untersagung.

Die gleiche Verpflichtung gilt im Fall einer gerichtlichen Feststellung, dass eine Antragstellerin oder ein Antragsteller gefälschte Nachweise über Berufsqualifikationen verwendet hat. Die Unterrichtung hat spätestens drei Tage nach dem vorläufigen oder rechtskräftigen Erlass der behördlichen oder gerichtlichen Entscheidung zu erfolgen. Für die Unterrichtung ist insbesondere das Binnenmarkt-Informationssystem zu nutzen.

(7) Wird eine Ausgleichsmaßnahme nach § 5 Absatz 1 verlangt, so ist dies der Antragstellerin oder dem Antragsteller mitzuteilen und zu begründen. Die Begründung hat den Hinweis zu enthalten, welchem Niveau gemäß Artikel 11 der Richtlinie

2005/36/EG die vorgelegten Berufsqualifikationen zugeordnet wurden und dass im Inland für die Ausübung einer Betriebsleitertätigkeit das Qualifikationsniveau des Artikels 11 Absatz 1 Buchstabe c der Richtlinie 2005/36/EG erforderlich ist. Zudem sind die wesentlichen festgestellten Unterschiede zu benennen, für die kein Ausgleich erbracht werden konnte. Wird als Ausgleichsmaßnahme eine Eignungsprüfung verlangt, soll diese innerhalb von sechs Monaten ab dem Zugang der Entscheidung ermöglicht und abgelegt werden.

§ 7

Eignungsprüfung

(1) In der Eignungsprüfung werden die beruflichen Kenntnisse, Fähigkeiten und Kompetenzen der Antragstellerinnen oder Antragsteller geprüft und es wird beurteilt, ob die Antragstellerinnen oder Antragsteller in der Lage sind, für ein zulassungspflichtiges Handwerk als Betriebsverantwortliche oder Betriebsverantwortlicher tätig zu sein.

(2) Die Eignungsprüfung wird von der zuständigen Behörde durchgeführt. Sie kann sachverständige Dritte mit der Durchführung der Eignungsprüfung beauftragen.

(3) Die Eignungsprüfung erstreckt sich auf Sachgebiete,

1. die aufgrund eines Vergleichs zwischen der in der Bundesrepublik Deutschland verlangten Ausbildung und der bisherigen Ausbildung der Antragstellerinnen oder Antragsteller von deren Diplomen, Ausbildungsnachweisen oder sonstigen Nachweisen nicht abgedeckt werden und

2. deren Kenntnis wesentliche Voraussetzung für die Ausübung des Berufes ist.

Abschnitt 2
Grenzüberschreitende Erbringung von Dienstleistungen

§ 8

Voraussetzungen der Dienstleistungserbringung

(1) Staatsangehörigen eines Herkunftsstaates, die im Inland keine gewerbliche Niederlassung unterhalten, ist die vorübergehende und gelegentliche Erbringung von Dienstleistungen in einem Handwerk der Anlage A der Handwerksordnung gestattet, wenn sie in einem anderen Herkunftsstaat zur Ausübung vergleichbarer Tätigkeiten rechtmäßig niedergelassen sind. Setzt der andere Herkunftsstaat für die Ausübung der betreffenden Tätigkeiten keine bestimmte berufliche Qualifikation voraus und verfügt die Dienstleistungserbringerin oder der Dienstleistungserbringer über keine reglementierte Ausbildung im Sinne von § 3 Absatz 2 Satz 2 für die Tätigkeiten, so ist Satz 1 nur anzuwenden, wenn die Tätigkeiten im anderen Herkunftsstaat als Vollzeitbeschäftigung mindestens ein Jahr oder als entsprechende Teilzeitbeschäftigung tatsächlich und rechtmäßig ausgeübt worden sind und nicht länger als zehn Jahre zurückliegen.

(2) Beabsichtigen Staatsangehörige eines Herkunftsstaates, Dienstleistungen erstmals in einem Handwerk der Anlage A Nummer 12 oder Nummer 33 bis 37 der Handwerksordnung in der Bundesrepublik Deutschland zu erbringen, so muss die zuständige Behörde vor der Dienstleistungserbringung die Berufsqualifikation der Dienstleistungserbringerin oder des Dienstleistungserbringers prüfen, wenn unter Berücksichtigung der beabsichtigten Tätigkeit bei unzureichender Qualifikation eine schwere Gefahr für die Gesundheit oder Sicherheit der Dienstleistungsempfänger oder Dienstleistungsempfängerinnen bestünde.

§ 9
Anzeige vor Dienstleistungserbringung

(1) Die Dienstleistungserbringerin oder der Dienstleistungserbringer muss der zuständigen Behörde die beabsichtigte Erbringung einer Dienstleistung vor dem erstmaligen Tätigwerden schriftlich oder elektronisch anzeigen und dabei das Vorliegen der Voraussetzungen nach § 8 Absatz 1 durch Unterlagen nachweisen. Die örtliche Zuständigkeit für die Anzeige richtet sich nach dem Ort der erstmaligen Dienstleistungserbringung.

(2) Liegen die Voraussetzungen nach § 8 Absatz 1 vor, darf die Dienstleistung vorbehaltlich von Satz 2 sofort nach der Anzeige erbracht werden. Dienstleistungen in einem Handwerk der Anlage A Nummer 12 oder Nummer 33 bis 37 der Handwerksordnung dürfen erst erbracht werden, wenn die Behörde entweder mitgeteilt hat, dass keine Prüfung der Berufsqualifikation nach § 8 Absatz 2 beabsichtigt ist, oder wenn eine ausreichende Berufsqualifikation festgestellt wurde. § 10 Absatz 3 bleibt unberührt.

(3) Die zuständige Behörde stellt eine Eingangsbestätigung aus, aus der hervorgeht, ob die Voraussetzungen nach § 8 Absatz 1 vorliegen und ob im Fall des § 8 Absatz 2 die Berufsqualifikation der Dienstleistungserbringerin oder des Dienstleistungserbringers geprüft wird. Die Eingangsbestätigung soll innerhalb eines Monats nach Eingang der Anzeige und der vollständigen Unterlagen ausgestellt werden. § 6 Absatz 7 und § 7 sind entsprechend anzuwenden.

(4) Tritt eine wesentliche Änderung von Umständen ein, die die Voraussetzungen für die Dienstleistungserbringung betreffen, ist die Änderung schriftlich oder elektronisch anzuzeigen und das Vorliegen der Voraussetzungen nach § 8 durch Unterlagen nachzuweisen. Ansonsten ist die Anzeige formlos alle zwölf Monate seit der letzten Anzeige zu wiederholen, solange die weitere Erbringung von Dienstleistungen beabsichtigt ist.

§ 10
Nachprüfung der Berufsqualifikation

(1) Wird die Berufsqualifikation nach § 8 Absatz 2 geprüft, ist § 6 Absatz 3 entsprechend anzuwenden. Die Dienstleistungserbringerin oder der Dienstleistungserbringer soll innerhalb eines Monats nach Eingang der Anzeige und der vollständigen Unterlagen über das Ergebnis unterrichtet werden. Bei einer Verzögerung unterrich-

tet die zuständige Behörde die Dienstleistungserbringerin oder den Dienstleistungserbringer über die Gründe für die Verzögerung und über den Zeitplan für eine Entscheidung. In diesem Fall muss das Ergebnis der Nachprüfung spätestens innerhalb von zwei Monaten nach Eingang der Anzeige und der vollständigen Unterlagen mitgeteilt werden.

(2) Ergibt die Nachprüfung, dass ein wesentlicher Unterschied zwischen der Berufsqualifikation der Dienstleistungserbringerin oder des Dienstleistungserbringers und der in der Bundesrepublik Deutschland erforderlichen Ausbildung besteht, der auch durch sonstige nachgewiesene einschlägige Qualifikationen im Sinne des § 5 Absatz 2 Nummer 3 nicht ausgeglichen werden kann, muss die zuständige Behörde der Dienstleistungserbringerin oder dem Dienstleistungserbringer innerhalb eines Monats nach der Unterrichtung über das Ergebnis der Nachprüfung Gelegenheit geben, die für eine ausreichende berufliche Qualifikation im Sinne von § 8 Absatz 2 erforderlichen Kenntnisse, Fähigkeiten und Kompetenzen insbesondere durch eine Eignungsprüfung nachzuweisen. Werden zu einem späteren Zeitpunkt neue Unterlagen vorgelegt oder Nachweise für die erforderlichen Kenntnisse, Fähigkeiten und Kompetenzen erbracht, wird die Berufsqualifikation erneut geprüft.

(3) Wenn die zuständige Behörde die in den Absätzen 1 und 2 festgesetzten Fristen nicht einhält, darf die Dienstleistung erbracht werden.

(4) Ergibt die Nachprüfung, dass die berufliche Qualifikation der Dienstleistungserbringerin oder des Dienstleistungserbringers im Sinne von § 8 Absatz 2 ausreicht, ist eine Bescheinigung darüber auszustellen. Die Bescheinigung kann auf einen wesentlichen Teil der Tätigkeiten beschränkt werden, die zu einem Handwerk der Anlage A Nummer 12 oder Nummer 33 bis 37 der Handwerksordnung gehören.

Abschnitt 3
Ordnungswidrigkeiten, Inkrafttreten, Außerkrafttreten

§ 11
Ordnungswidrigkeiten

Ordnungswidrig im Sinne des § 118 Absatz 1 Nummer 7 der Handwerksordnung handelt, wer entgegen § 9 Absatz 1 Satz 1 eine Anzeige nicht, nicht richtig, nicht vollständig, nicht in der vorgeschriebenen Weise oder nicht rechtzeitig erstattet.

§ 12
Inkrafttreten, Außerkrafttreten

Diese Verordnung tritt am Tag nach der Verkündung in Kraft. Gleichzeitig tritt die EU/EWR-Handwerk-Verordnung vom 20. Dezember 2007 (BGBl. I S. 3075) außer Kraft.

Verordnung über das Schlichtungsverfahren nach § 16 der Handwerksordnung*

Vom 22. Juni 2004 (BGBl. I S. 1314)

geändert durch
– Artikel 28 Abs. 8 des Gesetzes vom 7. September 2007 (BGBl. I S. 2246).
– Artikel 24 des Gesetzes vom 6. Dezember 2011 (BGBl. I S. 2481).

§ 1

Beginn des Verfahrens

(1) Haben sich die Handwerkskammer und die Industrie- und Handelskammer im Falle des § 16 Abs. 3 Satz 2 der Handwerksordnung nicht innerhalb eines Monats nach Zugang der Aufforderung zur Stellungnahme durch die zuständige Behörde auf die dort vorgesehene gemeinsame Erklärung geeinigt, so haben sie unverzüglich die Schlichtungskommission zur Entscheidung anzurufen und die zuständige Behörde hierüber zu unterrichten. Die zuständige Behörde ist berechtigt, nach Ablauf der Monatsfrist ohne die gemeinsame Erklärung der Kammern ihrerseits die Schlichtungskommission anzurufen.

(2) Können sich die Handwerkskammer und die Industrie- und Handelskammer im Falle des § 16 Abs. 10 der Handwerksordnung nicht innerhalb eines Monats nach der Übermittlung der Gewerbeanzeige nach § 14 Abs. 8 der Gewerbeordnung über die Zugehörigkeit eines Gewerbetreibenden zur Industrie- und Handelskammer oder Handwerkskammer einigen, so kann die Schlichtungskommission von der Handwerkskammer oder Industrie- und Handelskammer zur Entscheidung angerufen werden.

(3) Das Anrufungsbegehren ist schriftlich in fünffacher Ausfertigung unter Darlegung der jeweiligen Auffassung und Beifügung der jeweils vorliegenden Akten einzureichen.

§ 2

Verfahren

(1) Im Falle des § 16 Abs. 3 der Handwerksordnung hat die zuständige Behörde die Akten auf Anforderung des Vorsitzenden der Schlichtungskommission unverzüglich zur Verfügung zu stellen. Eine Ermittlung des Sachverhalts durch die Schlichtungskommission findet nicht statt. Die Schlichtungskommission hat die zuständige Behörde über Mängel der Sachverhaltsermittlung und Verfahrensfehler zu unterrichten, die nach ihrer Auffassung bestehen, und ihr unter Setzung einer angemessenen Frist Gelegenheit zur Stellungnahme zu geben.

(2) Im Falle des § 16 Abs. 10 der Handwerksordnung ist die Schlichtungskommission berechtigt, die für die Begutachtung des Falles erforderlichen Unterlagen vom

* Artikel 1 der Verordnung über den Erlass und die Änderung handwerksrechtlicher Verordnungen ist am 1. Juli 2004 in Kraft getreten.

betroffenen Gewerbetreibenden und den beteiligten Kammern anzufordern. Dem betroffenen Gewerbetreibenden ist Gelegenheit zur Stellungnahme zu geben.

(3) Der betroffene Gewerbetreibende kann sich in jeder Lage des Verfahrens durch einen Bevollmächtigten vertreten lassen. § 67 Abs. 3 der Verwaltungsgerichtsordnung gilt entsprechend.

§ 3

Verhandlung der Schlichtungskommission

(1) Die Schlichtungskommission entscheidet in einer gemeinsamen Sitzung ohne mündliche Verhandlung.

(2) Der Vorsitzende der Schlichtungskommission kann einen Termin zur mündlichen Verhandlung bestimmen. Soweit eine mündliche Verhandlung stattfindet, sind zur Teilnahme

1. im Falle des § 16 Abs. 3 der Handwerksordnung Vertreter der beteiligten Kammern, der zuständigen Behörde sowie der betroffene Gewerbetreibende berechtigt,

2. im Falle des § 16 Abs. 10 der Handwerksordnung Vertreter der beteiligten Kammern sowie der betroffene Gewerbetreibende berechtigt.

Zur mündlichen Verhandlung ist mit einer Frist von mindestens sieben Tagen schriftlich durch eingeschriebenen Brief mit Rückschein einzuladen. Die mündliche Verhandlung ist nicht öffentlich. Die Schlichtungskommission entscheidet im Anschluss an die mündliche Verhandlung in geheimer Beratung.

(3) Über jede Sitzung der Schlichtungskommission sowie jede mündliche Verhandlung der Schlichtungskommission ist eine Niederschrift zu fertigen. Sie hat Ort und Tag der Sitzung oder der mündlichen Verhandlung, die Bezeichnung der Beteiligten und der bei der mündlichen Verhandlung mitwirkenden Personen sowie das Ergebnis zu enthalten, im Falle des § 16 Abs. 10 der Handwerksordnung auch den Vortrag der Beteiligten, wenn sich in der mündlichen Verhandlung neue Tatsachen ergeben haben. Zu den mündlichen Verhandlungen kann ein Schriftführer zugezogen werden.

(4) Die Sitzungsniederschrift oder die Verhandlungsniederschrift ist vom Vorsitzenden und den Beisitzern zu unterzeichnen.

§ 4

Beschlüsse der Schlichtungskommission

(1) Die Beschlüsse der Schlichtungskommission werden mit Stimmenmehrheit gefasst. Stimmenthaltung ist unzulässig.

(2) Für die Mitglieder der Schlichtungskommission gilt die Schweigepflicht nach §43 des Deutschen Richtergesetzes entsprechend.

§5

Entscheidung der Schlichtungskommission

(1) Die Schlichtungskommission hat innerhalb von zwei Monaten nach Eingang des Anrufungsbegehrens zu entscheiden. Die Frist nach Satz 1 verlängert sich um die in §2 Abs. 1 Satz 3 genannte Frist. Die Schlichtungskommission kann beschließen, die Frist nach Satz 1 um zwei Wochen zu verlängern.

(2) Die Entscheidung der Schlichtungskommission ist mit Begründung

1. im Falle des §16 Abs. 3 Satz 2 der Handwerksordnung der zuständigen Behörde nach Maßgabe des Verwaltungszustellungsgesetzes zuzustellen,

2. im Falle des §16 Abs. 10 Satz 1 der Handwerksordnung den beteiligten Kammern sowie dem betroffenen Gewerbetreibenden durch eingeschriebenen Brief mit Rückschein bekannt zu geben.

Soweit eine mündliche Verhandlung stattgefunden hat, ist die Verhandlungsniederschrift beizufügen.

§6

Geschäftsstelle

(1) Sitz der Schlichtungskommission und ihrer Geschäftsstelle ist Berlin.

(2) Die Geschäftsstelle führt die laufenden Geschäfte der Schlichtungskommission und unterstützt sie bei der Wahrnehmung ihrer Aufgaben.

Verordnung über die Anerkennung von Prüfungen für die Eintragung in die Handwerksrolle

Vom 29. Juni 2005 (BGBl. I S. 1935)

geändert durch
– Artikel 105 des Gesetzes vom 29. März 2017 (BGBl. I S. 626).

§ 1

Gegenstand

Die Verordnung regelt die Eintragung in die Handwerksrolle für den nach § 7 Abs. 2 Satz 1 der Handwerksordnung erfassten Personenkreis, der Prüfungen in Studien- oder Schulschwerpunkten abgelegt hat, deren Inhalte Meisterprüfungen in zulassungspflichtigen Handwerken der Anlage A zur Handwerksordnung entsprechen und die vor einem staatlichen oder staatlich anerkannten Prüfungsausschuss mit Erfolg abgelegt worden sind.

§ 2

Abschlussprüfungen an Hochschulen und an solchen Bildungseinrichtungen, die nach Landesrecht dem tertiären Bereich zugeordnet sind

(1) Abschlussprüfungen in Studiengängen mit technischer Ausrichtung, die an Hochschulen im Sinne des Hochschulrahmengesetzes, insbesondere an Universitäten und Fachhochschulen sowie an Bildungseinrichtungen, die nach Landesrecht dem tertiären Bereich zugeordnet sind, erfolgreich abgelegt worden sind, werden für die Eintragung in die Handwerksrolle in zulassungspflichtigen Handwerken nach Maßgabe der Voraussetzungen des Absatzes 2 anerkannt.

(2) Der Abschluss ist anzuerkennen, wenn der Studienschwerpunkt in seinen wesentlichen Inhalten der Meisterprüfung in dem zulassungspflichtigen Handwerk, für das die Eintragung beantragt wird, entspricht. Für die Beurteilung der wesentlichen Inhalte sind insbesondere

1. die technische Ausrichtung des Studiengangs,

2. die Fächer, die als Studienschwerpunkt im Studiengang gewählt wurden und in denen ein Leistungsnachweis erbracht worden ist,

3. die erfolgreich angefertigte Abschlussarbeit und

4. die erfolgreich absolvierte Abschlussprüfung

maßgeblich.

(3) Als Nachweis über erfolgreich abgelegte Prüfungen gelten insbesondere von Hochschulen ausgestellte Zeugnisse.

§3

Abschlussprüfungen an staatlichen oder staatlich anerkannten Fachschulen

(1) Abschlussprüfungen, die an staatlichen oder staatlich anerkannten deutschen Fachschulen in den Fachbereichen Technik oder Gestaltung erfolgreich abgelegt worden sind, werden für die Eintragung in die Handwerksrolle in zulassungspflichtigen Handwerken nach Maßgabe der Voraussetzungen des Absatzes 2 anerkannt.

(2) Der Abschluss ist anzuerkennen, wenn der Schulschwerpunkt in seinen wesentlichen Inhalten der Meisterprüfung in dem zulassungspflichtigen Handwerk, für das die Eintragung beantragt wird, entspricht. Für die Beurteilung der wesentlichen Inhalte sind insbesondere

1. die gewählte Fachrichtung im Fachbereich,
2. die Fächer, die als Schwerpunkt in der Fachrichtung gewählt wurden, soweit eine Schwerpunktbildung auf Grund Landesregelung vorgesehen ist, und in denen ein Leistungsnachweis erbracht worden ist,
3. die erfolgreich angefertigte Abschlussarbeit, soweit eine solche auf Grund Landesregelung vorgesehen ist, und
4. die erfolgreich absolvierte Abschlussprüfung

maßgeblich.

(3) Als Nachweis über erfolgreich abgelegte Prüfungen gelten insbesondere von Fachschulen ausgestellte Zeugnisse.

§4

Antrag

Die Eintragung in die Handwerksrolle ist bei der Handwerkskammer zu beantragen.

§5

Übergangsregelung

Prüfungen, die auf Grund der Verordnung über die Anerkennung von Prüfungen bei der Eintragung in die Handwerksrolle und bei Ablegung der Meisterprüfung im Handwerk vom 2. November 1982 (BGBl. I S. 1475) anerkannt sind, gelten weiterhin als anerkannt.

§6

Inkrafttreten, Außerkrafttreten

Diese Verordnung tritt am Tag nach der Verkündung in Kraft. Gleichzeitig tritt die Verordnung über die Anerkennung von Prüfungen bei der Eintragung in die Handwerksrolle und bei Ablegung der Meisterprüfung im Handwerk vom 2. November 1982 (BGBl. I S. 1475) außer Kraft.

Verordnung
über die Prüfung zum anerkannten Fortbildungsabschluss Geprüfter Fachmann für kaufmännische Betriebsführung nach der Handwerksordnung und Geprüfte Fachfrau für kaufmännische Betriebsführung nach der Handwerksordnung (Prüfungsverordnung Fortbildungsabschluss kaufmännische Betriebsführung HwO – PrüVOFortkfmBf)

Vom 11. November 2014 (BGBl. I S. 1725)

Auf Grund des § 42 der Handwerksordnung, der durch Artikel 146 der Verordnung vom 31. Oktober 2006 (BGBl. I S. 2407) geändert worden ist, in Verbindung mit § 1 Absatz 2 des Zuständigkeitsanpassungsgesetzes vom 16. August 2002 (BGBl. I S. 3165) und dem Organisationserlass vom 17. Dezember 2013 (BGBl. I S. 4310) verordnet das Bundesministerium für Bildung und Forschung nach Anhörung des Hauptausschusses des Bundesinstituts für Berufsbildung im Einvernehmen mit dem Bundesministerium für Wirtschaft und Energie:

§ 1
Ziel der Prüfung
und Bezeichnung des Abschlusses

(1) Mit der Prüfung zum anerkannten Fortbildungsabschluss Geprüfter Fachmann für kaufmännische Betriebsführung nach der Handwerksordnung und Geprüfte Fachfrau für kaufmännische Betriebsführung nach der Handwerksordnung soll die auf einen beruflichen Aufstieg abzielende Erweiterung der beruflichen Fertigkeiten, Kenntnisse und Fähigkeiten (berufliche Handlungsfähigkeit) nachgewiesen werden. Die Prüfung wird von der zuständigen Stelle durchgeführt.

(2) Durch die Erweiterung der beruflichen Handlungsfähigkeit soll der Prüfling in der Lage sein, als Führungskraft in handwerklichen Unternehmen betriebswirtschaftliche, kaufmännische und rechtliche Probleme analysieren und bewerten sowie entwickelte Lösungen unter Berücksichtigung aktueller Entwicklungen operativ umsetzen zu können. Zur erweiterten beruflichen Handlungsfähigkeit gehört insbesondere:

1. die Potenziale eines Betriebes unter betriebswirtschaftlichen Aspekten zu analysieren und zu beurteilen,
2. handwerkliche Unternehmensgründungen zu unterstützen,
3. handwerkliche Unternehmen kaufmännisch zu führen und zu entwickeln,
4. die Schnittstellenfunktion zwischen kaufmännischen und leistungserstellenden Unternehmensbereichen wahrzunehmen.

(3) Die erfolgreich abgelegte Prüfung führt zum anerkannten Fortbildungsabschluss „Geprüfter Fachmann für kaufmännische Betriebsführung nach der Handwerksordnung" oder „Geprüfte Fachfrau für kaufmännische Betriebsführung nach der Handwerksordnung".

§ 2

Zulassungsvoraussetzungen

(1) Zur Prüfung ist zuzulassen, wer Folgendes nachweist:

1. eine erfolgreich abgelegte Gesellen- oder Abschlussprüfung in einem anerkannten dreijährigen Ausbildungsberuf oder

2. eine erfolgreich abgelegte Abschlussprüfung in einem anerkannten zweijährigen Ausbildungsberuf und eine zweijährige Berufspraxis.

(2) Abweichend von Absatz 1 ist zur Prüfung auch zuzulassen, wer durch Vorlage von Zeugnissen oder auf andere Weise glaubhaft macht, berufliche Fertigkeiten, Kenntnisse und Fähigkeiten (berufliche Handlungsfähigkeit) erworben zu haben, die die Zulassung zur Prüfung rechtfertigen.

§ 3

Gliederung der Prüfung

(1) Prüfungsbestandteile sind die drei Handlungsbereiche und ein Wahlpflicht-handlungsbereich. Der Prüfling teilt den gewählten Wahlpflichthandlungsbereich bei der Anmeldung zur Prüfung mit.

(2) Handlungsbereiche sind:

1. Wettbewerbsfähigkeit von Unternehmen beurteilen,

2. Gründungs- und Übernahmeaktivitäten vorbereiten, durchführen und bewerten und

3. Unternehmensführungsstrategien entwickeln.

(3) Wahlpflichthandlungsbereiche sind:

1. Informations- und Kommunikationstechnologien nutzen,

2. Kommunikations- und Präsentationstechniken im Geschäftsverkehr einsetzen,

3. Buchhaltung im Handwerksbetrieb unter Einsatz branchenüblicher Software umsetzen und

4. Projektmanagement im Handwerksbetrieb umsetzen.

§ 4

Prüfungsinhalte im Handlungsbereich „Wettbewerbsfähigkeit von Unternehmen beurteilen"

Im Handlungsbereich „Wettbewerbsfähigkeit von Unternehmen beurteilen" sollen die Fähigkeiten nachgewiesen werden, betriebswirtschaftliche, kaufmännische und rechtliche Voraussetzungen für die Wettbewerbsfähigkeit eines Unternehmens und berufliche Entwicklungspotenziale im Handwerk bewerten sowie Entscheidungsnotwendigkeiten darstellen zu können. Bei der Aufgabenstellung sollen mehrere der unter den Nummern 1 bis 6 aufgeführten Qualifikationsinhalte verknüpft werden:

1. Unternehmensziele analysieren und in ein Unternehmenszielsystem einordnen,

2. Bedeutung der Unternehmenskultur und des Unternehmensimages für die betriebliche Leistungs- und Wettbewerbsfähigkeit begründen,

3. Situation eines Unternehmens am Markt analysieren und Erfolgspotenziale begründen,

4. Informationen aus dem Rechnungswesen, insbesondere aus der Bilanz sowie aus der Gewinn- und Verlustrechnung, zur Analyse von Stärken und Schwächen eines Unternehmens nutzen,

5. Informationen aus dem internen und externen Rechnungswesen zur Entscheidungsvorbereitung nutzen,

6. Rechtsvorschriften, insbesondere des Gewerbe- und Handwerksrechts sowie des Handels- und Wettbewerbsrechts, bei der Analyse von Unternehmenszielen und -konzepten anwenden.

§ 5

**Prüfungsinhalte im Handlungsbereich
„Gründungs- und Übernahmeaktivitäten
vorbereiten, durchführen und bewerten"**

Im Handlungsbereich „Gründungs- und Übernahmeaktivitäten vorbereiten, durchführen und bewerten" sollen die Fähigkeiten nachgewiesen werden, Aufgaben im Rahmen der Gründung und Übernahme eines Unternehmens unter Berücksichtigung persönlicher, rechtlicher und betriebswirtschaftlicher Rahmenbedingungen und Ziele vorzubereiten, durchzuführen und zu bewerten sowie ihre Bedeutung für ein Unternehmenskonzept begründen zu können. Bei der Aufgabenstellung sollen mehrere der unter den Nummern 1 bis 10 aufgeführten Qualifikationsinhalte verknüpft werden:

1. Bedeutung persönlicher Voraussetzungen für den Erfolg beruflicher Selbständigkeit begründen,

2. wirtschaftliche, gesellschaftliche und kulturelle Bedeutung des Handwerks sowie Nutzen von Mitgliedschaften in Handwerksorganisationen darstellen und bewerten,

3. Möglichkeiten der Inanspruchnahme von Beratungsdienstleistungen sowie von Förder- und Unterstützungsleistungen bei Gründung und Übernahme eines Unternehmens aufzeigen und bewerten,

4. Entscheidungen zu Standort, Betriebsgröße, Personalbedarf sowie zur Einrichtung und Ausstattung eines Unternehmens treffen und begründen,

5. Marketingkonzept zur Markteinführung entwickeln und bewerten,

6. Investitionsplan und Finanzierungskonzept aufstellen und begründen; Rentabilitätsvorschau erstellen und Liquiditätsplanung durchführen,

7. Rechtsform aus einem Unternehmenskonzept ableiten und die getroffene Entscheidung begründen,

8. Rechtsvorschriften, insbesondere des bürgerlichen Rechts sowie des Gesellschafts- und Steuerrechts, im Zusammenhang mit der Gründung oder Übernahme von Handwerksbetrieben anwenden,

9. Notwendigkeit privater Risiko- und Altersvorsorge begründen, Möglichkeiten privater Risiko- und Altersvorsorge aufzeigen,

10. Bedeutung persönlicher Aspekte sowie betriebswirtschaftlicher und rechtlicher Bestandteile eines Unternehmenskonzeptes im Zusammenhang darstellen und begründen.

§ 6
Prüfungsinhalte im Handlungsbereich „Unternehmensführungsstrategien entwickeln"

Im Handlungsbereich „Unternehmensführungsstrategien entwickeln" sollen die Fähigkeiten nachgewiesen werden, unter Berücksichtigung unternehmensbezogener Stärken und Schwächen sowie marktbezogener Chancen und Risiken ein Unternehmen führen, betriebliche Wachstumspotenziale identifizieren und Unternehmensstrategien entwickeln zu können. Bei der Aufgabenstellung sollen mehrere der unter den Nummern 1 bis 11 aufgeführten Qualifikationsinhalte verknüpft werden:

1. Bedeutung der Aufbau- und Ablauforganisation für die Entwicklung eines Unternehmens beurteilen; Anpassungsmöglichkeiten vorschlagen,

2. Entwicklungen bei Produkt- und Dienstleistungsinnovationen sowie Marktbedingungen, auch im internationalen Zusammenhang, bewerten und daraus Wachstumsstrategien ableiten,

3. Einsatzmöglichkeiten von Marketinginstrumenten für Absatz und Beschaffung von Produkten und Dienstleistungen begründen,

4. Veränderungen des Kapitalbedarfs aus Investitions-, Finanz- und Liquiditätsplanung ableiten; Alternativen der Kapitalbeschaffung darstellen,

5. Konzepte für Personalplanung, -beschaffung und -qualifizierung erarbeiten und bewerten sowie Instrumente der Personalführung und -entwicklung darstellen,

6. Bestimmungen des Arbeits- und Sozialversicherungsrechts bei der Entwicklung einer Unternehmensstrategie berücksichtigen,

7. Chancen und Risiken zwischenbetrieblicher Kooperationen darstellen,

8. Controlling zur Entwicklung, Verfolgung, Durchsetzung und Modifizierung von Unternehmenszielen nutzen,

9. Instrumente zur Durchsetzung von Forderungen darstellen und Einsatz dieser Instrumente begründen,

10. Notwendigkeit der Planung einer Unternehmensnachfolge, auch unter Berücksichtigung von Erb- und Familienrecht sowie steuerrechtlicher Bestimmungen, darstellen und begründen,

11. Notwendigkeit der Einleitung eines Insolvenzverfahrens anhand von Unternehmensdaten prüfen; insolvenzrechtliche Konsequenzen für die Weiterführung oder Liquidation eines Unternehmens aufzeigen.

§ 7
Prüfungsinhalte im Wahlpflichthandlungsbereich „Informations- und Kommunikationstechnologien nutzen"

Im Wahlpflichthandlungsbereich „Informations- und Kommunikationstechnologien nutzen" sollen die Fähigkeiten nachgewiesen werden, das Unternehmen und seine

Dienstleistungen beziehungsweise Produkte mit Hilfe von Informations- und Kommunikationstechnologien präsentieren und unter Berücksichtigung rechtlicher Vorschriften ein Datenschutzsystem einführen zu können. Bei der Aufgabenstellung sollen mehrere der unter den Nummern 1 bis 4 aufgeführten Qualifikationsinhalte verknüpft werden:

1. Möglichkeiten der Gestaltung und Optimierung von Webseiten aufzeigen und bewerten,

2. Informations- und Kommunikationstechnologien, insbesondere für Öffentlichkeitsarbeit, Marketing und Personalgewinnung, nutzen,

3. ein betriebliches Datenschutzsystem für die Nutzung der Informations- und Kommunikationstechnologien einführen und begleiten,

4. Online-Geschäfte unter Berücksichtigung der Bestimmungen des Onlinerechts abwickeln.

§8

**Prüfungsinhalte im
Wahlpflichthandlungsbereich
„Kommunikations- und Präsentations-
techniken im Geschäftsverkehr einsetzen"**

Im Wahlpflichthandlungsbereich „Kommunikations- und Präsentationstechniken im Geschäftsverkehr einsetzen" sollen die Fähigkeiten nachgewiesen werden, kundenorientiert und bedarfsgerecht beraten und Arbeitsergebnisse strukturiert präsentieren zu können. Bei der Aufgabenstellung sollen mehrere der unter den Nummern 1 bis 3 aufgeführten Qualifikationsinhalte verknüpft werden:

1. Beratungsgespräche auch unter Einbindung EDV-gestützter Kommunikations- und Präsentationstechniken bedarfsgerecht führen,

2. Beschwerden zur Verbesserung der Kundenbeziehungen nutzen,

3. sich und das Unternehmen präsentieren.

§9

**Prüfungsinhalte im
Wahlpflichthandlungsbereich
„Buchhaltung im Handwerksbetrieb unter
Einsatz branchenüblicher Software umsetzen"**

Im Wahlpflichthandlungsbereich „Buchhaltung im Handwerksbetrieb unter Einsatz branchenüblicher Software umsetzen" sollen die Fähigkeiten nachgewiesen werden, betriebswirtschaftliche Vorgänge buchhalterisch manuell und elektronisch erfassen und prüfen zu können. Bei der Aufgabenstellung sollen mehrere der unter den Nummern 1 bis 4 aufgeführten Qualifikationsinhalte verknüpft werden:

1. Belege erstellen, prüfen und kontieren,

2. Kassenbuch anlegen, führen und prüfen,

3. Lohnabrechnung vorbereiten,

4. Mitwirken bei der Vorbereitung des Jahresabschlusses.

§ 10

Prüfungsinhalte im Wahlpflichthandlungsbereich „Projektmanagement im Handwerksbetrieb umsetzen"

Im Wahlpflichthandlungsbereich „Projektmanagement im Handwerksbetrieb umsetzen" sollen die Fähigkeiten nachgewiesen werden, Einsatzmöglichkeiten von Projekten aufzeigen sowie Projekte prozessorientiert strukturieren und durchführen zu können. Bei der Aufgabenstellung sollen mehrere der unter den Nummern 1 bis 5 aufgeführten Qualifikationsinhalte verknüpft werden:

1. Projekt initiieren und definieren,

2. Projekt planen,

3. Projektdurchführung überwachen und steuern,

4. Projektteam zusammenstellen und führen,

5. Projekt abschließen.

§ 11

Durchführung der Prüfung und Prüfungsdauer

(1) Für die Prüfungen in den Prüfungsbestandteilen sind komplexe situationsbezogene Aufgaben zu stellen. Für jeden Prüfungsbestandteil ist mindestens eine Aufgabe zu stellen.

(2) Die Prüfungsaufgaben sind schriftlich zu bearbeiten.

(3) Die Prüfung dauert in jedem Prüfungsbestandteil zwei Stunden.

(4) Wurden höchstens zwei der Prüfungsbestandteile mit „mangelhaft" bewertet, so kann in jedem dieser Prüfungsbestandteile eine mündliche Ergänzungsprüfung durchgeführt werden. Wurde einer der Prüfungsbestandteile mit „ungenügend" bewertet, ist eine Ergänzungsprüfung ausgeschlossen. Die mündliche Ergänzungsprüfung soll situationsbezogen durchgeführt werden und in jedem Prüfungsbestandteil für den Prüfling höchstens 20 Minuten dauern. Bei der Ermittlung des Ergebnisses für den betreffenden Prüfungsbestandteil sind die Bewertung der schriftlichen Prüfungsleistung und die Bewertung der Ergänzungsprüfung im Verhältnis 2:1 zu gewichten.

§ 12

Anrechnung anderer Prüfungsleistungen

Der Prüfling ist auf Antrag von der Ablegung einzelner Prüfungsbestandteile durch die Handwerkskammer zu befreien, wenn er eine andere vergleichbare Prüfung vor einer öffentlichen oder staatlich anerkannten Bildungseinrichtung oder vor einem staatlichen Prüfungsausschuss erfolgreich abgelegt hat und die Anmeldung zur Fortbildungsprüfung innerhalb von fünf Jahren nach der Bekanntgabe des Bestehens der anderen Prüfung erfolgt.

§ 13

Bestehen der Prüfung

(1) Die Prüfung ist bestanden, wenn die Prüfungsleistung in jedem der geprüften Prüfungsbestandteile mit mindestens „ausreichend" bewertet wurde.

(2) Aus den Punktzahlen, die in den vier Prüfungsbestandteilen erreicht wurden, ist das arithmetische Mittel zu bilden und daraus die Gesamtnote abzuleiten.

(3) Über das Bestehen der Prüfung ist ein Zeugnis nach der Anlage 1 und der Anlage 2 auszustellen. Im Falle einer Anrechnung nach § 12 sind anzugeben:

1. Ort und Datum der anderen, vergleichbaren Prüfung sowie

2. die Bezeichnung des Prüfungsgremiums.

§ 14

Wiederholen der Prüfung

(1) Eine nicht bestandene Prüfung kann zweimal wiederholt werden.

(2) Mit dem Antrag auf Wiederholung der Prüfung wird der Prüfling von der Prüfung derjenigen Prüfungsbestandteile befreit, die mit mindestens „ausreichend" bewertet wurden. Eine Befreiung ist nur möglich, wenn sich der Prüfling innerhalb von zwei Jahren, gerechnet vom Tag der Bescheidung über die nicht bestandene Prüfung, zur Wiederholungsprüfung anmeldet.

§ 15

Übergangsvorschriften

(1) Begonnene Prüfungsverfahren zum „Fachkaufmann für Handwerkswirtschaft" und zur „Fachkauffrau für Handwerkswirtschaft", zum „Technischen Fachwirt (HWK)" und zur „Technischen Fachwirtin (HWK)", zur „Fachkauffrau (HWK)" und zum „Fachkaufmann (HWK)" sowie zum „Geprüften Fachkaufmann (HWK)" und zur „Geprüften Fachkauffrau (HWK)" können bis zum 30. Juni 2016 nach den bisherigen Vorschriften zu Ende geführt werden. Bei Anmeldung zur Prüfung bis zum Ablauf des 31. Dezember 2015 kann die Anwendung der bisherigen Vorschriften schriftlich vereinbart werden.

(2) Eine Wiederholungsprüfung für begonnene Prüfungsverfahren kann auf Antrag des Prüflings nach dieser Verordnung durchgeführt werden.

§ 16

Inkrafttreten

Diese Verordnung tritt am 1. Dezember 2014 in Kraft.

Anlage 1
(zu § 13 Absatz 3)

Muster

....
(Bezeichnung der zuständigen Stelle)

Zeugnis

über die Prüfung zum anerkannten Fortbildungsabschluss
Geprüfter Fachmann für kaufmännische Betriebsführung nach der Handwerksordnung
Geprüfte Fachfrau für kaufmännische Betriebsführung nach der Handwerksordnung

Herr/Frau ....

geboren am .... in ....

hat am .... die Prüfung zum anerkannten Fortbildungsabschluss

Geprüfter Fachmann für kaufmännische Betriebsführung nach der Handwerksordnung
Geprüfte Fachfrau für kaufmännische Betriebsführung nach der Handwerksordnung

nach der Verordnung über die Prüfung zum anerkannten Fortbildungsabschluss Geprüfter Fachmann für kaufmännische Betriebsführung nach der Handwerksordnung und Geprüfte Fachfrau für kaufmännische Betriebsführung nach der Handwerksordnung vom 11. November 2014 (BGBl. I S. 1725) bestanden.

Ort/Datum ....

Unterschrift(en) ....

(Siegel der zuständigen Stelle)

Anlage 2
(zu § 13 Absatz 3)

Muster

....

(Bezeichnung der zuständigen Stelle)

Zeugnis

über die Prüfung zum anerkannten Fortbildungsabschluss
Geprüfter Fachmann für kaufmännische Betriebsführung nach der Handwerksordnung
Geprüfte Fachfrau für kaufmännische Betriebsführung nach der Handwerksordnung

Herr/Frau ....

geboren am .... in ....

hat am .... die Prüfung zum anerkannten Fortbildungsabschluss

Geprüfter Fachmann für kaufmännische Betriebsführung nach der Handwerksordnung
Geprüfte Fachfrau für kaufmännische Betriebsführung nach der Handwerksordnung

nach der Verordnung über die Prüfung zum anerkannten Fortbildungsabschluss Geprüfter Fachmann für kaufmännische Betriebsführung nach der Handwerksordnung und Geprüfte Fachfrau für kaufmännische Betriebsführung nach der Handwerksordnung vom 11. November 2014 (BGBl. I S. 1725) mit folgenden Ergebnissen bestanden:

Gesamtnote: ....

Die einzelnen Prüfungsbestandteile wurden mit folgenden Ergebnissen abgeschlossen:

Punkte*

1. Wettbewerbsfähigkeit von Unternehmen beurteilen ....

2. Gründungs- und Übernahmeaktivitäten vorbereiten,
   durchführen und bewerten ....

3. Unternehmensführungsstrategien entwickeln ....

4. Wahlpflichthandlungsbereich

   ....

(Im Fall des § 12: „Gemäß § 12 der oben genannten Verordnung wurde im Hinblick auf die am .... in .... vor .... abgelegte Prüfung von der Prüfung .... befreit.")

Ort/Datum ....

Unterschrift(en) ....

(Siegel der zuständigen Stelle)

---

* *Den Bewertungen liegt folgender Punkteschlüssel zugrunde:* ....

Verordnung
über die Anerkennung von Ausbildungsabschlüssen von Meistern der volkseigenen Industrie als Voraussetzung für die Eintragung in die Handwerksrolle

Vom 6. Dezember 1991 (BGBl. I S. 2162),

geändert durch
– Artikel 4 Abs. 4 des Zweiten Gesetzes zur Änderung der Handwerksordnung und anderer handwerksrechtlicher Vorschriften vom 25. März 1998 (BGBl. I S. 596, 605).

§ 1

Ausbildungsabschlüsse zum Meister der volkseigenen Industrie, die bis zum 31. Dezember 1991 erlangt werden, werden für ein Handwerk, dessen Arbeitsgebiet nach Maßgabe der Anlage dem jeweiligen Fachgebiet des Ausbildungsabschlusses entspricht, als Voraussetzung für die Eintragung in die Handwerksrolle anerkannt, wenn der Inhaber des Ausbildungsabschlusses

1. nach dem 31. Dezember 1981 eine dreijährige praktische Tätigkeit abgeleistet hat, die dem zu betreibenden oder einem mit diesem verwandten Handwerk entspricht, oder

2. nach dem 9. November 1989 an Weiterbildungsmaßnahmen teilgenommen hat, in denen die in dem zu betreibenden oder in einem mit diesem verwandten Handwerk erforderlichen fachpraktischen und fachtheoretischen Fertigkeiten und Kenntnisse vermittelt worden sind, oder

3. nach dem 31. Dezember 1981 Lehrlinge in einem Beruf ausgebildet hat, dessen Fachgebiet dem zu betreibenden Handwerk entspricht.

§ 2

Diese Verordnung tritt am 1. Januar 1992 in Kraft.

Anlage
(zu § 1)

Ausbildungsabschlüsse von Meistern der volkseigenen Industrie, die einem Handwerk der Anlage A der Handwerksordnung entsprechen

Meister der volkseigenen Industrie	entsprechende Handwerke
Meister für Anlagenbau	Metallbauer Maschinenbaumechaniker Kupferschmiede
Meister für Ausbau	Maurer Beton- und Stahlbetonbauer Feuerungs- und Schornsteinbauer Wärme-, Kälte- und Schallschutzisolierer Fliesen-, Platten- und Mosaikleger Betonstein- und Terrazzohersteller Estrichleger Stuckateure Maler und Lackierer
Meister für Back- und Teigwaren- produktion	Bäcker Konditoren
Meister für bautechnische Instand- setzung	Maurer Beton- und Stahlbetonbauer Feuerungs- und Schornsteinbauer Dachdecker Wärme-, Kälte- und Schallschutzisolierer Fliesen-, Platten- und Mosaikleger Betonstein- und Terrazzohersteller Estrichleger Stuckateure Maler und Lackierer
Meister für Bekleidungstechnik	Herrenschneider Damenschneider Wäscheschneider Modisten Hut- und Mützenmacher Handschuhmacher
Meister für Beleuchtungstechnik	Elektroinstallateure
Meister für Betonelementeproduktion	Maurer Beton- und Stahlbetonbauer Betonstein- und Terrazzohersteller
Meister für Blasinstrumentenbau	Metallblasinstrumenten- und Schlagzeug- macher Holzblasinstrumentenmacher

Meister der volkseigenen Industrie	entsprechende Handwerke
Meister für BMSR-Technik	Elektroinstallateure Elektromechaniker Radio- und Fernsehtechniker
Meister für Brauerei und Mälzerei	Brauer und Mälzer
Meister für buchbind. Weiterverarbeitung	Buchbinder
Meister für Bühnentechnik	Maler und Lackierer Metallbauer Tischler
Dachdeckermeister	Dachdecker
Damenmaßschneider	Damenschneider Herrenschneider Wäscheschneider Modisten Hut- und Mützenmacher Handschuhmacher
Meister für Druckformenherstellung	Flexografen Chemigrafen
Meister für Drucktechnik	Buchdrucker; Schriftsetzer; Drucker Steindrucker Siebdrucker Chemigrafen
Meister für Eisenbahnbautechnik	Straßenbauer
Meister für elektrische Energieanlagen	Elektroinstallateure Elektromechaniker Elektromaschinenbauer
Meister für Elektroinstallation	Elektroinstallateure Elektromechaniker
Meister für Elektronik	Büroinformationselektroniker Elektromechaniker Fernmeldeanlagenelektroniker Radio- und Fernsehtechniker
Meister für Elektrotechnik	Elektroinstallateure Elektromechaniker Elektromaschinenbauer
Meister für Fahrzeugelektrik	Kraftfahrzeugelektriker Elcktromechaniker Elektromaschinenbauer
Meister für Feinwerktechnik	Maschinenbaumechaniker Werkzeugmacher Dreher

Meister der volkseigenen Industrie	entsprechende Handwerke
noch Meister für Feinwerktechnik	Feinmechaniker Schneidwerkzeugmechaniker Chirurgiemechaniker Feinoptiker
Meister für Fleischverarbeitung	Fleischer
Meister für Fleischwirtschaft	Fleischer
Fotografenmeister	Fotografen
Friseurmeister	Friseure
Meister für Galvanotechnik	Galvaniseure und Metallschleifer
Meister für Gasverteilung und -anwendung	Gas- und Wasserinstallateure
Meister für Gebäudereinigung	Gebäudereiniger
Meister für Gebäude- und Fahrzeugreinigung	Gebäudereiniger
Meister für Getreidewirtschaft	Müller
Meister für Gießereitechnik	Zinngießer Metallformer und Metallgießer Glockengießer
Meister für Glastechnik	Glasschleifer und Glasätzer
Meister für Haushaltgeräte-instandsetzung	Elektroinstallateure Elektromechaniker Elektromaschinenbauer
Meister für Heizungs-, Lüftungs- und Sanitärtechnik	Klempner Gas- und Wasserinstallateure Zentralheizungs- und Lüftungsbauer
Herrenmaßschneider	Herrenschneider Damenschneider Wäscheschneider Modisten Hut- und Mützenmacher Handschuhmacher
Meister für Hochbau	Maurer Beton- und Stahlbetonbauer Feuerungs- und Schornsteinbauer Zimmerer Dachdecker
Meister für Holztechnik	Tischler Modellbauer Parkettleger

Meister der volkseigenen Industrie	entsprechende Handwerke
Meister für Instandhaltung von Elektrogeräten und -anlagen	Elektroinstallateure Elektromechaniker Elektromaschinenbauer
Meister für Isolierungen	Wärme-, Kälte- und Schallschutzisolierer
Karosseriebaumeister	Karosserie- und Fahrzeugbauer Wagner
Meister für Keramik	Keramiker
Kerammaler- und -dekorierermeister	Glas- und Porzellanmaler Keramiker
Meister für Kraftfahrzeugelektrik	Kraftfahrzeugelektriker Elektromechaniker Elektromaschinenbauer
Meister für Kraftfahrzeuginstandhaltung	Karosserie- und Fahrzeugbauer Zweiradmechaniker Kraftfahrzeugmechaniker Kraftfahrzeugelektriker Landmaschinenmechaniker
Lackierermeister	Maler und Lackierer
Meister für landtechnische Instandhaltung	Metallbauer Kraftfahrzeugmechaniker Landmaschinenmechaniker
Meister für Leder- und Kunstledertechnik	Gerber Sattler
Malermeister	Maler und Lackierer
Meister für Maschinenbau	Maschinenbaumechaniker
Meister für Maschinen- und Anlageninstandhaltung	Maschinenbaumechaniker
Meister für Maßschneiderei	Herrenschneider Damenschneider Wäscheschneider Modisten Hut- und Mützenmacher Handschuhmacher
Meister für Melioration	Straßenbauer
Meister für Mischfutterproduktion	Müller
Meister für Mühlenindustrie	Müller
Meister für Nachrichtentechnik	Fernmeldeanlagenelektroniker

Meister der volkseigenen Industrie	entsprechende Handwerke
Ofenbaumeister	Backofenbauer Kachelofen- und Luftheizungsbauer
Meister für Orgelbau	Orgel- und Harmoniumbauer
Orthopädiemechaniker- und Bandagistenmeister	Bandagisten Orthopädiemechaniker
Orthopädieschuhmachermeister	Schuhmacher Orthopädieschuhmacher
Meister für Plast- und Elastverarbeitung	Vulkaniseure
Meister für Polstertechnik	Sattler Raumausstatter
Meister für Post- und Fernmelde- betriebstechnik	Elektromechaniker Fernmeldeanlagenelektroniker
Rahmenglasermeister	Glaser
Meister für Rauchwarenherstellung und -verarbeitung	Kürschner Gerber
Meister für Reproduktionstechnik	Buchdrucker; Schriftsetzer; Drucker Steindrucker Chemigrafen
Meister für Satztechnik	Buchdrucker; Schriftsetzer; Drucker Steindrucker
Meister für Schienenfahrzeug- instandhaltung	Karosserie- und Fahrzeugbauer Maschinenbaumechaniker Kraftfahrzeugmechaniker Kraftfahrzeugelektriker Elektromechaniker Elektromaschinenbauer
Meister für Schiffbau	Bootsbauer, Schiffbauer
Meister für Schiffsbetriebstechnik	Maschinenbaumechaniker Kälteanlagenbauer Gas- und Wasserinstallateure Zentralheizungs- und Lüftungsbauer Kupferschmiede Elektroinstallateure Elektromechaniker Elektromaschinenbauer
Meister für Schmuckindustrie	Goldschmiede Silberschmiede Farbsteinschleifer, Achatschleifer und Schmucksteingraveure

Meister der volkseigenen Industrie	entsprechende Handwerke
Schrift- und Grafikmalermeister	Schilder- und Lichtreklamehersteller
Meister für Schuh- und Lederwareninstandsetzung	Schuhmacher
Schuhmachermeister	Schuhmacher
Meister für Spirituosen, Wein, Sekt und alkoholfreie Getränke	Weinküfer
Straßenbaumeister	Straßenbauer
Meister für Straßenbautechnik	Straßenbauer
Meister für Streich- und Zupfinstrumentenbau	Geigenbauer Zupfinstrumentenmacher
Meister für Textilreinigung	Textilreiniger
Meister für Textilverarbeitung und -reparatur	Herrenschneider Damenschneider Wäscheschneider Modisten Hut- und Mützenmacher Handschuhmacher
Meister für Tiefbau	Straßenbauer
Meister für Tiefbohrtechnik	Brunnenbauer
Meister für Tonzungeninstrumentenbau	Orgel- und Harmoniumbauer Handzuginstrumentenmacher
Uhrmachermeister	Uhrmacher
Meister für Wärmeversorgung	Zentralheizungs- und Lüftungsbauer
Meister für Wein- und Sektherstellung	Weinküfer
Meister für Werksteinbearbeitung	Betonstein- und Terrazzohersteller Steinmetzen und Steinbildhauer
Zahntechnikermeister	Zahntechniker
Zimmerermeister	Zimmerer

Gesetz über die Feststellung der Gleichwertigkeit von Berufsqualifikationen (Berufsqualifikationsfeststellungsgesetz – BQFG)*

Vom 6. Dezember 2011 (BGBl. I S. 2515)

geändert durch
- Artikel 23 des Gesetzes vom 25. Juli 2013 (BGBl. I S. 2749).
- Artikel 1 des Gesetzes** vom 22. Dezember 2015 (BGBl. I S. 2572).
- Artikel 150 des Gesetzes vom 29. März 2017 (BGBl. I S. 626).
- Artikel 3 des Gesetzes vom 15. August 2019 (BGBl. I S. 1307).***
- Artikel 114 des Gesetzes vom 20. November 2019 (BGBl. I S. 1626).

Teil 1
Allgemeiner Teil

§ 1
Zweck des Gesetzes

Dieses Gesetz dient der besseren Nutzung von im Ausland erworbenen Berufsqualifikationen für den deutschen Arbeitsmarkt, um eine qualifikationsnahe Beschäftigung zu ermöglichen.

§ 2
Anwendungsbereich

(1) Dieses Gesetz gilt für die Feststellung der Gleichwertigkeit im Ausland erworbener Ausbildungsnachweise, unter Berücksichtigung sonstiger nachgewiesener Berufsqualifikationen, und inländischer Ausbildungsnachweise für bundesrechtlich geregelte Berufe, sofern die entsprechenden berufsrechtlichen Regelungen nicht etwas anderes bestimmen. § 10 des Bundesvertriebenengesetzes bleibt unberührt.

(2) Dieses Gesetz ist auf alle Personen anwendbar, die im Ausland einen Ausbildungsnachweis erworben haben und darlegen, im Inland eine ihren Berufsqualifikationen entsprechende Erwerbstätigkeit ausüben zu wollen.

---

* *Artikel 1 des Gesetzes zur Verbesserung der Feststellung und Anerkennung im Ausland erworbener Berufsqualifikationen. Das Gesetz ist am 1. April 2012 in Kraft getreten. Artikel 1 § 6 Abs. 2 Satz 2 und 4, Abs. 3 und 4, § 13 Abs. 2 Satz 2 und 4 sowie Abs. 3 und 4 sind am 1. Dezember 2012 in Kraft getreten.*

** *Dieses Gesetz dient der Umsetzung der Richtlinie 2013/55/EU des Europäischen Parlaments und des Rates vom 20. November 2013 zur Änderung der Richtlinie 2005/36/EG über die Anerkennung von Berufsqualifikationen und der Verordnung (EU) Nr. 1024/2012 über die Verwaltungszusammenarbeit mit Hilfe des Binnenmarkt-Informationssystems („IMI-Verordnung") (ABl. L 354 vom 28.12.2013, S. 132).*

Anmerkung des Bearbeiters: Gemeint ist das Gesetz zur Änderung des Berufsqualifikationsfeststellungsgesetzes und anderer Gesetze. Es ist am 18. Januar 2016 in Kraft getreten.

*** *Artikel 3 des Fachkräfteeinwanderungsgesetzes ist am 1. März 2020 in Kraft getreten.*

§ 3
Begriffsbestimmungen

(1) Berufsqualifikationen sind Qualifikationen, die durch Ausbildungsnachweise, Befähigungsnachweise oder einschlägige, im Ausland oder Inland erworbene Berufserfahrung nachgewiesen werden.

(2) Ausbildungsnachweise sind Prüfungszeugnisse und Befähigungsnachweise, die von verantwortlichen Stellen für den Abschluss einer erfolgreich absolvierten Berufsbildung ausgestellt werden.

(3) Berufsbildung im Sinne dieses Gesetzes ist eine durch Rechts- oder Verwaltungsvorschriften geregelte Berufsausbildung oder berufliche Fortbildung. Eine Berufsausbildung vermittelt die zur Ausübung einer qualifizierten beruflichen Tätigkeit erforderliche berufliche Handlungsfähigkeit. Sie findet in einem geordneten Ausbildungsgang statt, der auch den Erwerb der erforderlichen Berufserfahrungen umfassen kann. Die berufliche Fortbildung erweitert die berufliche Handlungsfähigkeit über die Berufsausbildung hinaus.

(4) Bundesrechtlich geregelte Berufe umfassen nicht reglementierte Berufe und reglementierte Berufe.

(5) Reglementierte Berufe sind berufliche Tätigkeiten, deren Aufnahme oder Ausübung durch Rechts- oder Verwaltungsvorschriften an den Besitz bestimmter Berufsqualifikationen gebunden ist; eine Art der Ausübung ist insbesondere die Führung einer Berufsbezeichnung, die durch Rechts- oder Verwaltungsvorschriften auf Personen beschränkt ist, die über bestimmte Berufsqualifikationen verfügen.

Teil 2
Feststellung der Gleichwertigkeit

Kapitel 1
Nicht reglementierte Berufe

§ 4
Feststellung der Gleichwertigkeit

(1) Die zuständige Stelle stellt auf Antrag die Gleichwertigkeit fest, sofern

1. der im Ausland erworbene Ausbildungsnachweis die Befähigung zu vergleichbaren beruflichen Tätigkeiten wie der entsprechende inländische Ausbildungsnachweis belegt und

2. zwischen den nachgewiesenen Berufsqualifikationen und der entsprechenden inländischen Berufsbildung keine wesentlichen Unterschiede bestehen.

(2) Wesentliche Unterschiede zwischen den nachgewiesenen Berufsqualifikationen und der entsprechenden inländischen Berufsbildung liegen vor, sofern

1. sich der im Ausland erworbene Ausbildungsnachweis auf Fertigkeiten, Kenntnisse und Fähigkeiten bezieht, die sich hinsichtlich der vermittelten Inhalte oder auf

Grund der Ausbildungsdauer wesentlich von den Fertigkeiten, Kenntnissen und Fähigkeiten unterscheiden, auf die sich der entsprechende inländische Ausbildungsnachweis bezieht,

2. die nach Nummer 1 abweichenden Fertigkeiten, Kenntnisse und Fähigkeiten für die Ausübung des jeweiligen Berufs wesentlich sind und

3. die Antragstellerin oder der Antragsteller diese Unterschiede nicht durch sonstige Befähigungsnachweise, nachgewiesene einschlägige Berufserfahrung oder sonstige nachgewiesene einschlägige Qualifikationen ausgeglichen hat.

§ 5

Vorzulegende Unterlagen

(1) Dem Antrag sind folgende Unterlagen beizufügen:

1. eine tabellarische Aufstellung der absolvierten Ausbildungsgänge und der ausgeübten Erwerbstätigkeiten in deutscher Sprache,

2. ein Identitätsnachweis,

3. im Ausland erworbene Ausbildungsnachweise,

4. Nachweise über einschlägige Berufserfahrung oder sonstige Befähigungsnachweise, sofern diese zur Feststellung der Gleichwertigkeit erforderlich sind, und

5. eine Erklärung, dass bisher noch kein Antrag auf Feststellung der Gleichwertigkeit gestellt wurde.

(2) Die Unterlagen nach Absatz 1 Nummer 2 bis 4 sind der zuständigen Stelle in Form von Kopien vorzulegen oder elektronisch zu übermitteln. Von den Unterlagen nach Absatz 1 Nummer 3 und 4 sind Übersetzungen in deutscher Sprache vorzulegen. Darüber hinaus kann die zuständige Stelle von den Unterlagen nach Absatz 1Nummer 2 und allen nachgereichten Unterlagen Übersetzungen in deutscher Sprache verlangen. Die Übersetzungen sind von einem öffentlich bestellten oder beeidigten Dolmetscher oder Übersetzer erstellen zu lassen.

(3) Die zuständige Stelle kann abweichend von Absatz 2 eine andere Form für die vorzulegenden Dokumente zulassen.

(4) Die zuständige Stelle kann die Antragstellerin oder den Antragsteller auffordern, innerhalb einer angemessenen Frist Informationen zu Inhalt und Dauer der im Ausland absolvierten Berufsbildung sowie zu sonstigen Berufsqualifikationen vorzulegen, soweit dies zur Feststellung der Gleichwertigkeit erforderlich ist.

(5) Bestehen begründete Zweifel an der Echtheit oder der inhaltlichen Richtigkeit der vorgelegten Unterlagen, kann die zuständige Stelle die Antragstellerin oder den Antragsteller auffordern, innerhalb einer angemessenen Frist Originale, beglaubigte Kopien oder weitere geeignete Unterlagen vorzulegen.

(6) Die Antragstellerin oder der Antragsteller hat durch geeignete Unterlagen darzulegen, im Inland eine der Berufsqualifikationen entsprechende Erwerbstätigkeit ausüben zu wollen. Geeignete Unterlagen können beispielsweise der Nachweis der Beantragung eines Einreisevisums zur Erwerbstätigkeit, der Nachweis einer Kontaktaufnahme mit potenziellen Arbeitgebern oder ein Geschäftskonzept sein. Für Antragstellerinnen oder Antragsteller mit Wohnsitz in einem Mitgliedstaat der Europäi-

schen Union, einem weiteren Vertragsstaat des Abkommens über den Europäischen Wirtschaftsraum oder in der Schweiz sowie für Staatsangehörige dieser Staaten ist diese Darlegung entbehrlich, sofern keine besonderen Gründe gegen eine entsprechende Absicht sprechen.

§ 6
Verfahren

(1) Antragsberechtigt ist jede Person, die im Ausland einen Ausbildungsnachweis im Sinne des § 3 Absatz 2 erworben hat. Der Antrag ist bei der zuständigen Stelle zu stellen.

(2) Die zuständige Stelle bestätigt der Antragstellerin oder dem Antragsteller innerhalb eines Monats den Eingang des Antrags einschließlich der nach § 5 Absatz 1 vorzulegenden Unterlagen. In der Empfangsbestätigung ist das Datum des Eingangs bei der zuständigen Stelle mitzuteilen und auf die Frist nach Absatz 3 und die Voraussetzungen für den Beginn des Fristlaufs hinzuweisen. Sind die nach § 5 Absatz 1 vorzulegenden Unterlagen unvollständig, teilt die zuständige Stelle innerhalb der Frist des Satzes 1 mit, welche Unterlagen nachzureichen sind. Die Mitteilung enthält den Hinweis, dass der Lauf der Frist nach Absatz 3 erst mit Eingang der vollständigen Unterlagen beginnt.

(3) Die zuständige Stelle muss innerhalb von drei Monaten über die Gleichwertigkeit entscheiden. Die Frist beginnt mit Eingang der vollständigen Unterlagen. Sie kann einmal angemessen verlängert werden, wenn dies wegen der Besonderheiten der Angelegenheit gerechtfertigt ist. Die Fristverlängerung ist zu begründen und rechtzeitig mitzuteilen.

(3a) Das Verfahren nach diesem Kapitel kann über eine einheitliche Stelle nach den Vorschriften des Verwaltungsverfahrensgesetzes abgewickelt werden.

(4) Im Fall des § 5 Absatz 4 und 5 ist der Lauf der Frist nach Absatz 3 bis zum Ablauf der von der zuständigen Stelle festgelegten Frist gehemmt. Im Fall des § 14 ist der Lauf der Frist nach Absatz 3 bis zur Beendigung des sonstigen geeigneten Verfahrens gehemmt.

(5) Der Antrag soll abgelehnt werden, wenn die Gleichwertigkeit im Rahmen anderer Verfahren oder durch Rechtsvorschrift bereits festgestellt ist.

§ 7
Form der Entscheidung

(1) Die Entscheidung über den Antrag nach § 4 Absatz 1 ergeht durch schriftlichen oder elektronischen Bescheid.

(2) Ist der Antrag abzulehnen, weil die Feststellung der Gleichwertigkeit wegen wesentlicher Unterschiede im Sinne des § 4 Absatz 2 nicht erfolgen kann, sind in der Begründung auch die vorhandenen Berufsqualifikationen der Antragstellerin oder des Antragstellers sowie die wesentlichen Unterschiede zwischen den vorhandenen Berufsqualifikationen und der entsprechenden inländischen Berufsbildung darzulegen.

(3) Dem Bescheid ist eine Rechtsbehelfsbelehrung beizufügen.

§ 8
Zuständige Stelle

(1) Zuständige Stelle im Sinne dieses Kapitels bei einer Berufsbildung,

1. die nach dem Berufsbildungsgesetz für den Bereich der nichthandwerklichen Gewerbeberufe geregelt ist, ist die Industrie- und Handelskammer;

2. die nach der Handwerksordnung geregelt ist, ist die Handwerkskammer;

3. die nach dem Berufsbildungsgesetz für den Bereich der Landwirtschaft geregelt ist, ist die Landwirtschaftskammer;

4. die nach dem Berufsbildungsgesetz für den Bereich der Rechtspflege geregelt ist, sind jeweils für ihren Bereich die Rechtsanwalts-, Patentanwalts- und die Notarkammern;

5. die nach dem Berufsbildungsgesetz für den Bereich der Wirtschaftsprüfung und Steuerberatung geregelt ist, sind jeweils für ihren Bereich die Wirtschaftsprüfer- und die Steuerberaterkammern;

6. die nach dem Berufsbildungsgesetz für den Bereich der Gesundheitsdienstberufe geregelt ist, sind jeweils für ihren Bereich die Ärzte-, Zahnärzte-, Tierärzte- und die Apothekerkammern.

(2) Soweit keine Kammern für einzelne Berufsbereiche des Absatzes 1 bestehen, bestimmt das Land die zuständige Stelle.

(3) Für Berufe des öffentlichen Dienstes des Bundes bestimmt die oberste Bundesbehörde die zuständige Stelle.

(4) Für die in den Absätzen 1 bis 3 nicht genannten Berufsbereiche bestimmt das Land die zuständige Stelle. Die Landesregierungen werden insoweit ermächtigt, die nach diesem Kapitel vorgesehenen Aufgaben durch Rechtsverordnung auf Behörden oder Kammern zu übertragen.

(5) Zuständige Stellen nach Absatz 1 Nummer 2 bis 6 und Absatz 2 können vereinbaren, dass die ihnen durch dieses Gesetz übertragenen Aufgaben von einer anderen zuständigen Stelle nach den Absätzen 1 und 2 wahrgenommen werden. Die Vereinbarung bedarf der Genehmigung der jeweils zuständigen Aufsichtsbehörden.

Kapitel 2
Reglementierte Berufe

§ 9
Voraussetzungen der Gleichwertigkeit

(1) Bei der Entscheidung über die Befugnis zur Aufnahme oder Ausübung eines im Inland reglementierten Berufs gilt der im Ausland erworbene Ausbildungsnachweis, unter Berücksichtigung sonstiger nachgewiesener Berufsqualifikationen, als gleichwertig mit dem entsprechenden inländischen Ausbildungsnachweis, sofern

1. der im Ausland erworbene Ausbildungsnachweis die Befähigung zu vergleichbaren beruflichen Tätigkeiten wie der entsprechende inländische Ausbildungsnachweis belegt,

2. die Antragstellerin oder der Antragsteller bei einem sowohl im Inland als auch im Ausbildungsstaat reglementierten Beruf zur Ausübung des jeweiligen Berufs im Ausbildungsstaat berechtigt ist oder die Befugnis zur Aufnahme oder Ausübung des jeweiligen Berufs aus Gründen verwehrt wurde, die der Aufnahme oder Ausübung im Inland nicht entgegenstehen, und

3. zwischen den nachgewiesenen Berufsqualifikationen und der entsprechenden inländischen Berufsbildung keine wesentlichen Unterschiede bestehen.

(2) Wesentliche Unterschiede zwischen den nachgewiesenen Berufsqualifikationen und der entsprechenden inländischen Berufsbildung liegen vor, sofern

1. sich der im Ausland erworbene Ausbildungsnachweis auf Fähigkeiten und Kenntnisse bezieht, die sich hinsichtlich des Inhalts oder auf Grund der Ausbildungsdauer wesentlich von den Fähigkeiten und Kenntnissen unterscheiden, auf die sich der entsprechende inländische Ausbildungsnachweis bezieht,

2. die entsprechenden Fähigkeiten und Kenntnisse eine maßgebliche Voraussetzung für die Ausübung des jeweiligen Berufs darstellen und

3. die Antragstellerin oder der Antragsteller diese Unterschiede nicht durch sonstige Befähigungsnachweise, nachgewiesene einschlägige Berufserfahrung oder sonstige nachgewiesene einschlägige Qualifikationen ausgeglichen hat.

§ 10

Feststellung der vorhandenen Berufsqualifikationen

(1) Sofern die Feststellung der Gleichwertigkeit wegen wesentlicher Unterschiede im Sinne des § 9 Absatz 2 nicht erfolgen kann, werden bei der Entscheidung über die Befugnis zur Aufnahme oder Ausübung eines im Inland reglementierten Berufs die vorhandenen Berufsqualifikationen und die wesentlichen Unterschiede gegenüber der entsprechenden inländischen Berufsbildung durch Bescheid festgestellt.

(2) In dem Bescheid wird zudem festgestellt, durch welche Maßnahmen nach § 11 die wesentlichen Unterschiede gegenüber dem erforderlichen inländischen Ausbildungsnachweis ausgeglichen werden können.

§ 11

Ausgleichsmaßnahmen

(1) Wesentliche Unterschiede im Sinne des § 9 Absatz 2 können durch die Absolvierung eines höchstens dreijährigen Anpassungslehrgangs, der Gegenstand einer Bewertung sein kann, oder das Ablegen einer Eignungsprüfung im Inland ausgeglichen werden.

(2) Bei der Ausgestaltung der Ausgleichsmaßnahmen im Sinne des Absatzes 1 sind die vorhandenen Berufsqualifikationen der Antragstellerin oder des Antragstellers zu berücksichtigen. Der Inhalt der Ausgleichsmaßnahmen ist auf die festgestellten wesentlichen Unterschiede im Sinne des § 9 Absatz 2 zu beschränken.

(3) Die Antragstellerin oder der Antragsteller hat die Wahl zwischen der Absolvierung eines Anpassungslehrgangs und dem Ablegen einer Eignungsprüfung, sofern die entsprechenden berufsrechtlichen Regelungen nichts anderes bestimmen.

(4) Hat sich die Antragstellerin oder der Antragsteller für eine Eignungsprüfung nach Absatz 3 entschieden, muss diese innerhalb von sechs Monaten abgelegt werden können. Legt auf Grund entsprechender berufsrechtlicher Regelungen im Sinne des Absatzes 3 die zuständige Stelle fest, dass eine Eignungsprüfung zu absolvieren ist, so muss diese innerhalb von sechs Monaten ab dem Zugang dieser Entscheidung abgelegt werden können.

§ 12
Vorzulegende Unterlagen

(1) Zur Bewertung der Gleichwertigkeit sind dem Antrag auf Befugnis zur Aufnahme oder Ausübung eines im Inland reglementierten Berufs folgende Unterlagen beizufügen:

1. eine tabellarische Aufstellung der absolvierten Ausbildungsgänge und der ausgeübten Erwerbstätigkeiten in deutscher Sprache,
2. ein Identitätsnachweis,
3. im Ausland erworbene Ausbildungsnachweise,
4. Nachweise über einschlägige Berufserfahrungen und sonstige Befähigungsnachweise, sofern diese zur Feststellung der Gleichwertigkeit erforderlich sind,
5. im Falle von § 9 Absatz 1 Nummer 2 eine Bescheinigung über die Berechtigung zur Berufsausübung im Ausbildungsstaat und
6. eine Erklärung, dass bisher noch kein Antrag auf Feststellung der Gleichwertigkeit gestellt wurde.

(2) Die Unterlagen nach Absatz 1 Nummer 2 bis 5 sind der zuständigen Stelle in Form von Kopien vorzulegen oder elektronisch zu übermitteln. Von den Unterlagen nach Absatz 1 Nummer 3 bis 5 sind Übersetzungen in deutscher Sprache vorzulegen. Darüber hinaus kann die zuständige Stelle von den Unterlagen nach Absatz 1 Nummer 2 und allen nachgereichten Unterlagen Übersetzungen in deutscher Sprache verlangen. Die Übersetzungen sind von einem öffentlich bestellten oder beeidigten Dolmetscher oder Übersetzer erstellen zu lassen.

(3) Die zuständige Stelle kann abweichend von Absatz 2 eine andere Form für die vorzulegenden Dokumente zulassen. Bei Unterlagen, die in einem Mitgliedstaat der Europäischen Union oder einem weiteren Vertragsstaat des Abkommens über den Europäischen Wirtschaftsraum ausgestellt oder anerkannt wurden, kann sich die zuständige Stelle im Fall begründeter Zweifel an der Echtheit der Unterlagen sowohl an die zuständige Stelle des Ausbildungs- oder Anerkennungsstaats wenden als auch die Antragstellerin oder den Antragsteller auffordern, beglaubigte Kopien vorzulegen. Eine solche Aufforderung hemmt den Lauf der Fristen nach § 13 Absatz 3 nicht. Eine solche Aufforderung hemmt den Lauf der Fristen nach § 13 Absatz 3 nicht.

(4) Die zuständige Stelle kann die Antragstellerin oder den Antragsteller auffordern, innerhalb einer angemessenen Frist Informationen zu Inhalt und Dauer der im Ausland absolvierten Berufsbildung sowie zu sonstigen Berufsqualifikationen vorzulegen, soweit dies zur Bewertung der Gleichwertigkeit erforderlich ist. Soweit die Berufsbildung in einem Mitgliedstaat der Europäischen Union, einem weiteren Vertragsstaat des Abkommens über den Europäischen Wirtschaftsraum oder in der Schweiz absolviert wurde, kann sich die zuständige Stelle an die zuständige Stelle des Ausbildungsstaats wenden.

(5) Bestehen begründete Zweifel an der Echtheit oder der inhaltlichen Richtigkeit der vorgelegten Unterlagen, kann die zuständige Stelle die Antragstellerin oder den Antragsteller auffordern, innerhalb einer angemessenen Frist Originale, beglaubigte Kopien oder weitere geeignete Unterlagen vorzulegen. Im Fall einer gerichtlichen Feststellung, dass eine Antragstellerin oder ein Antragsteller in einem Verfahren nach diesem Kapitel gefälschte Nachweise über Berufsqualifikationen verwendet hat, unterrichtet die zuständige Stelle spätestens drei Tage nach Rechtskraft dieser Feststellung die zuständigen Stellen der übrigen Mitgliedstaaten der Europäischen Union oder weiteren Vertragsstaaten des Abkommens über den Europäischen Wirtschaftsraum über das Binnenmarkt-Informationssystem über die Identität der betreffenden Person.

(6) Die Antragstellerin oder der Antragsteller hat durch geeignete Unterlagen darzulegen, im Inland eine ihren Berufsqualifikationen entsprechende Erwerbstätigkeit ausüben zu wollen. Geeignete Unterlagen können beispielsweise der Nachweis der Beantragung eines Einreisevisums zur Erwerbstätigkeit, der Nachweis einer Kontaktaufnahme mit potenziellen Arbeitgebern oder ein Geschäftskonzept sein. Für Antragstellerinnen oder Antragsteller mit Wohnsitz in einem Mitgliedstaat der Europäischen Union, einem weiteren Vertragsstaat des Abkommens über den Europäischen Wirtschaftsraum oder in der Schweiz sowie für Staatsangehörige dieser Staaten ist diese Darlegung entbehrlich, sofern keine besonderen Gründe gegen eine entsprechende Absicht sprechen.

§ 13

Verfahren

(1) Die Bewertung der Gleichwertigkeit nach § 9 erfolgt im Rahmen der Entscheidung über die Befugnis zur Aufnahme oder Ausübung eines im Inland reglementierten Berufs.

(2) Die zuständige Stelle bestätigt der Antragstellerin oder dem Antragsteller innerhalb eines Monats den Eingang des Antrags einschließlich der nach § 12 Absatz 1 vorzulegenden Unterlagen. In der Empfangsbestätigung ist das Datum des Eingangs bei der zuständigen Stelle mitzuteilen und auf die Frist nach Absatz 3 und die Voraussetzungen für den Beginn des Fristlaufs hinzuweisen. Sind die nach § 12 Absatz 1 vorzulegenden Unterlagen unvollständig, teilt die zuständige Stelle innerhalb der Frist des Satzes 1 mit, welche Unterlagen nachzureichen sind. Die Mitteilung enthält den Hinweis, dass der Lauf der Frist nach Absatz 3 erst mit Eingang der vollständigen Unterlagen beginnt.

(3) Die zuständige Stelle muss innerhalb von drei Monaten über die Gleichwertigkeit entscheiden. Die Frist beginnt mit Eingang der vollständigen Unterlagen. Sie kann einmal angemessen verlängert werden, wenn dies wegen der Besonderheiten der Angelegenheit gerechtfertigt ist. Für Antragsteller, die ihren Ausbildungsnachweis in einem Mitgliedstaat der Europäischen Union oder einem Vertragsstaat des Abkommens über den Europäischen Wirtschaftsraum oder der Schweiz erworben haben oder deren Ausbildungsnachweis in einem dieser genannten Staaten anerkannt wurde, kann die Fristverlängerung nach Satz 3 höchstens einen Monat betragen. Die Fristverlängerung ist zu begründen und rechtzeitig mitzuteilen.

(4) Im Fall des § 12 Absatz 4 und 5 ist der Lauf der Frist nach Absatz 3 bis zum Ablauf der von der zuständigen Stelle festgelegten Frist gehemmt. Im Fall des § 14 ist

der Lauf der Frist nach Absatz 3 bis zur Beendigung des sonstigen geeigneten Verfahrens gehemmt.

(5) Die zuständige Stelle richtet sich nach dem jeweiligen Fachrecht.

(6) Das Verfahren nach diesem Kapitel kann über eine einheitliche Stelle nach den Vorschriften des Verwaltungsverfahrensgesetzes abgewickelt werden.

(7) Die Bundesregierung wird ermächtigt, durch Rechtsverordnung mit Zustimmung des Bundesrates zur Umsetzung der Richtlinie 2005/36/EG des Europäischen Parlaments und des Rates vom 7. September 2005 über die Anerkennung von Berufsqualifikationen (ABl. L 255 vom 30.9.2005, S. 22), die zuletzt durch die Richtlinie 2013/55/EU (ABl. L 354 vom 28.12.2013, S. 132) geändert worden ist, Regelungen zur Ausstellung eines Europäischen Berufsausweises für die Niederlassung sowie zur damit verbundenen Durchführung des Verfahrens zur Feststellung der Gleichwertigkeit einer im Ausland erworbenen Berufsqualifikation zu erlassen. Das Verfahren zur Feststellung der vorhandenen Berufsqualifikationen nach diesem Kapitel bleibt unberührt.

Kapitel 3
Gemeinsame Vorschriften

§ 14

Sonstige Verfahren zur Feststellung der
Gleichwertigkeit bei fehlenden Nachweisen

(1) Kann die Antragstellerin oder der Antragsteller die für die Feststellung oder Bewertung der Gleichwertigkeit erforderlichen Nachweise nach § 5 Absatz 1, 4 und 5 oder § 12 Absatz 1, 4 und 5 aus nicht selbst zu vertretenden Gründen nicht oder nur teilweise vorlegen oder ist die Vorlage der entsprechenden Unterlagen mit einem unangemessenen zeitlichen und sachlichen Aufwand verbunden, stellt die zuständige Stelle die für einen Vergleich mit der entsprechenden inländischen Berufsbildung maßgeblichen beruflichen Fertigkeiten, Kenntnisse und Fähigkeiten der Antragstellerin oder des Antragstellers durch sonstige geeignete Verfahren fest. Die Antragstellerin oder der Antragsteller hat die Gründe glaubhaft zu machen, die einer Vorlage der entsprechenden Unterlagen entgegenstehen. Die zuständige Stelle ist befugt, eine Versicherung an Eides statt zu verlangen und abzunehmen.

(2) Sonstige geeignete Verfahren zur Ermittlung der beruflichen Fertigkeiten, Kenntnisse und Fähigkeiten im Sinne des Absatzes 1 sind insbesondere Arbeitsproben, Fachgespräche, praktische und theoretische Prüfungen sowie Gutachten von Sachverständigen.

(3) Die Feststellung oder Bewertung der Gleichwertigkeit nach den § 4 oder 9 erfolgt auf der Grundlage der Ergebnisse der in Absätzen 1 und 2 vorgesehenen sonstigen Verfahren.

§ 14a

Beschleunigtes Verfahren
im Fall des § 81a des Aufenthaltsgesetzes

(1) Im Fall des § 81a des Aufenthaltsgesetzes erfolgt die Feststellung der Gleichwertigkeit nach den §§ 4 und 9 auf Antrag bei der dafür zuständigen Stelle. Antragsberechtigt ist jede Person, die im Ausland einen Ausbildungsnachweis im Sinne des § 3 Absatz 2 erworben hat. Die Zuleitung der Anträge erfolgt durch die zuständige Ausländerbehörde nach § 71 Absatz 1 des Aufenthaltsgesetzes.

(2) Die zuständige Stelle bestätigt der antragstellenden Person innerhalb von zwei Wochen den Eingang des Antrags einschließlich der nach § 5 Absatz 1 oder § 12 Absatz 1 vorzulegenden Unterlagen. In der Empfangsbestätigung ist das Datum des Eingangs bei der zuständigen Stelle mitzuteilen und auf die Frist nach Absatz 3 und die Voraussetzungen für den Beginn des Fristlaufs hinzuweisen. Sind die nach § 5 Absatz 1 oder § 12 Absatz 1 vorzulegenden Unterlagen unvollständig, teilt die zuständige Stelle innerhalb der Frist des Satzes 1 mit, welche Unterlagen nachzureichen sind. Die Mitteilung enthält den Hinweis, dass der Lauf der Frist nach Absatz 3 erst mit Eingang der vollständigen Unterlagen beginnt. Der Schriftwechsel erfolgt über die zuständige Ausländerbehörde nach § 71 Absatz 1 des Aufenthaltsgesetzes.

(3) Die zuständige Stelle soll innerhalb von zwei Monaten über die Gleichwertigkeit entscheiden. Die Frist beginnt mit Eingang der vollständigen Unterlagen. Sie kann einmal angemessen verlängert werden, wenn dies wegen der Besonderheiten der Angelegenheit gerechtfertigt ist. Die Fristverlängerung ist zu begründen und rechtzeitig mitzuteilen. Der Schriftwechsel und die Zustellung der Entscheidung erfolgen über die zuständige Ausländerbehörde nach § 71 Absatz 1 des Aufenthaltsgesetzes.

(4) In den Fällen des § 5 Absatz 4 oder 5 oder § 12 Absatz 4 oder 5 ist der Lauf der Frist nach Absatz 3 bis zum Ablauf der von der zuständigen Stelle festgelegten Frist gehemmt. In den Fällen des § 14 ist der Lauf der Frist nach Absatz 3 bis zur Beendigung des sonstigen geeigneten Verfahrens gehemmt.

(5) Die Entscheidung der zuständigen Stelle richtet sich nach dem jeweiligen Fachrecht. Das beschleunigte Verfahren kann über eine einheitliche Stelle nach den Vorschriften des Verwaltungsverfahrensgesetzes abgewickelt werden.

(6) Der Antrag auf Feststellung nach § 4 soll abgelehnt werden, wenn die Gleichwertigkeit im Rahmen anderer Verfahren oder durch Rechtsvorschrift bereits festgestellt ist.

§ 15

Mitwirkungspflichten

(1) Die Antragstellerin oder der Antragsteller ist verpflichtet, alle für die Ermittlung der Gleichwertigkeit notwendigen Unterlagen vorzulegen sowie alle dazu erforderlichen Auskünfte zu erteilen.

(2) Kommt die Antragstellerin oder der Antragsteller dieser Mitwirkungspflicht nicht nach und wird hierdurch die Aufklärung des Sachverhalts erheblich erschwert, kann die zuständige Stelle ohne weitere Ermittlungen entscheiden. Dies gilt entsprechend,

wenn die Antragstellerin oder der Antragsteller in anderer Weise die Aufklärung des Sachverhalts erheblich erschwert.

(3) Der Antrag darf wegen fehlender Mitwirkung nur abgelehnt werden, nachdem die Antragstellerin oder der Antragsteller auf die Folge hingewiesen worden ist und der Mitwirkungspflicht nicht innerhalb einer angemessenen Frist nachgekommen ist.

§ 16
Rechtsweg

Für Streitigkeiten nach diesem Gesetz ist der Verwaltungsrechtsweg gegeben.

Teil 3
Schlussvorschriften

§ 17
Statistik

(1) Über die Verfahren zur Feststellung der Gleichwertigkeit nach diesem Gesetz und nach anderen berufsrechtlichen Gesetzen und Verordnungen wird eine Bundesstatistik durchgeführt.

(2) Die Statistik erfasst jährlich für das vorausgegangene Kalenderjahr folgende Erhebungsmerkmale:

1. Staatsangehörigkeit, Geschlecht, Datum der Antragstellung, Wohnort des Antragstellers,
2. Ausbildungsstaat, deutscher Referenzberuf oder deutsche Referenzausbildung,
3. Datum der Entscheidung, Gegenstand und Art der Entscheidung,
4. Meldungen und Entscheidungen betreffend die Dienstleistungsfreiheit nach Artikel 7 Absatz 1 und 4 der Richtlinie 2005/36/EG,
5. eingelegte Rechtsbehelfe und Entscheidungen darüber.

(3) Hilfsmerkmale sind
1. Name und Anschrift der Auskunftspflichtigen,
2. Name und Telefonnummer sowie Adresse für elektronische Post der für Rückfragen zur Verfügung stehenden Person.

(4) Für die Erhebung besteht Auskunftspflicht. Die Angaben nach Absatz 3 Nummer 2 sind freiwillig. Auskunftspflichtig sind die nach diesem Gesetz und nach anderen berufsrechtlichen Gesetzen und Verordnungen für die Verfahren zur Feststellung der Gleichwertigkeit zuständigen Stellen.

(5) Die Angaben sind elektronisch an die statistischen Ämter der Länder zu übermitteln.

(6) Die Bundesregierung wird ermächtigt, durch Rechtsverordnung mit Zustimmung des Bundesrates

1. die Erhebung einzelner Merkmale auszusetzen, die Periodizität zu verlängern sowie den Kreis der zu Befragenden einzuschränken, wenn die Ergebnisse nicht mehr oder nicht mehr in der ursprünglich vorgesehenen Ausführlichkeit oder Häufigkeit benötigt werden;

2. einzelne neue Merkmale einzuführen, wenn dies zur Deckung eines geänderten Bedarfs für den in § 1 genannten Zweck erforderlich ist und durch gleichzeitige Aussetzung anderer Merkmale eine Erweiterung des Erhebungsumfangs vermieden wird; nicht eingeführt werden können Merkmale, die besondere Kategorien personenbezogener Daten nach Artikel 9 Absatz 1 der Verordnung (EU) 2016/679 des Europäischen Parlaments und des Rates vom 27. April 2016 zum Schutz natürlicher Personen bei der Verarbeitung personenbezogener Daten, zum freien Datenverkehr und zur Aufhebung der Richtlinie 95/46/EG (Datenschutz-Grundverordnung) (ABl. L 119 vom 4.5.2016, S. 1; L 314 vom 22.11.2016, S. 72; L 127 vom 23.5.2018, S. 2) in der jeweils geltenden Fassung betreffen;

3. die Erhebung von Merkmalen anzuordnen, soweit dies zur Umsetzung oder Durchführung von Rechtsakten der Europäischen Gemeinschaft erforderlich ist.

(7) Zur kontinuierlichen Beobachtung der Verfahren zur Feststellung der Gleichwertigkeit nach diesem Gesetz und nach anderen berufsrechtlichen Gesetzen und Verordnungen sind die von den statistischen Ämtern der Länder und dem Statistischen Bundesamt nach Absatz 2 und nach Rechtsverordnungen gemäß Absatz 6 erhobenen Angaben nach Abschluss der Datenprüfungen als Summendatensätze an das Bundesinstitut für Berufsbildung zu übermitteln. Das umfasst diejenigen Angaben, die seit dem Inkrafttreten dieses Gesetzes erhoben wurden. Für die Übermittlung findet § 88 Absatz 4 Satz 2 bis 6 des Berufsbildungsgesetzes entsprechend Anwendung.

§ 18

Evaluation und Bericht

(1) Auf der Grundlage der Statistik nach § 17 überprüft die Bundesregierung nach Ablauf von vier Jahren nach Inkrafttreten dieses Gesetzes seine Anwendung und Auswirkungen.

(2) Über das Ergebnis ist dem Deutschen Bundestag und dem Bundesrat zu berichten.

§ 19

Ausschluss abweichenden Landesrechts

Von den in § 5 Absatz 1, 3, 4 und 6, in § 6 Absatz 1 bis 3, 4 bis 5, in den §§ 7, 10 und 12 Absatz 1, 4 und 6, in § 13 Absatz 1 bis 4 sowie in den §§ 14 und 15 getroffenen Regelungen des Verwaltungsverfahrens kann durch Landesrecht nicht abgewichen werden.

Verordnung über die Meisterprüfung in den Teilen III und IV im Handwerk und in handwerksähnlichen Gewerben (Allgemeine Meisterprüfungsverordnung – AMVO)

Vom 26. Oktober 2011 (BGBl. I S. 2149)

Auf Grund des § 45 Absatz 1 und des § 51a Absatz 2 der Handwerksordnung, die zuletzt durch Artikel 3 des Gesetzes vom 11. Juli 2011 (BGBl. I S. 1341) geändert worden sind, verordnet das Bundesministerium für Wirtschaft und Technologie im Einvernehmen mit dem Bundesministerium für Bildung und Forschung:

§ 1

Gegenstand

Die Meisterprüfung besteht aus vier selbstständigen Prüfungsteilen. Diese Verordnung regelt die betriebswirtschaftliche, kaufmännische und rechtliche Prüfung (Teil III) sowie die berufs- und arbeitspädagogische Prüfung (Teil IV) in der Meisterprüfung im Handwerk und in handwerksähnlichen Gewerben.

§ 2

Ziel, Gliederung und Inhalt des Teils III

(1) Durch die Prüfung in Teil III hat der Prüfling in den in Absatz 2 Nummer 1 bis 3 genannten Handlungsfeldern seine berufliche Handlungskompetenz dadurch nachzuweisen, dass er als Betriebsinhaber, Betriebsinhaberin oder Führungskraft betriebswirtschaftliche, kaufmännische und rechtliche Probleme analysieren und bewerten sowie Lösungswege aufzeigen und dokumentieren und dabei aktuelle Entwicklungen berücksichtigen kann.

(2) In jedem der nachfolgend aufgeführten Handlungsfelder ist mindestens eine komplexe fallbezogene Aufgabe zu bearbeiten.

1. Wettbewerbsfähigkeit von Unternehmen beurteilen

   Der Prüfling hat nachzuweisen, dass er betriebswirtschaftliche, kaufmännische und rechtliche Voraussetzungen für die Wettbewerbsfähigkeit eines Unternehmens und berufliche Entwicklungspotenziale im Handwerk bewerten sowie Entscheidungsnotwendigkeiten darstellen kann. Bei der Aufgabenstellung sollen mehrere der unter den Buchstaben a bis f aufgeführten Qualifikationen verknüpft werden:

   a) Unternehmensziele analysieren und in ein Unternehmenszielsystem einordnen,

   b) Bedeutung der Unternehmenskultur und des Unternehmensimages für die betriebliche Leistungs- und Wettbewerbsfähigkeit begründen,

   c) Situation eines Unternehmens am Markt analysieren und Erfolgspotenziale begründen,

d) Informationen aus dem Rechnungswesen, insbesondere aus Bilanz sowie Gewinn- und Verlustrechnung zur Analyse von Stärken und Schwächen eines Unternehmens nutzen,

e) Informationen aus dem internen und externen Rechnungswesen zur Entscheidungsvorbereitung nutzen,

f) Rechtsvorschriften, insbesondere des Gewerbe- und Handwerksrechts sowie des Handels- und Wettbewerbsrechts bei der Analyse von Unternehmenszielen und -konzepten anwenden;

2. Gründungs- und Übernahmeaktivitäten vorbereiten, durchführen und bewerten

Der Prüfling hat nachzuweisen, dass er in der Lage ist, Aufgaben im Rahmen der Gründung und Übernahme eines Unternehmens unter Berücksichtigung persönlicher, rechtlicher und betriebswirtschaftlicher Rahmenbedingungen und Ziele vorzubereiten, durchzuführen und zu bewerten sowie ihre Bedeutung für ein Unternehmenskonzept zu begründen. Bei der Aufgabenstellung sollen mehrere der unter den Buchstaben a bis j aufgeführten Qualifikationen verknüpft werden:

a) Bedeutung persönlicher Voraussetzungen für den Erfolg beruflicher Selbstständigkeit begründen,

b) wirtschaftliche, gesellschaftliche und kulturelle Bedeutung des Handwerks sowie Nutzen von Mitgliedschaften in den Handwerksorganisationen darstellen und bewerten,

c) Möglichkeiten der Inanspruchnahme von Beratungsdienstleistungen sowie von Förder- und Unterstützungsleistungen bei Gründung und Übernahme eines Unternehmens aufzeigen und bewerten,

d) Entscheidungen zu Standort, Betriebsgröße, Personalbedarf sowie zur Einrichtung und Ausstattung eines Unternehmens treffen und begründen,

e) Marketingkonzept zur Markteinführung entwickeln und bewerten,

f) Investitionsplan und Finanzierungskonzept aufstellen und begründen; Rentabilitätsvorschau erstellen und Liquiditätsplanung durchführen,

g) Rechtsform aus einem Unternehmenskonzept ableiten und begründen,

h) Rechtsvorschriften, insbesondere des bürgerlichen Rechts sowie des Gesellschafts- und Steuerrechts, im Zusammenhang mit Gründung oder Übernahme von Handwerksbetrieben anwenden,

i) Notwendigkeit privater Risiko- und Altersvorsorge begründen, Möglichkeiten aufzeigen,

j) Bedeutung persönlicher Aspekte sowie betriebswirtschaftlicher und rechtlicher Bestandteile eines Unternehmenskonzeptes im Zusammenhang darstellen und begründen;

3. Unternehmensführungsstrategien entwickeln

Der Prüfling hat nachzuweisen, dass er in der Lage ist, unter Berücksichtigung unternehmensbezogener Stärken und Schwächen sowie marktbezogener Chancen und Risiken, ein Unternehmen zu führen, betriebliche Wachstumspotenziale zu identifizieren und Unternehmensstrategien zu entwickeln. Bei der Aufgabenstellung sollen mehrere der unter den Buchstaben a bis k aufgeführten Qualifikationen verknüpft werden:

a) Bedeutung der Aufbau- und Ablauforganisation für die Entwicklung eines Unternehmens beurteilen; Anpassungen vornehmen,

b) Entwicklungen bei Produkt- und Dienstleistungsinnovationen sowie Marktbedingungen, auch im internationalen Zusammenhang, bewerten und daraus Wachstumsstrategien ableiten,

c) Einsatzmöglichkeiten von Marketinginstrumenten für Absatz und Beschaffung von Produkten und Dienstleistungen begründen,

d) Veränderungen des Kapitalbedarfs aus Investitions-, Finanz- und Liquiditätsplanung ableiten; Alternativen der Kapitalbeschaffung darstellen,

e) Konzepte für Personalplanung, -beschaffung und -qualifizierung erarbeiten und bewerten sowie Instrumente der Personalführung und -entwicklung darstellen,

f) Bestimmungen des Arbeits- und Sozialversicherungsrechts bei der Entwicklung einer Unternehmensstrategie berücksichtigen,

g) Chancen und Risiken zwischenbetrieblicher Kooperationen darstellen,

h) Controlling zur Entwicklung, Verfolgung, Durchsetzung und Modifizierung von Unternehmenszielen nutzen,

i) Instrumente zur Durchsetzung von Forderungen darstellen und Einsatz begründen,

j) Notwendigkeit der Planung einer Unternehmensnachfolge, auch unter Berücksichtigung von Erb- und Familienrecht sowie steuerrechtlicher Bestimmungen, darstellen und begründen,

k) Notwendigkeit der Einleitung eines Insolvenzverfahrens anhand von Unternehmensdaten prüfen; insolvenzrechtliche Konsequenzen für die Weiterführung oder Liquidation eines Unternehmens aufzeigen.

§3
Prüfungsdauer und Bestehen des Teils III

(1) Die Prüfung in Teil III ist schriftlich durchzuführen und dauert in jedem Handlungsfeld zwei Stunden.

(2) Die Gesamtbewertung des Teils III wird aus dem arithmetischen Mittel der Einzelbewertungen der Handlungsfelder nach § 2 Absatz 2 gebildet.

(3) Wurden in höchstens zwei der in § 2 Absatz 2 genannten Handlungsfelder jeweils mindestens 30 und weniger als 50 Punkte erreicht, kann in einem dieser Handlungsfelder eine mündliche Ergänzungsprüfung durchgeführt werden, wenn diese das Bestehen des Teils III der Meisterprüfung ermöglicht.

(4) Mindestvoraussetzung für das Bestehen des Teils III der Meisterprüfung ist eine insgesamt ausreichende Prüfungsleistung. Die Prüfung des Teils III ist nicht bestanden, wenn

1. ein Handlungsfeld mit weniger als 30 Punkten bewertet worden ist oder

2. nach durchgeführter Ergänzungsprüfung zwei Handlungsfelder jeweils mit weniger als 50 Punkten bewertet worden sind.

§4

Ziel, Gliederung und Inhalt des Teils IV

(1) Durch die Prüfung in Teil IV hat der Prüfling seine berufs- und arbeitspädagogischen Kenntnisse nachzuweisen und dass er die zur ordnungsgemäßen Ausbildung von Lehrlingen (Auszubildenden) erforderliche Kompetenz zum selbstständigen Planen, Durchführen und Kontrollieren der Berufsausbildung besitzt.

(2) Die Prüfung in Teil IV besteht aus einem schriftlichen und einem praktischen Teil.

(3) Im schriftlichen Teil der Prüfung sind fallbezogene Aufgaben in jedem der nachfolgend aufgeführten Handlungsfelder zu bearbeiten:

1. Ausbildungsvoraussetzungen prüfen und Ausbildung planen

   Der Prüfling hat nachzuweisen, dass er in der Lage ist, Ausbildungsvoraussetzungen auf der Grundlage betrieblicher, berufsbezogener und rechtlicher Bestimmungen zu prüfen und zu bewerten sowie die Ausbildung, auch unter Berücksichtigung außerbetrieblicher Ausbildungszeiten, zu planen. Bei der Aufgabenstellung sollen mehrere der unter den Buchstaben a bis g aufgeführten Qualifikationen verknüpft werden:

   a) Vorteile und Nutzen betrieblicher Ausbildung darstellen und begründen,

   b) betrieblichen Ausbildungsbedarf auf der Grundlage rechtlicher, tarifvertraglicher und betrieblicher Rahmenbedingungen planen sowie hierzu Entscheidungen vorbereiten und treffen,

   c) Strukturen des Berufsbildungssystems und seine Schnittstellen darstellen,

   d) Ausbildungsberufe für den Betrieb auswählen und Auswahl begründen,

   e) Eignung des Betriebes für die Ausbildung in angestrebten Ausbildungsberufen prüfen, insbesondere unter Berücksichtigung von Ausbildung im Verbund, überbetrieblicher und außerbetrieblicher Ausbildung,

   f) Möglichkeiten des Einsatzes von berufsausbildungsvorbereitenden Maßnahmen prüfen und bewerten,

   g) innerbetriebliche Aufgabenverteilung für die Ausbildung unter Berücksichtigung von Funktionen und Qualifikationen der an der Ausbildung Mitwirkenden koordinieren;

2. Ausbildung vorbereiten und Einstellung von Auszubildenden durchführen

   Der Prüfling hat nachzuweisen, dass er in der Lage ist, Aufgaben der Ausbildungsvorbereitung wahrzunehmen, Auswahlkriterien für Einstellungen festzulegen sowie Einstellungsverfahren durchzuführen, auch unter Berücksichtigung betrieblicher Arbeits- und Geschäftsprozesse sowie rechtlicher Aspekte. Bei der Aufgabenstellung sollen mehrere der unter den Buchstaben a bis f aufgeführten Qualifikationen verknüpft werden:

   a) auf der Grundlage einer Ausbildungsordnung einen betrieblichen Ausbildungsplan erstellen, der sich insbesondere an berufstypischen Arbeits- und Geschäftsprozessen orientiert,

   b) Möglichkeiten der Mitwirkung und Mitbestimmung der betrieblichen Interessenvertretungen in der Berufsbildung darstellen und begründen,

c) Kooperationsbedarf ermitteln und inhaltliche sowie organisatorische Abstimmung mit Kooperationspartnern, insbesondere der Berufsschule, durchführen,

d) Kriterien und Verfahren zur Auswahl von Auszubildenden auch unter Berücksichtigung ihrer Verschiedenartigkeit anwenden,

e) Berufsausbildungsvertrag vorbereiten und abschließen sowie die Eintragung bei der zuständigen Stelle veranlassen,

f) Möglichkeiten prüfen, ob Teile der Berufsausbildung im Ausland durchgeführt werden können;

3. Ausbildung durchführen

Der Prüfling hat nachzuweisen, dass er in der Lage ist, Lernprozesse handlungsorientiert zu planen und zu kontrollieren sowie selbstständiges Lernen zu fördern. Dabei sind berufstypische Arbeits- und Geschäftsprozesse sowie Einsatzmöglichkeiten und Lernvoraussetzungen der Auszubildenden zu berücksichtigen. Bei der Aufgabenstellung sollen mehrere der unter den Buchstaben a bis j aufgeführten Qualifikationen verknüpft werden:

a) lernförderliche Bedingungen und motivierende Lernkultur schaffen, Rückmeldungen geben und empfangen,

b) Probezeit organisieren, gestalten und bewerten,

c) aus dem betrieblichen Ausbildungsplan und den berufstypischen Arbeits- und Geschäftsprozessen betriebliche Lern- und Arbeitsaufgaben entwickeln und gestalten,

d) Ausbildungsmethoden und -medien zielgruppengerecht auswählen und situationsspezifisch einsetzen,

e) Auszubildende bei Lernschwierigkeiten durch individuelle Gestaltung der Ausbildung und Lernberatung unterstützen, ausbildungsunterstützende Hilfen einsetzen und Möglichkeiten zur Verlängerung der Ausbildungszeit prüfen,

f) für Auszubildende zusätzliche Ausbildungsangebote, insbesondere Zusatzqualifikationen, prüfen und vorschlagen; Möglichkeiten der Verkürzung der Ausbildungsdauer und der vorzeitigen Zulassung zur Abschluss- oder Gesellenprüfung prüfen,

g) soziale und persönliche Entwicklungen von Auszubildenden fördern; Probleme und Konflikte rechtzeitig erkennen und auf Lösungen hinwirken,

h) Lernen und Arbeiten im Team entwickeln,

i) Leistungen von Auszubildenden feststellen und bewerten, Leistungsbeurteilungen Dritter und Prüfungsergebnisse auswerten, Beurteilungsgespräche führen, Rückschlüsse für den weiteren Ausbildungsverlauf ziehen,

j) interkulturelle Kompetenzen im Betrieb fördern;

4. Ausbildung abschließen

Der Prüfling hat nachzuweisen, dass er in der Lage ist, die Ausbildung zu einem erfolgreichen Abschluss zu führen und Perspektiven von weiteren Lern- und Qualifizierungswegen aufzuzeigen. Bei der Aufgabenstellung sollen mehrere der unter den Buchstaben a bis d aufgeführten Qualifikationen verknüpft werden:

a) Auszubildende auf die Abschluss- oder Gesellenprüfung unter Berücksichtigung der Prüfungstermine vorbereiten und die Ausbildung zu einem erfolgreichen Abschluss führen,

b) für die Anmeldung der Auszubildenden zu Prüfungen bei der zuständigen Stelle Sorge tragen und diese auf durchführungsrelevante Besonderheiten hinweisen,

c) schriftliche Zeugnisse auf der Grundlage von Leistungsbeurteilungen erstellen,

d) Auszubildende über betriebliche Entwicklungswege und berufliche Weiterbildungsmöglichkeiten informieren und beraten.

(4) Der praktische Teil der Prüfung besteht aus

1. einer Präsentation oder einer praktischen Durchführung einer Ausbildungssituation und

2. einem Fachgespräch.

Für die Präsentation oder die praktische Durchführung wählt der Prüfling eine berufstypische Ausbildungssituation aus. Die Auswahl und Gestaltung der Ausbildungssituation sind im Fachgespräch zu erläutern.

§ 5

Prüfungsdauer und Bestehen des Teils IV

(1) Der schriftliche Teil der Prüfung dauert drei Stunden. Der praktische Teil der Prüfung soll insgesamt höchstens 30 Minuten dauern, wobei die Präsentation oder die praktische Durchführung einer Ausbildungssituation 15 Minuten nicht überschreiten soll.

(2) Die Bewertung des schriftlichen Teils der Prüfung wird aus dem arithmetischen Mittel der Einzelbewertungen der gleich zu gewichtenden Handlungsfelder gebildet. Der schriftliche und der praktische Teil der Prüfung sind in der Gesamtbewertung gleich zu gewichten.

(3) Wurden in höchstens zwei der in § 4 Absatz 3 genannten Handlungsfelder jeweils mindestens 30 und weniger als 50 Punkte erreicht, kann in einem dieser Handlungsfelder eine mündliche Ergänzungsprüfung durchgeführt werden, wenn diese das Bestehen der schriftlichen Prüfung des Teils IV der Meisterprüfung ermöglicht.

(4) Voraussetzung für das Bestehen des Teils IV der Meisterprüfung ist die Bewertung des schriftlichen und des praktischen Teils der Prüfung mit jeweils mindestens 50 Punkten.

§ 6

Allgemeine Prüfungs- und Verfahrensregelungen, weitere Regelungen zur Meisterprüfung

(1) Die Vorschriften der Meisterprüfungsverfahrensverordnung vom 17. Dezember 2001 (BGBl. I S. 4154) in der jeweils geltenden Fassung bleiben unberührt.

(2) Die Prüfung in den Teilen I und II der Meisterprüfung bestimmt sich nach den für die einzelnen Gewerbe der Anlagen A und B zur Handwerksordnung erlassenen Rechtsverordnungen oder nach den gemäß § 119 Absatz 5 und § 122 der Handwerksordnung weiter anzuwendenden Vorschriften.

§ 7

Übergangsvorschriften

(1) Die bis zum 31. Dezember 2011 begonnenen Prüfungsverfahren werden nach den bisherigen Vorschriften zu Ende geführt. Erfolgt die Anmeldung zur Prüfung bis zum Ablauf des 31. Dezember 2013 sind auf Verlangen des Prüflings die bisherigen Vorschriften anzuwenden.

(2) Prüflinge, die die Prüfung nach den bis zum 31. Dezember 2011 geltenden Vorschriften nicht bestanden haben und sich bis zum 31. Dezember 2014 zu einer Wiederholungsprüfung anmelden, können auf Verlangen die Wiederholungsprüfung nach den bis zum 31. Dezember 2011 geltenden Vorschriften ablegen.

§ 8

Inkrafttreten, Außerkrafttreten

Diese Verordnung tritt am 1. Januar 2012 in Kraft. Gleichzeitig tritt die Verordnung über gemeinsame Anforderungen in der Meisterprüfung im Handwerk und in handwerksähnlichen Gewerben vom 18. Juli 2000 (BGBl. I S. 1078), die zuletzt durch Artikel 1 der Verordnung vom 10. Dezember 2009 (BGBl. I S. 3858) geändert worden ist, außer Kraft.

Verordnung
über das Zulassungs- und allgemeine Prüfungsverfahren für die Meisterprüfung im Handwerk und in handwerksähnlichen Gewerben (Meisterprüfungsverfahrensverordnung – MPVerfVO)

Vom 17. Dezember 2001 (BGBl. I S. 4154),

geändert durch
– Erste Änderungsverordnung vom 26. Oktober 2011 (BGBl. I S. 2145).
– Artikel 106 des Gesetzes vom 29. März 2017 (BGBl. I S. 626).

§ 1

Gegenstand

Die Verordnung regelt das Zulassungs- und allgemeine Prüfungsverfahren für die Meisterprüfung im Handwerk und in handwerksähnlichen Gewerben. Die jeweilige Meisterprüfungsverordnung für die Teile I und II sowie die Verordnung über die Meisterprüfung in den Teilen III und IV im Handwerk und in handwerksähnlichen Gewerben bleiben unberührt.

§ 2

Zuständiger Meisterprüfungsausschuss

(1) Für die Abnahme jedes Teils der Meisterprüfung ist der Meisterprüfungsausschuss zuständig, in dessen örtlichem Zuständigkeitsbereich der Prüfling

a) seinen ersten Wohnsitz hat oder

b) in einem Arbeitsverhältnis steht oder

c) eine Maßnahme zur Vorbereitung auf die Meisterprüfung besucht oder

d) ein Handwerk oder ein sonstiges Gewerbe selbstständig betreibt.

(2) Für die Abnahme der Teile I und II der Meisterprüfung muss außerdem die fachliche Zuständigkeit des Meisterprüfungsausschusses gegeben sein.

(3) Die Entscheidung über die Zuständigkeit obliegt dem Vorsitzenden des Meisterprüfungsausschusses (Vorsitzender). Soweit er die Voraussetzungen für die Zuständigkeit nicht für gegeben hält, entscheiden alle Mitglieder des Meisterprüfungsausschusses.

(4) Der zuständige Meisterprüfungsausschuss kann auf Antrag des Prüflings in begründeten Fällen die Genehmigung zur Ablegung einzelner Teile der Meisterprüfung vor einem örtlich nicht zuständigen Meisterprüfungsausschuss erteilen, wenn dieser zustimmt. Dies gilt auch für Wiederholungsprüfungen.

§3

Beschlussfassung

(1) Der Meisterprüfungsausschuss ist beschlussfähig, wenn mehr als die Hälfte der Mitglieder anwesend sind. Er beschließt mit der Mehrheit der abgegebenen Stimmen. Bei Stimmengleichheit entscheidet der Vorsitzende.

(2) Alle Mitglieder des Meisterprüfungsausschusses wirken mit bei Entscheidungen über

1. die Zulassung, soweit darüber nicht der Vorsitzende entscheidet,
2. den Ausschluss des Prüflings von der Prüfung,
3. die Feststellung der Noten für die Teile der Meisterprüfung,
4. das Bestehen oder Nichtbestehen der Teile der Meisterprüfung und der Meisterprüfung insgesamt.

Soweit nach dieser Verordnung Entscheidungen von allen Mitgliedern des Meisterprüfungsausschusses zu treffen sind, werden diese mit der Mehrheit der abgegebenen Stimmen gefasst. Stimmenthaltungen sind nicht zulässig.

(3) Zur Beschleunigung können Entscheidungen im schriftlichen oder elektronischen Umlaufverfahren herbeigeführt werden, falls alle Mitglieder zustimmen. Hiervon ausgenommen sind Entscheidungen nach § 21 Absatz 1.

§4

Ausschluss von der Mitwirkung

(1) Bei der Zulassung und bei der Abnahme jedes Teils der Meisterprüfung dürfen nicht mitwirken

1. Arbeitgeber des Prüflings,
2. Geschäftsteilhaber, Vorgesetzte oder Mitarbeiter des Prüflings,
3. Angehörige des Prüflings.

(2) Angehörige im Sinne des Absatzes 1 Nr. 3 sind

1. Verlobte,
2. Ehegatten,
3. Lebenspartner,
4. Verwandte und Verschwägerte in gerader Linie,
5. Geschwister,
6. Kinder der Geschwister,
7. Ehegatten sowie Lebenspartner der Geschwister und Geschwister der Ehegatten sowie der Lebenspartner,
8. Geschwister der Eltern,
9. Personen, die durch ein auf längere Dauer angelegtes Pflegeverhältnis mit häuslicher Gemeinschaft wie Eltern und Kinder miteinander verbunden sind (Pflegeeltern und Pflegekinder).

Angehörige sind die im Satz 1 aufgeführten Personen auch dann, wenn

1. in den Fällen der Nummern 2, 3, 4 und 7 die die Beziehung begründende Ehe oder die Lebenspartnerschaft nicht mehr besteht;

2. in den Fällen der Nummern 4 bis 8 die Verwandtschaft oder Schwägerschaft durch Annahme als Kind erloschen ist;

3. im Falle der Nummer 9 die häusliche Gemeinschaft nicht mehr besteht, sofern die Personen weiterhin wie Eltern und Kinder miteinander verbunden sind.

(3) Absatz 1 findet keine Anwendung, wenn die Zulassung und die Abnahme weder durch Stellvertreter noch durch einen anderen Meisterprüfungsausschuss sichergestellt werden können.

(4) Liegt ein Ausschlussgrund nach Absatz 1 vor oder bestehen Zweifel, ob die dort genannten Voraussetzungen gegeben sind, so ist dies dem Meisterprüfungsausschuss unverzüglich mitzuteilen. Der Meisterprüfungsausschuss entscheidet über den Ausschluss. Die betroffene Person darf an dieser Entscheidung nicht mitwirken und sich im Falle des Ausschlusses an der weiteren Prüfung nicht mehr beteiligen.

(5) Liegt ein Grund vor, der geeignet ist, Misstrauen gegen eine unparteiische Prüfertätigkeit zu rechtfertigen, oder wird von einem Prüfling das Vorliegen eines solchen Grundes behauptet, so entscheidet der Meisterprüfungsausschuss über den Ausschluss. Die betroffene Person darf an dieser Entscheidung nicht mitwirken und sich im Falle des Ausschlusses an der weiteren Prüfung nicht mehr beteiligen.

§ 5

Verschwiegenheit

Die Mitglieder des Meisterprüfungsausschusses sind zur Amtsverschwiegenheit verpflichtet. Diese Verpflichtung bleibt auch nach dem Ausscheiden aus dem Meisterprüfungsausschuss bestehen.

§ 6

Nichtöffentlichkeit

(1) Die Meisterprüfung ist nicht öffentlich.

(2) Vertreter der Obersten Landesbehörde, der Höheren Verwaltungsbehörde und der Handwerkskammer sind berechtigt, bei der Prüfung anwesend zu sein.

(3) Der Vorsitzende kann nach Anhörung der übrigen Mitglieder des Meisterprüfungsausschusses in begründeten Fällen Gäste zulassen.

§ 7

Rücktritt, Nichtteilnahme

(1) Von jedem Teil der Meisterprüfung kann der Prüfling bis zum Beginn der Prüfung durch schriftliche Erklärung von der Prüfung zurücktreten. In diesem Fall gilt dieser Teil der Meisterprüfung als nicht abgelegt.

(2) Tritt der Prüfling nach Beginn einer Prüfung zurück, gilt dieser Teil der Meisterprüfung als nicht bestanden. Dies gilt auch, wenn der Prüfling nicht oder nicht rechtzeitig zu einer Prüfung erscheint, ohne dass ein wichtiger Grund vorliegt. Liegt ein wichtiger Grund vor, ist Absatz 1 anzuwenden; § 22 Absatz 2 bleibt unberührt.

(3) Der wichtige Grund ist unverzüglich mitzuteilen und nachzuweisen. Die Entscheidung über das Vorliegen eines wichtigen Grundes obliegt dem Vorsitzenden. Soweit er das Vorliegen eines wichtigen Grundes für nicht gegeben hält, entscheiden alle Mitglieder des Meisterprüfungsausschusses.

§ 8
Täuschungshandlungen, Ordnungsverstöße

(1) Wenn ein Prüfling eine Täuschungshandlung begeht oder unterstützt, unerlaubte Arbeits- und Hilfsmittel benutzt oder den Ablauf der Prüfung erheblich stört, können die mit der Aufsicht beauftragten Personen dem Prüfling die Fortführung der Prüfung unter Vorbehalt gestatten oder ihn von der Prüfung ausschließen. Werden Sicherheitsbestimmungen beharrlich missachtet oder ist durch das Verhalten des Prüflings die ordnungsgemäße Durchführung der Prüfung nicht gewährleistet, soll der Prüfling von der Prüfung ausgeschlossen werden. Der Sachverhalt ist festzustellen und zu protokollieren.

(2) Mit der Aufsicht beauftragte Personen können nur eine vorläufige Entscheidung im Sinne des Absatzes 1 treffen. Die endgültige Entscheidung treffen alle Mitglieder des Meisterprüfungsausschusses nach Anhörung des Prüflings.

(3) In schwer wiegenden Fällen gilt der jeweilige Teil der Meisterprüfung als nicht bestanden. In den übrigen Fällen gilt die Prüfung für den Prüfungsbereich, das Prüfungsfach, das Handlungsfeld oder den praktischen Teil der Prüfung im Teil IV der Meisterprüfung als nicht abgelegt. Das Gleiche gilt bei Täuschungshandlungen, die innerhalb eines Jahres nachträglich festgestellt werden.

§ 9
Anmeldung, Organisation der Prüfung

(1) Der Vorsitzende beraumt die Prüfungstermine grundsätzlich nach Bedarf an. Die Termine werden mindestens einen Monat vorher bekannt gegeben, unter Angabe einer Frist, innerhalb derer sich die Prüflinge anzumelden haben.

(2) Der Vorsitzende bestimmt Ort und Zeit der zu erbringenden Prüfungsleistung. Im Ausnahmefall kann er Termin- und Ortswünsche des Prüflings berücksichtigen.

(3) Der Vorsitzende regelt die Aufsicht während der Prüfung.

(4) Die in den Absätzen 1 bis 3 genannten Aufgaben nimmt der Vorsitzende in Abstimmung mit den übrigen Mitgliedern des Meisterprüfungsausschusses wahr.

§ 10

Zulassung

(1) Der Antrag auf Zulassung ist schriftlich oder elektronisch zu stellen. Darin ist anzugeben, für welches Handwerk oder für welches handwerksähnliche Gewerbe die Zulassung beantragt wird. Dem Antrag sind beizufügen

1. der Nachweis, der die Zuständigkeit des Meisterprüfungsausschusses nach § 2 begründet und

2. die für die Zulassung nach § 49 Absatz 1 bis 4 oder § 51a Absatz 5 der Handwerksordnung erforderlichen Zeugnisse, Nachweise und Bescheide.

(2) Die Zulassung obliegt dem Vorsitzenden. Soweit er die Zulassungsvoraussetzungen für nicht gegeben hält, entscheiden alle Mitglieder des Meisterprüfungsausschusses.

(3) Werden unrichtige Unterlagen beim Antrag auf Zulassung vorgelegt, ist § 8 Absatz 3 entsprechend anzuwenden.

(4) Bei der Anmeldung zu jedem Teil der Meisterprüfung hat der Prüfling den Nachweis nach Absatz 1 Nummer 1 sowie den Bescheid über die Zulassung vorzulegen.

§ 11

Nachteilsausgleich für behinderte Menschen

Bei der Durchführung der Prüfung sollen die besonderen Verhältnisse behinderter Menschen berücksichtigt werden. Dies gilt insbesondere für die Dauer der Prüfung, die Zulassung von Hilfsmitteln und die Inanspruchnahme von Hilfeleistungen Dritter wie Gebärdensprachdolmetscher für hörbehinderte Menschen. Die Art und Schwere der Behinderung ist mit dem Antrag auf Zulassung zur Prüfung nachzuweisen.

§ 12

Befreiungen

(1) Anträge auf Befreiung von einzelnen Teilen der Meisterprüfung können zusammen mit dem Antrag auf Zulassung oder mit der Anmeldung zu einem Teil der Meisterprüfung gestellt werden; Gründe, die nach der Handwerksordnung zur Befreiung von Teilen der Meisterprüfung führen, sind hierbei geltend zu machen. Für Entscheidungen über Befreiungen von den Teilen I und II muss auch die fachliche Zuständigkeit des Meisterprüfungsausschusses gegeben sein.

(2) Anträge auf Befreiung von Prüfungsbereichen, Prüfungsfächern, Handlungsfeldern oder vom praktischen Teil der Prüfung im Teil IV sind spätestens mit der Anmeldung für den jeweiligen Teil der Meisterprüfung zu stellen.

(3) Anträge auf Befreiung sind schriftlich oder elektronisch zu stellen; die Nachweise über Befreiungsgründe sind beizufügen. Werden Gründe geltend gemacht, die nach der Handwerksordnung zur Befreiung von Teilen der Meisterprüfung führen, gilt Satz 1 entsprechend.

§ 13

Einladung zur Prüfung

Ort und Zeit der Prüfung sind dem Prüfling mindestens zwei Wochen vorher schriftlich oder elektronisch bekannt zu geben. Dabei ist ihm auch mitzuteilen, welche Arbeits- und Hilfsmittel notwendig und erlaubt sind. Der Prüfling ist auf § 7 hinzuweisen.

§ 14

Ausweispflicht und Belehrung

(1) Der Prüfling hat sich auf Verlangen der mit der Aufsicht beauftragten Person oder eines Mitglieds des Meisterprüfungsausschusses zur Person auszuweisen.

(2) Er ist zu Beginn der Prüfung über den Prüfungsablauf, die zur Verfügung stehende Zeit, die erlaubten Arbeits- und Hilfsmittel sowie über die Folgen bei Rücktritt, Nichtteilnahme, Täuschungshandlungen und Ordnungsverstößen zu belehren.

§ 15

Prüfungsaufgaben

(1) Alle Mitglieder des Meisterprüfungsausschusses beschließen die Prüfungsaufgaben. Die Prüfungssprache ist deutsch.

(2) Der Meisterprüfungsausschuss soll die Vorschläge des Prüflings zum Meisterprüfungsprojekt oder zur Meisterprüfungsarbeit berücksichtigen, wenn sie den Prüfungsanforderungen der jeweiligen Meisterprüfungsverordnung entsprechen und ihre Durchführung oder Anfertigung keinen für den Meisterprüfungsausschuss unangemessenen Aufwand erfordern.

(3) Der Meisterprüfungsausschuss kann für alle Prüflinge einheitlich festlegen, dass die Durchführung des Meisterprüfungsprojekts oder die Anfertigung der Meisterprüfungsarbeit und die Bearbeitung der Situationsaufgabe oder der Arbeitsprobe unter ständiger Aufsicht zum selben Zeitpunkt am gleichen Ort (Klausur) erfolgt.

§ 16

Durchführung des Meisterprüfungsprojekts, Anfertigung der Meisterprüfungsarbeit, Bewertung

(1) Der Prüfling hat dem Meisterprüfungsausschuss den Beginn der Durchführung des Meisterprüfungsprojekts oder der Anfertigung der Meisterprüfungsarbeit rechtzeitig mitzuteilen, sofern diese Prüfungsleistung nicht in Klausur erbracht wird.

(2) Der Vorsitzende kann eine Person, die nicht Mitglied des Meisterprüfungsausschusses sein muss, mit der Aufsicht beauftragen. Die Aufsicht führende Person fertigt ein Protokoll an, aus dem auch hervorgehen muss, ob der Prüfling das Meisterprüfungsprojekt oder die Meisterprüfungsarbeit selbstständig und nur unter Einsatz der erlaubten Arbeits- und Hilfsmittel durchgeführt oder angefertigt hat.

(3) Der Prüfling hat das Meisterprüfungsprojekt oder die Meisterprüfungsarbeit mit den vorgeschriebenen Unterlagen am festgesetzten Ort zur festgesetzten Zeit dem

Meisterprüfungsausschuss vorzustellen. Der Vorsitzende kann bei Vorliegen eines wichtigen Grundes auf Antrag eine Fristverlängerung gewähren. Soweit er das Vorliegen eines wichtigen Grundes für nicht gegeben hält, entscheiden alle Mitglieder des Meisterprüfungsausschusses.

(4) Der Prüfling hat schriftlich zu versichern, dass er das Meisterprüfungsprojekt oder die Meisterprüfungsarbeit selbstständig durchgeführt oder angefertigt hat. Dies gilt auch für die vorgeschriebenen Unterlagen.

(5) Wird ein Meisterprüfungsprojekt oder eine Meisterprüfungsarbeit nicht, wie nach Absatz 3 Satz 1 bestimmt, vorgestellt, so ist der Teil I der Meisterprüfung nicht bestanden. Wird ein Meisterprüfungsprojekt oder eine Meisterprüfungsarbeit nicht selbstständig oder unter Benutzung nicht erlaubter Arbeits- und Hilfsmittel durchgeführt oder angefertigt, so ist § 8 entsprechend anzuwenden.

(6) Zur Vorbereitung der Beschlussfassung nach § 21 Absatz 1 soll der Vorsitzende mindestens drei Mitglieder mit der Bewertung des Meisterprüfungsprojekts oder der Meisterprüfungsarbeit beauftragen. In begründeten Ausnahmefällen genügt die Beauftragung von zwei Mitgliedern, wenn die sachgemäße Durchführung der Prüfung gewährleistet ist. Zwei der beauftragten Mitglieder müssen in dem Handwerk oder in dem handwerksähnlichen Gewerbe, für das der Meisterprüfungsausschuss errichtet ist, die Meisterprüfung abgelegt haben oder das Recht zum Ausbilden von Lehrlingen besitzen.

§ 17
Durchführung mündlicher Prüfungen, Ergänzungsprüfungen, Bewertung

(1) Das Fachgespräch ist als Einzelgespräch zu führen. Der Vorsitzende soll mindestens drei Mitglieder mit der Durchführung beauftragen. In begründeten Ausnahmefällen genügt die Beauftragung von zwei Mitgliedern, wenn die sachgemäße Durchführung der Prüfung gewährleistet ist. Zwei der beauftragten Mitglieder müssen in dem Handwerk oder in dem handwerksähnlichen Gewerbe, für das der Meisterprüfungsausschuss errichtet ist, die Meisterprüfung abgelegt haben oder das Recht zum Ausbilden von Lehrlingen besitzen.

(2) Die Ergänzungsprüfung wird auf Antrag des Prüflings durchgeführt. Sie ist als Einzelgespräch zu führen und soll je Prüfling höchstens 20 Minuten dauern. Das Ergebnis der jeweiligen schriftlichen Prüfung und der Ergänzungsprüfung ist im Verhältnis 2:1 zu gewichten.

(3) Für Ergänzungsprüfungen und sonstige in Meisterprüfungsverordnungen vorgesehene mündliche Prüfungen gelten Absatz 1 Sätze 2 und 3 mit der Maßgabe, dass in Teil II zwei der beauftragten Mitglieder in dem Handwerk oder in dem handwerksähnlichen Gewerbe, für das der Meisterprüfungsausschuss errichtet ist, die Meisterprüfung abgelegt haben oder das Recht zum Ausbilden von Lehrlingen besitzen müssen; in den Teilen III und IV muss eines der beauftragten Mitglieder die Voraussetzungen des § 48 Absatz 5 oder des § 51b Absatz 6 der Handwerksordnung erfüllen. Der Meisterprüfungsausschuss kann bestimmen, dass sonstige in Meisterprüfungsverordnungen vorgesehene mündliche Prüfungen in einem Gruppengespräch durchzuführen sind.

(4) Zur Vorbereitung der Beschlussfassung nach § 21 Absatz 1 dokumentieren die Mitglieder des Meisterprüfungsausschusses, die die mündlichen Prüfungen durch-

führen, die wesentlichen Abläufe, bewerten die Prüfungsleistungen und halten dabei die für die Bewertung erheblichen Tatsachen fest.

§ 18
Durchführung der Situationsaufgabe oder Arbeitsprobe und der praktischen Prüfung, Bewertung

(1) Der Vorsitzende soll mindestens drei Mitglieder mit der Durchführung der Situationsaufgabe oder der Arbeitsprobe beauftragen. In begründeten Ausnahmefällen genügt die Beauftragung von zwei Mitgliedern, wenn die sachgemäße Durchführung der Prüfung gewährleistet ist. Zwei der beauftragten Mitglieder müssen in dem Handwerk oder in dem handwerksähnlichen Gewerbe, für das der Meisterprüfungsausschuss errichtet ist, die Meisterprüfung abgelegt haben oder das Recht zum Ausbilden von Lehrlingen besitzen. Der Meisterprüfungsausschuss kann bestimmen, dass die Situationsaufgabe oder die Arbeitsprobe in einer Gruppenprüfung durchgeführt wird.

(2) Der Vorsitzende soll mindestens drei Mitglieder mit der Durchführung des praktischen Teils der Prüfung im Teil IV der Meisterprüfung beauftragen. In begründeten Ausnahmefällen genügt die Beauftragung von zwei Mitgliedern, wenn die sachgemäße Durchführung der Prüfung gewährleistet ist. Eines der beauftragten Mitglieder muss die Voraussetzungen des § 48 Absatz 5 oder des § 51b Absatz 6 der Handwerksordnung erfüllen.

(3) Zur Vorbereitung der Beschlussfassung nach § 21 Absatz 1 dokumentieren die nach den Absätzen 1 und 2 beauftragten Mitglieder des Meisterprüfungsausschusses die wesentlichen Prüfungsabläufe, bewerten die Prüfungsleistungen und halten dabei die für die Bewertung erheblichen Tatsachen fest.

§ 19
Durchführung schriftlicher Prüfungen, Bewertung

(1) Für die Durchführung schriftlicher Prüfungen in den Teilen II, III und IV der Meisterprüfung kann der Vorsitzende eine Person mit der Aufsicht während der Prüfung beauftragen, die nicht Mitglied des Meisterprüfungsausschusses sein muss.

(2) Der Vorsitzende hat mindestens zwei Mitglieder mit der Bewertung der schriftlichen Prüfungsleistungen in den Teilen II, III und IV der Meisterprüfung zu beauftragen. Zwei der Mitglieder, die mit der Bewertung der schriftlichen Prüfungsleistungen im Teil II beauftragt sind, müssen in dem Handwerk oder in dem handwerksähnlichen Gewerbe, für das der Meisterprüfungsausschuss errichtet ist, die Meisterprüfung abgelegt haben oder das Recht zum Ausbilden von Lehrlingen besitzen. Von den Mitgliedern, die mit der Bewertung der schriftlichen Prüfungsleistungen in den Teilen III und IV der Meisterprüfung beauftragt sind, muss eines die Voraussetzungen des § 48 Absatz 5 oder des § 51b Absatz 6 der Handwerksordnung erfüllen.

(3) Die Aufsicht führende Person dokumentiert die Prüfung in ihren wesentlichen Abläufen. Zur Vorbereitung der Beschlussfassung nach § 21 Absatz 1 bewerten die in Absatz 2 genannten Mitglieder des Meisterprüfungsausschusses die Prüfungsleistungen und halten dabei die für die Bewertung erheblichen Tatsachen fest.

§ 20

Bewertungsschlüssel

(1) Für die Bewertung der Prüfungsleistungen in den Prüfungsbereichen, in den Prüfungsfächern, in den Handlungsfeldern, in der praktischen Prüfung im Teil IV und bei Ergänzungsprüfungen ist der nachstehende 100-Punkte-Schlüssel anzuwenden:

100–92	Punkte für eine den Anforderungen in besonderem Maße entsprechende Leistung,
unter 92–81	Punkte für eine den Anforderungen voll entsprechende Leistung,
unter 81–67	Punkte für eine den Anforderungen im Allgemeinen entsprechende Leistung,
unter 67–50	Punkte für eine Leistung, die zwar Mängel aufweist, aber im Ganzen den Anforderungen noch entspricht,
unter 50–30	Punkte für eine Leistung, die den Anforderungen nicht entspricht, jedoch erkennen lässt, dass gewisse Grundkenntnisse noch vorhanden sind,
unter 30–0	Punkte für eine Leistung, die den Anforderungen nicht entspricht und bei der selbst Grundkenntnisse sehr lückenhaft sind oder fehlen.

(2) Der 100-Punkte-Schlüssel ist auch auf Prüfungsleistungen anzuwenden, die innerhalb von Prüfungsbereichen, Prüfungsfächern und Handlungsfeldern zu erbringen und ihrer Natur nach für sich genommen zu bewerten sind.

(3) Die Note für jeden Teil der Meisterprüfung wird auf der Grundlage des gewichteten rechnerischen Durchschnitts der erzielten Punkte festgesetzt. Dabei bedeuten:

100–92	Punkte die Note: sehr gut,
unter 92–81	Punkte die Note: gut,
unter 81–67	Punkte die Note: befriedigend,
unter 67–50	Punkte die Note: ausreichend,
unter 50–30	Punkte die Note: mangelhaft,
unter 30–0	Punkte die Note: ungenügend.

§ 21

Beschlüsse über die Noten und das Bestehen, Abschluss des Meisterprüfungsverfahrens

(1) Die Beschlüsse über die Noten, über das Bestehen oder Nichtbestehen des jeweiligen Teils der Meisterprüfung sowie über das Bestehen oder Nichtbestehen der Meisterprüfung insgesamt werden von allen Mitgliedern des Meisterprüfungsausschusses auf der Grundlage der Bewertungen nach § 16 Absatz 6, § 17 Absatz 4, § 18 Absatz 3 und § 19 Absatz 3 gefasst. Über das Ergebnis der Prüfung in jedem Teil der Meisterprüfung und die dabei erzielte Note ist dem Prüfling unverzüglich ein schriftlicher Bescheid mit Rechtsbehelfsbelehrung zu erteilen.

(2) Das Meisterprüfungsverfahren ist erfolgreich abgeschlossen, wenn jeder der vier Teile der Meisterprüfung bestanden ist. Hierfür sind in jedem Prüfungsteil insgesamt ausreichende Leistungen zu erbringen sowie die sonstigen in den Meisterprüfungsverordnungen vorgeschriebenen Mindestvoraussetzungen zu erfüllen. Die Befreiung von einem Teil der Meisterprüfung steht dem Bestehen dieses Teils gleich.

(3) Über das Bestehen der Meisterprüfung insgesamt ist vom zuletzt tätig gewordenen fachlich zuständigen Meisterprüfungsausschuss ein Zeugnis zu erteilen. In dem Zeugnis sind die in den Teilen der Meisterprüfung erzielten Noten sowie Befreiungen, unter Angabe der Rechtsgrundlage, auszuweisen. Das Zeugnis ist vom Vorsitzenden zu unterschreiben und von der Handwerkskammer zu beglaubigen.

(4) Wird die Meisterprüfung in einem Schwerpunkt abgelegt, so ist dem Prüfling auf Antrag hierüber eine Bescheinigung auszustellen.

§ 22

Wiederholung der Meisterprüfung

(1) Die einzelnen nicht bestandenen Teile der Meisterprüfung können dreimal wiederholt werden.

(2) Der Prüfling ist auf Antrag von der Wiederholung der Prüfung in Prüfungsbereichen, in Prüfungsfächern, in Handlungsfeldern oder im praktischen Teil der Prüfung im Teil IV zu befreien, wenn seine Leistungen darin in einer vorangegangenen Prüfung mit mindestens 50 Punkten bewertet wurden. Eine Befreiung ist nur möglich, wenn sich der Prüfling innerhalb von drei Jahren, gerechnet vom Tag der Bescheidung über den nicht bestandenen Prüfungsteil, zur Wiederholungsprüfung anmeldet.

§ 23

Niederschrift

(1) Über jeden Teil der Meisterprüfung ist eine Niederschrift zu fertigen, die von allen Mitgliedern des jeweiligen Meisterprüfungsausschusses zu unterschreiben ist.

(2) Die Niederschrift muss Angaben enthalten

1. zur Person der Prüflings,
2. über den abgelegten Teil der Meisterprüfung,
3. über Ort und Zeit der Prüfung,
4. über die Zusammensetzung des Meisterprüfungsausschusses,
5. über die Personen, die mit der Aufsicht beauftragt waren,
6. über die Mitglieder des Meisterprüfungsausschusses, die mit der Bewertung der Prüfungsleistungen beauftragt waren,
7. über den Gegenstand des Meisterprüfungsprojekts oder der Meisterprüfungsarbeit, des Fachgesprächs, der Situationsaufgabe oder der Arbeitsprobe sowie über die sonstigen Prüfungsaufgaben,

8. über die Bewertung der Prüfungsbereiche, der Prüfungsfächer, der Handlungsfelder, des praktischen Teils im Teil IV der Meisterprüfung und von Ergänzungsprüfungen. Dabei sind die tragenden Gründe für die Bewertung festzuhalten und die festgestellten Fehler und Mängel zu bezeichnen, soweit sich diese aus der Bewertung nicht ableiten lassen.

§ 24

Prüfungsunterlagen

(1) Auf schriftliches oder elektronisches Verlangen ist dem Prüfling binnen der gesetzlich vorgegebenen Frist zur Einlegung eines Rechtsbehelfs nach Abschluss eines jeden Teils der Meisterprüfung Einsicht in seine Prüfungsunterlagen zu gewähren. Danach kann innerhalb der in Absatz 2 genannten Aufbewahrungsfristen auf Antrag Einsicht gewährt werden.

(2) Der Antrag auf Zulassung und die Zulassungsentscheidung, die schriftlichen Prüfungsarbeiten sowie die die Befreiungen begründenden Unterlagen sind drei Jahre und die Niederschriften nach § 23 Absatz 1 zehn Jahre nach Abschluss der Meisterprüfung aufzubewahren.

§ 25

Übergangsvorschrift

(1) Die bis zum 31. Dezember 2011 begonnenen Prüfungsverfahren werden nach den bis dahin geltenden Vorschriften zu Ende geführt. Erfolgt die Anmeldung zur Prüfung bis zum Ablauf des 30. Juni 2012 sind auf Verlangen des Prüflings die bis zum 31. Dezember 2011 geltenden Vorschriften weiter anzuwenden.

(2) Prüflinge, die die Prüfung nach den bis zum 31. Dezember 2011 geltenden Vorschriften nicht bestanden haben und sich bis zum 31. Dezember 2013 zu einer Wiederholungsprüfung anmelden, können auf Verlangen die Wiederholungsprüfung nach den bis zum 31. Dezember 2011 geltenden Vorschriften ablegen.

(3) Bei Meisterprüfungsverordnungen, die vor dem 1. April 1998 erlassen worden sind, gelten die Meisterprüfungsarbeit und die Arbeitsprobe als Prüfungsbereiche im Sinne dieser Verordnung.

Verordnung über die Prüfung
zum anerkannten Fortbildungsabschluss
Geprüfter Kaufmännischer Fachwirt
nach der Handwerksordnung und
Geprüfte Kaufmännische Fachwirtin
nach der Handwerksordnung
(Handwerksfachwirtfortbildungsprüfungsverordnung –
HandwFWFortbPrV)

Vom 1. März 2016 (BGBl. I S. 331)

Auf Grund des § 42 Absatz 1 in Verbindung mit Absatz 2 der Handwerksordnung, von denen Absatz 1 durch Artikel 283 der Verordnung vom 31. August 2015 (BGBl. I S. 1474) geändert worden ist, verordnet das Bundesministerium für Bildung und Forschung im Einvernehmen mit dem Bundesministerium für Wirtschaft und Energie nach Anhörung des Hauptausschusses des Bundesinstituts für Berufsbildung:

§ 1
Ziel der Prüfung und Bezeichnung des Fortbildungsabschlusses

(1) Mit der Prüfung zum anerkannten Fortbildungsabschluss Geprüfter Kaufmännischer Fachwirt nach der Handwerksordnung und Geprüfte Kaufmännische Fachwirtin nach der Handwerksordnung soll die auf einen beruflichen Aufstieg abzielende Erweiterung der beruflichen Handlungsfähigkeit nachgewiesen werden.

(2) Die Prüfung wird von der zuständigen Stelle durchgeführt.

(3) Durch die Erweiterung der beruflichen Handlungsfähigkeit soll der Geprüfte Kaufmännische Fachwirt nach der Handwerksordnung oder die Geprüfte Kaufmännische Fachwirtin nach der Handwerksordnung in der Lage sein, kaufmännisch-administrative Bereiche von Handwerksbetrieben sowie anderer kleiner und mittlerer Unternehmen entsprechend den jeweiligen Unternehmenszielen eigenständig und verantwortlich zu führen, Prozesse zu gestalten und zu kontrollieren sowie in diesem Zusammenhang Mitarbeiter und Mitarbeiterinnen zu führen. Zur erweiterten beruflichen Handlungsfähigkeit gehören im Einzelnen folgende Aufgaben:

1. gesamtwirtschaftliche und rechtliche Rahmenbedingungen und Entwicklungen analysieren sowie Vorschläge erarbeiten, um damit die Wettbewerbsfähigkeit zu optimieren,

2. die Entwicklung und Umsetzung strategischer Unternehmensziele unterstützen,

3. Marketingkonzepte entwickeln sowie Einkauf, Kundenmanagement und Vertrieb daran ausrichten,

4. betriebliches Rechnungswesen, Controlling sowie Finanzierung und Investitionen gestalten,

5. Beschaffungs-, Produktions- und Dienstleistungsprozesse betriebswirtschaftlich analysieren und optimieren,

6. Personalwesen gestalten,

7. Mitarbeiter und Mitarbeiterinnen führen, motivieren und fördern und

8. Ausbildung vorbereiten, organisieren, durchführen und abschließen.

(4) Der Nachweis nach § 3 Absatz 1 Nummer 1 und die erfolgreich abgelegte Prüfung nach § 3 Absatz 1 Nummer 2 führen zusammen zum anerkannten Fortbildungsabschluss „Geprüfter Kaufmännischer Fachwirt nach der Handwerksordnung" oder „Geprüfte Kaufmännische Fachwirtin nach der Handwerksordnung".

§ 2
Voraussetzung für die Zulassung zur Prüfung

(1) Zur Prüfung ist zuzulassen, wer Folgendes nachweist:

1. eine erfolgreich abgelegte Abschlussprüfung in einem anerkannten dreijährigen kaufmännischen Ausbildungsberuf sowie eine einjährige Berufspraxis,

2. eine erfolgreich abgelegte Abschlussprüfung in einem anerkannten zweijährigen kaufmännischen Ausbildungsberuf und eine zweijährige Berufspraxis,

3. den anerkannten Fortbildungsabschluss zum Geprüften Fachmann für kaufmännische Betriebsführung nach der Handwerksordnung und zur Geprüften Fachfrau für kaufmännische Betriebsführung nach der Handwerksordnung,

4. eine erfolgreich abgelegte Meisterprüfung in einem Handwerk,

5. einen anerkannten Fortbildungsabschluss nach einer Regelung auf Grund des Berufsbildungsgesetzes zum Industriemeister oder zur Industriemeisterin oder zu einem Fachmeister oder zu einer Fachmeisterin oder einen Abschluss zum Staatlich geprüften Techniker oder zur Staatlich geprüften Technikerin,

6. den Erwerb von mindestens 90 ECTS-Punkten in einem betriebswirtschaftlichen Studium und eine mindestens zweijährige Berufspraxis oder

7. eine mindestens fünfjährige Berufspraxis.

Die Berufspraxis muss jeweils wesentliche inhaltliche Bezüge zu den in § 1 Absatz 3 genannten Aufgaben haben.

(2) Abweichend von Absatz 1 ist zur Prüfung auch zuzulassen, wer durch Vorlage von Zeugnissen oder auf andere Weise glaubhaft macht, Fertigkeiten, Kenntnisse und Fähigkeiten erworben zu haben, die der beruflichen Handlungsfähigkeit vergleichbar sind und die Zulassung zur Prüfung rechtfertigen.

§ 3
Teile des Fortbildungsabschlusses

(1) Für den Fortbildungsabschluss zum Geprüften Kaufmännischen Fachwirt nach der Handwerksordnung und zur Geprüften Kaufmännischen Fachwirtin nach der Handwerksordnung ist Folgendes erforderlich:

1. der Nachweis des Erwerbs der berufs- und arbeitspädagogischen Qualifikationen nach § 4 und

2. das erfolgreiche Ablegen der im Rahmen dieser Verordnung geregelten Prüfung der fortbildungsspezifischen kaufmännischen Qualifikationen nach § 5.

(2) Der Prüfungsnachweis zu den Qualifikationen nach Absatz 1 Nummer 1 ist spätestens vor Beginn der letzten Prüfungsleistung nach Absatz 1 Nummer 2 vorzulegen. Die erfolgreich abgelegte Prüfung nach Absatz 1 Nummer 2 hat der Prüfling innerhalb von zwei Jahren nach Ablegen der ersten Prüfungsleistung in der Prüfung nach Absatz 1 Nummer 2 nachzuweisen.

§ 4
Nachweis der berufs- und arbeitspädagogischen Qualifikationen

Den Erwerb der berufs- und arbeitspädagogischen Qualifikationen hat der Prüfling nachzuweisen durch

1. eine erfolgreich abgelegte Prüfung nach den §§ 4 und 5 der Allgemeinen Meisterprüfungsverordnung in der jeweils geltenden Fassung,

2. eine erfolgreich abgelegte Prüfung nach § 4 der Ausbilder-Eignungsverordnung vom 21. Januar 2009 (BGBl. I S. 88) in der jeweils geltenden Fassung oder

3. eine andere erfolgreich abgelegte vergleichbare Prüfung vor einer öffentlichen oder staatlich anerkannten Bildungseinrichtung oder vor einem staatlichen Prüfungsausschuss.

§ 5
Handlungsbereiche der fortbildungsspezifischen kaufmännischen Qualifikationen

In der Prüfung der fortbildungsspezifischen kaufmännischen Qualifikationen nach § 3 Absatz 1 Nummer 2 werden folgende Handlungsbereiche geprüft:

1. Wettbewerbsfähigkeit von Unternehmen analysieren und fördern,

2. Marketing nach strategischen Vorgaben gestalten,

3. Betriebliches Rechnungswesen, Controlling sowie Finanzierung und Investitionen gestalten,

4. Personalwesen gestalten und Personal führen und

5. Prozesse betriebswirtschaftlich analysieren und optimieren.

§ 6
Handlungsbereich „Wettbewerbsfähigkeit von Unternehmen analysieren und fördern"

(1) Im Handlungsbereich „Wettbewerbsfähigkeit von Unternehmen analysieren und fördern" soll der Prüfling nachweisen, dass er in der Lage ist, grundlegende volkswirtschaftliche Zusammenhänge und ihre Bedeutung für die betriebliche Praxis zu beurteilen. Er soll betriebliche Funktionen und Funktionsbereiche sowie deren Zusammenwirken im Betrieb verstehen. Des Weiteren soll er rechtliche Zusammenhänge begreifen und beachten.

(2) In diesem Rahmen kann Folgendes geprüft werden:

1. Bedeutung von Unternehmen in der volkswirtschaftlichen Leistungsstellung berücksichtigen,
2. volkswirtschaftliche Zusammenhänge beurteilen und deren Bedeutung und Einflüsse auf die Unternehmensziele bewerten,
3. Entwicklung und Umsetzung strategischer Unternehmensziele unterstützen,
4. betriebliche Funktionen bewerten und deren Zusammenwirken im Kontext der Unternehmensziele interpretieren,
5. Unternehmensgründungen und verschiedene Formen der Kooperation unterstützen sowie insbesondere Unternehmensrechtsformen bei der Weiterentwicklung des Unternehmens berücksichtigen und
6. Rechtsvorschriften des bürgerlichen Rechts, des Gewerbe- und des Handwerksrechts, des Handels und des Wettbewerbsrechts im Unternehmen und in den Beziehungen zu Kunden und Lieferanten sowie Grundzüge des Steuerrechts beachten und anwenden.

§ 7

Handlungsbereich „Marketing nach strategischen Vorgaben gestalten"

(1) Im Handlungsbereich „Marketing nach strategischen Vorgaben gestalten" soll der Prüfling nachweisen, dass er in der Lage ist, die Bedeutung des Marketings einzuschätzen und bei der Erstellung eines Marketingkonzeptes mitzuwirken. Dazu gehört, die Entwicklung eines Marketingkonzeptes von der Umwelt und Unternehmensanalyse bis hin zur Implementierung, Kontrolle und Nachsteuerung durchführen zu können.

(2) In diesem Rahmen kann Folgendes geprüft werden:
1. mit Hilfe der Markt- und Umwelt- sowie der Unternehmensanalyse Marketingziele ausarbeiten und begründen,
2. Marketingstrategien unter Verwendung von Marketinginstrumenten vorbereiten und Marketingkonzepte entwickeln,
3. Marketingstrategien und -funktionen sowie Marketinginstrumente einordnen und Marketingkonzepte umsetzen sowie die Chancen des digitalen Marketings und des E-Business nutzen,
4. beim Vertriebscontrolling mitwirken und
5. ein Customer-Relationship-Management (CRM) aufbauen, umsetzen und pflegen.

§ 8

Handlungsbereich „Betriebliches Rechnungswesen, Controlling sowie Finanzierung und Investitionen gestalten"

(1) Im Handlungsbereich „Betriebliches Rechnungswesen, Controlling sowie Finanzierung und Investitionen gestalten" soll der Prüfling nachweisen, dass er in der Lage ist, unter Berücksichtigung rechtlicher Vorgaben und der Zusammenhänge und Abhängigkeiten güterwirtschaftlicher und finanzwirtschaftlicher Prozesse das betriebliche Rechnungswesen zu gestalten.

(2) In diesem Rahmen kann Folgendes geprüft werden:

1. Finanzbuchhaltung unter Beachtung der Grundsätze ordnungsgemäßer Buchführung gestalten und entscheidungsreif aufbereiten,
2. Kosten- und Leistungsrechnung gestalten und deren Ergebnisse entscheidungsreif aufbereiten,
3. Planungsrechnung durchführen und daraus abgeleitete Analysen erstellen,
4. Controlling als wesentliches Instrument der Unternehmensführung einsetzen,
5. Investitionsrechnung durchführen sowie Finanzierungsvorschläge erarbeiten und erläutern und
6. Liquiditätsplanung ausarbeiten und Liquiditätssicherung insbesondere mittels Forderungsmanagement gewährleisten.

§ 9

Handlungsbereich „Personalwesen gestalten und Personal führen"

(1) Im Handlungsbereich „Personalwesen gestalten und Personal führen" soll der Prüfling nachweisen, dass er in der Lage ist, zielorientiert mit Mitarbeitern und Mitarbeiterinnen zu kommunizieren und zu kooperieren, Methoden der Kommunikation und des Konfliktmanagements situationsgerecht einzusetzen und ethische Grundsätze zu berücksichtigen. Darüber hinaus soll er nachweisen, dass er Mitarbeiter und Mitarbeiterinnen unter Beachtung der rechtlichen und betrieblichen Rahmenbedingungen sowie unter Beachtung der Unternehmensziele führen, motivieren, auswählen, fördern und adäquat einsetzen kann.

(2) In diesem Rahmen kann Folgendes geprüft werden:

1. Konzepte zum Auf- und Ausbau einer Unternehmenskultur entwickeln, für den Entscheidungsprozess aufbereiten und die Umsetzungsprozesse unterstützen,
2. Personalbedarfsplanung unter Beachtung strategischer Unternehmensziele ausrichten und durchführen,
3. Personalmarketingkonzept entwickeln und umsetzen, Kriterien für die Personalauswahl festlegen, Mitarbeiter und Mitarbeiterinnen gewinnen,
4. Vertragsverhältnisse zur Sicherstellung des Personalbedarfs schließen und beenden,
5. Personaleinsatz unter Beachtung des individuellen und des kollektiven Arbeitsrechts sowie unter Beachtung sonstiger rechtlicher Bestimmungen durchführen,
6. Personalentwicklung auf die strategischen Unternehmensziele ausrichten und dabei die Potenziale der Mitarbeiter und Mitarbeiterinnen erkennen und fördern,
7. Personalverwaltung, insbesondere Entlohnung unter Berücksichtigung von Anreiz- und Entgeltsystemen, unter Beachtung der dazu geltenden steuer- und sozialrechtlichen Bestimmungen durchführen und
8. Führungsmodelle und -instrumente zur Mitarbeiterführung beherrschen und in die betriebliche Praxis umsetzen.

§ 10

Handlungsbereich „Prozesse betriebswirtschaftlich analysieren und optimieren"

(1) Im Handlungsbereich „Prozesse betriebswirtschaftlich analysieren und optimieren" soll der Prüfling nachweisen, dass er in der Lage ist, unter Berücksichtigung be-

trieblicher und produktionsabhängiger Vorgaben Produktions-, Beschaffungs- und Dienstleistungsprozesse darzustellen, betriebswirtschaftlich zu analysieren, Optimierungspotenziale aufzuzeigen und Entscheidungsvorlagen für betriebliche Prozessverbesserungen auszuarbeiten.

(2) In diesem Rahmen kann Folgendes geprüft werden:

1. betriebliche Prozesse erkennen, analysieren und Verbesserungspotenziale aufzeigen,

2. Maßnahmen zur Verbesserung der Prozesse und entsprechende Entscheidungsvorlagen unter Berücksichtigung von Qualitätsvorgaben ausarbeiten und reflektieren,

3. Investitionsplanung zur Entwicklung, Aufrechterhaltung sowie zur strategischen Verbesserung und Optimierung der Prozesse auf Basis von operativen Daten vorbereiten.

§ 11

Gliederung der Prüfung der fortbildungsspezifischen kaufmännischen Qualifikationen

Die Prüfung der fortbildungsspezifischen kaufmännischen Qualifikationen gliedert sich in

1. eine schriftliche Prüfung und

2. eine mündliche Prüfung.

§ 12

Schriftliche Prüfung

(1) Die schriftliche Prüfung besteht aus drei Prüfungsbestandteilen. Die Aufgaben der drei schriftlichen Prüfungsbestandteile werden als offene Aufgaben formuliert und leiten sich aus der Beschreibung betrieblicher Situationen ab. Die Aufgabenstellungen beziehen sich

1. im ersten Prüfungsbestandteil auf die Handlungsbereiche der §§ 6 und 7 in Kombination mit dem Handlungsbereich des § 10,

2. im zweiten Prüfungsbestandteil auf die Handlungsbereiche des § 8 in Kombination mit dem Handlungsbereich des § 10 und

3. im dritten Prüfungsbestandteil auf die Handlungsbereiche des § 9 in Kombination mit dem Handlungsbereich des § 10.

(2) Die Prüfungsdauer jedes schriftlichen Prüfungsbestandteils beträgt 180 Minuten.

(3) Die schriftliche Prüfung ist bestanden, wenn die Prüfungsleistung jedes Prüfungsbestandteils mit mindestens „ausreichend" bewertet worden ist.

(4) Wurde in höchstens einem schriftlichen Prüfungsbestandteil eine mangelhafte Leistung erbracht, so ist in diesem Prüfungsbestandteil eine mündliche Ergänzungsprüfung anzubieten. Bei einer ungenügenden oder mehreren mangelhaften oder ungenügenden schriftlichen Prüfungsleistungen ist keine Ergänzungsprüfung möglich.

Die Aufgabe muss aus dem Handlungsbereich stammen, in dem die mangelhafte Prüfungsleistung erbracht wurde. Die Ergänzungsprüfung soll anwendungsbezogen sein und nicht länger als 20 Minuten dauern. Die Bewertung der Leistung in der mündlichen Ergänzungsprüfung und die der schriftlichen Prüfungsleistung werden zu einer Bewertung zusammengefasst. Dabei wird die Bewertung der schriftlichen Prüfungsleistung doppelt gewichtet.

§ 13
Mündliche Prüfung

(1) Voraussetzung für die mündliche Prüfung ist, dass die schriftliche Prüfung in allen Prüfungsbestandteilen abgelegt wurde.

(2) Die mündliche Prüfung besteht aus einer Präsentation und einem darauf aufbauenden Fachgespräch. Der Prüfling soll nachweisen, dass er in der Lage ist, angemessen und fachgerecht zu kommunizieren und zu präsentieren.

(3) Für die mündliche Prüfung wählt der Prüfling als Prüfungsthema die Handlungsbereiche eines Prüfungsbestandteils nach § 12 Absatz 1 Nummer 1 bis 3. Die Aufgabenstellung für die Präsentation wird dem Prüfling vom Prüfungsausschuss am Prüfungstermin vorgegeben.

(4) Die Vorbereitungszeit für die mündliche Prüfung beträgt 30 Minuten. Die mündliche Prüfung soll nicht länger als 30 Minuten dauern, von diesen 30 Minuten sollen höchstens 10 Minuten auf die Präsentation verwendet werden.

(5) Bei der Bewertung der mündlichen Prüfung wird die Bewertung des Fachgesprächs gegenüber der Bewertung der Präsentation doppelt gewichtet.

§ 14
Befreiung von einzelnen Prüfungsbestandteilen

Für die Befreiung von einzelnen Prüfungsbestandteilen ist § 42c Absatz 2 der Handwerksordnung entsprechend anzuwenden.

§ 15
Bewerten der Prüfungsleistungen,
Bestehen und Ermittlung der Gesamtnote

(1) Die Prüfungsleistungen in den Prüfungsbestandteilen und die mündliche Prüfung sind jeweils mit Punkten zu bewerten.

(2) Die Prüfung ist bestanden, wenn jede der drei schriftlichen Prüfungsleistungen und die mündliche Prüfung mit mindestens „ausreichend" bewertet wurden.

(3) Aus den Punktzahlen, die in den drei schriftlichen Prüfungsbestandteilen und in der mündlichen Prüfung erreicht wurden, ist das arithmetische Mittel und daraus die Gesamtnote zu bilden.

§ 16

Zeugnisse

Ist die Prüfung der fortbildungsspezifischen kaufmännischen Qualifikationen bestanden und wurde der Nachweis über den Erwerb der Qualifikationen nach § 3 Absatz 1 Nummer 2 vorgelegt, so stellt die zuständige Stelle zwei Zeugnisse aus. In dem einen Zeugnis wird mit der Angabe

1. der Bezeichnung des Fortbildungsabschlusses nach § 1 Absatz 4,

2. der Bezeichnung und der Fundstelle dieser Rechtsverordnung

der Erwerb des Fortbildungsabschlusses bescheinigt. In dem anderen Zeugnis wird darüber hinaus mindestens angegeben:

1. die Handlungsbereiche nach § 5,

2. die Prüfungsergebnisse nach § 15 Absatz 1 und 3,

3. der Nachweis der berufs- und arbeitspädagogischen Qualifikationen nach § 4 sowie

4. Befreiungen nach § 14; jede Befreiung ist mit Ort, Datum und der Bezeichnung des Prüfungsgremiums der anderweitig abgelegten Prüfung anzugeben.

§ 17

Wiederholen der Prüfung der fortbildungsspezifischen kaufmännischen Qualifikationen

(1) Eine nicht bestandene Prüfung kann zweimal wiederholt werden. Der Prüfling hat die Wiederholungsprüfung bei der zuständigen Stelle zu beantragen.

(2) Wer die Wiederholung der schriftlichen Prüfung innerhalb von zwei Jahren nach dem Tag des Nichtbestehens beantragt, ist von denjenigen Prüfungsbestandteilen zu befreien, die in der vorangegangenen Prüfung mit mindestens „ausreichend" bewertet wurden.

(3) Auf Antrag kann im Fall der Wiederholung eines nicht bestandenen Prüfungsbestandteils auch ein bereits bestandener Prüfungsbestandteil wiederholt werden. In diesem Fall gilt nur das Ergebnis der Wiederholungsprüfung.

§ 18

Übergangsvorschriften

Begonnene Prüfungsverfahren zum „Kaufmännischen Fachwirt (HwK)" und zur „Kaufmännischen Fachwirtin (HwK)" sowie zum „Fachwirt für kaufmännische Betriebsführung im Handwerk" und zur „Fachwirtin für kaufmännische Betriebsführung im Handwerk" können bis zum 31. Dezember 2018 nach den bisherigen Vorschriften zu Ende geführt werden. Bei Anmeldung zur Prüfung bis zum Ablauf des 30. September 2017 kann die Anwendung der bisherigen Vorschriften vereinbart werden.

§ 19

Inkrafttreten

Diese Verordnung tritt am 1. April 2016 in Kraft.

VII. Richtlinie des Rates vom 21. Dezember 1988 über eine allgemeine Regelung zur Anerkennung der Hochschuldiplome, die eine mindestens dreijährige Berufsausübung abschließen (89/48/EWG)

(ABl. EG 1989 Nr. L 19 S. 16)

Der Rat der Europäischen Gemeinschaften –

gestützt auf den Vertrag zur Gründung der Europäischen Wirtschaftsgemeinschaft, insbesondere auf Artikel 49, Artikel 57 Absatz 1 und Artikel 66,

auf Vorschlag der Kommission*,

in Zusammenarbeit mit dem Europäischen Parlament**,

nach Stellungnahme des Wirtschafts- und Sozialausschusses***,

in Erwägung nachstehender Gründe:

Nach Artikel 3 Buchstabe c) des Vertrages stellt die Beseitigung der Hindernisse für den freien Personen- und Dienstleistungsverkehr zwischen den Mitgliedstaaten eines der Ziele der Gemeinschaft dar. Dies bedeutet für die Angehörigen der Mitgliedstaaten insbesondere die Möglichkeit, als Selbstständige oder abhängige Beschäftigte einen Beruf in einem anderen Mitgliedstaat als dem auszuüben, in dem sie ihre beruflichen Qualifikationen erworben haben.

Die bisher vom Rat erlassenen Vorschriften, nach denen die Mitgliedstaaten untereinander die in ihren Hoheitsgebieten ausgestellten Hochschuldiplome zu beruflichen Zwecken anerkennen, betreffen wenige Berufe. Niveau und Dauer der Ausbildung, die Voraussetzung für den Zugang zu diesen Berufen war, waren auf ähnliche Weise in allen Mitgliedstaaten reglementiert oder Gegenstand einer Mindestharmonisierung, die zur Einführung dieser sektoralen Regelungen der gegenseitigen Anerkennung der Diplome notwendig war.

Um rasch den Erwartungen derjenigen europäischen Bürger zu entsprechen, die Hochschuldiplome besitzen, welche eine Berufsausbildung abschließen und in einem anderen Mitgliedstaat als dem, in dem sie ihren Beruf ausüben wollen, ausgestellt wurden, ist auch eine andere Methode zur Anerkennung dieser Diplome einzuführen, die den Bürgern die Ausübung aller beruflichen Tätigkeiten, die in einem Aufnahmestaat von einer weiter führenden Bildung im Anschluss an den Sekundarabschnitt abhängig sind, erleichtert, sofern sie solche Diplome besitzen, die sie auf diese Tätigkeiten vorbereiten, die einen wenigstens dreijährigen Studiengang bescheinigen und die in einem anderen Mitgliedstaat ausgestellt wurden.

---

* ABl. Nr. C 217 vom 28.8.1985, S. 3, und ABl. Nr. C 143 vom 10. 6.1986, S. 7.
** ABl. Nr. C 345 vom 31.12.1985, S. 80, und ABl. Nr. C 309 vom 5.12.1988.
*** ABl. Nr. C 75 vom 3.4.1986, S. 5.

Dieses Ergebnis kann durch die Einführung einer allgemeinen Regelung zur Anerkennung der Hochschuldiplome erreicht werden, die eine mindestens dreijährige Berufsausbildung abschließen.

Bei denjenigen Berufen, für deren Ausübung die Gemeinschaft kein Mindestniveau der notwendigen Qualifikation festgelegt hat, behalten die Mitgliedstaaten die Möglichkeit, dieses Niveau mit dem Ziel zu bestimmen, die Qualität der in ihrem Hoheitsgebiet erbrachten Leistungen zu sichern. Sie können jedoch nicht, ohne sich über ihre Verpflichtungen nach Artikel 5 des Vertrages hinwegzusetzen, einem Angehörigen eines Mitgliedstaats vorschreiben, dass er Qualifikationen erwirbt, die sie in der Regel im Wege der schlichten Bezugnahme auf die im Rahmen ihres innerstaatlichen Bildungssystems ausgestellten Diplome bestimmen, wenn der Betreffende diese Qualifikationen bereits ganz oder teilweise in einem anderen Mitgliedstaat erworben hat. Deshalb hat jeder Aufnahmestaat, in dem ein Beruf reglementiert ist, die in einem anderen Mitgliedstaat erworbenen Qualifikationen zu berücksichtigen und zu beurteilen, ob sie den von ihm geforderten Qualifikationen entsprechen.

Eine Zusammenarbeit zwischen den Mitgliedstaaten ist geeignet, ihnen die Einhaltung dieser Verpflichtungen zu erleichtern. Deshalb sind die Einzelheiten dieser Zusammenarbeit zu regeln.

Es ist angezeigt, insbesondere den Begriff „reglementierte berufliche Tätigkeit" zu definieren, um unterschiedliche soziologische Verhältnisse in den einzelnen Mitgliedstaaten zu berücksichtigen. Als reglementierte berufliche Tätigkeit ist nicht nur eine berufliche Tätigkeit zu betrachten, deren Aufnahme in einem Mitgliedstaat an den Besitz eines Diploms gebunden ist, sondern auch eine berufliche Tätigkeit, deren Aufnahme frei ist, wenn sie in Verbindung mit der Führung eines Titels ausgeübt wird, der denjenigen vorbehalten ist, die bestimmte Qualifikationsvoraussetzungen erfüllen. Berufsverbände oder -organisationen, die ihren Mitgliedstaaten derartige Titel ausstellen und von den Behörden anerkannt werden, können sich nicht auf ihre private Natur berufen, um sich der Anwendung der mit dieser Richtlinie vorgesehenen Regelung zu entziehen.

Auch muss festgelegt werden, welche Merkmale für die Berufserfahrung oder den Anpassungslehrgang gelten sollen, die der Aufnahmestaat neben dem Hochschuldiplom von dem Betreffenden fordern kann, wenn dessen Qualifikationen nicht den von seinen innerstaatlichen Bestimmungen vorgeschriebenen entsprechen.

Anstelle eines Anpassungslehrgangs kann auch eine Eignungsprüfung vorgesehen werden. Beide bewirken, dass die derzeitige Lage bei der gegenseitigen Anerkennung der Diplome durch die Mitgliedstaaten verbessert und somit der freie Personenverkehr innerhalb der Gemeinschaft erleichtert wird. Mit ihnen soll festgestellt werden, ob der Zuwanderer, der bereits in einem anderen Mitgliedstaat eine Berufsausbildung erhalten hat, fähig ist, sich seinem neuen beruflichen Umfeld anzupassen. Eine Eignungsprüfung hat aus der Sicht des Zuwanderers den Vorteil, dass sie die Dauer der Anpassungszeit verkürzt. Die Wahl zwischen Anpassungslehrgang und Eignungsprüfung muss grundsätzlich dem Zuwanderer überlassen bleiben. Einige Berufe sind jedoch so beschaffen, dass den Mitgliedstaaten gestattet werden muss, unter bestimmten Bedingungen entweder den Lehrgang oder die Prüfung vorzuschreiben. Vor allem die Unterschiede zwischen den Rechtssystemen der Mitgliedstaaten, selbst wenn sie von Mitgliedstaat zu Mitgliedstaat von unterschiedlicher Bedeutung sind, rechtfertigen Sonderregelungen, weil die durch Diplom, Prüfungszeugnisse oder sonstige Befähigungsnachweise bescheinigte Ausbildung auf einem Rechtsgebiet des Herkunftslandes im Allgemeinen nicht die juristischen Kenntnisse abdeckt, die im Aufnahmeland auf dem entsprechenden Rechtsgebiet verlangt werden.

Die allgemeine Regelung zur Anerkennung der Hochschuldiplome zielt weder auf eine Änderung der die Berufsausübung einschließlich der Berufsethik betreffenden Bestimmungen ab, die für alle Personen gelten, die einen Beruf im Hoheitsgebiet eines Mitgliedstaates ausüben, noch auf einen Ausschluss der Zuwanderer von der Anwendung dieser Bestimmungen. Die Regelung sieht lediglich geeignete Maßnahmen vor, mit denen sichergestellt werden kann, dass der Zuwanderer den die Berufsausübung betreffenden Bestimmungen des Aufnahmestaats nachkommt.

Nach Artikel 49, Artikel 57 Absatz 1 und Artikel 66 des Vertrages ist die Gemeinschaft für den Erlass der Rechtsvorschriften zuständig, die für die Einführung und das Funktionieren einer solchen Regelung notwendig sind.

Die allgemeine Regelung zur Anerkennung der Hochschuldiplome präjudiziert in keiner Weise die Anwendung von Artikel 48 Absatz 4 und Artikel 55 des Vertrages.

Eine derartige Regelung stärkt das Recht des europäischen Bürgers, seine beruflichen Kenntnisse in jedem Mitgliedstaat zu nutzen, und sie vervollständigt und stärkt gleichzeitig seinen Anspruch darauf, diese Kenntnisse zu erwerben, wo immer er es wünscht.

Diese Regelung muss nach einer gewissen Zeit der Anwendung auf ihre Effizienz hin bewertet werden, um insbesondere festzustellen, inwieweit sie verbessert oder ihr Anwendungsbereich erweitert werden kann –

hat folgende Richtlinie erlassen:

Artikel 1

Im Sinne dieser Richtlinie gelten

a) als Diplome alle Diplome, Prüfungszeugnisse oder sonstige Befähigungsnachweise bzw. diese Diplome, Prüfungszeugnisse oder sonstigen Befähigungsnachweise insgesamt,

– die in einem Mitgliedstaat von einer nach seinen Rechts- und Verwaltungsvorschriften bestimmten zuständigen Stelle ausgestellt werden,

– aus denen hervorgeht, dass der Diplominhaber ein mindestens dreijähriges Studium oder ein dieser Dauer entsprechendes Teilzeitstudium an einer Universität oder einer Hochschule oder einer anderen Ausbildungseinrichtung mit gleichwertigem Niveau absolviert und gegebenenfalls die über das Studium hinaus erforderliche berufliche Ausbildung abgeschlossen hat, und

– aus denen hervorgeht, dass der Zeugnisinhaber über die beruflichen Voraussetzungen verfügt, die für den Zugang zu einem reglementierten Beruf oder dessen Ausübung in diesem Mitgliedstaat erforderlich sind, wenn die durch das Diplom, das Prüfungszeugnis oder einen sonstigen Befähigungsnachweis bescheinigte Ausbildung überwiegend in der Gemeinschaft erworben wurde oder wenn dessen Inhaber eine dreijährige Berufserfahrung hat, die von dem

Mitgliedstaat bescheinigt wird, der ein Diplom, ein Prüfungszeugnis oder einen sonstigen Befähigungsnachweis eines Drittlandes anerkannt hat.

Einem Diplom im Sinne von Unterabsatz 1 sind alle Diplome, Prüfungszeugnisse oder sonstigen Befähigungsnachweise bzw. diese Diplome, Prüfungszeugnisse oder sonstigen Befähigungsnachweise insgesamt gleichgestellt, die von einer zuständigen Stelle in einem Mitgliedstaat ausgestellt wurden, wenn sie eine in der Gemeinschaft erworbene und von einer zuständigen Stelle in diesem Mitgliedstaat als gleichwertig anerkannte Ausbildung abschließen und in diesem Mitgliedstaat in Bezug auf den Zugang zu einem reglementierten Beruf oder dessen Ausübung dieselben Rechte verleihen;

b) als Aufnahmestaat der Mitgliedstaat, in dem ein Angehöriger eines Mitgliedstaats die Ausübung eines Berufes beantragt, der dort reglementiert ist, in dem er jedoch nicht das Diplom, auf das er sich beruft, erworben oder erstmals den betreffenden Beruf ausgeübt hat;

c) als reglementierter Beruf die reglementierte berufliche Tätigkeit oder die reglementierten beruflichen Tätigkeiten insgesamt, die in einem Mitgliedstaat den betreffenden Beruf ausmachen;

d) als reglementierte Tätigkeit eine berufliche Tätigkeit, deren Aufnahme oder Ausübung oder eine ihrer Arten der Ausübung in einem Mitgliedstaat direkt oder indirekt durch Rechts- oder Verwaltungsvorschriften an den Besitz eines Diploms gebunden ist. Als Art der Ausübung einer reglementierten beruflichen Tätigkeit gilt insbesondere

– die Ausübung einer beruflichen Tätigkeit in Verbindung mit der Führung eines Titels, der nur von Personen geführt werden darf, die ein Diplom besitzen, das in einschlägigen Rechts- und Verwaltungsvorschriften festgelegt ist;

– die Ausübung einer beruflichen Tätigkeit im Gesundheitswesen, wenn die Vergütung dieser Tätigkeit und/oder eine diesbezügliche Erstattung durch das einzelstaatliche System der sozialen Sicherheit an den Besitz eines Diploms gebunden ist.

Eine berufliche Tätigkeit, auf die Unterabsatz 1 nicht zutrifft, wird einer reglementierten beruflichen Tätigkeit gleichgestellt, wenn sie von Mitgliedern eines Verbandes oder einer Organisation ausgeübt wird, dessen bzw. deren Ziel insbesondere die Förderung und Wahrung eines hohen Niveaus in dem betreffenden Beruf ist und der bzw. die zur Verwirklichung dieses Ziels von einem Mitgliedstaat in besonderer Form anerkannt wird und

– seinen bzw. ihren Mitgliedern ein Diplom ausstellt,

– sicherstellt, dass seine bzw. ihre Mitglieder die von ihm bzw. ihr festgelegten Regeln für das berufliche Verhalten beachten und

– ihnen das Recht verleiht, einen Titel zu führen bzw. bestimmte Kennbuchstaben zu verwenden oder einen diesem Diplom entsprechenden Status in Anspruch zu nehmen.

Ein nicht erschöpfendes Verzeichnis von Verbänden oder Organisationen, die zum Zeitpunkt der Genehmigung dieser Richtlinie die Bindungen des Unterabsatzes 2 erfüllen, ist im Anhang enthalten. Wenn ein Mitgliedstaat einen Verband oder eine Organisation nach den Bestimmungen des Unterabsatzes 2 anerkennt, setzt er die Kommission davon in Kenntnis. Die Kommission veröffentlicht diese Information im *Amtsblatt der Europäischen Gemeinschaften;*

e) als Berufserfahrung die tatsächliche und rechtmäßige Ausübung des betreffenden Berufs in einem Mitgliedstaat;

f) als Anpassungslehrgang die Ausübung eines reglementierten Berufs, die in dem Aufnahmestaat unter der Verantwortung eines qualifizierten Berufsangehörigen erfolgt und gegebenenfalls mit einer Zusatzausbildung einhergeht. Der Lehrgang ist Gegenstand einer Bewertung. Die Einzelheiten des Anpassungslehrgangs und seiner Bewertung sowie die Rechtslage des zugewanderten Lehrgangsteilnehmers werden von der zuständigen Stelle des Aufnahmestaats festgelegt;

g) als Eignungsprüfung eine ausschließlich die beruflichen Kenntnisse des Antragstellers betreffende und von den zuständigen Stellen des Aufnahmestaats durchgeführte Prüfung, mit der die Fähigkeit des Antragstellers, in diesem Mitgliedstaat einen reglementierten Beruf auszuüben, beurteilt werden soll.

Für die Zwecke dieser Prüfung erstellen die zuständigen Stellen ein Verzeichnis der Sachgebiete, die aufgrund eines Vergleichs zwischen der in ihrem Staat verlangten Ausbildung und der bisherigen Ausbildung des Antragstellers von dem Diplom oder dem bzw. den Prüfungszeugnissen, die der Antragsteller vorlegt, nicht abgedeckt werden.

Die Eignungsprüfung muss dem Umstand Rechnung tragen, dass der Antragsteller in seinem Heimat- oder Herkunftsmitgliedstaat über eine berufliche Qualifikation verfügt. Sie erstreckt sich auf Sachgebiete, die aus den in dem Verzeichnis enthaltenen Sachgebieten auszuwählen sind und deren Kenntnis eine wesentliche Voraussetzung für eine Ausübung des Berufs im Aufnahmestaat ist. Diese Prüfung kann sich auch auf die Kenntnis der sich auf die betreffenden Tätigkeiten im Aufnahmestaat beziehenden berufsständischen Regeln erstrecken. Die Modalitäten der Eignungsprüfung werden von den zuständigen Stellen des Aufnahmestaats unter Wahrung der Bestimmungen des Gemeinschaftsrechts festgelegt.

Im Aufnahmestaat wird die Rechtslage des Antragstellers, der sich dort auf die Eignungsprüfung vorbereiten will, von den zuständigen Stellen dieses Staats festgelegt.

Artikel 2

Diese Richtlinie gilt für alle Angehörigen eines Mitgliedstaats, die als Selbstständige oder abhängig Beschäftigte einen reglementierten Beruf in einem anderen Mitgliedstaat ausüben wollen.

Diese Richtlinie gilt nicht für die Berufe, die Gegenstand einer Einzelrichtlinie sind, mit der in den Mitgliedstaaten eine gegenseitige Anerkennung der Diplome eingeführt wird.

Artikel 3

Wenn der Zugang zu einem reglementierten Beruf oder dessen Ausübung im Aufnahmestaat von dem Besitz eines Diploms abhängig gemacht wird, kann die zuständige Stelle einem Angehörigen eines Mitgliedstaats den Zugang zu diesem Beruf oder dessen Ausübung unter denselben Voraussetzungen wie bei Inländern nicht wegen mangelnder Qualifikation verweigern,

a) wenn der Antragsteller das Diplom besitzt, das in einem anderen Mitgliedstaat erforderlich ist, um Zugang zu diesem Beruf in seinem Hoheitsgebiet zu erhalten oder ihn dort auszuüben, und wenn dieses Diplom in einem Mitgliedstaat erworben wurde, oder

b) wenn der Antragsteller diesen Beruf vollzeitlich zwei Jahre lang in den vorhergehenden zehn Jahren in einem anderen Mitgliedstaat ausgeübt hat, der diesen Beruf nicht gemäß Artikel 1 Buchstabe c) und Buchstabe d) Absatz 1 reglementiert, sofern der Betreffende dabei im Besitz von einem oder mehreren Ausbildungsnachweisen war,

   – die in einem Mitgliedstaat von einer nach dessen Rechts- und Verwaltungsvorschriften bestimmten zuständigen Stelle ausgestellt worden waren;

   – aus denen hervorgeht, dass der Inhaber ein mindestens dreijähriges Studium oder ein dieser Dauer entsprechendes Teilzeitstudium an einer Universität oder einer Hochschule oder einer anderen Ausbildungseinrichtung mit gleichwertigem Niveau in einem Mitgliedstaat absolviert und gegebenenfalls die über das Studium hinaus erforderliche berufliche Ausbildung abgeschlossen hatte und

   – die er zur Vorbereitung auf die Ausübung dieses Berufs erworben hatte.

Dem Ausbildungsnachweis nach Unterabsatz 1 sind ein jedes Prüfungszeugnis bzw. Prüfungszeugnisse insgesamt gleichgestellt, die von einer zuständigen Stelle in einem Mitgliedstaat ausgestellt werden, wenn sie eine in der Gemeinschaft erworbene Ausbildung bestätigen und von diesem Mitgliedstaat als gleichwertig anerkannt werden, sofern diese Anerkennung den übrigen Mitgliedstaaten und der Kommission mitgeteilt worden ist.

Artikel 4

(1) Artikel 3 hindert den Aufnahmestaat nicht daran, vom Antragsteller ebenfalls zu verlangen,

a) dass er Berufserfahrung nachweist, wenn die Ausbildungsdauer, die er gemäß Artikel 3 Buchstaben a) und b) nachweist, um mindestens ein Jahr unter der in dem Aufnahmestaat geforderten Ausbildungsdauer liegt. In diesem Fall darf die Dauer der verlangten Berufserfahrung

   – das Doppelte der fehlenden Ausbildungszeit nicht überschreiten, wenn sich diese auf ein Studium und/oder auf ein unter der Aufsicht eines Ausbilders absolviertes und mit einer Prüfung abgeschlossenes Berufspraktikum bezieht;

   – die fehlende Ausbildungszeit nicht überschreiten, wenn sich diese auf eine mit Unterstützung eines qualifizierten Berufsangehörigen erworbene Berufspraxis bezieht.

Bei Diplomen im Sinne von Artikel 1 Buchstabe a) letzter Absatz bestimmt sich die Dauer der als gleichwertig anerkannten Ausbildung nach der in Artikel 1 Buchstabe a) Unterabsatz 1 definierten Ausbildung.

Bei Anwendung des vorliegenden Buchstabens ist die Berufserfahrung gemäß Artikel 3 Buchstabe b) anzurechnen.

Die Dauer der verlangten Berufserfahrung darf auf keinen Fall vier Jahre überschreiten;

b) dass er einen höchstens dreijährigen Anpassungslehrgang absolviert oder eine Eignungsprüfung ablegt,

- wenn seine bisherige Ausbildung gemäß Artikel 3 Buchstaben a) und b) sich auf Fächer bezieht, die sich wesentlich von denen unterscheiden, die von dem Diplom abgedeckt werden, das in dem Aufnahmestaat vorgeschrieben ist, oder
- wenn in dem in Artikel 3 Buchstabe a) vorgesehenen Fall der reglementierte Beruf in dem Aufnahmestaat eine oder mehrere reglementierte berufliche Tätigkeiten umfasst, die in dem Heimat- oder Herkunftsmitgliedstaat des Antragstellers nicht Bestandteil des betreffenden reglementierten Berufs sind, und wenn dieser Unterschied in einer besonderen Ausbildung besteht, die in dem Aufnahmestaat gefordert wird und sich auf Fächer bezieht, die sich wesentlich von denen unterscheiden, die von dem Diplom abgedeckt werden, das der Antragsteller vorweist, oder
- wenn in dem in Artikel 3 Buchstabe b) vorgesehenen Fall der reglementierte Beruf in dem Aufnahmestaat eine oder mehrere reglementierte berufliche Tätigkeiten umfasst, die nicht Bestandteil des vom Antragsteller in seinem Heimat- oder Herkunftsmitgliedstaat ausgeübten Berufs sind, und wenn dieser Unterschied in einer besonderen Ausbildung besteht, die in dem Aufnahmestaat gefordert wird und sich auf Fächer bezieht, die sich wesentlich von denen unterscheiden, die von dem oder den Befähigungsnachweisen abgedeckt werden, die der Antragsteller vorweist.

Wenn der Aufnahmestaat von dieser Möglichkeit Gebrauch macht, muss er dem Antragsteller die Wahl zwischen dem Anpassungslehrgang und der Eignungsprüfung lassen. Abweichend von diesem Grundsatz kann der Aufnahmestaat einen Anpassungslehrgang oder eine Eignungsprüfung vorschreiben, wenn es sich um Berufe handelt, deren Ausübung eine genaue Kenntnis des nationalen Rechts erfordert und bei denen die Beratung und/oder der Beistand in Fragen des innerstaatlichen Rechts ein wesentlicher und ständiger Bestandteil der beruflichen Tätigkeit ist. Wenn der Aufnahmestaat bei anderen Berufen von der Wahlmöglichkeit des Antragstellers abweichen möchte, ist das Verfahren des Artikels 10 anzuwenden.

(2) Jedoch kann der Aufnahmestaat von den Möglichkeiten im Sinne von Absatz 1 Buchstaben a) und b) nicht gleichzeitig Gebrauch machen.

Artikel 5

Unbeschadet der Artikel 3 und 4 kann jeder Aufnahmestaat dem Antragsteller zur Verbesserung seiner Anpassungsmöglichkeiten an das berufliche Umfeld in diesem Staat im Sinne der Gleichwertigkeit gestatten, dort mit Unterstützung eines qualifizierten Berufsangehörigen den aus einer Berufspraxis bestehenden Teil der Berufsausbildung abzuleisten, den er im Heimat- oder Herkunftsmitgliedstaat nicht abgeleistet hat.

Artikel 6

(1) Die zuständige Behörde eines Aufnahmestaats, die für den Zugang zu einem reglementierten Beruf einen Nachweis der Ehrenhaftigkeit, ein Führungszeugnis oder eine Bescheinigung darüber, dass der Betreffende nicht in Konkurs geraten ist, fordert oder die Ausübung dieses Berufs bei schwer wiegendem standeswidrigen Verhalten oder bei einer strafbaren Handlung untersagt, erkennt bei Angehörigen der andern Mitgliedstaaten, die diesen Beruf im Hoheitsgebiet des Aufnahmestaats ausüben wollen, die von den zuständigen Behörden des Heimat- oder Herkunftsmitgliedstaats ausgestellten Bescheinigungen, aus denen hervorgeht, dass diesen Anforderungen Genüge geleistet wird, als ausreichenden Nachweis an.

Werden von den zuständigen Stellen des Heimat- oder Herkunftsmitgliedstaats die in Unterabsatz 1 genannten Dokumente nicht ausgestellt, so werden sie durch eine eidesstattliche Erklärung – oder in den Staaten, in denen es keine eidesstattliche Erklärung gibt, durch eine feierliche Erklärung – ersetzt, die der Betreffende vor einer zuständigen Justiz- oder Verwaltungsbehörde oder gegebenenfalls vor einem Notar oder einer entsprechend bevollmächtigten Berufsorganisation des Heimat- oder Herkunftsmitgliedstaats abgegeben hat, die eine diese eidesstattliche oder feierliche Erklärung bestätigende Bescheinigung ausstellen.

(2) Fordert die zuständige Behörde des Aufnahmestaats von den Angehörigen ihres Staats für den Zugang zu einem reglementierten Beruf oder dessen Ausübung eine Bescheinigung über die körperliche oder geistige Gesundheit, so erkennt sie die Vorlage der Bescheinigung, die im Heimat- oder Herkunftsmitgliedstaat gefordert wird, hierfür als ausreichenden Nachweis an.

Wird im Heimat- oder Herkunftsmitgliedstaat für die Aufnahme oder die Ausübung des betreffenden Berufs ein derartiges Zeugnis nicht verlangt, so erkennt der Aufnahmestaat bei Staatsangehörigen des Heimat- oder Herkunftsmitgliedstaats eine von den zuständigen Behörden dieses Staats ausgestellte Bescheinigung an, die den Bescheinigungen des Aufnahmestaats entspricht.

(3) Die zuständige Behörde des Aufnahmestaats kann verlangen, dass die Nachweise und Bescheinigungen nach den Absätzen 1 und 2 bei ihrer Vorlage nicht älter als drei Monate sind.

(4) Fordert die zuständige Behörde des Aufnahmestaats von den Angehörigen ihres Staats für den Zugang zu einem reglementierten Beruf oder dessen Ausübung einen Eid oder eine feierliche Erklärung, so sorgt sie für den Fall, dass die Formel dieses Eides oder dieser Erklärung von den Angehörigen der anderen Mitgliedstaaten nicht verwendet werden kann, dafür, dass den Betreffenden eine geeignete und gleichwertige Formel zur Verfügung steht.

Artikel 7

(1) Die zuständige Behörde des Aufnahmestaats erkennt den Angehörigen der Mitgliedstaaten, die die Voraussetzungen für den Zugang zu einem reglementierten Beruf und dessen Ausübung im Hoheitsgebiet des Aufnahmestaats erfüllen, das Recht zu, die diesem Beruf entsprechende Berufsbezeichnung des Aufnahmestaats zu führen.

(2) Die zuständige Behörde des Aufnahmestaats erkennt den Angehörigen der Mitgliedstaaten, die die Voraussetzungen für den Zugang zu einem reglementierten Beruf und dessen Ausübung im Hoheitsgebiet des Aufnahmestaats erfüllen, das Recht zu, ihre im Heimat- oder Herkunftsmitgliedstaat bestehende rechtmäßige Ausbildungsbezeichnung und gegebenenfalls ihre Abkürzung in der Sprache dieses Staats zu führen. Der Aufnahmestaat kann vorschreiben, dass neben dieser Bezeichnung Name und Ort der Lehranstalt oder des Prüfungsausschusses, die bzw. der diese Ausbildungsbezeichnung verliehen hat, aufgeführt werden.

(3) Wird ein Beruf in dem Aufnahmestaat durch einen Verband oder eine Organisation gemäß Artikel 1 Buchstabe d) reglementiert, so sind Staatsangehörige der Mitgliedstaaten zur Führung der Berufsbezeichnung oder der Kennbuchstaben, die von dem betreffenden Verband oder der betreffenden Organisation verliehen werden, nur berechtigt, wenn sie ihre Mitgliedschaft bei diesem Verband oder dieser Organisation nachweisen können.

Sofern der Verband oder die Organisation die Aufnahme von Qualifikationsanforderungen abhängig macht, kann er bzw. sie dies gegenüber Angehörigen anderer Mitgliedstaaten, welche über ein Diplom im Sinne von Artikel 1 Buchstabe a) oder eine Berufsbefähigung im Sinne von Artikel 3, Buchstabe b) verfügen, nur unter den in dieser Richtlinie, insbesondere in den Artikeln 3 und 4, niedergelegten Bedingungen tun.

Artikel 8

(1) Der Aufnahmestaat erkennt als Nachweis dafür, dass die in den Artikeln 3 und 4 genannten Voraussetzungen erfüllt sind, die von den zuständigen Behörden der Mitgliedstaaten ausgestellten Bescheinigungen an, die der Antragsteller mit seinem Antrag auf Ausübung des betreffenden Berufs vorzulegen hat.

(2) Das Verfahren zur Prüfung eines Antrags auf Ausübung eines reglementierten Berufs muss so rasch wie möglich durchgeführt und mit einer mit Gründen versehenen Entscheidung der zuständigen Behörde des Aufnahmestaats spätestens vier Monate nach Vorlage der vollständigen Unterlagen des Betreffenden abgeschlossen werden. Gegen diese Entscheidung oder gegen die Unterlassung einer Entscheidung kann ein gerichtlicher Rechtsbehelf nach innerstaatlichem Recht eingelegt werden.

Artikel 9

(1) Die Mitgliedstaaten bezeichnen innerhalb der in Artikel 12 vorgesehenen Frist die zuständigen Behörden, die ermächtigt sind, die Anträge entgegenzunehmen und die in dieser Richtlinie genannten Entscheidungen zu treffen.

Sie setzen die übrigen Mitgliedstaaten und die Kommission davon in Kenntnis.

---

* *Diese Richtlinie wurde den Mitgliedstaaten am 4. Januar 1989 bekannt gegeben.*

(2) Jeder Mitgliedstaat benennt einen Koordinator für die Tätigkeiten der Behörden nach Absatz 1 und setzt die übrigen Mitgliedstaaten und die Kommission davon in Kenntnis. Seine Aufgabe besteht darin, die einheitliche Anwendung dieser Richtlinie auf alle in Frage kommenden Berufe zu fördern. Bei der Kommission wird eine Koordinierungsgruppe eingerichtet, die aus den von den einzelnen Mitgliedstaaten benannten Koordinatoren oder deren Stellvertretern besteht und in der ein Vertreter der Kommission den Vorsitz führt.

Aufgabe dieser Gruppe ist es,

– die Durchführung dieser Richtlinie zu erleichtern;

– alle zweckdienlichen Informationen über ihre Anwendung in den Mitgliedstaaten zu sammeln.

Sie kann von der Kommission zu geplanten Änderungen der derzeitigen Regelung konsultiert werden.

(3) Die Mitgliedstaaten ergreifen Maßnahmen, um im Rahmen dieser Richtlinie die erforderlichen Auskünfte über die Anerkennung der Diplome zur Verfügung zu stellen. Sie können dabei von der Informationsstelle für die akademische Anerkennung der Diplome und Studienzeiten, die von den Mitgliedstaaten im Rahmen der Entschließung des Rates und der im Rat vereinigten Minister für das Bildungswesen vom 9. Februar 1976* errichtet wurde, oder in geeigneten Fällen von den betreffenden Berufsverbänden oder -organisationen unterstützt werden. Die Kommission ergreift die erforderlichen Initiativen, um zu gewährleisten, dass die Erteilung der erforderlichen Auskünfte ausgebaut und koordiniert wird.

Artikel 10

(1) Wenn ein Mitgliedstaat in Anwendung von Artikel 4 Absatz 1 Buchstabe b) Unterabsatz 2 Satz 3 dem Antragsteller für einen Beruf im Sinne dieser Richtlinie nicht die Wahl zwischen einem Anpassungslehrgang und einer Eignungsprüfung lassen möchte, übermittelt er der Kommission unverzüglich den Entwurf der betreffenden Vorschrift. Er teilt der Kommission gleichzeitig die Gründe mit, die eine solche Regelung erforderlich machen.

Die Kommission unterrichtet die anderen Mitgliedstaaten unverzüglich von dem Entwurf; sie kann auch die Koordinierungsgruppe nach Artikel 9 Absatz 2 zu diesem Entwurf konsultieren.

(2) Unbeschadet der Tatsache, dass die Kommission und die übrigen Mitgliedstaaten Bemerkungen zu dem Entwurf vorbringen können, darf der Mitgliedstaat die Bestimmung nur erlassen, wenn die Kommission sich innerhalb einer Frist von drei Monaten nicht im Wege einer Entscheidung dagegen ausgesprochen hat.

(3) Die Mitgliedstaaten teilen einem Mitgliedstaat oder der Kommission auf Verlangen unverzüglich den endgültigen Wortlaut einer Bestimmung mit, die sich aus der Anwendung dieses Artikels ergibt.

---

* ABl. Nr. C 38 vom 19. 2.1976, S. 1.

Artikel 11

Nach Ablauf der Frist nach Artikel 12 übermitteln die Mitgliedstaaten der Kommission alle zwei Jahre einen Bericht über die Anwendung der Regelung.

Neben allgemeinen Bemerkungen enthält dieser Bericht eine statistische Aufstellung der getroffenen Entscheidungen sowie eine Beschreibung der Hauptprobleme, die sich aus der Anwendung dieser Richtlinie ergeben.

Artikel 12

Die Mitgliedstaaten treffen die erforderlichen Maßnahmen, um dieser Richtlinie binnen zwei Jahren nach ihrer Bekanntgabe* nachzukommen. Sie setzen die Kommission unverzüglich davon in Kenntnis.

Die Mitgliedstaaten teilen der Kommission den Wortlaut der wichtigsten innerstaatlichen Rechtsvorschriften mit, die sie auf dem unter diese Richtlinie fallenden Gebiet erlassen.

Artikel 13

Spätestens fünf Jahre nach dem in Artikel 12 genannten Zeitpunkt berichtet die Kommission dem Europäischen Parlament und dem Rat über den Stand der Anwendung der allgemeinen Regelung zur Anerkennung der Hochschuldiplome, die eine mindestens dreijährige Berufsausbildung abschließen.

Bei dieser Gelegenheit unterbreitet sie nach Vornahme aller notwendigen Anhörungen ihre Schlussfolgerungen hinsichtlich etwaiger Änderungen der bestehenden Regelung. Gegebenenfalls legt sie gleichzeitig Vorschläge zur Verbesserung der bestehenden Regelungen mit dem Ziel vor, die Freizügigkeit, das Niederlassungsrecht und den freien Dienstleistungsverkehr für die unter diese Richtlinie fallenden Personen zu erleichtern.

Artikel 14

Diese Richtlinie ist an die Mitgliedstaaten gerichtet.

Geschehen zu Brüssel am 21. Dezember 1988.

Im Namen des Rates
Der Präsident
v. Papandreou

Anhang

Verzeichnis der Berufsverbände oder -organisationen, die die Bedingungen des Artikels 1 Buchstabe d) Absatz 2 erfüllen

Irland*

1. The Institute of Chartered Accountants in Ireland**
2. The Institute of Certified Public Accountants in Ireland**
3. The Association of Certified Accountants**
4. Institution of Engineers of Ireland
5. Irish Planning Institute

Vereinigtes Königreich

1. Institute of Chartered Accountants in England and Wales
2. Institute of Chartered Accountants of Scotland
3. Institute of Chartered Accountants in Ireland
4. Chartered Association of Certified Accountants
5. Chartered Institute of Loss Adjusters
6. Chartered Institute of Management Accountants
7. Institute of Chartered Secretaries and Administrators
8. Chartered Insurance Institute
9. Institute of Actuaries
10. Faculty of Actuaries
11. Chartered Institute of Bankers
12. Institute of Bankers in Scotland
13. Royal Institution of Chartered Surveyors
14. Royal Town Planning Institute
15. Chartered Society of Physiotherapy
16. Royal Society of Chemistry
17. British Psychological Society
18. Library Association
19. Institute of Chartered Foresters
20. Chartered Institute of Building
21. Engineering Council

---

* Irische Staatsangehörige sind ebenfalls Mitglieder folgender Berufsverbände oder -organisationen des Vereinigten Königreichs:
Institute of Chartered Accountants in England and Wales
Institute of Chartered Accountants of Scotland
Institute of Actuaries
Faculty of Actuaries
The Chartered Institute of Management Accountants
Institute of Chartered Secretaries and Administrators
Royal Town Planning Institute
Royal Institution of Chartered Surveyors
Chartered Institute of Building
** Nur zu Zwecken der Rechnungsprüfung.

22. Institute of Energy
23. Institution of Structural Engineers
24. Institution of Civil Engineers
25. Institution of Mining Engineers
26. Institution of Mining and Metallurgy
27. Institution of Electrical Engineers
28. Institution of Gas Engineers
29. Institution of Mechanical Engineers
30. Institution of Chemical Engineers
31. Institution of Production Engineers
32. Institution of Marine Engineers
33. Royal Institution of Naval Architects
34. Royal Aeronautical Society
35. Institute of Metals
36. Chartered Institution of Building Services Engineers
37. Institute of Measurement and Control
38. British Computer Society

Erklärung des Rates und der Kommission

Zu Artikel 9 Absatz 1

Der Rat und die Kommission kommen überein, die Berufsstände und die Hochschulen anzuhören bzw. in angemessener Weise am Entscheidungsprozess zu beteiligen.

Richtlinie 92/51/EWG des Rates vom 18. Juni 1992 über eine zweite allgemeine Regelung zur Anerkennung beruflicher Befähigungsnachweise in Ergänzung zur Richtlinie 89/48/EWG

(ABl. EG 1992 Nr. L 209 S. 25)

Der Rat der Europäischen Gemeinschaften –

gestützt auf den Vertrag zur Gründung der Europäischen Wirtschaftsgemeinschaft, insbesondere auf Artikel 49, Artikel 57 Absatz 1 und Artikel 66,

auf Vorschlag der Kommission*,

in Zusammenarbeit mit dem Europäischen Parlament**,

nach Stellungnahme des Wirtschafts- und Sozialausschusses***,

in Erwägung nachstehender Gründe:

(1) Nach Artikel 8a des Vertrages umfasst der Binnenmarkt einen Raum ohne Binnengrenzen; ferner stellt gemäß Artikel 3 Buchstabe c) des Vertrages die Beseitigung der Hindernisse für den freien Personen- und Dienstleistungsverkehr zwischen den Mitgliedstaaten eines der Ziele der Gemeinschaft dar. Dies bedeutet für die Angehörigen der Mitgliedstaaten insbesondere die Möglichkeit, als Selbstständige oder abhängig Beschäftigte einen Beruf in einem anderen Mitgliedstaat als dem auszuüben, in dem sie ihre beruflichen Qualifikationen erworben haben.

(2) Bei denjenigen Berufen, für deren Ausübung die Gemeinschaft kein Mindestniveau der notwendigen Qualifikation festgelegt hat, behalten die Mitgliedstaaten die Möglichkeit, dieses Niveau mit dem Ziel zu bestimmen, die Qualität der in ihrem Hoheitsgebiet erbrachten Leistungen zu sichern. Sie können jedoch nicht, ohne sich über ihre Verpflichtungen nach den Artikeln 5, 48, 52 und 59 des Vertrages hinwegzusetzen, einem Angehörigen eines Mitgliedstaats vorschreiben, dass er Qualifikationen erwirbt, die sie in der Regel im Wege der schlichten Bezugnahme auf die im Rahmen ihres innerstaatlichen Ausbildungssystems ausgestellten Diplome bestimmen, wenn der Betreffende diese Qualifikationen bereits ganz oder teilweise in einem anderen Mitgliedstaat erworben hat. Deshalb hat jeder Aufnahmestaat, in dem ein Beruf reglementiert ist, die in einem anderen Mitgliedstaat erworbenen Qualifikationen zu berücksichtigen und zu beurteilen, ob sie den von ihm geforderten Qualifikationen entsprechen.

(3) Die Richtlinie 89/48/EWG des Rates vom 21. Dezember 1988 über eine allgemeine Regelung zur Anerkennung der Hochschuldiplome, die eine mindestens

---

* ABl. Nr. C 263 vom 16.10.1989, S. 1, und ABl. Nr. C 217 vom 1.9.1990, S. 4.
** ABl. Nr. C 149 vom 18.6.1990, S. 149, und ABl. Nr. C 150 vom 15.6.1992.
*** ABl. Nr. C 75 vom 26.3.1990, S. 11.

dreijährige Berufsausbildung abschließen*, trägt dazu bei, die Einhaltung dieser Verpflichtungen zu erleichtern, ist jedoch auf die Hochschulausbildung beschränkt.

(4) Um die Ausübung aller beruflichen Tätigkeiten zu erleichtern, für die in einem Aufnahmestaat ein bestimmtes Ausbildungsniveau verlangt wird, ist ergänzend zur ersten allgemeinen Regelung eine zweite einzuführen.

(5) Die ergänzende allgemeine Regelung soll auf denselben Grundsätzen beruhen wie die erste allgemeine Regelung und soll Vorschriften enthalten, die denen der ersten allgemeinen Regelung entsprechen.

(6) Diese Richtlinie gilt nicht für die reglementierten Berufe, die Gegenstand von Einzelrichtlinien sind, durch die in erster Linie eine gegenseitige Anerkennung von Ausbildungsgängen eingeführt wird, die vor dem Eintritt in das Berufsleben abgeschlossen worden sind.

(7) Sie gilt im Übrigen auch nicht für die Tätigkeiten, die Gegenstand von Einzelrichtlinien sind, die in erster Linie darauf abzielen, die Anerkennung technischer Fähigkeiten einzuführen, die auf Kenntnissen beruhen, welche in einem anderen Mitgliedstaat erworben worden sind. Einige dieser Richtlinien gelten lediglich für selbstständige Tätigkeiten. Damit die Ausübung dieser Tätigkeiten in abhängiger Beschäftigung nicht in den Anwendungsbereich dieser Richtlinie fällt – wodurch die Ausübung der gleichen Tätigkeit, je nachdem, ob sie in abhängiger Beschäftigung oder selbstständig ausgeübt wird, verschiedenen rechtlichen Anerkennungsregelungen unterliegen würde –, sollten diese Richtlinien für diejenigen Personen gelten, die die betreffenden Tätigkeiten als abhängig Beschäftigte ausüben.

(8) Die ergänzende allgemeine Regelung präjudiziert nicht die Anwendung des Artikels 48 Absatz 4 und des Artikels 55 des Vertrages.

(9) Diese ergänzende Regelung soll sich auf die Ausbildungsniveaus erstrecken, die von der ersten allgemeinen Regelung nicht erfasst werden, nämlich auf sonstige Ausbildungsgänge im postsekundären Bereich und die dieser Ausbildung gleichgestellte Ausbildung sowie auf die Ausbildung, die einer kurzen oder langen Sekundarschulausbildung entspricht und gegebenenfalls durch eine Berufsausbildung oder durch Berufspraxis ergänzt wird.

(10) Ist in einem Aufnahmestaat die Ausübung eines reglementierten Berufs an eine sehr kurze Ausbildung, an bestimmte persönliche Eigenschaften oder nur eine allgemeine Schulbildung geknüpft, so dürften die in dieser Richtlinie vorgesehenen üblichen Anerkennungsverfahren zu schwerfällig sein; in diesen Fällen sind vereinfachte Verfahren vorzusehen.

(11) Ferner soll die besondere Berufsausbildungsregelung des Vereinigten Königreichs berücksichtigt werden, wonach der „National Framework of Vocational Qualifications" für alle Berufe Normen für das Leistungsniveau festlegt.

(12) In einigen Mitgliedstaaten sind nur relativ wenige Berufe reglementiert. Dennoch kann es für die nichtreglementierten Berufe eine speziell auf die Ausübung des

---

* ABl. Nr. L 19 vom 24.1.1989, S. 16.

Berufes ausgerichtete Ausbildung geben, deren Struktur und Niveau von den zuständigen Stellen des jeweiligen Mitgliedstaats festgelegt oder kontrolliert werden. Hierdurch werden Garantien geboten, die denen entsprechen, die im Rahmen eines reglementierten Berufes bestehen.

(13) Die zuständigen Behörden des Aufnahmestaats sollten beauftragt werden, in Übereinstimmung mit den einschlägigen Vorschriften des Gemeinschaftsrechts die erforderlichen Ausführungsbestimmungen für die Durchführung des Lehrgangs und der Eignungsprüfung festzulegen.

(14) Da die ergänzende allgemeine Regelung zwei Ausbildungsniveaus und die erste allgemeine Regelung ein drittes Ausbildungsniveau erfasst, ist in der ergänzenden allgemeinen Regelung festzulegen, ob und unter welchen Bedingungen eine Person, die ein bestimmtes Ausbildungsniveau besitzt, in einem anderen Mitgliedstaat einen Beruf ausüben kann, für den ein anderes Qualifikationsniveau vorgeschrieben ist.

(15) Einige Mitgliedstaaten verlangen für die Ausübung bestimmter Berufe ein Diplom im Sinne der Richtlinie 89/48/EWG, wohingegen andere Mitgliedstaaten für die Ausübung der gleichen Berufe den Abschluss anders aufgebauter Ausbildungsgänge vorschreiben. Einige Ausbildungsgänge haben keinen postsekundären Charakter mit einer Mindestdauer im Sinne dieser Richtlinie, bieten aber dennoch eine vergleichbare berufliche Qualifikation und bereiten auf ähnliche Verantwortungen und Aufgaben vor. Diese Ausbildungsgänge sind daher den Diplomausbildungsgängen gleichzustellen. Wegen der großen Vielfalt der Ausbildungsgänge kann dies nur mittels einer Aufzählung in einem Verzeichnis geschehen. Diese Gleichstellung würde bewirken, dass diese Ausbildungsgänge gegebenenfalls in gleicher Weise wie die von der Richtlinie 89/48/EWG erfassten Ausbildungsgänge anerkannt würden. Ferner sind mittels eines zweiten Verzeichnisses bestimmte reglementierte Ausbildungsgänge Diplomausbildungsgängen gleichzustellen.

(16) Angesichts der ständigen strukturellen Weiterentwicklung von Berufsausbildungsgängen soll ein Verfahren zur Änderung der genannten Verzeichnisse vorgesehen werden.

(17) Da die ergänzende allgemeine Regelung Berufe betrifft, für deren Ausübung eine Berufsausbildung auf Sekundarschulniveau verlangt wird und die eher manuelle Qualifikationen erfordern, ist auch die Anerkennung dieser Qualifikationen vorzusehen, selbst wenn diese nur auf einer Berufserfahrung beruhen, die in einem Mitgliedstaat, der diese Berufe nicht reglementiert, erworben worden ist.

(18) Die vorliegende allgemeine Regelung hat wie die erste allgemeine Regelung zum Ziel, die Hindernisse für den Zugang zu reglementierten Berufen und für deren Ausübung zu beseitigen. Die in Anwendung der Entscheidung 85/368/EWG des Rates vom 16. Juli 1985 über die Entsprechung der beruflichen Befähigungsnachweise zwischen Mitgliedstaaten der Europäischen Gemeinschaften* aus geführten Arbeiten müssen gegebenenfalls zur Anwendung dieser Richtlinie herangezogen werden können, insbesondere wenn sie geeignet sind, nützliche

---

* ABl. Nr. L 199 vom 31. 7.1985, S. 56.

Informationen über das Sachgebiet, den Inhalt und die Dauer einer Berufsausbildung zu geben, auch wenn diese Arbeiten nicht auf die Beseitigung der rechtlichen Hindernisse für die Freizügigkeit abzielen, sondern ein anderes Ziel verfolgen, nämlich die Verbesserung der Transparenz des Arbeitsmarkts.

(19) Die Berufsstände und die Ausbildungs- oder Berufsbildungseinrichtungen sind gegebenenfalls anzuhören bzw. in angemessener Weise am Entscheidungsprozess zu beteiligen.

(20) Eine derartige Regelung, wie auch die erste Regelung, stärkt das Recht des europäischen Bürgers, seine beruflichen Kenntnisse in jedem Mitgliedstaat zu nutzen, und vervollständigt und stärkt gleichzeitig seinen Anspruch darauf, diese Kenntnisse dort zu erwerben, wo er es wünscht.

(21) Die beiden Regelungen müssen nach einer gewissen Zeit der Anwendung auf ihre Wirksamkeit hin bewertet werden, um insbesondere festzustellen, inwieweit sie verbessert werden können –

hat folgende Richtlinie erlassen:

Kapitel I
Definitionen
Artikel 1

Im Sinne dieser Richtlinie gelten

a) als *„Diplom"* jeder Ausbildungsnachweis bzw. mehrere solcher Nachweise zusammen,

– die in einem Mitgliedstaat von einer nach dessen Rechts- und Verwaltungsvorschriften bestimmten zuständigen Stelle ausgestellt werden,

– aus denen hervorgeht, dass der Diplominhaber erfolgreich

i) entweder einen nicht in Artikel 1 Buchstabe a) zweiter Gedankenstrich der Richtlinie 89/48/EWG genannten postsekundären Ausbildungsgang von mindestens einem Jahr oder eine Teilzeitausbildung von entsprechender Dauer absolviert hat – wobei eine der Voraussetzungen für die Zulassung zu einem solchen Ausbildungsgang in der Regel der Abschluss der für die Aufnahme eines Hochschulstudiums erforderlichen Sekundarausbildung ist – und dass er gegebenenfalls die über diesen postsekundären Ausbildungsgang hinaus erforderliche berufliche Ausbildung abgeschlossen hat

ii) oder einen der in Anhang C aufgeführten Ausbildungsgänge absolviert hat, und

– aus denen hervorgeht, dass der Diplominhaber über die beruflichen Qualifikationen verfügt, die für den Zugang zu einem reglementierten Beruf oder dessen Ausübung in diesem Mitgliedstaat erforderlich sind, wenn die durch diesen Nachweis bescheinigte Ausbildung überwiegend in der Gemeinschaft oder außerhalb derselben an Ausbildungseinrichtungen, die eine Ausbildung gemäß den Rechts- und Verwaltungsvorschriften eines Mitgliedstaats vermitteln, erworben wurde oder wenn dessen Inhaber eine dreijährige Berufserfahrung hat, die von dem Mitgliedstaat bescheinigt wird, der einen Ausbildungsnachweis eines Drittlands anerkannt hat.

Einem Diplom im Sinne des Unterabsatzes 1 gleichgestellt sind jeder Ausbildungsnachweis bzw. mehrere solcher Nachweise zusammen, die von einer zuständigen Behörde in einem Mitgliedstaat ausgestellt wurden, wenn sie eine in der Gemeinschaft erworbene und von einer zuständigen Behörde in diesem Mitgliedstaat als gleichwertig anerkannte Ausbildung abschließen und in diesem Mitgliedstaat in Bezug auf den Zugang zu einem reglementierten Beruf oder dessen Ausübung dieselben Rechte verleihen;

b) als »*Prüfungszeugnis*« jeder Ausbildungsnachweis bzw. mehrere solcher Nachweise zusammen,

  – die in einem Mitgliedstaat von einer nach seinen Rechts- und Verwaltungsvorschriften bestimmten zuständigen Behörde ausgestellt werden,

  – aus denen hervorgeht, dass der Zeugnisinhaber nach Abschluss einer Sekundarschulausbildung

  entweder einen nicht unter Buchstabe a) fallenden Ausbildungsgang oder eine nicht unter Buchstabe a) fallende berufliche Ausbildung in einer Ausbildungseinrichtung bzw. in einem Unternehmen oder im Wechsel in einer Ausbildungseinrichtung und in einem Unternehmen, gegebenenfalls ergänzt durch das zusätzlich zu diesem Studien- oder Berufsausbildungsgang vorgeschriebene Praktikum bzw. die vorgeschriebene Berufspraxis, abgeschlossen hat

  oder das zusätzlich zu dieser Sekundarschulausbildung vorgeschriebene Praktikum abgeschlossen hat bzw. über entsprechende Berufspraxis in der vorgeschriebenen Dauer verfügt, oder

  – aus denen hervorgeht, dass der Zeugnisinhaber nach Abschluss einer Sekundarschulausbildung technischer oder beruflicher Art gegebenenfalls

  entweder einen Ausbildungsgang oder eine berufliche Ausbildung gemäß dem zweiten Gedankenstrich abgeschlossen hat

  oder das zusätzlich zu dieser Sekundarschulausbildung technischer oder beruflicher Art vorgeschriebene Praktikum abgeleistet hat bzw. über entsprechende Berufspraxis in der vorgeschriebenen Dauer verfügt, und

  – aus denen hervorgeht, dass der Zeugnisinhaber über die beruflichen Qualifikationen verfügt, die für den Zugang zu einem reglementierten Beruf oder dessen Ausübung in diesem Mitgliedstaat erforderlich sind,

wenn die durch diesen Nachweis bescheinigte Ausbildung überwiegend in der Gemeinschaft oder außerhalb derselben an Ausbildungseinrichtungen, die eine Ausbildung gemäß den Rechts- und Verwaltungsvorschriften eines Mitgliedstaats vermitteln, erworben wurde oder wenn dessen Inhaber eine zweijährige Berufserfahrung hat, die von dem Mitgliedstaat bescheinigt wird, der einen Ausbildungsnachweis eines Drittlands anerkannt hat.

Einem Prüfungszeugnis im Sinne von Unterabsatz 1 gleichgestellt sind jeder Ausbildungsnachweis bzw. mehrere solcher Nachweise zusammen, die von einer zuständigen Behörde in einem Mitgliedstaat ausgestellt wurden, wenn sie eine in der Gemeinschaft erworbene und von einer zuständigen Behörde in einem Mitgliedstaat als gleichwertig anerkannte Ausbildung abschließen und in diesem

Mitgliedstaat in Bezug auf den Zugang zu einem reglementierten Beruf oder dessen Ausübung dieselben Rechte verleihen;

c) als „*Befähigungsnachweis*" je der Nachweis,
   – der eine Ausbildung abschließt und nicht Teil eines Diploms im Sinne der Richtlinie 89/48/EWG bzw. eines Diploms oder Prüfungszeugnisses im Sinne der vorliegenden Richtlinie ist oder
   – der im Anschluss an eine Beurteilung der persönlichen Eigenschaften, der Fähigkeiten oder der Kenntnisse des Antragstellers, die von einer gemäß den Rechts- und Verwaltungsvorschriften eines Mitgliedstaats bestimmten Stelle als wesentliche Voraussetzungen für die Ausübung eines Berufs angesehen werden, erteilt wird, ohne dass der Nachweis einer vorherigen Ausbildung erforderlich ist;

d) als „*Aufnahmestaat*" der Mitgliedstaat, in dem ein Angehöriger eines Mitgliedstaats die Ausübung eines Berufs beantragt, der dort reglementiert ist, in dem er jedoch nicht den oder die Ausbildungsnachweise bzw. den Befähigungsnachweis, auf die/den er sich beruft, erworben oder erstmals den betreffenden Beruf ausgeübt hat;

e) als „*reglementierter Beruf*" die reglementierte berufliche Tätigkeit oder die reglementierten beruflichen Tätigkeiten, die zusammen in einem Mitgliedstaat den betreffenden Beruf ausmachen;

f) als „*reglementierte berufliche Tätigkeit*" eine berufliche Tätigkeit, bei der die Aufnahme oder Ausübung oder eine der Arten ihrer Ausübung in einem Mitgliedstaat direkt oder indirekt durch Rechts- oder Verwaltungsvorschriften an den Besitz eines Ausbildungs- oder Befähigungsnachweises gebunden ist. Als Art der Ausübung der reglementierten beruflichen Tätigkeit gilt insbesondere
   – die Ausübung einer beruflichen Tätigkeit in Verbindung mit der Führung eines Titels, der nur von Personen geführt werden darf, die einen Ausbildungs- oder Befähigungsnachweis besitzen, die in einschlägigen Rechts- und Verwaltungsvorschriften festgelegt sind;
   – die Ausübung einer beruflichen Tätigkeit im Gesundheitswesen, wenn die Vergütung dieser Tätigkeit und/oder eine diesbezügliche Erstattung durch das einzelstaatliche System der sozialen Sicherheit an den Besitz eines Ausbildungs- oder Befähigungsnachweises gebunden ist.

Eine berufliche Tätigkeit, auf die Unterabsatz 1 nicht zutrifft, wird einer reglementierten beruflichen Tätigkeit gleichgestellt, wenn sie von Mitgliedern eines Verbandes oder einer Organisation ausgeübt wird, dessen bzw. deren Ziel insbesondere die Förderung und Wahrung eines hohen Niveaus in dem betreffenden Beruf ist und der bzw. die zur Verwirklichung dieses Ziels von einem Mitgliedstaat in besonderer Form anerkannt wird und
   – seinen bzw. ihren Mitgliedern einen Ausbildungsnachweis ausstellt,
   – sicherstellt, dass seine bzw. ihre Mitglieder die von ihm bzw. ihr festgelegten Regeln für das berufliche Verhalten beachten, und
   – ihnen das Recht verleiht, eine Berufsbezeichnung zu führen bzw. bestimmte Kennbuchstaben zu verwenden oder einen diesem Ausbildungsnachweis entsprechenden Status in Anspruch zu nehmen.

Erkennt ein Mitgliedstaat einen Verband oder eine Organisation, der bzw. die die Voraussetzungen des Unterabsatzes 2 erfüllt, gemäß jenem Unterabsatz an, so setzt er die Kommission davon in Kenntnis;

g) als „*reglementierte Ausbildung*" jede Ausbildung,
   – die speziell auf die Ausübung eines bestimmten Berufs ausgerichtet ist und
   – die aus einem gegebenenfalls durch eine Berufsausbildung, ein Berufspraktikum oder eine Berufspraxis ergänzten Ausbildungsgang besteht, dessen Struktur und Niveau in den Rechts- und Verwaltungsvorschriften dieses Mitgliedstaats festgelegt sind oder von der zu diesem Zweck bestimmten Stelle kontrolliert bzw. genehmigt werden;

h) als „*Berufserfahrung*" die tatsächliche und regelmäßige Ausübung des betreffenden Berufs in einem Mitgliedstaat;

i) als „*Anpassungslehrgang*" die Ausübung eines reglementierten Berufs, die in dem Aufnahmestaat unter der Verantwortung eines qualifizierten Berufsangehörigen erfolgt und gegebenenfalls mit einer Zusatzausbildung einhergeht. Der Lehrgang ist Gegenstand einer Bewertung. Die Einzelheiten des Anpassungslehrgangs und seine Bewertung werden von den zuständigen Behörden des Aufnahmestaats festgelegt.

Die Rechtsstellung des Lehrgangsteilnehmers im Aufnahmestaat, insbesondere hinsichtlich des Aufenthaltsrechts sowie der Pflichten, Rechte und Sozialleistungen, der Entschädigungen und Entgelte, wird von den zuständigen Behörden dieses Mitgliedstaats in Übereinstimmung mit dem geltenden Gemeinschaftsrecht festgelegt;

j) als „*Eignungsprüfung*" eine ausschließlich die beruflichen Kenntnisse des Antragstellers betreffende und von den zuständigen Stellen des Aufnahmestaats durchgeführte Prüfung, mit der die Fähigkeit des Antragstellers, in diesem Mitgliedstaat einen reglementierten Beruf auszuüben, beurteilt werden soll.

Für die Zwecke dieser Prüfung erstellen die zuständigen Behörden ein Verzeichnis der Sachgebiete, die aufgrund eines Vergleichs zwischen der in ihrem Staat verlangten Ausbildung und der bisherigen Ausbildung des Antragstellers von dem bzw. den Ausbildungsnachweisen, die der Antragsteller vorlegt, nicht abgedeckt werden. Diese Sachgebiete können sowohl theoretische Kenntnisse als auch praktische Fähigkeiten umfassen, die jeweils für die Ausübung des betreffenden Berufs erforderlich sind.

Die Eignungsprüfung muss dem Umstand Rechnung tragen, dass der Antragsteller in seinem Heimat- oder Herkunftsmitgliedstaat über eine berufliche Qualifikation verfügt. Sie erstreckt sich auf Sachgebiete, die aus den in dem Verzeichnis nach Unterabsatz 2 enthaltenen Sachgebieten auszuwählen sind und deren Kenntnis eine wesentliche Voraussetzung für eine Ausübung des Berufs im Aufnahmestaat ist. Die Modalitäten der Eignungsprüfung werden von den zuständigen Stellen des Aufnahmestaats festgelegt.

Im Aufnahmestaat wird die Rechtsstellung des Antragstellers, der sich dort auf die Eignungsprüfung vorbereiten will, von den zuständigen Behörden dieses Staats in Übereinstimmung mit dem geltenden Gemeinschaftsrecht festgelegt.

Kapitel II

Anwendungsbereich

Artikel 2

Diese Richtlinie gilt für alle Angehörigen eines Mitgliedstaats, die als Selbstständige oder abhängig Beschäftigte einen reglementierten Beruf in einem Aufnahmestaat ausüben wollen.

Diese Richtlinie gilt weder für Berufe, die Gegenstand einer Einzelrichtlinie sind, mit der in den Mitgliedstaaten eine gegenseitige Anerkennung der Diplome eingeführt wird, noch für Tätigkeiten, die Gegenstand einer in Anhang A aufgeführten Richtlinie sind.

Die in Anhang B aufgeführten Richtlinien gelten für die Ausübung der in diesen Richtlinien genannten Tätigkeiten in abhängiger Beschäftigung.

Kapitel III

Anerkennungsregelung, wenn der Aufnahmestaat ein Diplom im Sinne dieser Richtlinie oder der Richtlinie 89/48/EWG fordert

Artikel 3

Wird der Zugang zu einem reglementierten Beruf oder dessen Ausübung im Aufnahmestaat von dem Besitz eines Diploms im Sinne dieser Richtlinie oder der Richtlinie 89/48/EWG abhängig gemacht, so kann die zuständige Behörde unbeschadet der Anwendung der Richtlinie 89/48/EWG einem Angehörigen eines Mitgliedstaats den Zugang zu diesem Beruf oder dessen Ausübung unter denselben Voraussetzungen wie bei Inländern nicht wegen mangelnder Qualifikation verweigern,

a) wenn der Antragsteller das Diplom im Sinne dieser Richtlinie oder der Richtlinie 89/48/EWG besitzt, das in einem anderen Mitgliedstaat erforderlich ist, um Zugang zu diesem Beruf in seinem Hoheitsgebiet zu erhalten oder ihn dort auszuüben, und wenn dieses Diplom in einem Mitgliedstaat erworben wurde oder

b) wenn der Antragsteller diesen Beruf vollzeitlich zwei Jahre lang oder während einer dieser Zeit entsprechenden Dauer teilzeitlich in den vorhergehenden zehn Jahren in einem anderen Mitgliedstaat ausgeübt hat, der diesen Beruf weder gemäß Artikel 1 Buchstabe e) und Artikel 1 Buchstabe f) Unterabsatz 1 dieser Richtlinie noch gemäß Artikel 1 Buchstabe c) und Artikel 1 Buchstabe d) Unterabsatz 1 der Richtlinie 89/48/EWG reglementiert, sofern der Betreffende dabei im Besitz von einem oder mehreren Ausbildungsnachweisen war,

   – die in einem Mitgliedstaat von einer nach dessen Rechts- und Verwaltungsvorschriften bestimmten zuständigen Behörden ausgestellt worden waren,

   – aus denen hervorgeht, dass der Inhaber der Nachweise erfolgreich einen nicht in Artikel 1 Buchstabe a) zweiter Gedankenstrich der Richtlinie 89/48/EWG genannten postsekundären Ausbildungsgang von mindestens einem Jahr oder eine Teilzeitausbildung von entsprechender Dauer absolviert hat, wobei eine der Voraussetzungen für die Zulassung zu einem solchen Ausbildungsgang in der Regel der Abschluss der für die Aufnahme eines Hochschulstudiums erforderlichen Sekundarausbildung ist, und dass er gegebenenfalls die als Bestandteil dieses Ausbildungsgangs vorgesehene berufliche Ausbildung abgeschlossen hat, oder

– mit denen eine reglementierte Ausbildung im Sinne von Anhang D nachgewiesen wird und

– die er zur Vorbereitung auf die Ausübung dieses Berufs erworben hatte.

Die in Unterabsatz 1 dieses Buchstabens genannte zweijährige Berufserfahrung darf jedoch nicht verlangt werden, wenn der oder die hier genannten Ausbildungsnachweis(e) des Antragstellers den Abschluss einer reglementierten Ausbildung bestätigen.

Dem Ausbildungsnachweis nach Unterabsatz 1 dieses Buchstabens sind ein Ausbildungsnachweis bzw. mehrere solcher Nachweise zusammen gleichgestellt, die von einer zuständigen Behörde in einem Mitgliedstaat ausgestellt wurden, wenn sie eine in der Gemeinschaft erworbene Ausbildung bestätigen und von diesem Mitgliedstaat als gleichwertig anerkannt werden, sofern diese Anerkennung den übrigen Mitgliedstaaten und der Kommission mitgeteilt worden ist.

Abweichend von Absatz 1 dieses Artikels braucht der Aufnahmemitgliedstaat diesen Artikel nicht anzuwenden, wenn der Zugang zu einem reglementierten Beruf oder dessen Ausübung in diesem Staat vom Besitz eines Diploms im Sinne der Richtlinie 89/48/EWG abhängig gemacht wird, das unter anderem den erfolgreichen Abschluss eines postsekundären Ausbildungsgangs von mehr als vier Jahren voraussetzt.

Artikel 4

(1) Artikel 3 hindert den Aufnahmestaat nicht daran, vom Antragsteller ebenfalls zu verlangen,

a) dass er eine Berufserfahrung nachweist, wenn die Ausbildungsdauer, die er gemäß Artikel 3 Absatz 1 Buchstabe a) oder b) nachweist, um mindestens ein Jahr unter der in dem Aufnahmestaat geforderten Ausbildungsdauer liegt. In diesem Fall darf die Dauer der verlangten Berufserfahrung

– das Doppelte der fehlenden Ausbildungszeit nicht überschreiten, wenn sich diese auf einen postsekundären Ausbildungsgang und/oder auf ein unter der Aufsicht eines Ausbilders absolviertes und mit einer Prüfung abgeschlossenes Berufspraktikum bezieht,

– die fehlende Ausbildungszeit nicht überschreiten, wenn sich diese auf eine mit Unterstützung eines qualifizierten Berufsangehörigen erworbene Berufspraxis bezieht.

Bei Diplomen im Sinne des Artikels 1 Buchstabe a) Unterabsatz 2 bestimmt sich die Dauer der als gleichwertig anerkannten Ausbildung nach der in Artikel 1 Buchstabe a) Unterabsatz 1 definierten Ausbildung.

Bei Anwendung des vorliegenden Buchstabens ist die Berufserfahrung gemäß Artikel 3 Absatz 1 Buchstabe b) anzurechnen.

Die Dauer der verlangten Berufserfahrung darf auf keinen Fall vier Jahre überschreiten.

Die Berufserfahrung darf allerdings nicht von einem Antragsteller verlangt werden, der im Besitz eines Diploms über den Abschluss eines postsekundären Ausbildungsgangs im Sinne des Artikels 1 Buchstabe a) zweiter Gedankenstrich oder eines Diploms im Sinne des Artikels 1 Buchstabe a) der Richtlinie 89/48/EWG ist und der seinen Beruf in einem Aufnahmestaat ausüben möchte, in dem der Besitz eines Diploms oder eines Ausbildungsnachweises gefordert wird, das bzw. der einen Ausbildungsgang im Sinne der Anhänge C und D abschließt;

b) dass er einen höchstens dreijährigen Anpassungslehrgang absolviert oder eine Eignungsprüfung ablegt,

- wenn seine bisherige Ausbildung gemäß Artikel 3 Absatz 1 Buchstabe a) oder b) sich auf theoretische und/oder praktische Fachgebiete bezieht, die sich wesentlich von denen unterscheiden, die von dem Diplom im Sinne dieser Richtlinie oder der Richtlinie 89/48/EWG abgedeckt werden, das in dem Aufnahmestaat vorgeschrieben ist, oder

- wenn in dem in Artikel 3 Absatz 1 Buchstabe a) vorgesehenen Fall der reglementierte Beruf in dem Aufnahmestaat eine oder mehrere reglementierte berufliche Tätigkeiten umfasst, die in dem Heimat- oder Herkunftsmitgliedstaat des Antragstellers nicht Bestandteil des betreffenden reglementierten Berufs sind, und wenn dieser Unterschied in einer besonderen Ausbildung besteht, die in dem Aufnahmestaat gefordert wird und sich auf theoretische und/oder praktische Fachgebiete bezieht, die sich wesentlich von denen unterscheiden, die von dem Diplom im Sinne dieser Richtlinie oder der Richtlinie 89/48/EWG abgedeckt werden, das der Antragsteller vorweist, oder

- wenn in dem in Artikel 3 Absatz 1 Buchstabe b) vorgesehenen Fall der reglementierte Beruf in dem Aufnahmestaat eine oder mehrere reglementierte berufliche Tätigkeiten umfasst, die nicht Bestandteil des vom Antragsteller in seinem Heimat- oder Herkunftsmitgliedstaat ausgeübten Berufs sind, und wenn dieser Unterschied in einer besonderen Ausbildung besteht, die in dem Aufnahmestaat gefordert wird und sich auf theoretische und/oder praktische Fachgebiete bezieht, die sich wesentlich von denen unterscheiden, die von dem oder den Ausbildungsnachweisen abgedeckt werden, die der Antragsteller vorweist.

Macht der Aufnahmestaat von der Möglichkeit nach Unterabsatz 1 dieses Buchstabens Gebrauch, so muss er dem Antragsteller die Wahl zwischen dem Anpassungslehrgang und der Eignungsprüfung lassen. Möchte der Aufnahmestaat, der ein Diplom im Sinne der Richtlinie 89/48/EWG oder dieser Richtlinie verlangt, von der Wahlmöglichkeit des Antragstellers abweichen, ist das Verfahren des Artikels 14 anzuwenden.

Abweichend von Unterabsatz 2 dieses Buchstabens kann sich der Aufnahmestaat die Entscheidung zwischen einem Anpassungslehrgang und einer Eignungsprüfung vorbehalten, wenn

- es sich um einen Beruf handelt, dessen Ausübung eine genaue Kenntnis des nationalen Rechts erfordert und bei dem die Beratung und/oder der Beistand in Fragen des innerstaatlichen Rechts ein wesentlicher und ständiger Bestandteil der Tätigkeit ist, oder
- der Aufnahmestaat den Zugang zu dem Beruf oder dessen Ausübung vom Besitz eines Diploms im Sinne der Richtlinie 89/48/EWG abhängig macht, das unter anderem den erfolgreichen Abschluss eines postsekundären Ausbildungsgangs von mehr als drei Jahren oder einer dieser Dauer entsprechenden Teilzeitausbildung voraussetzt, und der Antragsteller entweder ein Diplom im Sinne dieser Richtlinie oder einen oder mehrere Ausbildungsnachweise gemäß Artikel 3 Absatz 1 Buchstabe b) dieser Richtlinie besitzt, der bzw. die nicht von Artikel 3 Buchstabe b) der Richtlinie 89/48/EWG erfasst ist bzw. sind.

(2) Der Aufnahmestaat kann jedoch von den Möglichkeiten im Sinne des Absatzes 1 Buchstaben a) und b) nicht gleichzeitig Gebrauch machen.

Kapitel IV
Anerkennungsregelung, wenn der Aufnahmestaat ein Diplom fordert und der aus einem anderen Mitgliedstaat stammende Antragsteller ein Prüfungszeugnis oder einen entsprechenden Ausbildungsnachweis besitzt

Artikel 5

Wird der Zugang zu einem reglementierten Beruf oder dessen Ausübung im Aufnahmestaat von dem Besitz eines Diploms abhängig gemacht, so kann die zuständige Behörde einem Angehörigen eines Mitgliedstaats den Zugang zu diesem Beruf oder dessen Ausübung unter denselben Voraussetzungen wie bei Inländern nicht wegen mangelnder Qualifikation verweigern,

a) wenn der Antragsteller das Prüfungszeugnis besitzt, das in einem anderen Mitgliedstaat erforderlich ist, um Zugang zu diesem Beruf in seinem Hoheitsgebiet zu erhalten oder ihn dort auszuüben, und wenn dieses Prüfungszeugnis in einem Mitgliedstaat erworben wurde oder

b) wenn der Antragsteller in den vorangegangenen zehn Jahren diesen Beruf vollzeitlich zwei Jahre lang in einem anderen Mitgliedstaat ausgeübt hat, der diesen Beruf nicht im Sinne des Artikels 1 Buchstabe e) und Buchstabe f) Unterabsatz 1 reglementiert, sofern der Betreffende dabei im Besitz von einem oder mehreren Ausbildungsnachweisen war,

- die in einem Mitgliedstaat von einer nach dessen Rechts- und Verwaltungsvorschriften bestimmten zuständigen Behörde ausgestellt worden waren und
- aus denen hervorgeht, dass der Zeugnisinhaber nach Abschluss einer Sekundarschulausbildung

  entweder einen nicht unter Buchstabe a) fallenden Ausbildungsgang oder eine nicht unter Buchstabe a) fallende berufliche Ausbildung in einer Ausbildungseinrichtung bzw. in einem Unternehmen oder im Wechsel in einer Ausbildungseinrichtung und in einem Unternehmen, gegebenenfalls ergänzt durch das Praktikum bzw. die Berufspraxis, die Bestandteil dieses Ausbildungsgangs sind, abgeschlossen hat

oder das als Bestandteil dieser Sekundarschulausbildung vorgesehene Praktikum abgeschlossen hat bzw. über entsprechende Berufspraxis in der vorgesehenen Dauer verfügt, oder

- aus denen hervorgeht, dass der Zeugnisinhaber nach Abschluss einer Sekundarschulausbildung technischer oder beruflicher Art gegebenenfalls

entweder einen Ausbildungsgang oder eine berufliche Ausbildung gemäß dem zweiten Gedankenstrich abgeschlossen hat

oder das als Bestandteil dieser Sekundarschulausbildung technischer oder beruflicher Art vorgesehene Praktikum abgeleistet hat bzw. über entsprechende Berufspraxis in der vorgesehenen Dauer verfügt, und

- die er zur Vorbereitung auf die Ausübung dieses Berufs erworben hatte.

Die oben genannte zweijährige Berufserfahrung darf jedoch nicht verlangt werden, wenn der oder die hier genannten Ausbildungsnachweis(e) des Antragstellers den Abschluss einer reglementierten Ausbildung bestätigen.

Jedoch kann der Aufnahmestaat verlangen, dass der Antragsteller einen höchstens dreijährigen Anpassungslehrgang absolviert oder eine Eignungsprüfung ablegt. Der Aufnahmestaat muss dem Antragsteller die Wahl zwischen dem Anpassungslehrgang und der Eignungsprüfung lassen.

Möchte der Aufnahmestaat von der Wahlmöglichkeit des Antragstellers abweichen, ist das Verfahren des Artikels 14 anzuwenden.

Kapitel V
Anerkennungsregelung, wenn der Aufnahmestaat ein Prüfungszeugnis fordert

Artikel 6

Wird der Zugang zu einem reglementierten Beruf oder dessen Ausübung im Aufnahmestaat von dem Besitz eines Prüfungszeugnisses abhängig gemacht, so kann die zuständige Stelle einem Angehörigen eines Mitgliedstaats den Zugang zu diesem Beruf oder dessen Ausübung unter denselben Voraussetzungen wie bei Inländern nicht wegen mangelnder Qualifikation verweigern,

a) wenn der Antragsteller das Diplom im Sinne dieser Richtlinie oder der Richtlinie 89/48/EWG oder das Prüfungszeugnis besitzt, das in einem anderen Mitgliedstaat erforderlich ist, um Zugang zu diesem Beruf in dessen Hoheitsgebiet zu erhalten oder ihn dort auszuüben, und wenn dieses Diplom in einem Mitgliedstaat erworben wurde oder

b) wenn der Antragsteller in den vorhergehenden zehn Jahren diesen Beruf vollzeitlich zwei Jahre lang oder während einer dieser Zeit entsprechenden Dauer teilzeitlich in einem anderen Mitgliedstaat ausgeübt hat, der diesem Beruf nicht gemäß Artikel 1 Buchstabe e) und Artikel 1 Buchstabe f) Unterabsatz 1 reglementiert, sofern der Betreffende dabei im Besitz von einem oder mehreren Ausbildungsnachweisen war,

- die in einem Mitgliedstaat von einer nach dessen Rechts- und Verwaltungsvorschriften bestimmten zuständigen Stelle ausgestellt worden waren und
- aus denen hervorgeht, dass ihr Inhaber erfolgreich eine nicht in Artikel 1 Buchstabe a) zweiter Gedankenstrich der Richtlinie 89/48/EWG genannte postsekundäre Ausbildung von mindestens einem Jahr oder eine Teilzeitausbildung von entsprechender Dauer absolviert hat, wobei eine der Voraussetzungen für die Zulassung zu einem solchen Ausbildungsgang in der Regel der Abschluss der für die Aufnahme eines Hochschulstudiums erforderlichen Sekundarausbildung ist, und dass er gegebenenfalls die als Bestandteil dieses Ausbildungsgangs vorgesehene etwaige berufliche Ausbildung abgeschlossen hat, oder
- aus denen hervorgeht, dass der Zeugnisinhaber nach Abschluss einer Sekundarschulausbildung

entweder einen nicht unter Buchstabe a) fallenden Ausbildungsgang oder eine nicht unter Buchstabe a) fallende berufliche Ausbildung in einer Ausbildungseinrichtung bzw. in einem Unternehmen oder im Wechsel in einer Ausbildungseinrichtung und in einem Unternehmen, gegebenenfalls ergänzt durch das Praktikum bzw. die Berufspraxis, die als Bestandteil dieses Ausbildungsgangs vorgesehen sind, abgeschlossen hat

oder das als Bestandteil dieser Sekundarschulausbildung vorgesehene Praktikum abgeschlossen hat bzw. über entsprechende Berufspraxis der vorgesehenen Dauer verfügt, oder

- aus denen hervorgeht, dass der Zeugnisinhaber nach Abschluss einer Sekundarschulausbildung technischer oder beruflicher Art gegebenenfalls

entweder einen Ausbildungsgang oder eine berufliche Ausbildung gemäß dem dritten Gedankenstrich abgeschlossen hat

oder das als Bestandteil dieser Sekundarschulausbildung technischer oder beruflicher Art vorgesehene Praktikum abgeleistet hat bzw. über entsprechende Berufspraxis der vorgesehenen Dauer verfügt, und

- die er zur Vorbereitung auf die Ausübung dieses Berufs erworben hatte.

Die oben genannte Berufserfahrung darf jedoch nicht verlangt werden, wenn der oder die hier genannten Ausbildungsnachweis(e) des Antragstellers den Abschluss einer reglementierten Ausbildung bestätigen;

c) wenn der Antragsteller, der weder ein Diplom noch ein Prüfungszeugnis noch einen Ausbildungsnachweis im Sinne des Artikels 3 Absatz 1 Buchstabe b) oder des Buchstabens b) des vorliegenden Artikels besitzt, den betreffenden Beruf in den vorangegangenen zehn Jahren vollzeitlich in drei aufeinander folgenden Jahren oder teilzeitlich während einer dieser Zeit entsprechenden Dauer in einem anderen Mitgliedstaat ausgeübt hat, der diesen Beruf nicht gemäß Artikel 1 Buchstabe e) und Buchstabe f) Unterabsatz 1 reglementiert.

Dem Ausbildungsnachweis nach Absatz 1 Buchstabe b) sind ein Ausbildungsnachweis bzw. mehrere solche Nachweise zusammen gleichgestellt, die von einer zuständigen Behörde in einem Mitgliedstaat ausgestellt wurden, wenn sie eine in der

Gemeinschaft erworbene Ausbildung bestätigen und von diesem Mitgliedstaat als gleichwertig anerkannt werden, sofern diese Anerkennung den übrigen Mitgliedstaaten und der Kommission mitgeteilt worden ist.

Artikel 7

Artikel 6 hindert den Aufnahmestaat nicht daran, vom Antragsteller weiterhin zu verlangen,

a) dass er einen höchstens zweijährigen Anpassungslehrgang absolviert oder sich einer Eignungsprüfung unterzieht, wenn sich seine bisherige Ausbildung gemäß Artikel 5 Absatz 1 Buchstabe a) oder b) auf theoretische und/oder praktische Fachgebiete bezieht, die sich wesentlich von denen unterscheiden, die von dem Prüfungszeugnis abgedeckt werden, das in dem Aufnahmestaat vorgeschrieben ist, oder wenn es in den Tätigkeitsbereichen Unterschiede gibt, die im Aufnahmestaat dadurch charakterisiert sind, dass eine spezifische Ausbildung sich auf theoretische und/oder praktische Fachgebiete erstreckt, die sich wesentlich von denen unterscheiden, die durch den Ausbildungsnachweis des Antragstellers abgedeckt sind.

Macht der Aufnahmestaat von dieser Möglichkeit Gebrauch, so muss er dem Antragsteller die Wahl zwischen dem Anpassungslehrgang und der Eignungsprüfung lassen. Möchte der Aufnahmestaat, der ein Prüfungszeugnis verlangt, von der Wahlmöglichkeit des Antragstellers abweichen, ist das Verfahren des Artikels 14 anzuwenden;

b) dass er einen höchstens zweijährigen Anpassungslehrgang absolviert oder sich einer Eignungsprüfung unterzieht, wenn er in dem in Artikel 6 Buchstabe c) bezeichneten Fall weder ein Diplom noch ein Prüfungszeugnis noch einen Ausbildungsnachweis vorlegen kann. Der Aufnahmestaat kann sich die Wahl zwischen dem Anpassungslehrgang und der Eignungsprüfung vorbehalten.

Kapitel VI
Sonderregelung für die Anerkennung sonstiger Qualifikationen

Artikel 8

Macht ein Aufnahmestaat den Zugang zu einem reglementierten Beruf oder dessen Ausübung vom Besitz eines Befähigungsnachweises abhängig, so kann die zuständige Behörde einem Angehörigen eines Mitgliedstaats den Zugang zu diesem Beruf oder dessen Ausübung unter denselben Voraussetzungen wie bei Inländern nicht wegen mangelnder Qualifikation verweigern,

a) wenn der Antragsteller den Befähigungsnachweis besitzt, der in einem anderen Mitgliedstaat erforderlich ist, um Zugang zu diesem Beruf in seinem Hoheitsgebiet zu erhalten oder ihn dort auszuüben, und wenn dieser Befähigungsnachweis in einem Mitgliedstaat erworben wurde oder

b) wenn der Antragsteller die in anderen Mitgliedstaaten erworbenen Qualifikationen nachweist, wobei der betreffende Befähigungsnachweis bzw. die betreffenden Qualifikationen insbesondere in den Bereichen Gesundheit, Sicherheit, Umweltschutz und Verbraucherschutz Garantien geben müssen, die den von den Rechts- und Verwaltungsvorschriften des Aufnahmestaats geforderten gleichwertig sind.

Besitzt der Antragsteller einen solchen Befähigungsnachweis nicht oder weist er diese Qualifikationen nicht nach, so finden die Rechts- und Verwaltungsvorschriften des Aufnahmestaats Anwendung.

Artikel 9

Wird der Zugang zu einem reglementierten Beruf oder dessen Ausübung im Aufnahmestaat nur vom Besitz eines Nachweises über eine allgemeine Schulbildung von Primar- oder Sekundarniveau abhängig gemacht, so kann die zuständige Behörde einem Staatsangehörigen eines Mitgliedstaats den Zugang zu diesem Beruf oder dessen Ausübung unter denselben Voraussetzungen wie bei Inländern nicht wegen mangelnder Qualifikation verweigern, wenn der Antragsteller einen förmlichen Ausbildungsnachweis des entsprechenden Niveaus besitzt, der in einem anderen Mitgliedstaat ausgestellt wurde.

Dieser Ausbildungsnachweis muss in dem betreffenden Mitgliedstaat von einer nach seinen Rechts- und Verwaltungsvorschriften bestimmten zuständigen Stelle ausgestellt worden sein.

Kapitel VII
Sonstige Maßnahmen zur Erleichterung der tatsächlichen Inanspruchnahme der Niederlassungsfreiheit, des freien Dienstleistungsverkehrs und der Freizügigkeit der Arbeitnehmer

Artikel 10

(1) Die zuständige Behörde eines Aufnahmestaats, die für den Zugang zu einem reglementierten Beruf einen Nachweis der persönlichen Zuverlässigkeit, ein Führungszeugnis oder eine Bescheinigung darüber, dass der Betreffende nicht in Konkurs geraten ist, fordert oder die Ausübung dieses Berufs bei schwer wiegendem standeswidrigen Verhalten oder bei einer strafbaren Handlung untersagt, erkennt bei Staatsangehörigen der anderen Mitgliedstaaten, die diesen Beruf im Hoheitsgebiet des Aufnahmestaats ausüben wollen, die von den zuständigen Behörden des Heimat- oder Herkunftsmitgliedstaats ausgestellten Bescheinigungen, aus denen hervorgeht, dass diesen Anforderungen Genüge geleistet wird, als ausreichenden Nachweis an.

Werden von den zuständigen Stellen des Heimat- oder Herkunftsmitgliedstaats die in Unterabsatz 1 genannten Urkunden nicht ausgestellt, so werden sie durch eine eidesstattliche Erklärung – oder in den Staaten, in denen es keine eidesstattliche Erklärung gibt, durch eine feierliche Erklärung – ersetzt, die der Betreffende vor einer zuständigen Justiz- oder Verwaltungsbehörde oder gegebenenfalls vor einem Notar oder einer entsprechend bevollmächtigten Berufsorganisation des Heimat- oder Herkunftsmitgliedstaats abgegeben hat, die eine diese eidesstattliche oder feierliche Erklärung bestätigende Bescheinigung ausstellen.

(2) Fordert die zuständige Behörde des Aufnahmestaats von den Angehörigen ihres Staates für den Zugang zu einem reglementierten Beruf oder dessen Ausübung eine Bescheinigung über die körperliche oder geistige Gesundheit, so erkennt sie die Vorlage der Bescheinigung, die im Heimat- oder Herkunftsmitgliedstaat gefordert wird, hierfür als ausreichenden Nachweis an.

Wird im Heimat- oder Herkunftsmitgliedstaat für die Aufnahme oder die Ausübung des betreffenden Berufs ein derartiges Zeugnis nicht verlangt, so erkennt der Aufnahmestaat bei Staatsangehörigen des Heimat- oder Herkunftsmitgliedstaats eine von den zuständigen Behörden dieses Staates ausgestellte Bescheinigung an, die den Bescheinigungen des Aufnahmestaats entspricht.

(3) Die zuständige Behörde des Aufnahmestaats kann verlangen, dass die Nachweise und Bescheinigungen nach den Absätzen 1 und 2 bei ihrer Vorlage nicht älter als drei Monate sind.

(4) Fordert die zuständige Behörde des Aufnahmestaats von den Angehörigen ihres Staates für den Zugang zu einem reglementierten Beruf oder dessen Ausübung einen Eid oder eine feierliche Erklärung, so sorgt sie für den Fall, dass die Formel dieses Eides oder dieser Erklärung von den Staatsangehörigen der anderen Mitgliedstaaten nicht verwendet werden kann, dafür, dass den Betreffenden eine geeignete und gleichwertige Formel zur Verfügung steht.

Artikel 11

(1) Die zuständige Behörde des Aufnahmestaats erkennt den Staatsangehörigen der Mitgliedstaaten, die die Voraussetzungen für den Zugang zu einem reglementierten Beruf und dessen Ausübung im Hoheitsgebiet des Aufnahmestaats erfüllen, das Recht zu, die diesem Beruf entsprechende Berufsbezeichnung des Aufnahmestaats zu führen.

(2) Die zuständige Behörde des Aufnahmestaats erkennt den Staatsangehörigen der Mitgliedstaaten, die die Voraussetzungen für den Zugang zu einem reglementierten Beruf und dessen Ausübung im Hoheitsgebiet des Aufnahmestaats erfüllen, das Recht zu, ihre im Heimat- oder Herkunftsmitgliedstaat bestehende rechtmäßige Ausbildungsbezeichnung und gegebenenfalls ihre Abkürzung in der Sprache dieses Staates zu führen. Der Aufnahmestaat kann vorschreiben, dass neben dieser Bezeichnung Name und Ort der Lehranstalt oder des Prüfungsausschusses, die bzw. der diese Ausbildungsbezeichnung verliehen hat, aufgeführt werden.

(3) Wird ein Beruf in dem Aufnahmestaat durch einen Verband oder eine Organisation gemäß Artikel 1 Buchstabe f) reglementiert, so sind Staatsangehörige der Mitgliedstaaten zur Führung der Berufsbezeichnung oder der entsprechenden Abkürzung, die von dem betreffenden Verband oder der betreffenden Organisation verliehen werden, nur berechtigt, wenn sie ihre Mitgliedschaft bei diesem Verband oder dieser Organisation nachweisen können.

Macht der Verband oder die Organisation die Aufnahme eines Mitglieds von Qualifikationsanforderungen abhängig, so kann er bzw. sie dies gegenüber Staatsangehörigen anderer Mitgliedstaaten, welche über ein Diplom im Sinne von Artikel 1 Buchstabe a) oder ein Prüfungszeugnis im Sinne von Artikel 1 Buchstabe b) oder einen Ausbildungsnachweis im Sinne von Artikel 3 Absatz 1 Buchstabe b) oder von Artikel 5 Absatz 1 Buchstabe b) oder Artikel 9 verfügen, nur unter den in dieser Richtlinie, insbesondere in den Artikeln 3, 4 und 5, niedergelegten Bedingungen tun.

Artikel 12

(1) Der Aufnahmestaat erkennt als Beweismittel dafür, dass die in den Artikeln 3 bis 9 genannten Voraussetzungen erfüllt sind, die von den zuständigen Behörden der Mitgliedstaaten ausgestellten Bescheinigungen an, die der Antragsteller mit seinem Antrag auf Ausübung des betreffenden Berufs vorzulegen hat.

(2) Das Verfahren zur Prüfung eines Antrags auf Ausübung eines reglementierten Berufs muss so rasch wie möglich durchgeführt und mit einer mit Gründen versehenen Entscheidung der zuständigen Behörde des Aufnahmestaats spätestens vier Monate nach Vorlage der vollständigen Unterlagen des Betreffenden abgeschlossen werden. Gegen diese Entscheidung oder gegen die Unterlassung einer Entscheidung kann ein gerichtlicher Rechtsbehelf nach innerstaatlichem Recht eingelegt werden.

Kapitel VIII
Koordinierungsverfahren

Artikel 13

(1) Die Mitgliedstaaten bezeichnen innerhalb der in Artikel 17 vorgesehenen Frist die zuständigen Behörden, die ermächtigt sind, die Anträge entgegenzunehmen und die in dieser Richtlinie genannten Entscheidungen zu treffen. Sie setzen die übrigen Mitgliedstaaten und die Kommission davon in Kenntnis.

(2) Jeder Mitgliedstaat benennt einen Koordinator für die Tätigkeiten der Behörden nach Absatz 1 und setzt die übrigen Mitgliedstaaten und die Kommission davon in Kenntnis. Seine Aufgabe besteht darin, die einheitliche Anwendung dieser Richtlinie auf alle in Frage kommenden Berufe zu fördern. Er ist Mitglied der gemäß Artikel 9 Absatz 2 der Richtlinie 89/48/EWG bei der Kommission eingerichteten Koordinierungsgruppe.

Aufgabe der gemäß der genannten Bestimmung der Richtlinie 89/48/EWG eingesetzten Koordinierungsgruppe ist es,

– die Durchführung der vorliegenden Richtlinie zu erleichtern;

– alle zweckdienlichen Informationen über ihre Anwendung in den Mitgliedstaaten zu sammeln und insbesondere diejenigen über die Erstellung einer informatorischen Liste der reglementierten Berufe und über die Unterschiede zwischen den von Mitgliedstaaten ausgestellten Qualifikationen, um die Bewertung etwaiger wesentlicher Unterschiede durch die zuständigen Behörden der Mitgliedstaaten zu erleichtern.

Sie kann von der Kommission zu geplanten Änderungen der derzeitigen Regelung konsultiert werden.

(3) Die Mitgliedstaaten ergreifen Maßnahmen, um im Rahmen dieser Richtlinie die erforderlichen Auskünfte über die Anerkennung der Diplome und Prüfungszeugnisse sowie über die anderen Zugangsvoraussetzungen zu den reglementierten Berufen zur Verfügung zu stellen. Sie können zur Erfüllung dieser Aufgabe auf die bestehenden Informationsnetze zurückgreifen oder gegebenenfalls die betreffenden Berufsverbände oder -organisationen um Unterstützung bitten. Die Kommission ergreift die erforderlichen Initiativen, um zu gewährleisten, dass die Erteilung der erforderlichen Auskünfte ausgebaut und koordiniert wird.

Kapitel IX

Verfahren zur Abweichung von der Wahl zwischen Anpassungslehrgang und Eignungsprüfung

Artikel 14

(1) Möchte ein Mitgliedstaat in Anwendung von Artikel 4 Absatz 1 Buchstabe b) Unterabsatz 2 Satz 2 oder Artikel 5 Absatz 3 oder Artikel 7 Buchstabe a) Unterabsatz 2 Satz 2 dem Antragsteller nicht die Wahl zwischen einem Anpassungslehrgang und einer Eignungsprüfung lassen, so übermittelt er der Kommission unverzüglich den Entwurf der betreffenden Vorschrift. Er teilt der Kommission gleichzeitig die Gründe mit, die eine solche Regelung erforderlich machen.

Die Kommission unterrichtet die anderen Mitgliedstaaten unverzüglich von dem Entwurf; sie kann auch die Koordinierungsgruppe nach Artikel 13 Absatz 2 zu diesem Entwurf konsultieren.

(2) Unbeschadet dessen, dass die Kommission und die übrigen Mitgliedstaaten Bemerkungen zu dem Entwurf vorbringen können, darf der Mitgliedstaat die Bestimmung nur erlassen, wenn die Kommission sich innerhalb einer Frist von drei Monaten nicht im Wege einer Entscheidung dagegen ausgesprochen hat.

(3) Die Mitgliedstaaten teilen einem Mitgliedstaat oder der Kommission auf Verlangen unverzüglich den endgültigen Wortlaut einer Bestimmung mit, die sich aus der Anwendung dieses Artikels ergibt.

Kapitel X

Verfahren zur Änderung der Anhänge C und D

Artikel 15

(1) Die Verzeichnisse der Ausbildungsgänge in den Anhängen C und D können von jedem betroffenen Mitgliedstaat auf begründeten Antrag bei der Kommission geändert werden. Dem Antrag sind alle sachdienlichen Informationen beizufügen, insbe-

sondere der Wortlaut der einschlägigen einzelstaatlichen Rechtsvorschriften. Der antragstellende Mitgliedstaat benachrichtigt auch die übrigen Mitgliedstaaten.

(2) Die Kommission prüft den betreffenden Ausbildungsgang sowie die in den anderen Mitgliedstaaten geforderten Ausbildungsgänge. Sie prüft insbesondere, ob der Diplominhaber nach dem Diplom über den betreffenden Ausbildungsgang

– über einen vergleichbar hohen beruflichen Ausbildungsstand verfügt wie ein Absolvent eines postsekundären Ausbildungsgangs nach Artikel 1 Buchstabe a) Unterabsatz 1 zweiter Gedankenstrich Ziffer i) und

– ähnliche Verantwortungen übernehmen sowie entsprechende Aufgaben ausüben kann.

(3) Die Kommission wird von einem Ausschuss unterstützt, der sich aus Vertretern der Mitgliedstaaten zusammensetzt und in dem der Vertreter der Kommission den Vorsitz führt.

(4) Der Vertreter der Kommission unterbreitet dem Ausschuss einen Entwurf der zu treffenden Maßnahmen. Der Ausschuss gibt seine Stellungnahme zu diesem Entwurf innerhalb einer Frist ab, die der Vorsitzende unter Berücksichtigung der Dringlichkeit der betreffenden Frage festsetzen kann. Die Stellungnahme wird mit der Mehrheit abgegeben, die in Artikel 148 Absatz 2 des Vertrages für die Annahme der vom Rat auf Vorschlag der Kommission zu fassenden Beschlüsse vorgesehen ist. Bei der Abstimmung im Ausschuss werden die Stimmen der Vertreter der Mitgliedstaaten gemäß dem vorgenannten Artikel gewogen. Der Vorsitzende nimmt an der Abstimmung nicht teil.

(5) Die Kommission erlässt Maßnahmen, die unmittelbar gelten. Stimmen sie jedoch mit der Stellungnahme des Ausschusses nicht überein, so werden diese Maßnahmen sofort von der Kommission dem Rat mitgeteilt. In diesem Fall verschiebt die Kommission die Durchführung der von ihr beschlossenen Maßnahmen um zwei Monate.

(6) Der Rat kann innerhalb des in Absatz 5 genannten Zeitraums mit qualifizierter Mehrheit einen anders lautenden Beschluss fassen.

(7) Die Kommission teilt dem betreffenden Mitgliedstaat den Beschluss mit und veröffentlicht gegebenenfalls das entsprechend geänderte Verzeichnis im *Amtsblatt der Europäischen Gemeinschaften.*

Kapitel XI
Sonstige Bestimmungen

Artikel 16

Nach dem in Artikel 17 genannten Zeitpunkt übermitteln die Mitgliedstaaten der Kommission alle zwei Jahre einen Bericht über die Anwendung der Regelung.

Neben allgemeinen Bemerkungen enthält dieser Bericht eine statistische Aufstellung der getroffenen Entscheidungen sowie eine Beschreibung der Hauptprobleme, die sich aus der Anwendung dieser Richtlinie ergeben.

Artikel 17

(1) Die Mitgliedstaaten erlassen die erforderlichen Rechts- und Verwaltungsvorschriften, um dieser Richtlinie vor dem 18. Juni 1994 nachzukommen. Sie setzen die Kommission unverzüglich davon in Kenntnis.

Wenn die Mitgliedstaaten Vorschriften nach Unterabsatz 1 erlassen, nehmen sie in den Vorschriften selbst oder durch einen Hinweis bei der amtlichen Veröffentlichung auf diese Richtlinie Bezug. Die Mitgliedstaaten regeln die Einzelheiten der Bezugnahme.

(2) Die Mitgliedstaaten teilen der Kommission den Wortlaut der wichtigsten innerstaatlichen Rechtsvorschriften mit, die sie auf dem unter diese Richtlinie fallenden Gebiet erlassen.

Artikel 18

Spätestens fünf Jahre nach dem in Artikel 17 genannten Zeitpunkt berichtet die Kommission dem Europäischen Parlament, dem Rat und dem Wirtschafts- und Sozialausschuss über den Stand der Anwendung dieser Richtlinie.

Nach Vornahme aller notwendigen Anhörungen unterbreitet die Kommission ihre Schlussfolgerungen hinsichtlich etwaiger Änderungen der bestehenden Regelung. Gegebenenfalls legt die Kommission gleichzeitig Vorschläge zur Verbesserung der bestehenden Regelungen mit dem Ziel vor, die Freizügigkeit, das Niederlassungsrecht und den freien Dienstleistungsverkehr zu erleichtern.

Artikel 19

Diese Richtlinie ist an die Mitgliedstaaten gerichtet.

Geschehen zu Luxemburg am 18. Juni 1992.

Im Namen des Rates
Der Präsident
Vitor Martins

Anhang A

Liste der Richtlinien nach Artikel 2 zweiter Absatz

1. 64/429/EWG

Richtlinie des Rates vom 7. Juli 1964 über die Verwirklichung der Niederlassungsfreiheit und des freien Dienstleistungsverkehrs für selbstständige Tätigkeiten der be- und verarbeitenden Gewerbe der CITI-Hauptgruppen 23–40 (Industrie und Handwerk)[1].

64/427/EWG

Richtlinie des Rates vom 7. Juli 1964 über die Einzelheiten der Übergangsmaßnahmen auf dem Gebiet der selbstständigen Tätigkeiten der be- und verarbeitenden Gewerbe der CITI-Hauptgruppen 23–40 (Industrie und Handwerk)[2].

2. 68/365/EWG

Richtlinie des Rates vom 15. Oktober 1968 über die Verwirklichung der Niederlassungsfreiheit und des freien Dienstleistungsverkehrs für die selbstständigen Tätigkeiten der Nahrungs- und Genussmittelgewerbe und der Getränkeherstellung (CITI-Hauptgruppen 20 und 21)[3].

68/366/EWG

Richtlinie des Rates vom 15. Oktober 1968 über die Einzelheiten der Übergangsmaßnahmen auf dem Gebiet der selbstständigen Tätigkeiten der Nahrungs- und Genussmittelgewerbe und der Getränkeherstellung (CITI-Hauptgruppen 20 und 21)[4].

3. 64/223/EWG

Richtlinie des Rates vom 25. Februar 1964 über die Verwirklichung der Niederlassungsfreiheit und des freien Dienstleistungsverkehrs für Tätigkeiten im Großhandel[5].

64/224/EWG

Richtlinie des Rates vom 25. Februar 1964 über die Verwirklichung der Niederlassungsfreiheit und des freien Dienstleistungsverkehrs für Vermittlertätigkeiten in Handel, Industrie und Handwerk[6].

64/222/EWG

Richtlinie des Rates vom 25. Februar 1964 über die Einzelheiten der Übergangsmaßnahmen auf dem Gebiet der Tätigkeiten des Großhandels sowie der Vermittlertätigkeiten in Handel, Industrie und Handwerk[7].

---

[1] ABl. Nr. 117 vom 23.7.1964, S. 1880/64.
[2] ABl. Nr. 117 vom 23.7.1964, S. 1863/64. Richtlinie geändert durch die Richtlinie 69/77/EWG (ABl. Nr. L 59 vom 10.3.1969, S. 8).
[3] ABl. Nr. L 260 vom 22.10.1968, S. 9.
[4] ABl. Nr. L 260 vom 22.10.1968, S. 12.
[5] ABl. Nr. 56 vom 4.4.1964, S. 863/64.
[6] ABl. Nr. 56 vom 4.4.1964, S. 869/64.
[7] ABl. Nr. 56 vom 4.4.1964, S. 857/64.

4. 68/363/EWG

Richtlinie des Rates vom 15. Oktober 1968 über die Verwirklichung der Niederlassungsfreiheit und des freien Dienstleistungsverkehrs für die selbstständigen Tätigkeiten des Einzelhandels (aus CITI-Gruppe 612)[1].

68/364/EWG

Richtlinie des Rates vom 15. Oktober 1968 über die Einzelheiten der Übergangsmaßnahmen auf dem Gebiet der selbstständigen Tätigkeiten des Einzelhandels (aus CITI-Gruppe 612)[2].

5. 70/522/EWG

Richtlinie des Rates vom 30. November 1970 über die Verwirklichung der Niederlassungsfreiheit und des freien Dienstleistungsverkehrs für selbstständige Tätigkeiten des Kohlengroßhandels und für Vermittlungstätigkeiten auf dem Sektor Kohle (ex CITI-Gruppe 6112)[3].

70/523/EWG

Richtlinie des Rates vom 30. November 1970 über die Einzelheiten der Übergangsmaßnahmen auf dem Gebiet der selbstständigen Tätigkeiten des Kohlengroßhandels und der Vermittlertätigkeiten auf dem Sektor Kohle (ex CITI-Gruppe 6112)[4].

6. 74/557/EWG

Richtlinie des Rates vom 4. Juni 1974 über die Verwirklichung der Niederlassungsfreiheit und des freien Dienstleistungsverkehrs für die selbstständigen Tätigkeiten und die Vermittlertätigkeiten des Handels mit und der Verteilung von Giftstoffen[5].

74/556/EWG

Richtlinie des Rates vom 4. Juni 1974 über die Einzelheiten der Übergangsmaßnahmen auf dem Gebiet der Tätigkeiten des Handels mit und der Verteilung von Giftstoffen und der Tätigkeiten, die die berufliche Verwendung dieser Stoffe umfassen, einschließlich der Vermittlertätigkeiten[6].

7. 68/367/EWG

Richtlinie des Rates vom 15. Oktober 1968 über die Verwirklichung der Niederlassungsfreiheit und des freien Dienstleistungsverkehrs für die selbstständigen Tätigkeiten der persönlichen Dienste (aus CITI-Hauptgruppe 85)[7]:

1. Restaurations- und Schankgewerbe (CITI-Gruppe 852);
2. Beherbergungsgewerbe und Zeltplatzbetriebe (CITI-Gruppe 853).

---

[1] ABl. Nr. L 260 vom 22.10.1968, S. 1.
[2] ABl. Nr. L 260 vom 22.10.1968, S. 6.
[3] ABl. Nr. L 267 vom 10. 12.1970, S. 14.
[4] ABl. Nr. L 267 vom 10. 12.1970, S. 18.
[5] ABl. Nr. L 307 vom 18.11.1974, S. 5.
[6] ABl. Nr. L 307 vom 18.11.1974, S. 1.
[7] ABl. Nr. L 260 vom 22.10.1968, S. 16.

68/368/EWG

Richtlinie des Rates vom 15. Oktober 1968 über die Einzelheiten der Übergangsmaßnahmen auf dem Gebiet der selbstständigen Tätigkeiten der persönlichen Dienste (aus CITI-Hauptgruppe 85)[1]:

1. Restaurations- und Schankgewerbe (CITI-Gruppe 852);
2. Beherbergungsgewerbe und Zeltplatzbetriebe (CITI-Gruppe 853).

8. 77/92/EWG

Richtlinie des Rates vom 13. Dezember 1976 über Maßnahmen zur Erleichterung der tatsächlichen Ausübung der Niederlassungsfreiheit und des freien Dienstleistungsverkehrs für die Tätigkeiten des Versicherungsagenten und des Versicherungsmaklers (aus CITI-Gruppe 630), insbesondere Übergangsmaßnahmen für solche Tätigkeiten[2].

9. 82/470/EWG

Richtlinie des Rates vom 29. Juni 1982 über Maßnahmen zur Förderung der tatsächlichen Ausübung der Niederlassungsfreiheit und des freien Dienstleistungsverkehrs für die selbstständigen Tätigkeiten bestimmter Hilfsgewerbetreibender des Verkehrs und der Reisevermittler (CITI-Gruppe 718) sowie der Lagerhalter (CITI-Gruppe 720)[3].

10. 82/489/EWG

Richtlinie des Rates vom 19. Juli 1982 über Maßnahmen zur Erleichterung der tatsächlichen Ausübung des Niederlassungsrechts und des Rechts auf freien Dienstleistungsverkehr für Friseure[4].

11. 75/368/EWG

Richtlinie des Rates vom 16. Juni 1975 über Maßnahmen zur Erleichterung der tatsächlichen Ausübung der Niederlassungsfreiheit und des freien Dienstleistungsverkehrs für einige Tätigkeiten (aus CITI-Hauptgruppe 01 bis CITI-Hauptgruppe 85), insbesondere Übergangsmaßnahmen für diese Tätigkeiten[5].

12. 75/369/EWG

Richtlinie des Rates vom 16. Juni 1975 über Maßnahmen zur Vereinfachung der tatsächlichen Ausübung der Niederlassungsfreiheit und des freien Dienstleistungsverkehrs für die Tätigkeiten des Reisegewerbes, insbesondere Übergangsmaßnahmen für diese Tätigkeiten[6].

Anmerkung

Die in den vorstehenden Übersichten aufgeführten Richtlinien wurden durch die Akten über den Beitritt Dänemarks, Irlands und des Vereinigten Königreichs (ABl. Nr. L 73 vom 27.3.1972), Griechenlands (ABl. Nr. L 291 vom 19.11.1979) sowie Spaniens und Portugals (ABl. Nr. L 302 vom 15.11.1985) ergänzt.

---

[1] ABl. Nr. L 260 vom 22.10.1968, S. 19.
[2] ABl. Nr. L 26 vom 31.1.1977, S. 14.
[3] ABl. Nr. L 213 vom 21.7.1982, S. 1.
[4] ABl. Nr. L 218 vom 27.7.1982, S. 24.
[5] ABl. Nr. L 167 vom 30.6.1975, S. 22.
[6] ABl. Nr. L 167 vom 30.6.1975, S. 29.

Anhang B

Liste der Richtlinien nach Artikel 2 dritter Absatz

Es handelt sich um die Richtlinien, die in Anhang A, Nummern 1 bis 7, aufgeführt sind, mit Ausnahme der in Nummer 6 aufgeführten Richtlinie 74/556/EWG.

Anhang C

Verzeichnis der besonders strukturierten Ausbildungsgänge gemäß Artikel 1 Buchstabe a) zweiter Gedankenstrich Ziffer ii)

1. **Paramedizinischer und sozialpädagogischer Bereich**

   In Deutschland

   die Bildung und Ausbildung, die zu folgenden Berufen führt:
   - Kinderkrankenschwester/Kinderkrankenpfleger,
   - Krankengymnast(in),
   - Beschäftigungs- und Arbeitstherapeut(in),
   - Logopäde/Logopädin,
   - Orthoptist(in),
   - staatlich anerkannte(r) Erzieher(in),
   - staatlich anerkannte(r) Heilpädagoge(in).

   In Italien

   die Bildung und Ausbildung, die zu folgenden Berufen führt:
   - Zahntechniker („odontotecnico"),
   - Optiker („ottico"),
   - Fußpfleger(„podologo").

   In Luxemburg

   die Bildung und Ausbildung, die zu folgenden Berufen führt:
   - medizinisch-technischer Radiologie-Assistent („assistant technique médical en radiologie"),
   - medizinisch-technischer Labor-Assistent („assistant technique médical de laboratoire"),
   - Krankenpfleger/-schwester in psychiatrischen Krankenanstalten („infirmier(ière) psychiatrique"),
   - medizinisch-technische/r Chirurgie-Assistent/in („assistant(e) technique médical(e) en chirurgie"),
   - Kinderkrankenpfleger/-schwester („infirmier(ière) puériculteur(trice)"),
   - Anästhesie-Krankenpfleger/-schwester („infirmier(ière) anesthésiste"),
   - geprüfter Masseur/in („masseur(euse) diplômé(e)"),
   - Erzieher/in („éducateur(trice)").

Die betreffenden Bildungs- und Ausbildungsgänge haben eine Gesamtdauer von mindestens 13 Jahren und umfassen

- entweder mindestens drei Jahre berufliche Ausbildung an einer Fachschule, die mit einer Prüfung abgeschlossen wird, gegebenenfalls ergänzt durch einen ein- oder zweijährigen Spezialisierungskurs, der mit einer Prüfung abgeschlossen wird,
- oder mindestens zweieinhalb Jahre Ausbildung an einer Fachschule, die mit einer Prüfung abgeschlossen und durch eine mindestens sechsmonatige Berufspraxis oder ein mindestens sechsmonatiges Praktikum in einer zugelassenen Einrichtung ergänzt wird,
- oder mindestens zwei Jahre Ausbildung an einer Fachschule, die durch eine Prüfung abgeschlossen und durch eine mindestens einjährige Berufspraxis oder ein mindestens einjähriges Praktikum in einer zugelassenen Einrichtung ergänzt wird.

2. Meister (Bildungs- und Ausbildungsgänge zum „Meister", für die nicht unter die Richtlinien des Anhangs A fallenden handwerklichen Tätigkeiten)

In Dänemark

die Bildung und Ausbildung, die zu folgendem Beruf führt:

- Optiker („Optometrist").

Die betreffenden Bildungs- und Ausbildungsgänge haben eine Gesamtdauer von 14 Jahren und umfassen eine fünfjährige Berufsausbildung, die in eine zweiein-halbjährige theoretische Ausbildung an einer berufsbildenden Einrichtung und eine zweieinhalbjährige praktische Ausbildung im Unternehmen unterteilt ist, die durch eine anerkannte Prüfung über den Handwerksberuf abgeschlossen wird, welche das Recht auf Führung des Titels „Mester" verleiht.

- Orthopädiemechaniker („Onopaedimekaniker").

Die betreffenden Bildungs- und Ausbildungsgänge haben eine Gesamtdauer von zwölfeinhalb Jahren und umfassen eine dreieinhalbjährige Berufsausbildung, die in eine sechsmonatige theoretische Ausbildung an einer berufsbildenden Einrichtung und eine dreijährige praktische Ausbildung im Unternehmen unterteilt ist, die durch eine anerkannte Prüfung über den Handwerksberuf abgeschlossen wird, welche das Recht auf Führung des Titels „Mester" verleiht.

- Orthopädieschuhmacher („Onopaediskomager").

Die betreffenden Bildungs- und Ausbildungsgänge haben eine Gesamtdauer von dreizehneinhalb Jahren und umfassen eine viereinhalbjährige Berufsausbildung, die in eine zweijährige theoretische Ausbildung an einer berufsbildenden Einrichtung und eine zweieinhalbjährige praktische Ausbildung im Unternehmen unterteilt ist, die durch eine anerkannte Prüfung über den Handwerksberuf abgeschlossen wird, welche das Recht auf Führung des Titels „Mester" verleiht.

In Deutschland

die Bildung und Ausbildung, die zu folgenden Berufen führt:

- Augenoptiker,
- Zahntechniker,

- Bandagist,
- Hörgeräte-Akustiker,
- Orthopädiemechaniker,
- Orthopädieschuhmacher.

In Luxemburg

die Bildung und Ausbildung, die zu folgenden Berufen führt:

- Augenoptiker („opticien"),
- Zahntechniker („mécanicien dentaire"),
- Hörgeräte-Akustiker („audioprothésiste"),
- Orthopädiemechaniker-Bandagist („mécanicien orthopédiste-bandagiste"),
- Orthopädieschuhmacher („orthopédiste-cordonnier").

Die betreffenden Bildungs- und Ausbildungsgänge haben eine Gesamtdauer von 14 Jahren und umfassen eine mindestens fünfjährige Ausbildung im Rahmen einer strukturierten Ausbildung, die zum Teil im Unternehmen und zum Teil in einer berufsbildenden Einrichtung erworben und durch eine Prüfung abgeschlossen wird.

3. **Seeschifffahrt**

a) Schiffsführung

In Dänemark

die Bildung und Ausbildung, die zu folgenden Berufen führt:

- Kapitän der Handelsmarine („skibsforer"),
- Erster Offizier („overstyrmand"),
- Steuermann, Wachoffizier („enestyrmand, vagthavende styrmand"),
- Wachoffizier („vagthavende styrmand"),
- Schiffsbetriebsmeister („maskinchef"),
- leitender technischer Offizier („1. maskinmester"),
- leitender technischer Offizier/technischer Wachoffizier („1. maskinmester/vagthavende maskinmester").

In Deutschland

die Bildung und Ausbildung, die zu folgenden Berufen führt:

- Kapitän AM,
- Kapitän AK,
- nautischer Schiffsoffizier AMW,
- nautischer Schiffsoffizier AKW,
- Schiffsbetriebstechniker CT – Leiter von Maschinenanlagen,
- Schiffsmaschinist CMa – Leiter von Maschinenanlagen,
- Schiffsbetriebstechniker CTW,
- Schiffsmaschinist CMaW – technischer Alleinoffizier.

In Italien

die Bildung und Ausbildung, die zu folgenden Berufen führt:

- nautischer Offizier („ufficiale di coperta"),
- technischer Offizier („ufficiale di macchina").

In den Niederlanden

die Bildung und Ausbildung, die zu folgenden Berufen führt:

– Deckoffizier in der Küstenschifffahrt (mit Ergänzung), („stuurman kleine handelsvaart" (met aanvulling)),
– diplomierter Maschinenwachdienstkundiger („diploma motordrijver"),

die Bildungs- und Ausbildungsgängen entsprechen, die

– in Dänemark eine Grundschulzeit von neun Jahren umfassen, an die sich ein Grundausbildungsgang und/oder ein Seedienstausbildungsgang mit einer Dauer von 17 bis 36 Monaten anschließt, ergänzt
  – für den Wachoffizier durch eine einjährige berufliche Fachausbildung,
  – für die anderen Berufe durch eine dreijährige berufliche Fachausbildung;
– in Deutschland eine Gesamtdauer zwischen 14 und 18 Jahren haben, davon eine dreijährige Berufsgrundausbildung und eine einjährige Seedienstpraxis, an die sich eine ein- bis zweijährige berufliche Fachausbildung – gegebenenfalls ergänzt durch zweijährige Seefahrtpraxis – anschließt;
– in Italien eine Gesamtdauer von 13 Jahren haben, davon mindestens fünf Jahre berufliche Ausbildung, die mit einer Prüfung abgeschlossen und gegebenenfalls durch ein Praktikum ergänzt werden;
– in den Niederlanden einen Studiengang von 14 Jahren umfassen, davon mindestens zwei Jahre Ausbildung an einer beruflichen Fachschule, ergänzt durch ein zwölfmonatiges Praktikum,

und die im Rahmen des Internationalen STCW-Übereinkommens (Internationales Übereinkommen über Normen für die Ausbildung, die Erteilung von Befähigungsnachweisen, Befähigungszeugnissen und den Wachdienst von Seeleuten, 1978) anerkannt sind.

b) Hochseefischerei

In Deutschland

die Bildung und Ausbildung, die zu folgenden Berufen führt:

– Kapitän BG/Fischerei,
– Kapitän BK/Fischerei,
– nautischer Schiffsoffizier BGW/Fischerei,
– nautischer Schiffsoffizier BKW/Fischerei.

In den Niederlanden

die Bildung und Ausbildung, die zu folgenden Berufen führt:

– technischer Deckoffizier V („stuurman werktuigkundige V"),
– Maschinenwachdienstkundiger IV auf Fischereifahrzeugen – („werktuigkundige IV visvaart"),
– Deckoffizier auf Flschereifahrzeugen („stuurman IV visvaart"),
– technischer Deckoffizier VI („stuurman werktuigkundige VI"),

die Bildungs- und Ausbildungsgängen entsprechen, die

– in Deutschland eine Gesamtdauer zwischen 14 und 18 Jahren haben, davon eine dreijährige Berufsgrundausbildung und eine einjährige Seedienstpraxis, an

die sich eine ein- bis zweijährige berufliche Fachausbildung – gegebenenfalls ergänzt durch eine zweijährige Seefahrtpraxis – anschließt;
– in den Niederlanden einen Studiengang zwischen 13 und 15 Jahren umfassen, davon mindestens zwei Jahre an einer beruflichen Fachschule, ergänzt durch ein zwölfmonatiges Praktikum,

und die im Rahmen des Übereinkommens von Torremolinos (Internationales Übereinkommen von 1977 über die Sicherheit der Fischereifahrzeuge) anerkannt sind.

4. Technischer Bereich

In Italien

die Bildung und Ausbildung, die zu folgenden Berufen führt:
– Vermessungstechniker („geometra"),
– staatlich geprüfter Landwirt („perito agrario"),
– Buchprüfer („ragioniere") und Wirtschaftsprüfer („perito commerciale"),
– Sozialrechtsberater („consulente del lavoro").

Diese Bildungs- und Ausbildungsgänge umfassen eine technische Sekundarschulausbildung mit einer Gesamtdauer von mindestens 13 Jahren, davon eine achtjährige Pflichtschulzeit, an die sich eine fünfjährige Sekundarschulausbildung anschließt, wobei drei Jahre der Berufsbildung gewidmet sind, die durch das technische Abitur abgeschlossen und wie folgt ergänzt werden:

– im Fall des Vermessungstechnikers entweder durch ein mindestens zweijähriges Praktikum in einem einschlägigen Betrieb oder durch eine fünfjährige Berufserfahrung;
– im Fall des staatlich geprüften Landwirts, des Buchprüfers und Wirtschaftsprüfers und des Sozialrechtsberaters durch den Abschluss eines mindestens zweijährigen Praktikums.

Daran schließt sich die staatliche Prüfung an.

In den Niederlanden

die Bildung und Ausbildung, die zu folgendem Beruf führt:
– Gerichtsvollzieher („gerechtsdeurwaarder").

Dieser Bildungs- und Ausbildungsgang umfasst einen Studiengang und eine berufliche Ausbildung mit einer Gesamtdauer von 19 Jahren, davon eine achtjährige Pflichtschulzeit, an die sich eine achtjährige Sekundarschulzeit anschließt, wobei vier Jahre der fachlichen Ausbildung gewidmet sind und durch eine staatliche Prüfung abgeschlossen werden, ergänzt durch eine dreijährige theoretische und praktische Ausbildung, die auf die Ausübung des Berufs ausgerichtet ist.

5. Bildungs- und Ausbildungsgänge im Vereinigten Königreich, die als nationale berufliche Befähigungsnachweise („National Vocational Qualifications") bzw. als berufliche Befähigungsnachweise für Schottland („Scottish Vocational Qualifications") zugelassen sind

Die Bildungs- und Ausbildungsgänge

– medizinisch-wissenschaftlicher Laborant („Medical laboratory scientific officer"),

- Bergbau-Elektroingenieur („Mine electrical engineer"),
- Bergbauingenieur („Mine mechanical engineer"),
- anerkannter Sozialarbeiter im Bereich Geisteskrankheiten („Approved social worker – Mental Health"),
- Bewährungshelfer („Probation officer"),
- Zahnheilkundiger („Dental therapist"),
- Zahnpfleger („Dental hygienist"),
- Augenoptiker („Dispensing optician"),
- Bergwerksbeauftragter („Mine deputy"),
- Konkursverwalter („Insolvency practitioner"),
- zugelassener Notar für Eigentumsübertragungen („Licensed conveyancer"),
- Prothetiker („Prothetist"),
- Erster Offizier auf Fracht- oder Passagierschiffen – ohne Einschränkung („First mate – Freight/Passenger ships – unrestricted"),
- Zweiter Offizier auf Fracht- oder Passagierschiffen – ohne Einschränkung („Second mate – Freight/Passenger ships – unrestricted"),
- Dritter Offizier auf Fracht- oder Passagierschiffen – ohne Einschränkung („Third mate – Freight/Passenger ships – unrestricted"),
- Deckoffizier auf Fracht- oder Passagierschiffen – ohne Einschränkung („Deck officer – Freight/Passenger ships – unrestricted"),
- technischer Schiffsoffizier 2. Klasse auf Fracht- oder Passagierschiffen – ohne Einschränkung in Bezug auf das Handelsgebiet („Engineer officer – Freight/Passenger ships – unlimited trading area") und
- Warenzeichenmakler („Trade mark agent")

führen zu Abschlüssen, die als nationale berufliche Befähigungsnachweise („National Vocational Qualifications" – NVQ) zugelassen sind oder vom Nationalen Rat für berufliche Befähigungsnachweise („National Council for Vocational Qualifications") bestätigt oder als gleichwertig anerkannt werden bzw. die in Schottland als berufliche Befähigungsnachweise für Schottland („Scottish Vocational Qualifications") zugelassen sind und die den Niveaus 3 und 4 des nationalen Systems für berufliche Befähigungsnachweise („National Framework of Vocational Qualifications") des Vereinigten Königreichs entsprechen.

Für diese Niveaus gelten folgende Definitionen:

- **Niveau 3:** Befähigung zur Ausübung einer großen Anzahl unterschiedlicher Tätigkeiten in sehr unterschiedlichen Situationen, wobei es sich zum Großteil um komplizierte, nicht wiederkehrende Tätigkeiten handelt. Sie erfordern ein erhebliches Maß an Eigenverantwortung und Eigenständigkeit und häufig die Kontrolle oder Anleitung durch andere.
- **Niveau 4:** Befähigung zur Ausübung einer großen Anzahl komplizierter fach- oder berufsspezifischer Tätigkeiten in sehr unterschiedlichen Situationen, die ein hohes Maß an Eigenverantwortung und Eigenständigkeit erfordern. Häufig beinhalten sie die Verantwortung für die Arbeit anderer und Entscheidungen über den Einsatz von Mitteln.

Anhang D

Liste der besonders strukturierten Bildungs- und Ausbildungsgänge gemäß Artikel 3 Buchstabe b) Unterabsatz 1 dritter Gedankenstrich

Im Vereinigten Königreich

Reglementierte Bildungs- und Ausbildungsgänge, die zu Abschlüssen führen, die vom Nationalen Rat für berufliche Befähigungsnachweise („National Council for Vocational Qualifications") als nationale berufliche Befähigungsnachweise („National Vocational Qualifications" – NVQ) zugelassen sind bzw. die in Schottland als berufliche Befähigungsnachweise für Schottland („Scottish Vocational Qualifications") zugelassen sind und die den Niveaus 3 und 4 des nationalen Systems für berufliche Befähigungsnachweise („National Framework of Vocational Qualifications") des Vereinigten Königreichs entsprechen.

Für diese Niveaus gelten folgende Definitionen:

– **Niveau 3:** Befähigung zur Ausübung einer großen Anzahl unterschiedlicher Tätigkeiten in sehr unterschiedlichen Situationen, wobei es sich zum Großteil um komplizierte, nicht wiederkehrende Tätigkeiten handelt. Sie erfordern ein erhebliches Maß an Eigenverantwortung und Eigenständigkeit und häufig die Kontrolle oder Anleitung durch andere.

– **Niveau 4:** Befähigung zur Ausübung einer großen Anzahl komplizierter fach- oder berufsspezifischer Tätigkeiten in sehr unterschiedlichen Situationen, die ein hohes Maß an Eigenverantwortung und Eigenständigkeit erfordern. Häufig beinhalten sie die Verantwortung für die Arbeit anderer und Entscheidungen über den Einsatz von Mitteln.

Verordnung
zur Gleichstellung französischer Meisterprüfungszeugnisse mit Meisterprüfungszeugnissen im Handwerk

Vom 22. Dezember 1997 (BGBl. I S. 3324)

Aufgrund des § 50a der Handwerksordnung in der Fassung der Bekanntmachung vom 28. Dezember 1965 (BGBl. 1966 I S. 1), der durch Artikel 1 Nr. 28 des Gesetzes vom 20. Dezember 1993 (BGBl. I S. 2256) eingefügt worden ist, in Verbindung mit Artikel 56 Abs. 1 des Zuständigkeitsanpassungs-Gesetzes vom 18. März 1975 (BGBl. I S. 705) und dem Organisationserlass vom 17. November 1994 (BGBl. I S. 3667) verordnet das Bundesministerium für Wirtschaft im Einvernehmen mit dem Bundesministerium für Bildung, Wissenschaft, Forschung und Technologie:

§ 1
Gleichstellung von Meisterprüfungszeugnissen im Handwerk

Französische Zeugnisse über das Bestehen der Meisterprüfung werden den deutschen Zeugnissen über das Bestehen der Meisterprüfung im Handwerk nach Maßgabe der in der Anlage enthaltenen Aufstellung gleichgestellt.

§ 2
Inkrafttreten

Diese Verordnung tritt am Tage nach der Verkündung in Kraft.

Anlage
(zu § 1)

Aufstellung der gleichgestellten Meisterprüfungszeugnisse

Bezeichnung der deutschen Prüfungszeugnisse	Bezeichnung der französischen Prüfungszeugnisse
1. Meisterprüfung im Kraftfahrzeug-mechaniker-Handwerk	1. Brevet de Maîtrise mécanicien réparateur auto
2. Meisterprüfung im Kraftfahrzeug-elektriker-Handwerk	2. Brevet de Maîtrise électricien électronicien spécialiste automobile
3. Meisterprüfung im Landmaschinen-mechaniker-Handwerk	3. Brevet de Maîtrise mécanicien réparateur rural
4. Meisterprüfung im Zimmerer-Handwerk	4. Brevet de Maîtrise charpentier
5. Meisterprüfung im Tischler-Handwerk	5. Brevet de Maîtrise menuisier de bâtiment et d'agencement, ébéniste, menuisier en meubles
6. Meisterprüfung im Fliesen-, Platten- und Mosaikleger-Handwerk	6. Brevet de Maîtrise carreleur mosaïste
7. Meisterprüfung im Maurer-Handwerk	7. Brevet de Maîtrise maçon
8. Meisterprüfung im Konditoren-Handwerk	8. Brevet de Maîtrise pâtissier
9. Meisterprüfung im Friseur-Handwerk	9. Brevet de Maîtrise coiffeur – Option C
10. Meisterprüfung im Textilreiniger-Handwerk	10. Brevet de Maîtrise nettoyeur-apprêteur

Verordnung
zur Gleichstellung französischer Prüfungszeugnisse mit Zeugnissen über das Bestehen der Abschlussprüfung oder Gesellenprüfung in anerkannten Ausbildungsberufen

Vom 16. Juni 1977 (BGBl. I S. 857),

geändert durch

- Erste Änderungsverordnung vom 9. Dezember 1983 (BGBl. I S. 1419).
- Zweite Änderungsverordnung vom 12. August 1985 (BGBl. I S. 1760).
- Dritte Änderungsverordnung vom 14. August 1986 (BGBl. I S. 1306).
- Vierte Änderungsverordnung vom 14. März 1989 (BGBl. I S. 486).
- Fünfte Änderungsverordnung vom 6. Juni 1990 (BGBl. I S. 1000).
- Sechste Änderungsverordnung vom 25. September 1991 (BGBl. I S. 1956).

§ 1

Gleichstellung von Prüfungszeugnissen

Französische Prüfungszeugnisse werden den Zeugnissen über das Bestehen der Abschlussprüfung oder Gesellenprüfung in anerkannten Ausbildungsberufen nach Maßgabe der in der Anlage enthaltenen Aufstellung gleichgestellt.

§ 2

Berlin-Klausel

Diese Verordnung gilt nach § 14 des Dritten Überleitungsgesetzes in Verbindung mit § 112 des Berufsbildungsgesetzes auch im Land Berlin.

§ 3

Inkrafttreten

Diese Verordnung tritt am Tage nach der Verkündung in Kraft.

Anlage
(zu § 1)

Aufstellung der gleichgestellten Prüfungszeugnisse

Bezeichnung des französischen Prüfungszeugnisses:	Zeugnis über das Bestehen der Abschlussprüfung oder Gesellenprüfung in dem Ausbildungsberuf:
1. Certificat d'aptitude professionnelle électricien d'équipement	1. Elektroanlageninstallateur/ Elektroanlageninstallateurin
2. Certificat d'aptitude professionnelle mécanicien d'entretien	2. Betriebsschlosser/ Betriebsschlosserin
3. Certificat d'aptitude professionnelle mécanicien ajusteur	3. Maschinenschlosser/ Maschinenschlosserin
4. Certificat d'aptitude professionnelle mécanicien réparateur d'automobiles	4. Kraftfahrzeugmechaniker/ Kraftfahrzeugmechanikerin
5. Certificat d'aptitude professionnelle électricien d'automobiles	5. Kraftfahrzeugelektriker/ Kraftfahrzeugelektrikerin
6. Certificat d'aptitude professionnelle charpentier en bois: structures, escaliers, coffrages	6. Zimmerer
7. Certificat d'aptitude professionnelle constructeur en maçonnerie et béton armé	7. a) Maurer b) Beton- und Stahlbetonbauer
8. Certificat d'aptitude professionnelle carreleur mosaïste	8. Fliesen-, Platten- und Mosaikleger
9. Certificat d'aptitude professionnelle plâtrier	9. Stuckateur
10. Certificat d'aptitude professionnelle cuisinier	10. Koch/Köchin
11. Certificat d'aptitude professionnelle employé d'hôtel	11. Hotelfachmann/Hotelfachfrau
12. Certificat d'aptitude professionnelle employé de restaurant	12. Restaurantfachmann/ Restaurantfachfrau
13. Certificat d'aptitude professionnelle coiffure option C: coiffure mixte	13. Friseur/Friseurin

Bezeichnung des französischen Prüfungszeugnisses:	Zeugnis über das Bestehen der Abschlussprüfung oder Gesellenprüfung in dem Ausbildungsberuf:
14. Certificat d'aptitude professionnelle menuisier du bâtiment et d'agencement	14. Tischler/Tischlerin
15. Certificat d'aptitude professionnelle tailleur de pierre, option A: taille, option B: travaux marbriers	15. Steinmetz und Steinbildhauer/ Steinmetzin und Steinbildhauerin
16. Certificat d'aptitude professionnelle boulanger	16. Bäcker/Bäckerin
17. Certificat d'aptitude professionnelle pâtissier-confiseur-chocolatier-glacier	17. Konditor/Konditorin
18. Diplôme de maintenance aéronautique option: cellule, moteur, électricité	18. Fluggerätmechaniker/ Fluggerätmechanikerin
19. Certificat d'aptitude professionnelle mécanicien de cellules d'aéronefs	19. Fluggerätbauer/ Fluggerätbauerin
20. Brevet d'études professionnelles conducteur d'appareil option B: traitement et épuration des eaux	20. Ver- und Entsorger/ Ver- und Entsorgerin
21. Baccalauréat professionnel des industries chimiques et de procédés	21. Chemikant/Chemikantin
22. Certificat d'aptitude professionnelle assurance	22. Versicherungskaufmann/ Versicherungskauffrau

Verordnung
zur Gleichstellung österreichischer Meisterprüfungszeugnisse mit Meisterprüfungszeugnissen im Handwerk

Vom 31. Januar 1997 (BGBl. I S. 142)

Aufgrund des § 50a der Handwerksordnung in der Fassung der Bekanntmachung vom 28. Dezember 1965 (BGBl. 1966 I S. 1), der durch Artikel 1 Nr. 28 des Gesetzes vom 20. Dezember 1993 (BGBl. I S. 2256) eingefügt worden ist, in Verbindung mit Artikel 56 Abs. 1 des Zuständigkeitsanpassungs-Gesetzes vom 18. März 1975 (BGBl. I S. 705) und dem Organisationserlass vom 17. November 1994 (BGBl. I S. 3667) verordnet das Bundesministerium für Wirtschaft im Einvernehmen mit dem Bundesministerium für Bildung, Wissenschaft, Forschung und Technologie:

§ 1

Gleichstellung von Meisterprüfungszeugnissen im Handwerk

Österreichische Zeugnisse über das Bestehen der Meisterprüfung werden den Zeugnissen über das Bestehen der Meisterprüfung im Handwerk nach Maßgabe der in der Anlage enthaltenen Aufstellung gleichgestellt.

§ 2

Inkrafttreten

Diese Verordnung tritt am Tage nach der Verkündung in Kraft.

Anlage
(zu § 1)

Aufstellung der gleichgestellten Meisterprüfungszeugnisse

Bezeichnung des österreichischen Prüfungszeugnisses	Bezeichnung des deutschen Prüfungszeugnisses
Zeugnis über das Bestehen der Meisterprüfung im Handwerk	Zeugnis über das Bestehen der Meisterprüfung im Handwerk
1. Bäcker	1. Bäcker
2. Buchbinder	2. Buchbinder
3. Dachdecker	3. Dachdecker
4. Damenkleidermacher	4. Damenschneider
5. Drechsler	5. Drechsler
6. Fleischer	6. Fleischer
7. Fotograf	7. Fotograf
8. Friseur und Perückenmacher	8. Friseur
9. Glaser, Glasbeleger und Flachglasschleifer (alt: Glaser)	9. Glaser
10. Herrenkleidermacher	10. Herrenschneider
11. Kälteanlagentechniker (alt: Kühlmaschinenmechaniker)	11. Kälteanlagenbauer
12. Karosseriebauer	12. Karosserie- und Fahrzeugbauer
13. Konditor (Zuckerbäcker)	13. Konditor
14. Kraftfahrzeugtechniker (alt: Kraftfahrzeugmechaniker)	14. Kraftfahrzeugmechaniker
15. Kupferschmied	15. Kupferschmied
16. Kürschner	16. Kürschner
17. Landmaschinentechniker (alt: Landmaschinenmechaniker)	17. Landmaschinenmechaniker
18. Maschinen- und Fertigungstechniker (alt: Mechaniker)	18. Maschinenbaumechaniker
19. Orthopädieschuhmacher	19. Orthopädieschuhmacher
20. Radio- und Videoelektroniker (alt: Radio- und Fernsehtechniker)	20. Radio- und Fernsehtechniker

Bezeichnung des österreichischen Prüfungszeugnisses	Bezeichnung des deutschen Prüfungszeugnisses
21. Schuhmacher	21. Schuhmacher
22. Spengler	22. Klempner
23. Stuckateur und Trockenausbauer	23. Stuckateur
24. Tischler	24. Tischler
25. Uhrmacher	25. Uhrmacher
26. Zahntechniker	26. Zahntechniker

Verordnung
zur Gleichstellung österreichischer Prüfungszeugnisse mit Zeugnissen über das Bestehen der Abschlussprüfung oder Gesellenprüfung in anerkannten Ausbildungsberufen

Vom 12. April 1990 (BGBl. I S. 771),

geändert durch

- Erste Änderungsverordnung vom 6. August 1992 (BGBl. I S. 1506).
- Zweite Änderungsverordnung vom 8. Juni 1994 (BGBl. I S. 1219).
- Dritte Änderungsverordnung vom 27. Juni 1995 (BGBl. I S. 899).
- Vierte Änderungsverordnung vom 29. September 1999 (BGBl. I S. 2050).
- Fünfte Änderungsverordnung vom 17. November 2005 (BGBl. I S. 3188).

§ 1

Zweck der Verordnung

Diese Verordnung dient der Umsetzung des Abkommens zwischen der Regierung der Bundesrepublik Deutschland und der Regierung der Republik Österreich über die Zusammenarbeit in der beruflichen Bildung und über die gegenseitige Anerkennung der Gleichwertigkeit von beruflichen Prüfungszeugnissen vom 27. November 1989 (BGBl. II 1991 S. 712).

§ 2

Gleichstellung von Prüfungszeugnissen

Österreichische Zeugnisse über das Bestehen der Lehrabschlussprüfung werden den Zeugnissen über das Bestehen der Abschlussprüfung oder Gesellenprüfung in anerkannten Ausbildungsberufen nach Maßgabe der in der Anlage enthaltenen Aufstellung gleichgestellt.

Anlage
(zu § 2)

Aufstellung der gleichgestellten Prüfungszeugnisse

Bezeichnung des österreichischen Prüfungszeugnisses	Bezeichnung des deutschen Prüfungszeugnisses
Zeugnis über das Bestehen der Lehrabschlussprüfung in dem Lehrberuf:	Zeugnis über das Bestehen der – Gesellenprüfung (G) – Abschlussprüfung (A) in dem Ausbildungsberuf*:

I. Gleichgestellt durch die Verordnung vom 12. April 1990:

1. Bäcker	1. Bäcker/Bäckerin (G, A)
2. Bauschlosser	2. Bauschlosser/Bauschlosserin (A)
3. Bautechnischer Zeichner	3. Bauzeichner/Bauzeichnerin (A)
4. Betonbauer	4. Beton- und Stahlbetonbauer (G, A)
5. Betonwarenerzeuger	5. a) Betonstein- und Terrazzohersteller/ Betonstein- und Terrazzoherstellerin (G) b) Betonfertigteilbauer/ Betonfertigteilbauerin (A)
6. Betriebselektriker	6. Energieanlagenelektroniker/ Energieanlagenelektronikerin (A)
7. Betriebsschlosser	7. Betriebsschlosser/Betriebsschlosserin (A)
8. Binnenschiffer	8. Binnenschiffer/Binnenschifferin (A)
9. Blechschlosser	9. Blechschlosser/Blechschlosserin (A)
10. Blumenbinder und -händler (Florist)	10. Florist/Floristin (A)
11. Brauer und Mälzer	11. Brauer und Mälzer/ Brauerin und Mälzerin (G, A)
12. Brunnenmacher	12. Brunnenbauer (G, A)
13. Buchhändler	13. Buchhändler/Buchhändlerin (A)

---

* Sofern zu der Ausbildungsberufsbezeichnung eine Fachrichtungsbezeichnung aufgeführt ist, beschränkt sich die Gleichstellung auf diese Fachrichtung.

236

Bezeichnung des österreichischen Prüfungszeugnisses	Bezeichnung des deutschen Prüfungszeugnisses
14. Büchsenmacher	14. a) Büchsenmacher/Büchsenmacherin (G) b) Systemmacher/Systemmacherin – Gewehr (A)
15. Bürokaufmann	15. Bürokaufmann/Bürokauffrau (G, A)
16. Büromaschinenmechaniker	16. Büromaschinenmechaniker/ Büromaschinenmechanikerin (G)
17. Chemielaborant	17. Chemielaborant/ Chemielaborantin (A)
18. Chemiewerker	18. Chemiefacharbeiter/ Chemiefacharbeiterin (A)
19. Dreher	19. Dreher/Dreherin (A)
20. Drogist	20. Drogist/Drogistin (A)
21. Einzelhandelskaufmann	21. Einzelhandelskaufmann/ Einzelhandelskauffrau (A)
22. Feinmechaniker	22. Feinmechaniker/ Feinmechanikerin (A)
23. Former und Gießer (Metall und Eisen)	23. Former (A)
24. Friseur und Perückenmacher	24. Friseur/Friseurin (G)
25. Gas- und Wasserleitungs- installateur	25. Gas- und Wasserinstallateur/ Gas- und Wasserinstallateurin (G)
26. Gold- und Silberschmied und Juwelier	26. a) Goldschmied/Goldschmiedin (G, A) b) Silberschmied/Silberschmiedin (G, A)
27. Großhandelskaufmann	27. Kaufmann/Kauffrau im Groß- und Außenhandel (A)
28. Herrenkleidermacher	28. Herrenschneider/Herrenschneiderin (G)
29. Hotel- und Gastgewerbe- assistent	29. a) Hotelfachmann/Hotelfachfrau (A) b) Kaufmannsgehilfe/ Kaufmannsgehilfin im Hotel- und Gaststättengewerbe (A)
30. Industriekaufmann	30. Industriekaufmann/Industriekauffrau (A)
31. Karosseur	31. Karosseriebauer/ Karosseriebauerin (G)
32. Kellner	32. a) Kellner/Kellnerin(A) b) Restaurantfachmann/ Restaurantfachfrau (A)

Bezeichnung des österreichischen Prüfungszeugnisses	Bezeichnung des deutschen Prüfungszeugnisses
33. Koch	33. Koch/Köchin (A)
34. Kraftfahrzeugelektriker	34. Kraftfahrzeugelektriker/ Kraftfahrzeugelektrikerin (G)
35. Kraftfahrzeugmechaniker	35. a) Kraftfahrzeugmechaniker/ Kraftfahrzeugmechanikerin (G) b) Kraftfahrzeugschlosser/ Kraftfahrzeugschlosserin – Instandsetzung (A)
36. Kürschner	36. Kürschner/Kürschnerin (G, A)
37. Kunststeinerzeuger	37. a) Betonstein- und Terrazzohersteller/ Betonstein- und Terrazzoherstellerin (G) b) Betonfertigteilbauer/ Betonfertigteilbauerin (A)
38. Landmaschinenmechaniker	38. Landmaschinenmechaniker/ Landmaschinenmechanikerin (G)
39. Luftfahrzeugmechaniker	39. Fluggerätmechaniker/ Fluggerätmechanikerin (A)
40. Maschinenschlosser	40. Maschinenschlosser/ Maschinenschlosserin (A)
41. Maurer	41. Maurer (G, A)
42. Mechaniker	42. Mechaniker/Mechanikerin (A)
43. Mess- und Regelmechaniker	43. Mess- und Regelmechaniker/ Mess- und Regelmechanikerin (A)
44. Modelltischler (Formentischler)	44. a) Modellbauer/Modellbauerin (G) b) Modelltischler/Modelltischlerin (A)
45. Optiker	45. Augenoptiker/Augenoptikerin (G)
46. Orthopädieschuhmacher	46. Orthopädieschuhmacher/ Orthopädieschuhmacherin (G)
47. Papiermacher	47. Papiermacher/Papiermacherin (A)
48. Platten- und Fliesenleger	48. Fliesen-, Platten- und Mosaikleger/ Fliesen-, Platten- und Mosaiklegerin (G, A)
49. Reisebüroassistent	49. Reiseverkehrskaufmann/ Reiseverkehrskauffrau (A)
50. Rohrleitungsmonteur	50. Rohrinstallateur/Rohrinstallateurin (A)
51. Säger	51. Holzbearbeitungsmechaniker/ Holzbearbeitungsmechanikerin (A)
52. Schiffbauer	52. Schiffbauer/Schiffbauerin (G, A)
53. Schlosser	53. Schlosser/Schlosserin (G)

Bezeichnung des österreichischen Prüfungszeugnisses	Bezeichnung des deutschen Prüfungszeugnisses
54. Schmied	54. Schmied/Schmiedin (G, A)
55. Schuhmacher	55. Schuhfertiger/Schuhfertigerin (A)
56. Setzer	56. Schriftsetzer/Schriftsetzerin (G, A)
57. Siebdrucker	57. Siebdrucker/Siebdruckerin (G, A)
58. Spediteur	58. Speditionskaufmann/ Speditionskauffrau (A)
59. Stahlbauschlosser	59. Stahlbauschlosser/ Stahlbauschlosserin (A)
60. Steinholzleger und Spezial-estrichhersteller	60. Estrichleger/Estrichlegerin (G, A)
61. Stempelerzeuger und Flexograf	61. a) Flexograf/Flexografin (G) b) Stempelmacher/ Stempelmacherin (A)
62. Stuckateur	62. Stuckateur/Stuckateurin (G, A)
63. Technischer Zeichner (Maschinen-, Stahlbau-, Heizungs- oder Elektrotechnik)	63. Technischer Zeichner/ Technische Zeichnerin (A)
64. Tierpfleger	64. Tierpfleger/Tierpflegerin (A)
65. Tischler	65. a) Tischler/Tischlerin (G) b) Holzmechaniker/Holzmechanikerin (A)
66. Uhrmacher	66. Uhrmacher/Uhrmacherin (G, A)
67. Universalschweißer	67. Schmelzschweißer/ Schmelzschweißerin (A)
68. Verpackungsmittelmechaniker	68. Verpackungsmittelmechaniker/ Verpackungsmittelmechanikerin (A)
69. Wärme-, Kälte- und Schallisolierer	69. a) Wärme-, Kälte- und Schallschutz-isolierer (Isoliermonteur)/Wärme-, Kälte- und Schallschutzisoliererin (Isoliermonteurin) (G) b) Isoliermonteur/Isoliermonteurin (A)
70. Waffenmechaniker	70. Systemmacher/Systemmacherin – Gewehr (A)
71. Werkstoffprüfer	71. Werkstoffprüfer/Werkstoffprüferin – Physik (A)
72. Werkzeugmacher	72. Werkzeugmacher/Werkzeugmacherin (A)
73. Zahntechniker	73. Zahntechniker/Zahntechnikerin (G)
74. Zimmerer	74. Zimmerer (G, A)

Bezeichnung des österreichischen Prüfungszeugnisses	Bezeichnung des deutschen Prüfungszeugnisses
Zeugnis über das Bestehen der Lehrabschlussprüfung in dem Lehrberuf	Zeugnis über das Bestehen der – Gesellenprüfung (G) – Abschlussprüfung (A) in dem Ausbildungsberuf*:

II. Gleichgestellt durch die Erste Verordnung zur Änderung der Verordnung vom 12. April 1990:

1. Anlagenmonteur	1. a) Energieelektroniker/ Energieelektronikerin Fachrichtung Betriebstechnik (A) b) Energieanlagenelektroniker/ Energieanlagenelektronikerin (A) c) Industriemechaniker/ Industriemechanikerin Fachrichtung Betriebstechnik (A)
2. Bauschlosser	2. a) Metallbauer/Metallbauerin Fachrichtung Konstruktionstechnik (G) b) Konstruktionsmechaniker/ Konstruktionsmechanikerin Fachrichtung Ausrüstungstechnik (A)
3. Bergwerksschlosser-Maschinen-häuer	3. Bergmechaniker(A)
4. Betriebselektriker	4. Energieelektroniker/ Energieelektronikerin Fachrichtung Betriebstechnik (A)
5. Betriebsschlosser	5. a) Metallbauer/Metallbauerin Fachrichtung Anlagen- und Fördertechnik (G) b) Industriemechaniker/ Industriemechanikerin Fachrichtung Betriebstechnik (A)
6. Blechschlosser	6. Konstruktionsmechaniker/ Konstruktionsmechanikerin Fachrichtung Feinblechbautechnik (A)
7. Buchbinder	7. Buchbinder/Buchbinderin (G, A)
8. Chemiewerker	8. Chemikant/Chemikantin (A)

---

* Sofern zu der Ausbildungsberufsbezeichnung eine Fachrichtungs- oder Schwerpunktbezeichnung aufge-führt ist, beschränkt sich die Gleichstellung auf diese Fachrichtung oder diesen Schwerpunkt.

Bezeichnung des österreichischen Prüfungszeugnisses	Bezeichnung des deutschen Prüfungszeugnisses
9. Chirurgieinstrumentenerzeuger	9. a) Chirurgiemechaniker/ Chirurgiemechanikerin (G, A) b) Werkzeugmechaniker/ Werkzeugmechanikerin Fachrichtung Instrumententechnik (A)
10. Dachdecker	10. Dachdecker (G)
11. Damenkleidermacher	11. Damenschneider/Damenschneiderin (G)
12. Destillateur	12. Destillateur/Destillateurin (A)
13. Drechsler	13. Drechsler (Elfenbeinschnitzer)/ Drechslerin (Elfenbeinschnitzerin) Fachrichtung Drechseln (G)
14. Dreher	14. Zerspanungsmechaniker/ Zerspanungsmechanikerin Fachrichtung Drehtechnik (A)
15. Drucker	15. a) Buchdrucker/Buchdruckerin (G, A) b) Drucker/Druckerin (G, A)
16. Druckformenhersteller	16. Druckformhersteller/ Druckformherstellerin (A)
17. Druckformtechniker	17. Druckformhersteller/ Druckformherstellerin (A)
18. Einzelhandelskaufmann	18. Kaufmann/Kauffrau im Einzelhandel (A)
19. Elektroinstallateur	19. a) Energieanlagenelektroniker/ Energieanlagenelektronikerin (A) b) Energieelektroniker/ Energieelektronikerin Fachrichtung Anlagentechnik (A)
20. Elektromechaniker für Schwachstrom	20. a) Industrieelektroniker/ Industrieelektronikerin Fachrichtung Gerätetechnik (A) b) Feingeräteelektroniker/ Feingeräteelektronikerin (A)
21. Elektromechaniker für Starkstrom	21. a) Energieelektroniker/ Energieelektronikerin Fachrichtung Anlagentechnik (A) b) Energiegeräteelektroniker/ Energiegeräteelektronikerin (A)
22. Elektromechaniker und -maschinenbauer	22. Elektromaschinenmonteur/ Elektromaschinenmonteurin (A)

Bezeichnung des österreichischen Prüfungszeugnisses	Bezeichnung des deutschen Prüfungszeugnisses
23. Fahrzeugfertiger	23. a) Karosserie- und Fahrzeugbauer/ Karosserie- und Fahrzeugbauerin (G) b) Metallbauer/Metallbauerin Fachrichtungen – Fahrzeugbau – Metallgestaltung (G)
24. Feinmechaniker	24. Industriemechaniker/ Industriemechanikerin Fachrichtung Geräte- und Feinwerktechnik (A)
25. Fernmeldebaumonteur	25. a) Kommunikationselektroniker/ Kommunikationselektronikerin Fachrichtung Telekommunikationstechnik (A) b) Fernmeldeelektroniker/ Fernmeldeelektronikerin (A) c) Fernmeldehandwerker/ Fernmeldehandwerkerin (A)
26. Fernmeldemonteur	26. a) Kommunikationselektroniker/ Kommunikationselektronikerin Fachrichtung Telekommunikationstechnik (A) b) Fernmeldeelektroniker/ Fernmeldeelektronikerin (A) c) Fernmeldehandwerker/ Fernmeldehandwerkerin (A)
27. Flachdrucker	27. a) Flachdrucker/Flachdruckerin (A) b) Drucker/Druckerin (G, A)
28. Fleischer	28. Fleischer/Fleischerin (G, A)
29. Formenbauer	29. a) Werkzeugmechaniker/ Werkzeugmechanikerin Fachrichtung Formentechnik (A) b) Stahlformenbauer/ Stahlformenbauerin (A)
30. Former und Gießer (Metall und Eisen)	30. Gießereimechaniker (A)
31. Fotograf	31. Fotograf/Fotografin (G)
32. Getreidemüller	32. Müller/Müllerin (G, A)
33. Glaser	33. Glaser/Glaserin (G)

Bezeichnung des österreichischen Prüfungszeugnisses	Bezeichnung des deutschen Prüfungszeugnisses
34. Hochdrucker	34. a) Buchdrucker/Buchdruckerin (G, A) b) Drucker/Druckerin (G, A)
35. Holz- und Steinbildhauer	35. Holzbildhauer/Holzbildhauerin (A)
36. Hüttenwerkschlosser	36. Hüttenfacharbeiter (A)
37. Karosseur	37. a) Karosserie- und Fahrzeugbauer/ Karosserie- und Fahrzeugbauerin Fachrichtung Karosseriebau (G) b) Konstruktionsmechaniker/ Konstruktionsmechanikerin Fachrichtung Feinblechbautechnik (A)
38. Kartolithograf	38. Kartograf/Kartografin (A)
39. Konditor (Zuckerbäcker)	39. Konditor/Konditorin (G)
40. Kraftfahrzeugelektriker	40. Kraftfahrzeugelektriker/ Kraftfahrzeugelektrikerin (A)
41. Kraftfahrzeugmechaniker	41. Automobilmechaniker/ Automobilmechanikerin (A)
42. Kühlmaschinenmechaniker	42. Kälteanlagenbauer/ Kälteanlagenbauerin (G)
43. Kupferschmied	43. Kupferschmied/Kupferschmiedin (G)
44. Lithograf (Fototonätzer)	44. Druckvorlagenhersteller/ Druckvorlagenherstellerin (A)
45. Maschinenschlosser	45. a) Maschinenbaumechaniker/ Maschinenbaumechanikerin (G) b) Industriemechaniker/ Industriemechanikerin Fachrichtungen – Maschinen- und Systemtechnik – Betriebstechnik (A)
46. Mechaniker	46. a) Maschinenbaumechaniker/ Maschinenbaumechanikerin (G) b) Industriemechaniker/ Industriemechanikerin Fachrichtungen – Maschinen- und Systemtechnik – Produktionstechnik (A)
47. Modellschlosser	47. Modellschlosser/Modellschlosserin (A)

Bezeichnung des österreichischen Prüfungszeugnisses	Bezeichnung des deutschen Prüfungszeugnisses
48. Modelltischler (Formentischler)	48. Modellbauer/Modellbauerin Fachrichtung Produktionsmodellbau (G)
49. Nachrichtenelektroniker	49. a) Kommunikationselektroniker/ Kommunikationselektronikerin (A) b) Fernmeldeelektroniker/ Fernmeldeelektronikerin (A) c) Fernmeldehandwerker/ Fernmeldehandwerkerin (A) d) Funkelektroniker/ Funkelektronikerin (A) e) Informationselektroniker/ Informationselektronikerin (A)
50. Radio- und Fernsehmechaniker	50. a) Kommunikationselektroniker/ Kommunikationselektronikerin Fachrichtung Funktechnik (A) b) Funkelektroniker/ Funkelektronikerin (A)
51. Reproduktionsfotograf	51. Druckvorlagenhersteller/ Druckvorlagenherstellerin (A)
52. Reproduktionstechniker	52. Druckvorlagenhersteller/ Druckvorlagenherstellerin (A)
53. Rohrleitungsmonteur	53. a) Anlagenmechaniker/ Anlagenmechanikerin Fachrichtung Versorgungstechnik (A) b) Rohrleitungsbauer (A)
54. Schalungsbauer	54. Beton- und Stahlbetonbauer/ Beton- und Stahlbetonbauerin (G, A)
55. Schlosser	55. a) Metallbauer/Metallbauerin Fachrichtungen – Konstruktionstechnik – Metallgestaltung – Anlagen- und Fördertechnik (G) b) Konstruktionsmechaniker/ Konstruktionsmechanikerin Fachrichtung Metall- und Schiffbautechnik (A)
56. Schmied	56. Metallbauer/Metallbauerin Fachrichtung Metallgestaltung (G)
57. Schuhmacher	57. Schuhmacher/Schuhmacherin (G)

Bezeichnung des österreichischen Prüfungszeugnisses	Bezeichnung des deutschen Prüfungszeugnisses
58. Spengler	58. Klempner/Klempnerin (G)
59. Stahlbauschlosser	59. Konstruktionsmechaniker/ Konstruktionsmechanikerin Fachrichtung Metall- und Schiffbautechnik (A)
60. Starkstrommonteur	60. a) Energieelektroniker/ Energieelektronikerin Fachrichtung Anlagentechnik (A) b) Energieanlagenelektroniker/ Energieanlagenelektronikerin (A)
61. Steinmetz	61. a) Steinmetz und Steinbildhauer/ Steinmetzin und Steinbildhauerin Fachrichtung Steinmetz (G) b) Steinmetz/Steinmetzin (A)
62. Tiefdruckformenhersteller	62. Druckformhersteller/ Druckformherstellerin (A)
63. Typografiker	63. Schriftsetzer/Schriftsetzerin (G, A)
64. Universalhärter	64. Universalhärter/Universalhärterin (A)
65. Versicherungskaufmann	65. Versicherungskaufmann/ Versicherungskauffrau (A)
66. Waffenmechaniker	66. a) Büchsenmacher/ Büchsenmacherin (G) b) Industriemechaniker/ Industriemechanikerin Fachrichtung Geräte- und Feinwerktechnik (A)
67. Werkzeugmacher	67. a) Werkzeugmacher/ Werkzeugmacherin (G) b) Werkzeugmechaniker/ Werkzeugmechanikerin Fachrichtungen – Stanz- und Umformtechnik – Formentechnik (A)
68. Werkzeugmaschineur	68. a) Dreher/Dreherin (G) b) Zerspanungsmechaniker/ Zerspanungsmechanikerin Fachrichtungen – Drehtechnik – Schleiftechnik – Frästechnik (A)

Bezeichnung des österreichischen Prüfungszeugnisses	Bezeichnung des deutschen Prüfungszeugnisses
Zeugnis über das Bestehen der Lehrabschlussprüfung in dem Lehrberuf:	Zeugnis über das Bestehen der – Gesellenprüfung (G) – Abschlussprüfung (A) in dem Ausbildungsberuf*:

III. Gleichgestellt durch die Zweite Verordnung zur Änderung der Verordnung vom 12. April 1990:

1. Chemischputzer	1. a) Färber und Chemischreiniger/ Färberin und Chemischreinigerin (G) b) Färber und Chemischreiniger/ Färberin und Chemischreinigerin (A) c) Textilreiniger/Textilreinigerin (G) d) Textilreiniger/Textilreinigerin (A) e) Wäscher und Plätter/ Wäscherin und Plätterin (G)
2. Dessinateur für Stoffdruck	2. a) Musterzeichner/Musterzeichnerin in der Stoffdruckerei (A) b) Textilmustergestalter/ Textilmustergestalterin, Fachrichtung Textildruck (A)
3. Elektroinstallateur	3. Elektroinstallateur/ Elektroinstallateurin (G)
4. Elektromechaniker für Schwachstrom	4. Elektromechaniker/ Elektromchanikerin (G, 1987)**
5. Elektromechaniker für Starkstrom	5. Elektromechaniker/ Elektromechanikerin (G, 1967)**
6. Elektromechaniker und -maschinenbauer	6. Elektromaschinenbauer/ Elektromaschinenbauerin (G)
7. Fahrzeugtapezierer (Fahrzeugsattler)	7. a) Fahrzeugpolsterer/ Fahrzeugpolsterin (A) b) Sattler/Sattlerin (G) c) Sattler/Sattlerin (A)
8. Fernmeldebaumonteur	8. a) Fernmeldeanlagenelektroniker/ Fernmeldeanlagenelektronikerin (G) b) Fernmeldemechaniker/ Fernmeldemechanikerin (G)

---

* Sofern zu der Ausbildungsberufsbezeichnung eine Fachrichtungsbezeichnung aufgeführt ist, beschränkt sich die Gleichstellung auf diese Fachrichtung.
** Die Jahreszahl bezieht sich auf das Erlassjahr der Verordnung.

Bezeichnung des österreichischen Prüfungszeugnisses	Bezeichnung des deutschen Prüfungszeugnisses
9. Fernmeldemonteur	9. a) Fernmeldeanlagenelektroniker/ Fernmeldeanlagenelektronikerin (G) b) Fernmeldemechaniker/ Fernmeldemechanikerin (G)
10. Glasbläser und Glasinstrumenten- erzeuger	10. a) Glasinstrumentenmacher/ Glasinstrumentenmacherin (G) b) Glasapparatebauer/ Glasapparatebauerin (G) c) Glasapparatebauer/ Glasapparatebauerin (A)
11. Glasgraveur	11. a) Glasgraveur/Glasgraveurin (A) b) Glasveredler/Glasveredlerin, Fachrichtung Gravur (G) c) Glasveredler/Glasveredlerin, Fachrichtung Gravur (A)
12. Glasmaler	12. a) Glasmaler/Glasmalerin (A) b) Glas- und Kerammaler/ Glas- und Kerammalerin, Fachrichtung Glasmalerei (A) c) Glas- und Porzellanmaler/ Glas- und Porzellanmalerin (G)
13. Glasschleifer und Glasbeleger	13. a) Glasschleifer und Glasätzer/ Glasschleiferin und Glasätzerin (G) b) Glasveredler/Glasveredlerin, Fachrichtung Flächenveredlung (G) c) Glasveredler/Glasveredlerin, Fachrichtung Flächenveredlung (A)
14. Gold-, Silber- und Perlensticker	14. Sticker/Stickerin (G)
15. Großmaschinsticker	15. Schmucktextilienhersteller/ Schmucktextilienherstellerin, Fachrichtung Maschinenstickereien (A)
16. Handschuhmacher	16. a) Handschuhmacher/ Handschuhmacherin (G) b) Handschuhmacher/ Handschuhmacherin (A)
17. Hohlglasfeinschleifer (Kugler)	17. a) Hohlglasfeinschleifer (Kugler)/ Hohlglasfeinschleiferin (Kuglerin) (A) b) Glasschleifer und Glasätzer/ Glasschleiferin und Glasätzerin (G) c) Glasveredler/Glasveredlerin, Fachrichtung Schliff (G)

Bezeichnung des österreichischen Prüfungszeugnisses	Bezeichnung des deutschen Prüfungszeugnisses
noch Hohlglasfeinschleifer(Kugler)	d) Glasveredler/Glasveredlerin, Fachrichtung Schliff (A)
18. Hutmacher	18. Hut- und Mützenmacher/ Hut- und Mützenmacherin (G)
19. Kappenmacher	19. a) Hut- und Mützenmacher/ Hut- und Mützenmacherin (G) b) Mützenmacher/Mützenmacherin (A)
20. Keramiker	20. Keramiker/Keramikerin (G)
21. Kerammaler	21. a) Kerammaler/Kerammalerin (A) b) Glas- und Kerammaler/ Glas- und Kerammalerin, Fachrichtung Kerammalerei (A) c) Glas- und Porzellanmaler/ Glas- und Porzellanmalerin (G)
22. Kerammodelleur	22. Kerammodelleur/Kerammodelleurin (A)
23. Lederbekleidungserzeuger	23. Bekleidungsschneider/ Bekleidungsschneiderin (A)
24. Ledergalanteriewarenerzeuger und Taschner	24. a) Feinsattler/Feinsattlerin (A) b) Feintäschner/Feintäschnerin (G) c) Täschner/Täschnerin (A)
25. Maschinsticker	25. a) Schmucktextilienhersteller/ Schmucktextilienherstellerin, Fachrichtung Maschinenstickereien (A) b) Sticker/Stickerin (G)
26. Miedererzeuger	26. a) Bekleidungsschneider/ Bekleidungsschneiderin (A) b) Wäscheschneider/ Wäscheschneiderin (G)
27. Modist	27. a) Modist/Modistin (G) b) Modist/Modistin (A)
28. Nachrichtenelektroniker	28. a) Fernmeldeanlagenelektroniker/ Fernmeldeanlagenelektronikerin (G) b) Fernmeldemechaniker/ Fernmeldemechanikerin (G)
29. Porzellanformer	29. Industriekeramiker/ Industriekeramikerin, Fachrichtung Formgebung (A)
30. Porzellanmaler	30. a) Glas- und Kerammaler/ Glas- und Kerammalerin, Fachrichtung Kerammalerei (A)

Bezeichnung des österreichischen Prüfungszeugnisses	Bezeichnung des deutschen Prüfungszeugnisses
noch Porzellanmaler	b) Kerammaler/Kerammalerin (A) c) Glas- und Porzellanmaler/ Glas- und Porzellanmalerin (G)
31. Posamentierer	31. Schmucktextilienhersteller/ Schmucktextilienherstellerin, Fachrichtung Posamenten (A)
32. Radio- und Fernsehmechaniker	32. Radio- und Fernsehtechniker/ Radio- und Fernsehtechnikerin (G)
33. Rauhwarenzurichter	33. a) Pelzveredler/Pelzveredlerin (A) b) Rauchwarenzurichter/ Rauchwarenzurichterin (A)
34. Rotgerber	34. a) Gerber/Gerberin (G) b) Gerber/Gerberin (A)
35. Sattler und Riemer	35. a) Sattler/Sattlerin (G) b) Sattler/Sattlerin (A)
36. Stickereizeichner	36. a) Musterzeichner/ Musterzeichnerin für die Stickerei (A) b) Textilmustergestalter/ Textilmustergestalterin, Fachrichtung Handstickerei (A) c) Textilmustergestalter/ Textilmustergestalterin, Fachrichtung Maschinenstickerei (A)
37. Stoffdrucker	37. a) Textilmaschinenführer/ Textilmaschinenführerin – Veredlung (A) b) Textilveredler/Textilveredlerin – Appretur (A) c) Textilveredler/Textilveredlerin – Druckerei (A)
38. Strickwarenerzeuger	38. a) Stricker/Strickerin (G) b) Textilmechaniker/ Textilmechanikerin – Strickerei und Wirkerei (A) c) Textilmechaniker/ Textilmechanikcrin – Strumpf- und Feinstrumpfrundstrickerei (A)
39. Textilmechaniker	39. a) Textilmechaniker/ Textilmechanikerin – Bandweberei (A)

Bezeichnung des österreichischen Prüfungszeugnisses	Bezeichnung des deutschen Prüfungszeugnisses
noch Textilmechaniker	b) Textilmechaniker/ Textilmechanikerin – Ketten- und Raschelwirkerei (A) c) Textilmechaniker/ Textilmechanikerin – Spinnerei (A) d) Textilmechaniker/ Textilmechanikerin – Strickerei und Wirkerei (A) e) Textilmechaniker/ Textilmechanikerin – Strumpf- und Feinstrumpfrundstrickerei (A) f) Textilmechaniker/ Textilmechanikerin – Tufting (A) g) Textilmechaniker/ Textilmechanikerin – Vliesstoff (A) h) Textilmechaniker/ Textilmechanikerin – Weberei (A)
40. Textilmusterzeichner	40. a) Musterzeichner und Patroneur/ Musterzeichnerin und Patroneurin (A) b) Textilmustergestalter/ Textilmustergestalterin (A)
41. Textilreiniger	41. a) Textilreiniger/Textilreinigerin (G) b) Textilreiniger/Textilreinigerin (A)
42. Textilveredler	42. a) Textilmaschinenführer/ Textilmaschinenführerin – Veredlung (A) b) Textilveredler/Textilveredlerin – Appretur (A) c) Textilveredler/Textilveredlerin – Färberei (A)
43. Wäschenäher	43. a) Bekleidungsfertiger/ Bekleidungsfertigerin (A) b) Bekleidungsschneider/ Bekleidungsschneiderin (A) c) Wäscheschneider/ Wäscheschneiderin (G)
44. Wäschewarenerzeuger	44. a) Bekleidungsfertiger/ Bekleidungsfertigerin (A) b) Bekleidungsschneider/ Bekleidungsschneiderin (A) c) Wäscheschneider/ Wäscheschneiderin (G)

Bezeichnung des österreichischen Prüfungszeugnisses	Bezeichnung des deutschen Prüfungszeugnisses
45. Weber	45. Weber/Weberin (G)
46. Weiß- und Sämischgerber	46. a) Gerber/Gerberin (G) b) Gerber/Gerberin (A)
47. Wirkwarenerzeuger	47. a) Textilmechaniker/ Textilmechanikerin – Ketten- und Raschelwirkerei (A) b) Textilmechaniker/ Textilmechanikerin – Strickerei und Wirkerei (A) c) Wäscheschneider/ Wäscheschneiderin (G)

Bezeichnung des österreichischen Prüfungszeugnisses	Bezeichnung des deutschen Prüfungszeugnisses
Zeugnis über das Bestehen der Lehrabschlussprüfung in dem Lehrberuf:	Zeugnis über das Bestehen der – Abschlussprüfung (A) – Gesellenprüfung (G) in dem Ausbildungsberuf*:

IV. Gleichgestellt durch die Dritte Verordnung zur Änderung der Verordnung vom 12. April 1990:

1. Bienenwirtschaftsfacharbeiter/ Bienenwirtschaftsfacharbeiterin

   1. Tierwirt/Tierwirtin, Schwerpunkt Bienenhaltung (A)

2. Blechblasinstrumentenerzeuger

   2. a) Metallblasinstrumentenmacher/ Metallblasinstrumentenmacherin (A)
      b) Metallblasinstrumenten- und Schlagzeugmacher/ Metallblasinstrumenten- und Schlagzeugmacherin (G)

3. Bootsbauer

   3. a) Bootsbauer/Bootsbauerin (A)
      b) Bootsbauer/Bootsbauerin (G)

4. Denkmal-, Fassaden- und Gebäudereiniger

   4. Gebäudereiniger/ Gebäudereinigerin (G)

5. Destillateur

   5. Brenner/Brennerin (A)

6. Facharbeiter/Facharbeiterin der ländlichen Hauswirtschaft

   6. Hauswirtschafter/Hauswirtschafterin, Schwerpunkt ländliche Hauswirtschaft (A)

7. Feldgemüsebau-Facharbeiter/ Feldgemüsebau-Facharbeiterin

   7. Gärtner/Gärtnerin, Fachrichtung Gemüsebau einschließlich Pilzanbau (A)

8. Fischereifacharbeiter/ Fischereifacharbeiterin

   8. a) Fischwirt/Fischwirtin, Schwerpunkt Fischhaltung und Fischzucht (A)
      b) Fischwirt/Fischwirtin, Schwerpunkt Seen- und Flussfischerei (A)

9. Forstfacharbeiter/ Forstfacharbeiterin

   9. Forstwirt/Forstwirtin (A)

10. Forstgarten- und Forstpflege- facharbeiter/Forstgarten- und Forstpflegefacharbeiterin

   10. Forstwirt/Forstwirtin (A)

---

* Sofern zu der Ausbildungsberufsbezeichnung eine Fachrichtungs- oder Schwerpunktbezeichnung aufgeführt ist, beschränkt sich die Gleichstellung auf diese Fachrichtung oder diesen Schwerpunkt.

Bezeichnung des österreichischen Prüfungszeugnisses	Bezeichnung des deutschen Prüfungszeugnisses
11. Friedhofs- und Ziergärtner	11. Gärtner/Gärtnerin, Fachrichtung Friedhofsgärtnerei (A)
12. Gärtner-Facharbeiter/ Gärtner-Facharbeiterin – Baumschule	12. Gärtner/Gärtnerin, Fachrichtung Baumschulen (A)
13. Gärtner-Facharbeiter/ Gärtner-Facharbeiterin – Gemüsebau	13. Gärtner/Gärtnerin, Fachrichtung Gemüsebau einschließlich Pilzanbau (A)
14. Gärtner-Facharbeiter/ Gärtner-Facharbeiterin – Zierpflanzenbau	14. Gärtner/Gärtnerin, Fachrichtung Zierpflanzenbau einschließlich Staudengärtnerei (A)
15. Geflügelwirtschaftsfacharbeiter/ Geflügelwirtschaftsfacharbeiterin	15. Tierwirt/Tierwirtin, Schwerpunkt Geflügelhaltung (A)
16. Gießereimechaniker	16. Gießereimechaniker/ Gießereimechanikerin (A)
17. Glasgraveur	17. Glasschleifer und Glasätzer/ Glasschleiferin und Glasätzerin, Fachrichtung Gravur (G)
18. Glasschleifer und Glasbeleger	18. Glasschleifer und Glasätzer/ Glasschleiferin und Glasätzerin, Fachrichtung Flächenveredelung (G)
19. Harmonikamacher	19. Handzuginstrumentenmacher/ Handzuginstrumentenmacherin (G)
20. Hohlglasfeinschleifer (Kugler)	20. Glasschleifer und Glasätzer/ Glasschleiferin und Glasätzerin, Fachrichtung Schliff (G)
21. Holzblasinstrumentenerzeuger	21. a) Holzblasinstrumentenmacher/ Holzblasinstrumentenmacherin (A) b) Holzblasinstrumentenmacher/ Holzblasinstrumentenmacherin (G)
22. Landschaftsgärtner (Garten- und Grünflächengestalter)	22. Gärtner/Gärtnerin, Fachrichtung Garten- und Landschaftsbau (A)
23. Landwirtschaftlicher Facharbeiter/ Landwirtschaftliche Facharbeiterin	23. a) Landwirt/Landwirtin (A) b) Tierwirt/Tierwirtin, Schwerpunkt Rinderhaltung (A) c) Tierwirt/Tierwirtin, Schwerpunkt Schafhaltung (A) d) Tierwirt/Tierwirtin, Schwerpunkt Schweinehaltung (A)

Bezeichnung des österreichischen Prüfungszeugnisses	Bezeichnung des deutschen Prüfungszeugnisses
24. Molkereifachmann	24. Molkereifachmann/ Molkereifachfrau (A)
25. Molkerei- und Käsefacharbeiter/ Molkerei- und Käsefacharbeiterin	25. Molkereifachmann/ Molkereifachfrau (A)
26. Molker und Käser	26. Molkereifachmann/ Molkereifachfrau (A)
27. Obstbaufacharbeiter/ Obstbaufacharbeiterin	27. Gärtner/Gärtnerin, Fachrichtung Obstbau (A)
28. Papiertechniker	28. Papiermacher/ Papiermacherin (A)
29. Pferdewirtschaftsfacharbeiter/ Pferdewirtschaftsfacharbeiterin	29. Pferdewirt/Pferdewirtin, Schwerpunkt Pferdezucht und -haltung (A)
30. Speditionskaufmann	30. Speditionskaufmann/ Speditionskauffrau (A)
31. Streich- und Saiteninstrumentenerzeuger	31. a) Geigenbauer/ Geigenbauerin (G) b) Zupfinstrumentenmacher/ Zupfinstrumentenmacherin (G)
32. Strickwarenerzeuger	32. Textilmechaniker/ Textilmechanikerin – Maschenindustrie (A)
33. Technischer Zeichner	33. a) Technischer Zeichner/ Technische Zeichnerin, Fachrichtung Heizungs-, Klima- und Sanitärtechnik (A) b) Technischer Zeichner/ Technische Zeichnerin, Fachrichtung Maschinen- und Anlagentechnik (A) c) Technischer Zeichner/ Technische Zeichnerin, Fachrichtung Stahl- und Metallbautechnik (A) d) Technischer Zeichner/ Technische Zeichnerin, Fachrichtung Elektrotechnik (A)
34. Textilmechaniker	34. Textilmechaniker/ Textilmechanikerin – Maschenindustrie (A)

Bezeichnung des österreichischen Prüfungszeugnisses	Bezeichnung des deutschen Prüfungszeugnisses
35. Textilveredler	35. Textilveredler/Textilveredlerin – Beschichtung (A)
36. Weinbau- und Kellerfacharbeiter/ Weinbau- und Kellerfacharbeiterin	36. Winzer/Winzerin (A)
37. Wirkwarenerzeuger	37. Textilmechaniker/ Textilmechanikerin – Maschenindustrie (A)

Bezeichnung des österreichischen Prüfungszeugnisses	Bezeichnung des deutschen Prüfungszeugnisses
Zeugnis über das Bestehen der Lehrabschlussprüfung in dem Lehrberuf:	Zeugnis über das Bestehen der – Gesellenprüfung (G) – Abschlussprüfung (A) in dem Ausbildungsberuf*:

V. Gleichgestellt durch die Vierte Verordnung zur Änderung der Verordnung vom 12. April 1990:

1. Berufskraftfahrer	1. Berufskraftfahrer/ Berufskraftfahrerin (A)
2. Bodenleger	2. Estrichleger/Estrichlegerin (G/A)
3. Buchbinder	3. a) Buchbinder/Buchbinderin (G/A) Fachrichtung Einzel- und Sonderanfertigung b) Buchbinder/Buchbinderin (G/A) Fachrichtung Buchfertigung (Serie)
4. Druckformtechniker	4. Reprohersteller/Reproherstellerin (A) Fachrichtung Druckformtechnik
5. Druckvorstufentechniker	5. a) Werbe- und Medienvorlagenhersteller/Werbe- und Medienvorlagenherstellerin (A) Fachrichtung Gestaltung b) Werbevorlagenhersteller/ Werbevorlagenherstellerin (A) c) Schriftsetzer/Schriftsetzerin (G/A)
6. Feldgemüsebau-Facharbeiter/-in	6. Gärtner/Gärtnerin (A) Fachrichtung Gemüsebau
7. Friseur und Perückenmacher (Stylist)	7. Friseur/Friseurin (G)
8. Gärtner-Facharbeiter/ Gärtner-Facharbeiterin – Gemüsebau	8. Gärtner/Gärtnerin (A) Fachrichtung Gemüsebau
9. Gärtner-Facharbeiter/ Gärtner-Facharbeiterin – Zierpflanzenbau	9. a) Gärtner/Gärtnerin (A) Fachrichtung Staudengärtnerei b) Gärtner/Gärtnerin (A) Fachrichtung Zierpflanzenbau
10. Großmaschinsticker	10. Schmucktextilienhersteller/ Schmucktextilienherstellerin (A)

---

* Sofern zu der Ausbildungsberufsbezeichnung eine Fachrichtungs- oder Schwerpunktbezeichnung aufgeführt ist, beschränkt sich die Gleichstellung auf diese Fachrichtung oder diesen Schwerpunkt.

Bezeichnung des österreichischen Prüfungszeugnisses	Bezeichnung des deutschen Prüfungszeugnisses
11. Hörgeräteakustiker	11. Hörgeräteakustiker/Hörgeräteakustikerin (G)
12. Isoliermonteur	12. a) Industrie-Isolierer/Industrie-Isoliererin (A) (2. Stufe) b) Isoliermonteur/Isoliermonteurin (A) c) Wärme-, Kälte- und Schallschutzisolierer (Isoliermonteur)/ Wärme-, Kälte- und Schallschutzisoliererin (Isoliermonteurin) (G)
13. Kälteanlagentechniker	13. Kälteanlagenbauer/Kälteanlagenbauerin (G)
14. Kartograf	14. Kartograf/Kartografin (A)
15. Maschinsticker	15. Schmucktextilienhersteller/ Schmucktextilienherstellerin (A)
16. Miedererzeuger	16. Modeschneider/Modeschneiderin (A) (2. Stufe)
17. Modellschlosser	17. Modellbaumechaniker/ Modellbaumechanikerin (A)
18. Modelltischler (Formentischler)	18. Modellbaumechaniker/ Modellbaumechanikerin (A)
19. Pharmazeutisch-kaufmännischer Assistent	19. Pharmazeutisch-kaufmännischer Angesteller/Pharmazeutisch-kaufmännische Angestellte (A)
20. Physiklaborant	20. Physiklaborant/Physiklaborantin (A)
21. Polsterer	21. Polsterer/Polsterin (A)
22. Porzellanformer	22. Figurenkeramformer/ Figurenkeramformerin (A)
23. Porzellanmaler	23. Manufakturporzellanmaler/ Manufakturporzellanmalerin (A)
24. Posamentierer	24. Schmucktextilienhersteller/ Schmucktextilienherstellerin (A)
25. Prozessleittechniker	25. Prozessleitelektroniker/ Prozessleitelektronikerin (A)
26. Reproduktionstechniker	26. Reprohersteller/Reproherstellerin (A) Fachrichtung Reproduktionstechnik
27. Restaurantfachmann	27. Restaurantfachmann/ Restaurantfachfrau (A)

Bezeichnung des österreichischen Prüfungszeugnisses	Bezeichnung des deutschen Prüfungszeugnisses
28. Säckler (Lederbekleidungserzeuger)	28. Modeschneider/Modeschneiderin (A) (2. Stufe)
29. Stoffdrucker	29. Textilveredler/Textilveredlerin (A) (2. Stufe)
30. Stuckateur und Trockenausbauer	30. a) Stuckateur/Stuckateurin (G/A) b) Trockenbaumonteur/ Trockenbaumonteurin (A)
31. Textilveredler	31. Textilveredler/Textilveredlerin (A) (2. Stufe)
32. Universalhärter	32. Werkstoffprüfer/Werkstoffprüferin (A), Schwerpunkt Wärmebehandlungstechnik
33. Universalschweißer	33. a) Anlagenmechaniker/ Anlagenmechanikerin (A) Fachrichtung Schweißtechnik b) Konstruktionsmechaniker/ Konstruktionsmechanikerin (A) Fachrichtung Schweißtechnik
34. Vergolder und Staffierer	34. Vergolder/Vergolderin (G)
35. Vulkaniseur	35. Vulkaniseur und Reifenmechaniker/ Vulkaniseurin und Reifenmechanikerin (G)
36. Waagenhersteller	36. Maschinenbaumechaniker/ Maschinenbaumechanikerin, Schwerpunkt Waagenbau (G)
37. Wäschenäher	37. Modenäher/Modenäherin (A) (1. Stufe)
38. Werkstoffprüfer	38. Werkstoffprüfer/Werkstoffprüferin (A), Schwerpunkt Metalltechnik

Bezeichnung des österreichischen Prüfungszeugnisses	Bezeichnung des deutschen Prüfungszeugnisses
Zeugnis über das Bestehen der Lehrabschlussprüfung in dem Lehrberuf:	Zeugnis über das Bestehen der – Gesellenprüfung (G) – Abschlussprüfung (A) in dem Ausbildungsberuf[*]:

VI. Gleichgestellt durch die Fünfte Verordnung zur Änderung der Verordnung vom 12. April 1990:

1. Anlagenelektriker	1. Industrieelektroniker/ Industrieelektronikerin Fachrichtung Produktionstechnik (A)
2. Anlagenmonteur	2. Elektroanlagenmonteur/ Elektroanlagenmonteurin (A)
3. Bekleidungsfertiger	3. Modenäher/Modenäherin (A)
4. Betonfertiger – Betonwarenerzeugung	4. Betonfertigteilbauer/ Betonfertigteilbauerin (A)
5. Betonfertiger – Betonwerksteinerzeugung	5. a) Betonstein- und Terrazzohersteller/ Betonstein- und Terrazzoherstellerin (G) b) Betonfertigteilbauer/ Betonfertigteilbauerin (A)
6. Betonfertiger – Terrazzoherstellung	6. Betonstein- und Terrazzohersteller/ Betonstein- und Terrazzoherstellerin (G)
7. Binder	7. Böttcher/Böttcherin (G)
8. Hohlglasveredler – Glasmalerei	8. a) Glasmaler/Glasmalerin (A) b) Glas- und Kerammaler/ Glas- und Kerammalerin Fachrichtung Glasmalerei (A) c) Glas- und Porzellanmaler/ Glas- und Porzellanmalerin (G)
9. Hohlglasveredler – Gravur	9. a) Glasgraveur/Glasgraveurin (A) b) Glasschleifer und Glasätzer/ Glasschleiferin und Glasätzerin Fachrichtung Gravur (G) c) Glasveredler/Glasveredlerin Fachrichtung Gravur (A) d) Glasveredler/Glasveredlerin Fachrichtung Gravur (G)

---

[*] Sofern zu der Ausbildungsberufsbezeichnung eine Fachrichtungs- oder Schwerpunktbezeichnung aufgeführt ist, beschränkt sich die Gleichstellung auf diese Fachrichtung oder diesen Schwerpunkt.

Bezeichnung des österreichischen Prüfungszeugnisses	Bezeichnung des deutschen Prüfungszeugnisses
10. Hohlglasveredler – Kugeln	10. a) Glasschleifer und Glasätzer/ Glasschleiferin und Glasätzerin Fachrichtung Schliff (G)
	b) Glasveredler/Glasveredlerin Fachrichtung Schliff (A)
	c) Glasveredler/Glasveredlerin Fachrichtung Schliff (G)
	d) Hohlglasfeinschleifer (Kugler)/ Hohlglasfeinschleiferin (Kuglerin) (A)
11. Hüttenwerkschlosser	11. Verfahrensmechaniker/Verfahrens-mechanikerin in der Hütten- und Halb-zeugindustrie (A)
12. Kommunikationstechniker – Audio- und Videoelektronik	12. a) Funkelektroniker/ Funkelektronikerin (A)
	b) Kommunikationselektroniker/ Kommunikationselektronikerin Fachrichtung Funktechnik (A)
13. Kommunikationstechniker – Bürokommunikation	13. Kommunikationselektroniker/ Kommunikationselektronikerin (A)
14. Kommunikationstechniker – Elektronische Datenverarbeitung und Telekommunikation	14. Informations- und Telekommunika-tionssystem-Elektroniker/Informa-tions- und Telekommunikations-system-Elektronikerin (A)
15. Kommunikationstechniker – Nachrichtenelektronik	15. a) Fernmeldeelektroniker/ Fernmeldeelektronikerin (A)
	b) Funkelektroniker/ Funkelektronikerin (A)
	c) Industrieelektroniker/ Industrieelektronikerin (A)
	d) Informationselektroniker/ Informationselektronikerin (A)
	e) Kommunikationselektroniker/ Kommunikationselektronikerin (A)
16. Kunststoffverarbeiter	16. Verfahrensmechaniker/Verfahrens-mechanikerin für Kunststoff- und Kautschuktechnik (A)

260

Bezeichnung des österreichischen Prüfungszeugnisses	Bezeichnung des deutschen Prüfungszeugnisses
17. Maschinenmechaniker	17. a) Industriemechaniker/ Industriemechanikerin Fachrichtung Betriebstechnik (A)
	b) Industriemechaniker/ Industriemechanikerin Fachrichtung Produktionstechnik (A)
	c) Industriemechaniker/ Industriemechanikerin Fachrichtung Maschinen- und Systemtechnik (A)
18. Tapezierer und Dekorateur	18. Raumausstatter/ Raumausstatterin (G)
19. Verwaltungsassistent	19. a) Bürokaufmann/Bürokauffrau (A)
	b) Kaufmann/Kauffrau für Bürokommunikation (A)
	c) Fachangestellter für Bürokommunikation/ Fachangestellte für Bürokommunikation (A)
20. Werkzeugmechaniker	20. Werkzeugmechaniker/ Werkzeugmechanikerin (A)

Berufsbildungsgesetz (BBiG)*

Vom 23. März 2005 (BGBl. I S. 931),

geändert durch

- Artikel 2a des Gesetzes vom 23. März 2005 (BGBl. I S. 931).
- Artikel 232 der Verordnung vom 31. Oktober 2006 (BGBl. I S. 2407).
- Artikel 9b des Gesetzes vom 7. September 2007 (BGBl. I S. 2246).
- Artikel 5 des Gesetzes vom 21. Dezember 2008 (BGBl. I S. 2917).
- Artikel 15 des Gesetzes vom 5. Februar 2009 (BGBl. I S. 160).
- Artikel 2 des Gesetzes vom 6. Dezember 2011 (BGBl. I S. 2515).
- Artikel 24 des Gesetzes vom 20. Dezember 2011 (BGBl. I S. 2854).
- Artikel 22 des Gesetzes vom 25. Juli 2013 (BGBl. I S. 2749).
- Artikel 436 der Verordnung vom 31. August 2015 (BGBl. I S. 1474).
- Artikel 19 Absatz 3 des Gesetzes vom 23. Dezember 2016 (BGBl. I S. 3234).
- Artikel 149 des Gesetzes vom 29. März 2017 (BGBl. I S. 626).
- Artikel 14 des Gesetzes vom 17. Juli 2017 (BGBl. I S. 2581).
- Artikel 1 des Gesetzes vom 12. Dezember 2019 (BGBl. I S. 2522).

Inhaltsübersicht

---

* *Artikel 1 des Berufsbildungsreformgesetzes vom 23. März 2005 (BGBl. I S. 931) ist am 1. April 2005 in Kraft getreten.*

Teil 1
Allgemeine Vorschriften

§ 1
Ziele und Begriffe der Berufsbildung

(1) Berufsbildung im Sinne dieses Gesetzes sind die Berufsausbildungsvorbereitung, die Berufsausbildung, die berufliche Fortbildung und die berufliche Umschulung.

(2) Die Berufsausbildungsvorbereitung dient dem Ziel, durch die Vermittlung von Grundlagen für den Erwerb beruflicher Handlungsfähigkeit an eine Berufsausbildung in einem anerkannten Ausbildungsberuf heranzuführen.

(3) Die Berufsausbildung hat die für die Ausübung einer qualifizierten beruflichen Tätigkeit in einer sich wandelnden Arbeitswelt notwendigen beruflichen Fertigkeiten, Kenntnisse und Fähigkeiten (berufliche Handlungsfähigkeit) in einem geordneten Ausbildungsgang zu vermitteln. Sie hat ferner den Erwerb der erforderlichen Berufserfahrungen zu ermöglichen.

(4) Die berufliche Fortbildung soll es ermöglichen,

1. die berufliche Handlungsfähigkeit durch eine Anpassungsfortbildung zu erhalten und anzupassen oder

2. die berufliche Handlungsfähigkeit durch eine Fortbildung der höherqualifizierenden Berufsbildung zu erweitern und beruflich aufzusteigen.

(5) Die berufliche Umschulung soll zu einer anderen beruflichen Tätigkeit befähigen.

§ 2
Lernorte der Berufsbildung

(1) Berufsbildung wird durchgeführt

1. in Betrieben der Wirtschaft, in vergleichbaren Einrichtungen außerhalb der Wirtschaft, insbesondere des öffentlichen Dienstes, der Angehörigen freier Berufe und in Haushalten (betriebliche Berufsbildung),

2. in berufsbildenden Schulen (schulische Berufsbildung) und

3. in sonstigen Berufsbildungseinrichtungen außerhalb der schulischen und betrieblichen Berufsbildung (außerbetriebliche Berufsbildung).

(2) Die Lernorte nach Absatz 1 wirken bei der Durchführung der Berufsbildung zusammen (Lernortkooperation).

(3) Teile der Berufsausbildung können im Ausland durchgeführt werden, wenn dies dem Ausbildungsziel dient. Ihre Gesamtdauer soll ein Viertel der in der Ausbildungsordnung festgelegten Ausbildungsdauer nicht überschreiten.

§ 3
Anwendungsbereich

(1) Dieses Gesetz gilt für die Berufsbildung, soweit sie nicht in berufsbildenden Schulen durchgeführt wird, die den Schulgesetzen der Länder unterstehen.

(2) Dieses Gesetz gilt nicht für

1. die Berufsbildung, die in berufsqualifizierenden oder vergleichbaren Studiengängen an Hochschulen auf der Grundlage des Hochschulrahmengesetzes und der Hochschulgesetze der Länder durchgeführt wird,

2. die Berufsbildung in einem öffentlich-rechtlichen Dienstverhältnis,

3. die Berufsbildung auf Kauffahrteischiffen, die nach dem Flaggenrechtsgesetz die Bundesflagge führen, soweit es sich nicht um Schiffe der kleinen Hochseefischerei oder der Küstenfischerei handelt.

(3) Für die Berufsbildung in Berufen der Handwerksordnung gelten die §§ 4 bis 9, 27 bis 49, 53 bis 70, 76 bis 80 sowie 101 Absatz 1 Nummer 1 bis 4 sowie Nummer 6 bis 10 nicht; insoweit gilt die Handwerksordnung.

Teil 2
Berufsbildung

Kapitel 1
Berufsausbildung

Abschnitt 1
Ordnung der Berufsausbildung;
Anerkennung von Ausbildungsberufen

§ 4
Anerkennung von Ausbildungsberufen

(1) Als Grundlage für eine geordnete und einheitliche Berufsausbildung kann das Bundesministerium für Wirtschaft und Energie oder das sonst zuständige Fachministerium im Einvernehmen mit dem Bundesministerium für Bildung und For-

schung durch Rechtsverordnung, die nicht der Zustimmung des Bundesrates bedarf, Ausbildungsberufe staatlich anerkennen und hierfür Ausbildungsordnungen nach § 5 erlassen.

(2) Für einen anerkannten Ausbildungsberuf darf nur nach der Ausbildungsordnung ausgebildet werden.

(3) In anderen als anerkannten Ausbildungsberufen dürfen Jugendliche unter 18 Jahren nicht ausgebildet werden, soweit die Berufsausbildung nicht auf den Besuch weiterführender Bildungsgänge vorbereitet.

(4) Wird die Ausbildungsordnung eines Ausbildungsberufs aufgehoben oder geändert, so sind für bestehende Berufsausbildungsverhältnisse weiterhin die Vorschriften, die bis zum Zeitpunkt der Aufhebung oder der Änderung gelten, anzuwenden, es sei denn, die ändernde Verordnung sieht eine abweichende Regelung vor.

(5) Das zuständige Fachministerium informiert die Länder frühzeitig über Neuordnungskonzepte und bezieht sie in die Abstimmung ein.

§ 5
Ausbildungsordnung

(1) Die Ausbildungsordnung hat festzulegen

1. die Bezeichnung des Ausbildungsberufes, der anerkannt wird,

2. die Ausbildungsdauer; sie soll nicht mehr als drei und nicht weniger als zwei Jahre betragen,

3. die beruflichen Fertigkeiten, Kenntnisse und Fähigkeiten, die mindestens Gegenstand der Berufsausbildung sind (Ausbildungsberufsbild),

4. eine Anleitung zur sachlichen und zeitlichen Gliederung der Vermittlung der beruflichen Fertigkeiten, Kenntnisse und Fähigkeiten (Ausbildungsrahmenplan),

5. die Prüfungsanforderungen.

Bei der Festlegung der Fertigkeiten, Kenntnisse und Fähigkeiten nach Satz 1 Nummer 3 ist insbesondere die technologische und digitale Entwicklung zu beachten.

(2) Die Ausbildungsordnung kann vorsehen,

1. dass die Berufsausbildung in sachlich und zeitlich besonders gegliederten, aufeinander aufbauenden Stufen erfolgt; nach den einzelnen Stufen soll ein Ausbildungsabschluss vorgesehen werden, der sowohl zu einer qualifizierten beruflichen Tätigkeit im Sinne des § 1 Abs. 3 befähigt als auch die Fortsetzung der Berufsausbildung in weiteren Stufen ermöglicht (Stufenausbildung),

2. dass die Abschlussprüfung in zwei zeitlich auseinanderfallenden Teilen durchgeführt wird,

2a. dass im Fall einer Regelung nach Nummer 2 bei nicht bestandener Abschlussprüfung in einem drei- oder dreieinhalbjährigen Ausbildungsberuf, der auf einem zweijährigen Ausbildungsberuf aufbaut, der Abschluss des zweijährigen Ausbildungsberufs erworben wird, sofern im ersten Teil der Abschlussprüfung mindestens ausreichende Prüfungsleistungen erbracht worden sind,

2b. dass Auszubildende bei erfolgreichem Abschluss eines zweijährigen Ausbildungsberufs vom ersten Teil der Abschlussprüfung oder einer Zwischenprüfung eines darauf aufbauenden drei- oder dreieinhalbjährigen Ausbildungsberufs befreit sind,

3. dass abweichend von § 4 Abs. 4 die Berufsausbildung in diesem Ausbildungsberuf unter Anrechnung der bereits zurückgelegten Ausbildungszeit fortgesetzt werden kann, wenn die Vertragsparteien dies vereinbaren,

4. dass auf die Dauer der durch die Ausbildungsordnung geregelten Berufsausbildung die Dauer einer anderen abgeschlossenen Berufsausbildung ganz oder teilweise anzurechnen ist,

5. dass über das in Absatz 1 Nr. 3 beschriebene Ausbildungsberufsbild hinaus zusätzliche berufliche Fertigkeiten, Kenntnisse und Fähigkeiten vermittelt werden können, die die berufliche Handlungsfähigkeit ergänzen oder erweitern,

6. dass Teile der Berufsausbildung in geeigneten Einrichtungen außerhalb der Ausbildungsstätte durchgeführt werden, wenn und soweit es die Berufsausbildung erfordert (überbetriebliche Berufsausbildung).

Im Fall des Satzes 1 Nummer 2a bedarf es eines Antrags der Auszubildenden. Im Fall des Satzes 1 Nummer 4 bedarf es der Vereinbarung der Vertragsparteien.

Im Rahmen der Ordnungsverfahren soll stets geprüft werden, ob Regelungen nach Nummer 1, 2, 2a, 2b und 4 sinnvoll und möglich sind.

§ 6

Erprobung neuer Ausbildungs- und Prüfungsformen

Zur Entwicklung und Erprobung neuer Ausbildungs- und Prüfungsformen kann das Bundesministerium für Wirtschaft und Energie oder das sonst zuständige Fachministerium im Einvernehmen mit dem Bundesministerium für Bildung und Forschung nach Anhörung des Hauptausschusses des Bundesinstituts für Berufsbildung durch Rechtsverordnung, die nicht der Zustimmung des Bundesrates bedarf, Ausnahmen von § 4 Abs. 2 und 3 sowie den §§ 5, 37 und 48 zulassen, die auch auf eine bestimmte Art und Zahl von Ausbildungsstätten beschränkt werden können.

§ 7

Anrechnung beruflicher Vorbildung auf die Ausbildungsdauer

(1) Die Landesregierungen können nach Anhörung des Landesausschusses für Berufsbildung durch Rechtsverordnung bestimmen, dass der Besuch eines Bildungsganges berufsbildender Schulen oder die Berufsausbildung in einer sonstigen Einrichtung ganz oder teilweise auf die Ausbildungsdauer angerechnet wird. Die Ermächtigung kann durch Rechtsverordnung auf oberste Landesbehörden weiter übertragen werden.

(2) Ist keine Rechtsverordnung nach Absatz 1 erlassen, kann eine Anrechnung durch die zuständige Stelle im Einzelfall erfolgen. Für die Entscheidung über die Anrechnung auf die Ausbildungsdauer kann der Hauptausschuss des Bundesinstituts für Berufsbildung Empfehlungen beschließen.

(3) Die Anrechnung bedarf des gemeinsamen Antrags der Auszubildenden und der Ausbildenden. Der Antrag ist an die zuständige Stelle zu richten. Er kann sich auf Teile des höchstzulässigen Anrechnungszeitraums beschränken.

(4) Ein Anrechnungszeitraum muss in ganzen Monaten durch sechs teilbar sein.

§ 7a

Teilzeitberufsausbildung

(1) Die Berufsausbildung kann in Teilzeit durchgeführt werden. Im Berufsausbildungsvertrag ist für die gesamte Ausbildungszeit oder für einen bestimmten Zeitraum der Berufsausbildung die Verkürzung der täglichen oder der wöchentlichen Ausbildungszeit zu vereinbaren. Die Kürzung der täglichen oder der wöchentlichen Ausbildungszeit darf nicht mehr als 50 Prozent betragen.

(2) Die Dauer der Teilzeitberufsausbildung verlängert sich entsprechend, höchstens jedoch bis zum Eineinhalbfachen der Dauer, die in der Ausbildungsordnung für die betreffende Berufsausbildung in Vollzeit festgelegt ist. Die Dauer der Teilzeitberufsausbildung ist auf ganze Monate abzurunden. § 8 Absatz 2 bleibt unberührt.

(3) Auf Verlangen der Auszubildenden verlängert sich die Ausbildungsdauer auch über die Höchstdauer nach Absatz 2 Satz 1 hinaus bis zur nächsten möglichen Abschlussprüfung.

(4) Der Antrag auf Eintragung des Berufsausbildungsvertrages nach § 36 Absatz 1 in das Verzeichnis der Berufsausbildungsverhältnisse für eine Teilzeitberufsausbildung kann mit einem Antrag auf Verkürzung der Ausbildungsdauer nach § 8 Absatz 1 verbunden werden.

§ 8

Verkürzung oder Verlängerung der Ausbildungsdauer

(1) Auf gemeinsamen Antrag der Auszubildenden und der Ausbildenden hat die zuständige Stelle die Ausbildungsdauer zu kürzen, wenn zu erwarten ist, dass das Ausbildungsziel in der gekürzten Dauer erreicht wird.

(2) In Ausnahmefällen kann die zuständige Stelle auf Antrag Auszubildender die Ausbildungsdauer verlängern, wenn die Verlängerung erforderlich ist, um das Ausbildungsziel zu erreichen. Vor der Entscheidung über die Verlängerung sind die Ausbildenden zu hören.

(3) Für die Entscheidung über die Verkürzung oder Verlängerung der Ausbildungsdauer kann der Hauptausschuss des Bundesinstituts für Berufsbildung Empfehlungen beschließen.

§ 9

Regelungsbefugnis

Soweit Vorschriften nicht bestehen, regelt die zuständige Stelle die Durchführung der Berufsausbildung im Rahmen dieses Gesetzes.

Abschnitt 2
Berufsausbildungsverhältnis

Unterabschnitt 1
Begründung des Ausbildungsverhältnisses

§ 10

Vertrag

(1) Wer andere Personen zur Berufsausbildung einstellt (Ausbildende), hat mit den Auszubildenden einen Berufsausbildungsvertrag zu schließen.

(2) Auf den Berufsausbildungsvertrag sind, soweit sich aus seinem Wesen und Zweck und aus diesem Gesetz nichts anderes ergibt, die für den Arbeitsvertrag geltenden Rechtsvorschriften und Rechtsgrundsätze anzuwenden.

(3) Schließen die gesetzlichen Vertreter oder Vertreterinnen mit ihrem Kind einen Berufsausbildungsvertrag, so sind sie von dem Verbot des § 181 des Bürgerlichen Gesetzbuchs befreit.

(4) Ein Mangel in der Berechtigung, Auszubildende einzustellen oder auszubilden, berührt die Wirksamkeit des Berufsausbildungsvertrages nicht.

(5) Zur Erfüllung der vertraglichen Verpflichtungen der Ausbildenden können mehrere natürliche oder juristische Personen in einem Ausbildungsverbund zusammenwirken, soweit die Verantwortlichkeit für die einzelnen Ausbildungsabschnitte sowie für die Ausbildungszeit insgesamt sichergestellt ist (Verbundausbildung).

§ 11

Vertragsniederschrift

(1) Ausbildende haben unverzüglich nach Abschluss des Berufsausbildungsvertrages, spätestens vor Beginn der Berufsausbildung, den wesentlichen Inhalt des Vertrages gemäß Satz 2 schriftlich niederzulegen; die elektronische Form ist ausgeschlossen. In die Niederschrift sind mindestens aufzunehmen

1. Art, sachliche und zeitliche Gliederung sowie Ziel der Berufsausbildung, insbesondere die Berufstätigkeit, für die ausgebildet werden soll,
2. Beginn und Dauer der Berufsausbildung,
3. Ausbildungsmaßnahmen außerhalb der Ausbildungsstätte,
4. Dauer der regelmäßigen täglichen Ausbildungszeit,
5. Dauer der Probezeit,
6. Zahlung und Höhe der Vergütung,
7. Dauer des Urlaubs,
8. Voraussetzungen, unter denen der Berufsausbildungsvertrag gekündigt werden kann,
9. ein in allgemeiner Form gehaltener Hinweis auf die Tarifverträge, Betriebs- oder Dienstvereinbarungen, die auf das Berufsausbildungsverhältnis anzuwenden sind,
10. die Form des Ausbildungsnachweises nach § 13 Satz 2 Nummer 7.

(2) Die Niederschrift ist von den Ausbildenden, den Auszubildenden und deren gesetzlichen Vertretern und Vertreterinnen zu unterzeichnen.

(3) Ausbildende haben den Auszubildenden und deren gesetzlichen Vertretern und Vertreterinnen eine Ausfertigung der unterzeichneten Niederschrift unverzüglich auszuhändigen.

(4) Bei Änderungen des Berufsausbildungsvertrages gelten die Absätze 1 bis 3 entsprechend.

§ 12
Nichtige Vereinbarungen

(1) Eine Vereinbarung, die Auszubildende für die Zeit nach Beendigung des Berufsausbildungsverhältnisses in der Ausübung ihrer beruflichen Tätigkeit beschränkt, ist nichtig. Dies gilt nicht, wenn sich Auszubildende innerhalb der letzten sechs Monate des Berufsausbildungsverhältnisses dazu verpflichten, nach dessen Beendigung mit den Ausbildenden ein Arbeitsverhältnis einzugehen.

(2) Nichtig ist eine Vereinbarung über

1. die Verpflichtung Auszubildender, für die Berufsausbildung eine Entschädigung zu zahlen,
2. Vertragsstrafen,
3. den Ausschluss oder die Beschränkung von Schadensersatzansprüchen,
4. die Festsetzung der Höhe eines Schadensersatzes in Pauschbeträgen.

Unterabschnitt 2
Pflichten der Auszubildenden
§ 13
Verhalten während der Berufsausbildung

Auszubildende haben sich zu bemühen, die berufliche Handlungsfähigkeit zu erwerben, die zum Erreichen des Ausbildungsziels erforderlich ist. Sie sind insbesondere verpflichtet,

1. die ihnen im Rahmen ihrer Berufsausbildung aufgetragenen Aufgaben sorgfältig auszuführen,
2. an Ausbildungsmaßnahmen teilzunehmen, für die sie nach § 15 freigestellt werden,
3. den Weisungen zu folgen, die ihnen im Rahmen der Berufsausbildung von Ausbildenden, von Ausbildern oder Ausbilderinnen oder von anderen weisungsberechtigten Personen erteilt werden,
4. die für die Ausbildungsstätte geltende Ordnung zu beachten,
5. Werkzeug, Maschinen und sonstige Einrichtungen pfleglich zu behandeln,
6. über Betriebs- und Geschäftsgeheimnisse Stillschweigen zu wahren,
7. einen schriftlichen oder elektronischen Ausbildungsnachweis zu führen.

Unterabschnitt 3
Pflichten der Ausbildenden

§ 14

Berufsausbildung

(1) Ausbildende haben

1. dafür zu sorgen, dass den Auszubildenden die berufliche Handlungsfähigkeit vermittelt wird, die zum Erreichen des Ausbildungsziels erforderlich ist, und die Berufsausbildung in einer durch ihren Zweck gebotenen Form planmäßig, zeitlich und sachlich gegliedert so durchzuführen, dass das Ausbildungsziel in der vorgesehenen Ausbildungszeit erreicht werden kann,

2. selbst auszubilden oder einen Ausbilder oder eine Ausbilderin ausdrücklich damit zu beauftragen,

3. Auszubildenden kostenlos die Ausbildungsmittel, insbesondere Werkzeuge, Werkstoffe und Fachliteratur zur Verfügung zu stellen, die zur Berufsausbildung und zum Ablegen von Zwischen- und Abschlussprüfungen, auch soweit solche nach Beendigung des Berufsausbildungsverhältnisses stattfinden, erforderlich sind,

4. Auszubildende zum Besuch der Berufsschule anzuhalten,

5. dafür zu sorgen, dass Auszubildende charakterlich gefördert sowie sittlich und körperlich nicht gefährdet werden.

(2) Ausbildende haben Auszubildende zum Führen der Ausbildungsnachweise nach § 13 Satz 2 Nummer 7 anzuhalten und diese regelmäßig durchzusehen. Den Auszubildenden ist Gelegenheit zu geben, den Ausbildungsnachweis am Arbeitsplatz zu führen.

(3) Auszubildenden dürfen nur Aufgaben übertragen werden, die dem Ausbildungszweck dienen und ihren körperlichen Kräften angemessen sind.

§ 15

Freistellung, Anrechnung

(1) Ausbildende dürfen Auszubildende vor einem vor 9 Uhr beginnenden Berufsschulunterricht nicht beschäftigen. Sie haben Auszubildende freizustellen

1. für die Teilnahme am Berufsschulunterricht,

2. an einem Berufsschultag mit mehr als fünf Unterrichtsstunden von mindestens je 45 Minuten, einmal in der Woche,

3. in Berufsschulwochen mit einem planmäßigen Blockunterricht von mindestens 25 Stunden an mindestens fünf Tagen,

4. für die Teilnahme an Prüfungen und Ausbildungsmaßnahmen, die auf Grund öffentlich-rechtlicher oder vertraglicher Bestimmungen außerhalb der Ausbildungsstätte durchzuführen sind, und

5. an dem Arbeitstag, der der schriftlichen Abschlussprüfung unmittelbar vorangeht.

Im Fall von Satz 2 Nummer 3 sind zusätzliche betriebliche Ausbildungsveranstaltungen bis zu zwei Stunden wöchentlich zulässig.

(2) Auf die Ausbildungszeit der Auszubildenden werden angerechnet

1. die Berufsschulunterrichtszeit einschließlich der Pausen nach Absatz 1 Satz 2 Nummer 1,

2. Berufsschultage nach Absatz 1 Satz 2 Nummer 2 mit der durchschnittlichen täglichen Ausbildungszeit,

3. Berufsschulwochen nach Absatz 1 Satz 2 Nummer 3 mit der durchschnittlichen wöchentlichen Ausbildungszeit,

4. die Freistellung nach Absatz 1 Satz 2 Nummer 4 mit der Zeit der Teilnahme einschließlich der Pausen und

5. die Freistellung nach Absatz 1 Satz 2 Nummer 5 mit der durchschnittlichen täglichen Ausbildungszeit.

(3) Für Auszubildende unter 18 Jahren gilt das Jugendarbeitsschutzgesetz.

§ 16
Zeugnis

(1) Ausbildende haben den Auszubildenden bei Beendigung des Berufsausbildungsverhältnisses ein schriftliches Zeugnis auszustellen. Die elektronische Form ist ausgeschlossen. Haben Ausbildende die Berufsausbildung nicht selbst durchgeführt, so soll auch der Ausbilder oder die Ausbilderin das Zeugnis unterschreiben.

(2) Das Zeugnis muss Angaben enthalten über Art, Dauer und Ziel der Berufsausbildung sowie über die erworbenen beruflichen Fertigkeiten, Kenntnisse und Fähigkeiten der Auszubildenden. Auf Verlangen Auszubildender sind auch Angaben über Verhalten und Leistung aufzunehmen.

Unterabschnitt 4
Vergütung

§ 17
Vergütungsanspruch und Mindestvergütung

(1) Ausbildende haben Auszubildenden eine angemessene Vergütung zu gewähren. Die Vergütung steigt mit fortschreitender Berufsausbildung, mindestens jährlich, an.

(2) Die Angemessenheit der Vergütung ist ausgeschlossen, wenn sie folgende monatliche Mindestvergütung unterschreitet:

1. im ersten Jahr einer Berufsausbildung

   a) 515 Euro, wenn die Berufsausbildung im Zeitraum vom 1. Januar 2020 bis zum 31. Dezember 2020 begonnen wird,

   b) 550 Euro, wenn die Berufsausbildung im Zeitraum vom 1. Januar 2021 bis zum 31. Dezember 2021 begonnen wird,

   c) 585 Euro, wenn die Berufsausbildung im Zeitraum vom 1. Januar 2022 bis zum 31. Dezember 2022 begonnen wird, und

   d) 620 Euro, wenn die Berufsausbildung im Zeitraum vom 1. Januar 2023 bis zum 31. Dezember 2023 begonnen wird,

2. im zweiten Jahr einer Berufsausbildung den Betrag nach Nummer 1 für das jeweilige Jahr, in dem die Berufsausbildung begonnen worden ist, zuzüglich 18 Prozent,

3. im dritten Jahr einer Berufsausbildung den Betrag nach Nummer 1 für das jeweilige Jahr, in dem die Berufsausbildung begonnen worden ist, zuzüglich 35 Prozent und

4. im vierten Jahr einer Berufsausbildung den Betrag nach Nummer 1 für das jeweilige Jahr, indem die Berufsausbildung begonnen worden ist, zuzüglich 40 Prozent.

Die Höhe der Mindestvergütung nach Satz 1 Nummer 1 wird zum 1. Januar eines jeden Jahres, erstmals zum 1. Januar 2024, fortgeschrieben. Die Fortschreibung entspricht dem rechnerischen Mittel der nach § 88 Absatz 1 Satz 1 Nummer 1 Buchstabe g erhobenen Ausbildungsvergütungen im Vergleich der beiden dem Jahr der Bekanntgabe vorausgegangenen Kalenderjahre. Dabei ist der sich ergebende Betrag bis unter 0,50 Euro abzurunden sowie von 0,50 Euro an aufzurunden. Das Bundesministerium für Bildung und Forschung gibt jeweils spätestens bis zum 1. November eines jeden Kalenderjahres die Höhe der Mindestvergütung nach Satz 1 Nummer 1 bis 4, die für das folgende Kalenderjahr maßgebend ist, im Bundesgesetzblatt bekannt. Die nach den Sätzen 2 bis 5 fortgeschriebene Höhe der Mindestvergütung für das erste Jahr einer Berufsausbildung gilt für Berufsausbildungen, die im Jahr der Fortschreibung begonnen werden. Die Aufschläge nach Satz 1 Nummer 2 bis 4 für das zweite bis vierte Jahr einer Berufsausbildung sind auf der Grundlage dieses Betrages zu berechnen.

(3) Angemessen ist auch eine für den Ausbildenden nach § 3 Absatz 1 des Tarifvertragsgesetzes geltende tarifvertragliche Vergütungsregelung, durch die die in Absatz 2 genannte jeweilige Mindestvergütung unterschritten wird. Nach Ablauf eines Tarifvertrages nach Satz 1 gilt dessen Vergütungsregelung für bereits begründete Ausbildungsverhältnisse weiterhin als angemessen, bis sie durch einen neuen oder ablösenden Tarifvertrag ersetzt wird.

(4) Die Angemessenheit der vereinbarten Vergütung ist auch dann, wenn sie die Mindestvergütung nach Absatz 2 nicht unterschreitet, in der Regel ausgeschlossen, wenn sie die Höhe der in einem Tarifvertrag geregelten Vergütung, in dessen Geltungsbereich das Ausbildungsverhältnis fällt, an den der Ausbildende aber nicht gebunden ist, um mehr als 20 Prozent unterschreitet.

(5) Bei einer Teilzeitberufsausbildung kann eine nach den Absätzen 2 bis 4 zu gewährende Vergütung unterschritten werden. Die Angemessenheit der Vergütung ist jedoch ausgeschlossen, wenn die prozentuale Kürzung der Vergütung höher ist als die prozentuale Kürzung der täglichen oder der wöchentlichen Arbeitszeit.

(6) Sachleistungen können in Höhe der nach § 17 Absatz 1 Satz 1 Nummer 4 des Vierten Buches Sozialgesetzbuch festgesetzten Sachbezugswerte angerechnet werden, jedoch nicht über 75 Prozent der Bruttovergütung hinaus.

(7) Eine über die vereinbarte regelmäßige tägliche Ausbildungszeit hinausgehende Beschäftigung ist besonders zu vergüten oder durch die Gewährung entsprechender Freizeit auszugleichen.

§ 18

Bemessung und Fälligkeit der Vergütung

(1) Die Vergütung bemisst sich nach Monaten. Bei Berechnung der Vergütung für einzelne Tage wird der Monat zu 30 Tagen gerechnet.

(2) Ausbildende haben die Vergütung für den laufenden Kalendermonat spätestens am letzten Arbeitstag des Monats zu zahlen.

(3) Gilt für Ausbildende nicht nach § 3 Absatz 1 des Tarifvertragsgesetzes eine tarifvertragliche Vergütungsregelung, sind sie verpflichtet, den bei ihnen beschäftigten Auszubildenden spätestens zu dem in Absatz 2 genannten Zeitpunkt eine Vergütung mindestens in der bei Beginn der Berufsausbildung geltenden Höhe der Mindestvergütung nach § 17 Absatz 2 Satz 1 zu zahlen. Satz 1 findet bei einer Teilzeitberufsausbildung mit der Maßgabe Anwendung, dass die Vergütungshöhe mindestens dem prozentualen Anteil an der Arbeitszeit entsprechen muss.

§ 19

Fortzahlung der Vergütung

(1) Auszubildenden ist die Vergütung auch zu zahlen

1. für die Zeit der Freistellung (§ 15),

2. bis zur Dauer von sechs Wochen, wenn sie

   a) sich für die Berufsausbildung bereithalten, diese aber ausfällt oder

   b) aus einem sonstigen, in ihrer Person liegenden Grund unverschuldet verhindert sind, ihre Pflichten aus dem Berufsausbildungsverhältnis zu erfüllen.

(2) Können Auszubildende während der Zeit, für welche die Vergütung fortzuzahlen ist, aus berechtigtem Grund Sachleistungen nicht abnehmen, so sind diese nach den Sachbezugswerten (§ 17 Absatz 6) abzugelten.

Unterabschnitt 5
Beginn und Beendigung des Ausbildungsverhältnisses

§ 20

Probezeit

Das Berufsausbildungsverhältnis beginnt mit der Probezeit. Sie muss mindestens einen Monat und darf höchstens vier Monate betragen.

§ 21

Beendigung

(1) Das Berufsausbildungsverhältnis endet mit dem Ablauf der Ausbildungsdauer. Im Falle der Stufenausbildung endet es mit Ablauf der letzten Stufe.

(2) Bestehen Auszubildende vor Ablauf der Ausbildungsdauer die Abschlussprüfung, so endet das Berufsausbildungsverhältnis mit Bekanntgabe des Ergebnisses durch den Prüfungsausschuss.

(3) Bestehen Auszubildende die Abschlussprüfung nicht, so verlängert sich das Berufsausbildungsverhältnis auf ihr Verlangen bis zur nächstmöglichen Wiederholungsprüfung, höchstens um ein Jahr.

§ 22

Kündigung

(1) Während der Probezeit kann das Berufsausbildungsverhältnis jederzeit ohne Einhalten einer Kündigungsfrist gekündigt werden.

(2) Nach der Probezeit kann das Berufsausbildungsverhältnis nur gekündigt werden

1. aus einem wichtigen Grund ohne Einhalten einer Kündigungsfrist,

2. von Auszubildenden mit einer Kündigungsfrist von vier Wochen, wenn sie die Berufsausbildung aufgeben oder sich für eine andere Berufstätigkeit ausbilden lassen wollen.

(3) Die Kündigung muss schriftlich und in den Fällen des Absatzes 2 unter Angabe der Kündigungsgründe erfolgen.

(4) Eine Kündigung aus einem wichtigen Grund ist unwirksam, wenn die ihr zugrunde liegenden Tatsachen dem zur Kündigung Berechtigten länger als zwei Wochen bekannt sind. Ist ein vorgesehenes Güteverfahren vor einer außergerichtlichen Stelle eingeleitet, so wird bis zu dessen Beendigung der Lauf dieser Frist gehemmt.

§ 23

Schadensersatz bei vorzeitiger Beendigung

(1) Wird das Berufsausbildungsverhältnis nach der Probezeit vorzeitig gelöst, so können Ausbildende oder Auszubildende Ersatz des Schadens verlangen, wenn die andere Person den Grund für die Auflösung zu vertreten hat. Dies gilt nicht im Falle des § 22 Abs. 2 Nr. 2.

(2) Der Anspruch erlischt, wenn er nicht innerhalb von drei Monaten nach Beendigung des Berufsausbildungsverhältnisses geltend gemacht wird.

Unterabschnitt 6
Sonstige Vorschriften
§ 24
Weiterarbeit

Werden Auszubildende im Anschluss an das Berufsausbildungsverhältnis beschäftigt, ohne dass hierüber ausdrücklich etwas vereinbart worden ist, so gilt ein Arbeitsverhältnis auf unbestimmte Zeit als begründet.

§ 25

Unabdingbarkeit

Eine Vereinbarung, die zuungunsten Auszubildender von den Vorschriften dieses Teils des Gesetzes abweicht, ist nichtig.

§ 26

Andere Vertragsverhältnisse

Soweit nicht ein Arbeitsverhältnis vereinbart ist, gelten für Personen, die eingestellt werden, um berufliche Fertigkeiten, Kenntnisse, Fähigkeiten oder berufliche Erfahrungen zu erwerben, ohne dass es sich um eine Berufsausbildung im Sinne dieses Gesetzes handelt, die §§ 10 bis 16 und 17 Absatz 1, 6 und 7 sowie die §§ 18 bis 23 und 25 mit der Maßgabe, dass die gesetzliche Probezeit abgekürzt, auf die Vertragsniederschrift verzichtet und bei vorzeitiger Lösung des Vertragsverhältnisses nach Ablauf der Probezeit abweichend von § 23 Abs. 1 Satz 1 Schadensersatz nicht verlangt werden kann.

Abschnitt 3
Eignung von Ausbildungsstätte und Ausbildungspersonal

§ 27

Eignung der Ausbildungsstätte

(1) Auszubildende dürfen nur eingestellt und ausgebildet werden, wenn

1. die Ausbildungsstätte nach Art und Einrichtung für die Berufsausbildung geeignet ist und

2. die Zahl der Auszubildenden in einem angemessenen Verhältnis zur Zahl der Ausbildungsplätze oder zur Zahl der beschäftigten Fachkräfte steht, es sei denn, dass anderenfalls die Berufsausbildung nicht gefährdet wird.

(2) Eine Ausbildungsstätte, in der die erforderlichen beruflichen Fertigkeiten, Kenntnisse und Fähigkeiten nicht im vollen Umfang vermittelt werden können, gilt als geeignet, wenn diese durch Ausbildungsmaßnahmen außerhalb der Ausbildungsstätte vermittelt werden.

(3) Eine Ausbildungsstätte ist nach Art und Einrichtung für die Berufsausbildung in Berufen der Landwirtschaft, einschließlich der ländlichen Hauswirtschaft, nur geeignet, wenn sie von der nach Landesrecht zuständigen Behörde als Ausbildungsstätte anerkannt ist. Das Bundesministerium für Ernährung und Landwirtschaft kann im Einvernehmen mit dem Bundesministerium für Bildung und Forschung nach Anhörung des Hauptausschusses des Bundesinstituts für Berufsbildung durch Rechtsverordnung, die nicht der Zustimmung des Bundesrates bedarf, Mindestanforderungen für

die Größe, die Einrichtung und den Bewirtschaftungszustand der Ausbildungsstätte festsetzen.

(4) Eine Ausbildungsstätte ist nach Art und Einrichtung für die Berufsausbildung in Berufen der Hauswirtschaft nur geeignet, wenn sie von der nach Landesrecht zuständigen Behörde als Ausbildungsstätte anerkannt ist. Das Bundesministerium für Wirtschaft und Energie kann im Einvernehmen mit dem Bundesministerium für Bildung und Forschung nach Anhörung des Hauptausschusses des Bundesinstituts für Berufsbildung durch Rechtsverordnung, die nicht der Zustimmung des Bundesrates bedarf, Mindestanforderungen für die Größe, die Einrichtung und den Bewirtschaftungszustand der Ausbildungsstätte festsetzen.

§ 28
Eignung von Ausbildenden und Ausbildern oder Ausbilderinnen

(1) Auszubildende darf nur einstellen, wer persönlich geeignet ist. Auszubildende darf nur ausbilden, wer persönlich und fachlich geeignet ist.

(2) Wer fachlich nicht geeignet ist oder wer nicht selbst ausbildet, darf Auszubildende nur dann einstellen, wenn er persönlich und fachlich geeignete Ausbilder oder Ausbilderinnen bestellt, die die Ausbildungsinhalte in der Ausbildungsstätte unmittelbar, verantwortlich und in wesentlichem Umfang vermitteln.

(3) Unter der Verantwortung des Ausbilders oder der Ausbilderin kann bei der Berufsausbildung mitwirken, wer selbst nicht Ausbilder oder Ausbilderin ist, aber abweichend von den besonderen Voraussetzungen des § 30 die für die Vermittlung von Ausbildungsinhalten erforderlichen beruflichen Fertigkeiten, Kenntnisse und Fähigkeiten besitzt und persönlich geeignet ist.

§ 29
Persönliche Eignung

Persönlich nicht geeignet ist insbesondere, wer

1. Kinder und Jugendliche nicht beschäftigen darf oder
2. wiederholt oder schwer gegen dieses Gesetz oder die auf Grund dieses Gesetzes erlassenen Vorschriften und Bestimmungen verstoßen hat.

§ 30
Fachliche Eignung

(1) Fachlich geeignet ist, wer die beruflichen sowie die berufs- und arbeitspädagogischen Fertigkeiten, Kenntnisse und Fähigkeiten besitzt, die für die Vermittlung der Ausbildungsinhalte erforderlich sind.

(2) Die erforderlichen beruflichen Fertigkeiten, Kenntnisse und Fähigkeiten besitzt, wer

1. die Abschlussprüfung in einer dem Ausbildungsberuf entsprechenden Fachrichtung bestanden hat,

2. eine anerkannte Prüfung an einer Ausbildungsstätte oder vor einer Prüfungsbehörde oder eine Abschlussprüfung an einer staatlichen oder staatlich anerkannten Schule in einer dem Ausbildungsberuf entsprechenden Fachrichtung bestanden hat,

3. eine Abschlussprüfung an einer deutschen Hochschule in einer dem Ausbildungsberuf entsprechenden Fachrichtung bestanden hat oder

4. im Ausland einen Bildungsabschluss in einer dem Ausbildungsberuf entsprechenden Fachrichtung erworben hat, dessen Gleichwertigkeit nach dem Berufsqualifikationsfeststellungsgesetz oder anderen rechtlichen Regelungen festgestellt worden ist

und eine angemessene Zeit in seinem Beruf praktisch tätig gewesen ist.

(3) Das Bundesministerium für Wirtschaft und Energie oder das sonst zuständige Fachministerium kann im Einvernehmen mit dem Bundesministerium für Bildung und Forschung nach Anhörung des Hauptausschusses des Bundesinstituts für Berufsbildung durch Rechtsverordnung, die nicht der Zustimmung des Bundesrates bedarf, in den Fällen des Absatzes 2 Nr. 2 bestimmen, welche Prüfungen für welche Ausbildungsberufe anerkannt werden.

(4) Das Bundesministerium für Wirtschaft und Energie oder das sonst zuständige Fachministerium kann im Einvernehmen mit dem Bundesministerium für Bildung und Forschung nach Anhörung des Hauptausschusses des Bundesinstituts für Berufsbildung durch Rechtsverordnung, die nicht der Zustimmung des Bundesrates bedarf, für einzelne Ausbildungsberufe bestimmen, dass abweichend von Absatz 2 die für die fachliche Eignung erforderlichen beruflichen Fertigkeiten, Kenntnisse und Fähigkeiten nur besitzt, wer

1. die Voraussetzungen des Absatzes 2 Nr. 2 oder 3 erfüllt und eine angemessene Zeit in seinem Beruf praktisch tätig gewesen ist oder

2. die Voraussetzungen des Absatzes 2 Nr. 3 erfüllt und eine angemessene Zeit in seinem Beruf praktisch tätig gewesen ist oder

3. für die Ausübung eines freien Berufes zugelassen oder in ein öffentliches Amt bestellt ist.

(5) Das Bundesministerium für Bildung und Forschung kann nach Anhörung des Hauptausschusses des Bundesinstituts für Berufsbildung durch Rechtsverordnung, die nicht der Zustimmung des Bundesrates bedarf, bestimmen, dass der Erwerb berufs- und arbeitspädagogischer Fertigkeiten, Kenntnisse und Fähigkeiten gesondert nachzuweisen ist. Dabei können Inhalt, Umfang und Abschluss der Maßnahmen für den Nachweis geregelt werden.

(6) Die nach Landesrecht zuständige Behörde kann Personen, die die Voraussetzungen des Absatzes 2, 4 oder 5 nicht erfüllen, die fachliche Eignung nach Anhörung der zuständigen Stelle widerruflich zuerkennen.

§ 31

Europaklausel

(1) In den Fällen des § 30 Abs. 2 und 4 besitzt die für die fachliche Eignung erforderlichen beruflichen Fertigkeiten, Kenntnisse und Fähigkeiten auch, wer die Voraussetzungen für die Anerkennung seiner Berufsqualifikation nach der Richtlinie 2005/36/EG des Europäischen Parlaments und des Rates vom 7. September 2005

über die Anerkennung von Berufsqualifikationen (ABl. EU Nr. L 255 S. 22) erfüllt, sofern er eine angemessene Zeit in seinem Beruf praktisch tätig gewesen ist. § 30 Abs. 4 Nr. 3 bleibt unberührt.

(2) Die Anerkennung kann unter den in Artikel 14 der in Absatz 1 genannten Richtlinie aufgeführten Voraussetzungen davon abhängig gemacht werden, dass der Antragsteller oder die Antragstellerin zunächst einen höchstens dreijährigen Anpassungslehrgang ableistet oder eine Eignungsprüfung ablegt.

(3) Die Entscheidung über die Anerkennung trifft die zuständige Stelle. Sie kann die Durchführung von Anpassungslehrgängen und Eignungsprüfungen regeln.

§ 31a

Sonstige ausländische Vorqualifikationen

In den Fällen des § 30 Absatz 2 und 4 besitzt die für die fachliche Eignung erforderlichen Fertigkeiten, Kenntnisse und Fähigkeiten, wer die Voraussetzungen von § 2 Absatz 1 in Verbindung mit § 9 des Berufsqualifikationsfeststellungsgesetzes erfüllt und nicht in einem anderen Mitgliedstaat der Europäischen Union oder einem anderen Vertragsstaat des Europäischen Wirtschaftsraums oder der Schweiz seinen Befähigungsnachweis erworben hat, sofern er eine angemessene Zeit in seinem Beruf praktisch tätig gewesen ist. § 30 Absatz 4 Nummer 3 bleibt unberührt.

§ 32

Überwachung der Eignung

(1) Die zuständige Stelle hat darüber zu wachen, dass die Eignung der Ausbildungsstätte sowie die persönliche und fachliche Eignung vorliegen.

(2) Werden Mängel der Eignung festgestellt, so hat die zuständige Stelle, falls der Mangel zu beheben und eine Gefährdung Auszubildender nicht zu erwarten ist, Ausbildende aufzufordern, innerhalb einer von ihr gesetzten Frist den Mangel zu beseitigen. Ist der Mangel der Eignung nicht zu beheben oder ist eine Gefährdung Auszubildender zu erwarten oder wird der Mangel nicht innerhalb der gesetzten Frist beseitigt, so hat die zuständige Stelle dies der nach Landesrecht zuständigen Behörde mitzuteilen.

§ 33

Untersagung des Einstellens und Ausbildens

(1) Die nach Landesrecht zuständige Behörde kann für eine bestimmte Ausbildungsstätte das Einstellen und Ausbilden untersagen, wenn die Voraussetzungen nach § 27 nicht oder nicht mehr vorliegen.

(2) Die nach Landesrecht zuständige Behörde hat das Einstellen und Ausbilden zu untersagen, wenn die persönliche oder fachliche Eignung nicht oder nicht mehr vorliegt.

(3) Vor der Untersagung sind die Beteiligten und die zuständige Stelle zu hören. Dies gilt nicht im Falle des § 29 Nr. 1.

Abschnitt 4
Verzeichnis der Berufsausbildungsverhältnisse

§ 34

Einrichten, Führen

(1) Die zuständige Stelle hat für anerkannte Ausbildungsberufe ein Verzeichnis der Berufsausbildungsverhältnisse einzurichten und zu führen, in das der Berufsausbildungsvertrag einzutragen ist. Die Eintragung ist für Auszubildende gebührenfrei.

(2) Die Eintragung umfasst für jedes Berufsausbildungsverhältnis

1. Name, Vorname, Geburtsdatum, Anschrift der Auszubildenden,

2. Geschlecht, Staatsangehörigkeit, allgemeinbildender Schulabschluss, vorausgegangene Teilnahme an berufsvorbereitender Qualifizierung oder beruflicher Grundbildung, vorherige Berufsausbildung sowie vorheriges Studium, Anschlussvertrag bei Anrechnung einer zuvor absolvierten dualen Berufsausbildung nach diesem Gesetz oder nach der Handwerksordnung einschließlich Ausbildungsberuf,

3. Name, Vorname und Anschrift der gesetzlichen Vertreter und Vertreterinnen,

4. Ausbildungsberuf einschließlich Fachrichtung,

5. Berufsausbildung im Rahmen eines ausbildungsintegrierenden dualen Studiums,

6. Tag, Monat und Jahr des Abschlusses des Ausbildungsvertrages, Ausbildungsdauer, Dauer der Probezeit, Verkürzung der Ausbildungsdauer, Teilzeitberufsausbildung,

7. die bei Abschluss des Berufsausbildungsvertrages vereinbarte Vergütung für jedes Ausbildungsjahr,

8. Tag, Monat und Jahr des vertraglich vereinbarten Beginns und Endes der Berufsausbildung sowie Tag, Monat und Jahr einer vorzeitigen Auflösung des Ausbildungsverhältnisses,

9. Art der Förderung bei überwiegend öffentlich, insbesondere auf Grund des Dritten Buches Sozialgesetzbuch geförderten Berufsausbildungsverhältnissen,

10. Name und Anschrift der Ausbildenden, Anschrift und amtliche Gemeindeschlüssel der Ausbildungsstätte, Wirtschaftszweig, Betriebsnummer der Ausbildungsstätte nach § 18i Absatz 1 oder § 18k Absatz 1 des Vierten Buches Sozialgesetzbuch, Zugehörigkeit zum öffentlichen Dienst,

11. Name, Vorname, Geschlecht und Art der fachlichen Eignung der Ausbilder und Ausbilderinnen.

§ 35

Eintragen, Ändern, Löschen

(1) Ein Berufsausbildungsvertrag und Änderungen seines wesentlichen Inhalts sind in das Verzeichnis einzutragen, wenn

1. der Berufsausbildungsvertrag diesem Gesetz und der Ausbildungsordnung entspricht,

2. die persönliche und fachliche Eignung sowie die Eignung der Ausbildungsstätte für das Einstellen und Ausbilden vorliegen und

3. für Auszubildende unter 18 Jahren die ärztliche Bescheinigung über die Erstuntersuchung nach § 32 Abs. 1 des Jugendarbeitsschutzgesetzes zur Einsicht vorgelegt wird.

(2) Die Eintragung ist abzulehnen oder zu löschen, wenn die Eintragungsvoraussetzungen nicht vorliegen und der Mangel nicht nach § 32 Abs. 2 behoben wird. Die Eintragung ist ferner zu löschen, wenn die ärztliche Bescheinigung über die erste Nachuntersuchung nach § 33 Abs. 1 des Jugendarbeitsschutzgesetzes nicht spätestens am Tage der Anmeldung der Auszubildenden zur Zwischenprüfung oder zum ersten Teil der Abschlussprüfung zur Einsicht vorgelegt und der Mangel nicht nach § 32 Abs. 2 behoben wird.

(3) Die nach § 34 Absatz 2 Nummer 1, 4, 8 und 10 erhobenen Daten werden zur Verbesserung der Ausbildungsvermittlung, zur Verbesserung der Zuverlässigkeit und Aktualität der Ausbildungsvermittlungsstatistik sowie zur Verbesserung der Feststellung von Angebot und Nachfrage auf dem Ausbildungsmarkt an die Bundesagentur für Arbeit übermittelt. Bei der Datenübermittlung sind dem jeweiligen Stand der Technik entsprechende Maßnahmen zur Sicherstellung von Datenschutz und Datensicherheit, insbesondere nach den Artikeln 24, 25 und 32 der Verordnung (EU) 2016/679 des Europäischen Parlaments und des Rates vom 27. April 2016 zum Schutz natürlicher Personen bei der Verarbeitung personenbezogener Daten, zum freien Datenverkehr und zur Aufhebung der Richtlinie 95/46/EG (Datenschutz-Grundverordnung) (ABl. L 119 vom 4.5.2016, S. 1), zu treffen, die insbesondere die Vertraulichkeit, Unversehrtheit und Zurechenbarkeit der Daten gewährleisten.

§ 36
Antrag und Mitteilungspflichten

(1) Ausbildende haben unverzüglich nach Abschluss des Berufsausbildungsvertrages die Eintragung in das Verzeichnis zu beantragen. Der Antrag kann schriftlich oder elektronisch gestellt werden; eine Kopie der Vertragsniederschrift ist jeweils beizufügen. Auf einen betrieblichen Ausbildungsplan im Sinne von § 11 Absatz 1 Satz 2 Nummer 1, der der zuständigen Stelle bereits vorliegt, kann dabei Bezug genommen werden. Entsprechendes gilt bei Änderungen des wesentlichen Vertragsinhalts.

(2) Ausbildende und Auszubildende sind verpflichtet, den zuständigen Stellen die zur Eintragung nach § 34 erforderlichen Tatsachen auf Verlangen mitzuteilen.

Abschnitt 5
Prüfungswesen

§ 37
Abschlussprüfung

(1) In den anerkannten Ausbildungsberufen sind Abschlussprüfungen durchzuführen. Die Abschlussprüfung kann im Falle des Nichtbestehens zweimal wiederholt werden.

Sofern die Abschlussprüfung in zwei zeitlich auseinanderfallenden Teilen durchgeführt wird, ist der erste Teil der Abschlussprüfung nicht eigenständig wiederholbar.

(2) Dem Prüfling ist ein Zeugnis auszustellen. Ausbildenden werden auf deren Verlangen die Ergebnisse der Abschlussprüfung der Auszubildenden übermittelt. Sofern die Abschlussprüfung in zwei zeitlich auseinanderfallenden Teilen durchgeführt wird, ist das Ergebnis der Prüfungsleistungen im ersten Teil der Abschlussprüfung dem Prüfling schriftlich mitzuteilen.

(3) Dem Zeugnis ist auf Antrag des Auszubildenden eine englischsprachige und eine französischsprachige Übersetzung beizufügen. Auf Antrag des Auszubildenden ist das Ergebnis berufsschulischer Leistungsfeststellungen auf dem Zeugnis auszuweisen. Der Auszubildende hat den Nachweis der berufsschulischen Leistungsfeststellungen dem Antrag beizufügen.

(4) Die Abschlussprüfung ist für Auszubildende gebührenfrei.

§ 38

Prüfungsgegenstand

Durch die Abschlussprüfung ist festzustellen, ob der Prüfling die berufliche Handlungsfähigkeit erworben hat. In ihr soll der Prüfling nachweisen, dass er die erforderlichen beruflichen Fertigkeiten beherrscht, die notwendigen beruflichen Kenntnisse und Fähigkeiten besitzt und mit dem im Berufsschulunterricht zu vermittelnden, für die Berufsausbildung wesentlichen Lehrstoff vertraut ist. Die Ausbildungsordnung ist zugrunde zu legen.

§ 39

Prüfungsausschüsse, Prüferdelegationen

(1) Für die Durchführung der Abschlussprüfung errichtet die zuständige Stelle Prüfungsausschüsse. Mehrere zuständige Stellen können bei einer von ihnen gemeinsame Prüfungsausschüsse errichten.

(2) Prüfungsausschüsse oder Prüferdelegationen nach § 42 Absatz 2 nehmen die Prüfungsleistungen ab.

(3) Prüfungsausschüsse oder Prüferdelegationen nach § 42 Absatz 2 können zur Bewertung einzelner, nicht mündlich zu erbringender Prüfungsleistungen gutachterliche Stellungnahmen Dritter, insbesondere berufsbildender Schulen, einholen. Im Rahmen der Begutachtung sind die wesentlichen Abläufe zu dokumentieren und die für die Bewertung erheblichen Tatsachen festzuhalten.

§ 40

Zusammensetzung, Berufung

(1) Der Prüfungsausschuss besteht aus mindestens drei Mitgliedern. Die Mitglieder müssen für die Prüfungsgebiete sachkundig und für die Mitwirkung im Prüfungswesen geeignet sein.

(2) Dem Prüfungsausschuss müssen als Mitglieder Beauftragte der Arbeitgeber

und der Arbeitnehmer in gleicher Zahl sowie mindestens eine Lehrkraft einer berufsbildenden Schule angehören. Mindestens zwei Drittel der Gesamtzahl der Mitglieder müssen Beauftragte der Arbeitgeber und der Arbeitnehmer sein. Die Mitglieder haben Stellvertreter oder Stellvertreterinnen.

(3) Die Mitglieder werden von der zuständigen Stelle längstens für fünf Jahre berufen. Die Beauftragten der Arbeitnehmer werden auf Vorschlag der im Bezirk der zuständigen Stelle bestehenden Gewerkschaften und selbständigen Vereinigungen von Arbeitnehmern mit sozial- oder berufspolitischer Zwecksetzung berufen. Die Lehrkraft einer berufsbildenden Schule wird im Einvernehmen mit der Schulaufsichtsbehörde oder der von ihr bestimmten Stelle berufen. Werden Mitglieder nicht oder nicht in ausreichender Zahl innerhalb einer von der zuständigen Stelle gesetzten angemessenen Frist vorgeschlagen, so beruft die zuständige Stelle insoweit nach pflichtgemäßem Ermessen. Die Mitglieder der Prüfungsausschüsse können nach Anhören der an ihrer Berufung Beteiligten aus wichtigem Grund abberufen werden. Die Sätze 1 bis 5 gelten für die stellvertretenden Mitglieder entsprechend.

(4) Die zuständige Stelle kann weitere Prüfende für den Einsatz in Prüferdelegationen nach § 42 Absatz 2 berufen. Die Berufung weiterer Prüfender kann auf bestimmte Prüf- oder Fachgebiete beschränkt werden. Absatz 3 ist entsprechend anzuwenden.

(5) Die für die Berufung von Prüfungsausschussmitgliedern Vorschlagsberechtigten sind über die Anzahl und die Größe der einzurichtenden Prüfungsausschüsse sowie über die Zahl der von ihnen vorzuschlagenden weiteren Prüfenden zu unterrichten. Die Vorschlagsberechtigten werden von der zuständigen Stelle darüber unterrichtet, welche der von ihnen vorgeschlagenen Mitglieder, Stellvertreter und Stellvertreterinnen sowie weiteren Prüfenden berufen wurden.

(6) Die Tätigkeit im Prüfungsausschuss oder in einer Prüferdelegation ist ehrenamtlich. Für bare Auslagen und für Zeitversäumnis ist, soweit eine Entschädigung nicht von anderer Seite gewährt wird, eine angemessene Entschädigung zu zahlen, deren Höhe von der zuständigen Stelle mit Genehmigung der obersten Landesbehörde festgesetzt wird. Die Entschädigung für Zeitversäumnis hat mindestens im Umfang von § 16 des Justizvergütungs- und -entschädigungsgesetzes in der jeweils geltenden Fassung zu erfolgen.

(6a) Prüfende sind von ihrem Arbeitgeber von der Erbringung der Arbeitsleistung freizustellen, wenn

1. es zur ordnungsgemäßen Durchführung der ihnen durch das Gesetz zugewiesenen Aufgaben erforderlich ist und

2. wichtige betriebliche Gründe nicht entgegenstehen.

(7) Von Absatz 2 darf nur abgewichen werden, wenn anderenfalls die erforderliche Zahl von Mitgliedern des Prüfungsausschusses nicht berufen werden kann.

§ 41

Vorsitz, Beschlussfähigkeit, Abstimmung

(1) Der Prüfungsausschuss wählt ein Mitglied, das den Vorsitz führt, und ein weiteres Mitglied, das den Vorsitz stellvertretend übernimmt. Der Vorsitz und das ihn stellvertretende Mitglied sollen nicht derselben Mitgliedergruppe angehören.

(2) Der Prüfungsausschuss ist beschlussfähig, wenn zwei Drittel der Mitglieder, mindestens drei, mitwirken. Er beschließt mit der Mehrheit der abgegebenen Stimmen. Bei Stimmengleichheit gibt die Stimme des vorsitzenden Mitglieds den Ausschlag.

§ 42

Beschlussfassung, Bewertung der Abschlussprüfung

(1) Der Prüfungsausschuss fasst die Beschlüsse über

1. die Noten zur Bewertung einzelner Prüfungsleistungen, die er selbst abgenommen hat,
2. die Noten zur Bewertung der Prüfung insgesamt sowie
3. das Bestehen oder Nichtbestehen der Abschlussprüfung.

(2) Die zuständige Stelle kann im Einvernehmen mit den Mitgliedern des Prüfungsausschusses die Abnahme und abschließende Bewertung von Prüfungsleistungen auf Prüferdelegationen übertragen. Für die Zusammensetzung von Prüferdelegationen und für die Abstimmungen in der Prüferdelegation sind § 40 Absatz 1 und 2 sowie § 41 Absatz 2 entsprechend anzuwenden. Mitglieder von Prüferdelegationen können die Mitglieder des Prüfungsausschusses, deren Stellvertreter und Stellvertreterinnen sowie weitere Prüfende sein, die durch die zuständige Stelle nach § 40 Absatz 4 berufen worden sind.

(3) Die zuständige Stelle hat vor Beginn der Prüfung über die Bildung von Prüferdelegationen, über deren Mitglieder sowie über deren Stellvertreter und Stellvertreterinnen zu entscheiden. Prüfende können Mitglieder mehrerer Prüferdelegationen sein. Sind verschiedene Prüfungsleistungen derart aufeinander bezogen, dass deren Beurteilung nur einheitlich erfolgen kann, so müssen diese Prüfungsleistungen von denselben Prüfenden abgenommen werden.

(4) Nach § 47 Absatz 2 Satz 2 erstellte oder ausgewählte Antwort-Wahl-Aufgaben können automatisiert ausgewertet werden, wenn das Aufgabenerstellungs- oder Aufgabenauswahlgremium festgelegt hat, welche Antworten als zutreffend anerkannt werden. Die Ergebnisse sind vom Prüfungsausschuss zu übernehmen.

(5) Der Prüfungsausschuss oder die Prüferdelegation kann einvernehmlich die Abnahme und Bewertung einzelner schriftlicher oder sonstiger Prüfungsleistungen, deren Bewertung unabhängig von der Anwesenheit bei der Erbringung erfolgen kann, so vornehmen, dass zwei seiner oder ihrer Mitglieder die Prüfungsleistungen selbständig und unabhängig bewerten. Weichen die auf der Grundlage des in der Prüfungsordnung vorgesehenen Bewertungsschlüssels erfolgten Bewertungen der beiden Prüfenden um nicht mehr als 10 Prozent der erreichbaren Punkte voneinander ab, so errechnet sich die endgültige Bewertung aus dem Durchschnitt der beiden Bewertungen. Bei einer größeren Abweichung erfolgt die endgültige Bewertung durch ein vorab bestimmtes weiteres Mitglied des Prüfungsausschusses oder der Prüferdelegation.

(6) Sieht die Ausbildungsordnung vor, dass Auszubildende bei erfolgreichem Abschluss eines zweijährigen Ausbildungsberufs vom ersten Teil der Abschlussprüfung eines darauf aufbauenden drei- oder dreieinhalbjährigen Ausbildungsberufs befreit sind, so ist das Ergebnis der Abschlussprüfung des zweijährigen Ausbildungsberufs vom Prüfungsausschuss als das Ergebnis des ersten Teils der Abschlussprüfung des

auf dem zweijährigen Ausbildungsberuf aufbauenden drei- oder dreieinhalbjährigen Ausbildungsberufs zu übernehmen.

§ 43

Zulassung zur Abschlussprüfung

(1) Zur Abschlussprüfung ist zuzulassen,

1. wer die Ausbildungsdauer zurückgelegt hat oder wessen Ausbildungsdauer nicht später als zwei Monate nach dem Prüfungstermin endet,
2. wer an vorgeschriebenen Zwischenprüfungen teilgenommen sowie einen vom Ausbilder und Auszubildenden unterzeichneten Ausbildungsnachweis nach § 13 Satz 2 Nummer 7 vorgelegt hat und
3. wessen Berufsausbildungsverhältnis in das Verzeichnis der Berufsausbildungs-verhältnisse eingetragen oder aus einem Grund nicht eingetragen ist, den weder die Auszubildenden noch deren gesetzliche Vertreter oder Vertreterinnen zu vertreten haben.

(2) Zur Abschlussprüfung ist ferner zuzulassen, wer in einer berufsbildenden Schule oder einer sonstigen Berufsbildungseinrichtung ausgebildet worden ist, wenn dieser Bildungsgang der Berufsausbildung in einem anerkannten Ausbildungsberuf entspricht. Ein Bildungsgang entspricht der Berufsausbildung in einem anerkannten Ausbildungsberuf, wenn er

1. nach Inhalt, Anforderung und zeitlichem Umfang der jeweiligen Ausbildungsord-nung gleichwertig ist,
2. systematisch, insbesondere im Rahmen einer sachlichen und zeitlichen Gliede-rung, durchgeführt wird und
3. durch Lernortkooperation einen angemessenen Anteil an fachpraktischer Aus-bildung gewährleistet.

§ 44

Zulassung zur Abschlussprüfung bei zeitlich auseinanderfallenden Teilen

(1) Sofern die Abschlussprüfung in zwei zeitlich auseinanderfallenden Teilen durchgeführt wird, ist über die Zulassung jeweils gesondert zu entscheiden.

(2) Zum ersten Teil der Abschlussprüfung ist zuzulassen, wer die in der Ausbil-dungsordnung vorgeschriebene, erforderliche Ausbildungsdauer zurückgelegt hat und die Voraussetzungen des § 43 Abs. 1 Nr. 2 und 3 erfüllt.

(3) Zum zweiten Teil der Abschlussprüfung ist zuzulassen, wer

1. über die Voraussetzungen des § 43 Absatz 1 hinaus am ersten Teil der Abschluss-prüfung teilgenommen hat,
2. auf Grund einer Rechtsverordnung nach § 5 Absatz 2 Satz 1 Nummer 2b von der Ablegung des ersten Teils der Abschlussprütung befreit ist oder
3. aus Gründen, die er nicht zu vertreten hat, am ersten Teil der Abschlussprüfung nicht teilgenommen hat.

Im Fall des Satzes 1 Nummer 3 ist der erste Teil der Abschlussprüfung zusammen mit dem zweiten Teil abzulegen.

§45

Zulassung in besonderen Fällen

(1) Auszubildende können nach Anhörung der Ausbildenden und der Berufsschule vor Ablauf ihrer Ausbildungszeit zur Abschlussprüfung zugelassen werden, wenn ihre Leistungen dies rechtfertigen.

(2) Zur Abschlussprüfung ist auch zuzulassen, wer nachweist, dass er mindestens das Eineinhalbfache der Zeit, die als Ausbildungsdauer vorgeschrieben ist, in dem Beruf tätig gewesen ist, in dem die Prüfung abgelegt werden soll. Als Zeiten der Berufstätigkeit gelten auch Ausbildungszeiten in einem anderen, einschlägigen Ausbildungsberuf. Vom Nachweis der Mindestzeit nach Satz 1 kann ganz oder teilweise abgesehen werden, wenn durch Vorlage von Zeugnissen oder auf andere Weise glaubhaft gemacht wird, dass der Bewerber oder die Bewerberin die berufliche Handlungsfähigkeit erworben hat, die die Zulassung zur Prüfung rechtfertigt. Ausländische Bildungsabschlüsse und Zeiten der Berufstätigkeit im Ausland sind dabei zu berücksichtigen.

(3) Soldaten oder Soldatinnen auf Zeit und ehemalige Soldaten oder Soldatinnen sind nach Absatz 2 Satz 3 zur Abschlussprüfung zuzulassen, wenn das Bundesministerium der Verteidigung oder die von ihm bestimmte Stelle bescheinigt, dass der Bewerber oder die Bewerberin berufliche Fertigkeiten, Kenntnisse und Fähigkeiten erworben hat, welche die Zulassung zur Prüfung rechtfertigen.

§46

Entscheidung über die Zulassung

(1) Über die Zulassung zur Abschlussprüfung entscheidet die zuständige Stelle. Hält sie die Zulassungsvoraussetzungen nicht für gegeben, so entscheidet der Prüfungsausschuss.

(2) Auszubildenden, die Elternzeit in Anspruch genommen haben, darf bei der Entscheidung über die Zulassung hieraus kein Nachteil erwachsen.

§47

Prüfungsordnung

(1) Die zuständige Stelle hat eine Prüfungsordnung für die Abschlussprüfung zu erlassen. Die Prüfungsordnung bedarf der Genehmigung der zuständigen obersten Landesbehörde.

(2) Die Prüfungsordnung muss die Zulassung, die Gliederung der Prüfung, die Bewertungsmaßstäbe, die Erteilung der Prüfungszeugnisse, die Folgen von Verstößen gegen die Prüfungsordnung und die Wiederholungsprüfung regeln. Sie kann vorsehen, dass Prüfungsaufgaben, die überregional oder von einem Aufgabenerstellungsausschuss bei der zuständigen Stelle erstellt oder ausgewählt werden, zu übernehmen sind, sofern diese Aufgaben von Gremien erstellt oder ausgewählt werden, die entsprechend § 40 Abs. 2 zusammengesetzt sind.

(3) Im Fall des § 73 Absatz 1 erlässt das Bundesministerium des Innern, für Bau und Heimat oder das sonst zuständige Fachministerium die Prüfungsordnung durch

Rechtsverordnung, die nicht der Zustimmung des Bundesrates bedarf. Das Bundesministerium des Innern, für Bau und Heimat oder das sonst zuständige Fachministerium kann die Ermächtigung nach Satz 1 durch Rechtsverordnung auf die von ihm bestimmte zuständige Stelle übertragen.

(4) Im Fall des § 73 Absatz 2 erlässt die zuständige Landesregierung die Prüfungsordnung durch Rechtsverordnung. Die Ermächtigung nach Satz 1 kann durch Rechtsverordnung auf die von ihr bestimmte zuständige Stelle übertragen werden.

(5) Wird im Fall des § 71 Absatz 8 die zuständige Stelle durch das Land bestimmt, so erlässt die zuständige Landesregierung die Prüfungsordnung durch Rechtsverordnung. Die Ermächtigung nach Satz 1 kann durch Rechtsverordnung auf die von ihr bestimmte zuständige Stelle übertragen werden.

(6) Der Hauptausschuss des Bundesinstituts für Berufsbildung erlässt für die Prüfungsordnung Richtlinien.

§ 48

Zwischenprüfungen

(1) Während der Berufsausbildung ist zur Ermittlung des Ausbildungsstandes eine Zwischenprüfung entsprechend der Ausbildungsordnung durchzuführen. Die §§ 37 bis 39 gelten entsprechend.

(2) Die Zwischenprüfung entfällt, sofern

1. die Ausbildungsordnung vorsieht, dass die Abschlussprüfung in zwei zeitlich auseinanderfallenden Teilen durchgeführt wird, oder

2. die Ausbildungsordnung vorsieht, dass auf die Dauer der durch die Ausbildungsordnung geregelten Berufsausbildung die Dauer einer anderen abgeschlossenen Berufsausbildung im Umfang von mindestens zwei Jahren anzurechnen ist, und die Vertragsparteien die Anrechnung mit mindestens dieser Dauer vereinbart haben.

(3) Umzuschulende sind auf ihren Antrag zur Zwischenprüfung zuzulassen.

§ 49

Zusatzqualifikationen

(1) Zusätzliche berufliche Fertigkeiten, Kenntnisse und Fähigkeiten nach § 5 Abs. 2 Nr. 5 werden gesondert geprüft und bescheinigt. Das Ergebnis der Prüfung nach § 37 bleibt unberührt.

(2) § 37 Abs. 3 und 4 sowie die §§ 39 bis 42 und 47 gelten entsprechend.

§ 50

Gleichstellung von Prüfungszeugnissen

(1) Das Bundesministerium für Wirtschaft und Energie oder das sonst zuständige Fachministerium kann im Einvernehmen mit dem Bundesministerium für Bildung und

Forschung nach Anhörung des Hauptausschusses des Bundesinstituts für Berufsbildung durch Rechtsverordnung außerhalb des Anwendungsbereichs dieses Gesetzes erworbene Prüfungszeugnisse den entsprechenden Zeugnissen über das Bestehen der Abschlussprüfung gleichstellen, wenn die Berufsausbildung und die in der Prüfung nachzuweisenden beruflichen Fertigkeiten, Kenntnisse und Fähigkeiten gleichwertig sind.

(2) Das Bundesministerium für Wirtschaft und Energie oder das sonst zuständige Fachministerium kann im Einvernehmen mit dem Bundesministerium für Bildung und Forschung nach Anhörung des Hauptausschusses des Bundesinstituts für Berufsbildung durch Rechtsverordnung im Ausland erworbene Prüfungszeugnisse den entsprechenden Zeugnissen über das Bestehen der Abschlussprüfung gleichstellen, wenn die in der Prüfung nachzuweisenden beruflichen Fertigkeiten, Kenntnisse und Fähigkeiten gleichwertig sind.

§ 50a
Gleichwertigkeit ausländischer Berufsqualifikationen

Ausländische Berufsqualifikationen stehen einer bestandenen Aus- oder Fortbildungsprüfung nach diesem Gesetz gleich, wenn die Gleichwertigkeit der beruflichen Fertigkeiten, Kenntnisse und Fähigkeiten nach dem Berufsqualifikationsfeststellungsgesetz festgestellt wurde.

Abschnitt 6
Interessenvertretung

§ 51
Interessenvertretung

(1) Auszubildende, deren praktische Berufsbildung in einer sonstigen Berufsbildungseinrichtung außerhalb der schulischen und betrieblichen Berufsbildung (§ 2 Abs. 1 Nr. 3) mit in der Regel mindestens fünf Auszubildenden stattfindet und die nicht wahlberechtigt zum Betriebsrat nach § 7 des Betriebsverfassungsgesetzes, zur Jugend- und Auszubildendenvertretung nach § 60 des Betriebsverfassungsgesetzes oder zur Mitwirkungsvertretung nach § 52 des Neunten Buches Sozialgesetzbuch sind (außerbetriebliche Auszubildende), wählen eine besondere Interessenvertretung.

(2) Absatz 1 findet keine Anwendung auf Berufsbildungseinrichtungen von Religionsgemeinschaften sowie auf andere Berufsbildungseinrichtungen, soweit sie eigene gleichwertige Regelungen getroffen haben.

§ 52
Verordnungsermächtigung

Das Bundesministerium für Bildung und Forschung kann durch Rechtsverordnung, die nicht der Zustimmung des Bundesrates bedarf, die Fragen bestimmen, auf die sich die Beteiligung erstreckt, die Zusammensetzung und die Amtszeit der Interessenvertretung, die Durchführung der Wahl, insbesondere die Feststellung der Wahlberechtigung und der Wählbarkeit sowie Art und Umfang der Beteiligung.

Kapitel 2
Berufliche Fortbildung

Abschnitt 1
Fortbildungsordnungen des Bundes

§ 53

Fortbildungsordnungen der höherqualifizierenden Berufsbildung

(1) Als Grundlage für eine einheitliche höherqualifizierende Berufsbildung kann das Bundesministerium für Bildung und Forschung im Einvernehmen mit dem Bundesministerium für Wirtschaft und Energie oder mit dem sonst zuständigen Fachministerium nach Anhörung des Hauptausschusses des Bundesinstituts für Berufsbildung durch Rechtsverordnung, die nicht der Zustimmung des Bundesrates bedarf, Abschlüsse der höherqualifizierenden Berufsbildung anerkennen und hierfür Prüfungsregelungen erlassen (Fortbildungsordnungen).

(2) Die Fortbildungsordnungen haben festzulegen:
1. die Bezeichnung des Fortbildungsabschlusses,
2. die Fortbildungsstufe,
3. das Ziel, den Inhalt und die Anforderungen der Prüfung,
4. die Zulassungsvoraussetzungen für die Prüfung und
5. das Prüfungsverfahren.

(3) Abweichend von Absatz 1 werden Fortbildungsordnungen
1. in den Berufen der Landwirtschaft, einschließlich der ländlichen Hauswirtschaft, durch das Bundesministerium für Ernährung und Landwirtschaft im Einvernehmen mit dem Bundesministerium für Bildung und Forschung erlassen und
2. in Berufen der Hauswirtschaft durch das Bundesministerium für Wirtschaft und Energie im Einvernehmen mit dem Bundesministerium für Bildung und Forschung erlassen.

§ 53a

Fortbildungsstufen

(1) Die Fortbildungsstufen der höherqualifizierenden Berufsbildung sind
1. als erste Fortbildungsstufe der Geprüfte Berufsspezialist und die Geprüfte Berufsspezialistin,
2. als zweite Fortbildungsstufe der Bachelor Professional und

3. als dritte Fortbildungsstufe der Master Professional.

(2) Jede Fortbildungsordnung, die eine höherqualifizierende Berufsbildung der ersten Fortbildungsstufe regelt, soll auf einen Abschluss der zweiten Fortbildungsstufe hinführen.

§ 53b
Geprüfter Berufsspezialist und Geprüfte Berufsspezialistin

(1) Den Fortbildungsabschluss des Geprüften Berufsspezialisten oder der Geprüften Berufsspezialistin erlangt, wer eine Prüfung der ersten beruflichen Fortbildungsstufe besteht.

(2) In der Fortbildungsprüfung der ersten beruflichen Fortbildungsstufe wird festgestellt, ob der Prüfling

1. die Fertigkeiten, Kenntnisse und Fähigkeiten, die er in der Regel im Rahmen der Berufsausbildung erworben hat, vertieft hat und

2. die in der Regel im Rahmen der Berufsausbildung erworbene berufliche Handlungsfähigkeit um neue Fertigkeiten, Kenntnisse und Fähigkeiten ergänzt hat.

Der Lernumfang für den Erwerb dieser Fertigkeiten, Kenntnisse und Fähigkeiten soll mindestens 400 Stunden betragen.

(3) Als Voraussetzung zur Zulassung für eine Prüfung der ersten beruflichen Fortbildungsstufe ist als Regelzugang der Abschluss in einem anerkannten Ausbildungsberuf vorzusehen.

(4) Die Bezeichnung eines Fortbildungsabschlusses der ersten beruflichen Fortbildungsstufe beginnt mit den Wörtern „Geprüfter Berufsspezialist für" oder „Geprüfte Berufsspezialistin für". Die Fortbildungsordnung kann vorsehen, dass dieser Abschlussbezeichnung eine weitere Abschlussbezeichnung vorangestellt wird. Diese Abschlussbezeichnung der ersten beruflichen Fortbildungsstufe darf nur führen, wer

1. die Prüfung der ersten beruflichen Fortbildungsstufe bestanden hat oder

2. die Prüfung einer gleichwertigen beruflichen Fortbildung auf der Grundlage bundes- oder landesrechtlicher Regelungen, die diese Abschlussbezeichnung vorsehen, bestanden hat.

§ 53c
Bachelor Professional

(1) Den Fortbildungsabschluss Bachelor Professional erlangt, wer eine Prüfung der zweiten beruflichen Fortbildungsstufe erfolgreich besteht.

(2) In der Fortbildungsprüfung der zweiten beruflichen Fortbildungsstufe wird festgestellt, ob der Prüfling in der Lage ist, Fach- und Führungsfunktionen zu übernehmen, in denen zu verantwortende Leitungsprozesse von Organisationen eigenständig gesteuert werden, eigenständig ausgeführt werden und dafür Mitarbeiter und Mitarbeiterinnen geführt werden. Der Lernumfang für den Erwerb dieser Fertigkeiten, Kenntnisse und Fähigkeiten soll mindestens 1 200 Stunden betragen.

(3) Als Voraussetzung zur Zulassung für eine Prüfung der zweiten beruflichen Fortbildungsstufe ist als Regelzugang vorzusehen:

1. der Abschluss in einem anerkannten Ausbildungsberuf oder
2. ein Abschluss der ersten beruflichen Fortbildungsstufe.

(4) Die Bezeichnung eines Fortbildungsabschlusses der zweiten beruflichen Fortbildungsstufe beginnt mit den Wörtern „Bachelor Professional in". Die Fortbildungsordnung kann vorsehen, dass dieser Abschlussbezeichnung eine weitere Abschlussbezeichnung vorangestellt wird. Die Abschlussbezeichnung der zweiten beruflichen Fortbildungsstufe darf nur führen, wer

1. die Prüfung der zweiten beruflichen Fortbildungsstufe bestanden hat oder
2. die Prüfung einer gleichwertigen beruflichen Fortbildung auf der Grundlage bundes- oder landesrechtlicher Regelungen, die diese Abschlussbezeichnung vorsehen, bestanden hat.

§ 53d

Master Professional

(1) Den Fortbildungsabschluss Master Professional erlangt, wer die Prüfung der dritten beruflichen Fortbildungsstufe besteht.

(2) In der Fortbildungsprüfung der dritten beruflichen Fortbildungsstufe wird festgestellt, ob der Prüfling

1. die Fertigkeiten, Kenntnisse und Fähigkeiten, die er in der Regel mit der Vorbereitung auf eine Fortbildungsprüfung der zweiten Fortbildungsstufe erworben hat, vertieft hat und
2. neue Fertigkeiten, Kenntnisse und Fähigkeiten erworben hat, die erforderlich sind für die verantwortliche Führung von Organisationen oder zur Bearbeitung von neuen, komplexen Aufgaben- und Problemstellungen wie der Entwicklung von Verfahren und Produkten.

Der Lernumfang für den Erwerb dieser Fertigkeiten, Kenntnisse und Fähigkeiten soll mindestens 1 600 Stunden betragen.

(3) Als Voraussetzung zur Zulassung für eine Prüfung der dritten beruflichen Fortbildungsstufe ist als Regelzugang ein Abschluss auf der zweiten beruflichen Fortbildungsstufe vorzusehen.

(4) Die Bezeichnung eines Fortbildungsabschlusses der dritten beruflichen Fortbildungsstufe beginnt mit den Wörtern „Master Professional in". Die Fortbildungsordnung kann vorsehen, dass dieser Abschlussbezeichnung eine weitere Abschlussbezeichnung vorangestellt wird. Die Abschlussbezeichnung der dritten beruflichen Fortbildungsstufe darf nur führen, wer

1. die Prüfung der dritten beruflichen Fortbildungsstufe bestanden hat oder
2. die Prüfung einer gleichwertigen beruflichen Fortbildung auf der Grundlage bundes- oder landesrechtlicher Regelungen, die diese Abschlussbezeichnung vorsehen, bestanden hat.

§ 53e
Anpassungsfortbildungsordnungen

(1) Als Grundlage für eine einheitliche Anpassungsfortbildung kann das Bundesministerium für Bildung und Forschung im Einvernehmen mit dem Bundesministerium für Wirtschaft und Energie oder dem sonst zuständigen Fachministerium nach Anhörung des Hauptausschusses des Bundesinstituts für Berufsbildung durch Rechtsverordnung, die nicht der Zustimmung des Bundesrates bedarf, Fortbildungsabschlüsse anerkennen und hierfür Prüfungsregelungen erlassen (Anpassungsfortbildungsordnungen).

(2) Die Anpassungsfortbildungsordnungen haben festzulegen:

1. die Bezeichnung des Fortbildungsabschlusses,

2. das Ziel, den Inhalt und die Anforderungen der Prüfung,

3. die Zulassungsvoraussetzungen und

4. das Prüfungsverfahren.

(3) Abweichend von Absatz 1 werden Anpassungsfortbildungsordnungen

1. in den Berufen der Landwirtschaft, einschließlich der ländlichen Hauswirtschaft, durch das Bundesministerium für Ernährung und Landwirtschaft im Einvernehmen mit dem Bundesministerium für Bildung und Forschung erlassen und

2. in Berufen der Hauswirtschaft durch das Bundesministerium für Wirtschaft und Energie im Einvernehmen mit dem Bundesministerium für Bildung und Forschung erlassen.

Abschnitt 2
Fortbildungsprüfungsregelungen der zuständigen Stellen

§ 54
Fortbildungsprüfungsregelungen der zuständigen Stellen

(1) Sofern für einen Fortbildungsabschluss weder eine Fortbildungsordnung noch eine Anpassungsfortbildungsordnung erlassen worden ist, kann die zuständige Stelle Fortbildungsprüfungsregelungen erlassen. Wird im Fall des § 71 Absatz 8 als zuständige Stelle eine Landesbehörde bestimmt, so erlässt die zuständige Landesregierung die Fortbildungsprüfungsregelungen durch Rechtsverordnung. Die Ermächtigung nach Satz 2 kann durch Rechtsverordnung auf die von ihr bestimmte zuständige Stelle übertragen werden.

(2) Die Fortbildungsprüfungsregelungen haben festzulegen:

1. die Bezeichnung des Fortbildungsabschlusses,

2. das Ziel, den Inhalt und die Anforderungen der Prüfungen,

3. die Zulassungsvoraussetzungen für die Prüfung und

4. das Prüfungsverfahren.

(3) Bestätigt die zuständige oberste Landesbehörde,

1. dass die Fortbildungsprüfungsregelungen die Voraussetzungen des § 53b Absatz 2 und 3 sowie des § 53a Absatz 2 erfüllen, so beginnt die Bezeichnung des Fortbildungsabschlusses mit den Wörtern „Geprüfter Berufsspezialist für" oder „Geprüfte Berufsspezialistin für",

2. dass die Fortbildungsprüfungsregelungen die Voraussetzungen des § 53c Absatz 2 und 3 erfüllen, so beginnt die Bezeichnung des Fortbildungsabschlusses mit den Wörtern „Bachelor Professional in",

3. dass die Fortbildungsprüfungsregelungen die Voraussetzungen des § 53d Absatz 2 und 3 erfüllen, so beginnt die Bezeichnung des Fortbildungsabschlusses mit den Wörtern „Master Professional in".

Der Abschlussbezeichnung nach Satz 1 ist in Klammern ein Zusatz beizufügen, aus dem sich zweifelsfrei die zuständige Stelle ergibt, die die Fortbildungsprüfungsregelungen erlassen hat. Die Fortbildungsprüfungsregelungen können vorsehen, dass dieser Abschlussbezeichnung eine weitere Abschlussbezeichnung vorangestellt wird.

(4) Eine Abschlussbezeichnung, die in einer von der zuständigen obersten Landesbehörde bestätigten Fortbildungsprüfungsregelung enthalten ist, darf nur führen, wer die Prüfung bestanden hat.

Abschnitt 3
Ausländische Vorqualifikationen, Prüfungen

§ 55
Berücksichtigung ausländischer Vorqualifikationen

Sofern Fortbildungsordnungen, Anpassungsfortbildungsordnungen oder Fortbildungsprüfungsregelungen nach § 54 Zulassungsvoraussetzungen zu Prüfungen vorsehen, sind ausländische Bildungsabschlüsse und Zeiten der Berufstätigkeit im Ausland zu berücksichtigen.

§ 56
Fortbildungsprüfungen

(1) Für die Durchführung von Prüfungen im Bereich der beruflichen Fortbildung errichtet die zuständige Stelle Prüfungsausschüsse. § 37 Absatz 2 Satz 1 und 2 und Absatz 3 Satz 1 sowie § 39 Absatz 1 Satz 2, Absatz 2 und 3 und die §§ 40 bis 42, 46 und 47 sind entsprechend anzuwenden.

(2) Der Prüfling ist auf Antrag von der Ablegung einzelner Prüfungsbestandteile durch die zuständige Stelle zu befreien, wenn

1. er eine andere vergleichbare Prüfung vor einer öffentlichen oder einer staatlich anerkannten Bildungseinrichtung oder vor einem staatlichen Prüfungsausschuss erfolgreich abgelegt hat und

2. die Anmeldung zur Fortbildungsprüfung innerhalb von zehn Jahren nach der Bekanntgabe des Bestehens der Prüfung erfolgt.

§ 57
Gleichstellung von Prüfungszeugnissen

Das Bundesministerium für Wirtschaft und Energie oder das sonst zuständige Fachministerium kann im Einvernehmen mit dem Bundesministerium für Bildung und Forschung nach Anhörung des Hauptausschusses des Bundesinstituts für Berufsbildung durch Rechtsverordnung Prüfungszeugnisse, die außerhalb des Anwendungsbereichs dieses Gesetzes oder im Ausland erworben worden sind, den entsprechenden Zeugnissen über das Bestehen einer Fortbildungsprüfung auf der Grundlage der §§ 53b bis 53e und 54 gleichstellen, wenn die in der Prüfung nachzuweisenden beruflichen Fertigkeiten, Kenntnisse und Fähigkeiten gleichwertig sind.

Kapitel 3
Berufliche Umschulung

§ 58
Umschulungsordnung

Als Grundlage für eine geordnete und einheitliche berufliche Umschulung kann das Bundesministerium für Bildung und Forschung im Einvernehmen mit dem Bundesministerium für Wirtschaft und Energie oder dem sonst zuständigen Fachministerium nach Anhörung des Hauptausschusses des Bundesinstituts für Berufsbildung durch Rechtsverordnung, die nicht der Zustimmung des Bundesrates bedarf,

1. die Bezeichnung des Umschulungsabschlusses,

2. das Ziel, den Inhalt, die Art und Dauer der Umschulung,

3. die Anforderungen der Umschulungsprüfung und die Zulassungsvoraussetzungen sowie

4. das Prüfungsverfahren der Umschulung

unter Berücksichtigung der besonderen Erfordernisse der beruflichen Erwachsenenbildung bestimmen (Umschulungsordnung).

§ 59
Umschulungsprüfungsregelungen der zuständigen Stellen

Soweit Rechtsverordnungen nach § 58 nicht erlassen sind, kann die zuständige Stelle Umschulungsprüfungsregelungen erlassen. Wird im Fall des § 71 Absatz 8 als zuständige Stelle eine Landesbehörde bestimmt, so erlässt die zuständige Landesregierung die Umschulungsprüfungsregelungen durch Rechtsverordnung. Die Ermächtigung nach Satz 2 kann durch Rechtsverordnung auf die von ihr bestimmte zuständige Stelle übertragen werden. Die zuständige Stelle regelt die Bezeichnung des Umschulungsabschlusses, Ziel, Inhalt und Anforderungen der Prüfungen, die Zulassungsvoraussetzungen sowie das Prüfungsverfahren unter Berücksichtigung der besonderen Erfordernisse beruflicher Erwachsenenbildung.

§60

Umschulung für einen anerkannten Ausbildungsberuf

Sofern sich die Umschulungsordnung (§ 58) oder eine Regelung der zuständigen Stelle (§ 59) auf die Umschulung für einen anerkannten Ausbildungsberuf richtet, sind das Ausbildungsberufsbild (§ 5 Abs. 1 Nr. 3), der Ausbildungsrahmenplan (§ 5 Abs. 1 Nr. 4) und die Prüfungsanforderungen (§ 5 Abs. 1 Nr. 5) zugrunde zu legen. Die §§ 27 bis 33 gelten entsprechend.

§61

Berücksichtigung ausländischer Vorqualifikationen

Sofern die Umschulungsordnung (§ 58) oder eine Regelung der zuständigen Stelle (§ 59) Zulassungsvoraussetzungen vorsieht, sind ausländische Bildungsabschlüsse und Zeiten der Berufstätigkeit im Ausland zu berücksichtigen.

§62

Umschulungsmaßnahmen; Umschulungsprüfungen

(1) Maßnahmen der beruflichen Umschulung müssen nach Inhalt, Art, Ziel und Dauer den besonderen Erfordernissen der beruflichen Erwachsenenbildung entsprechen.

(2) Umschulende haben die Durchführung der beruflichen Umschulung vor Beginn der Maßnahme der zuständigen Stelle schriftlich anzuzeigen. Die Anzeigepflicht erstreckt sich auf den wesentlichen Inhalt des Umschulungsverhältnisses. Bei Abschluss eines Umschulungsvertrages ist eine Ausfertigung der Vertragsniederschrift beizufügen.

(3) Für die Durchführung von Prüfungen im Bereich der beruflichen Umschulung errichtet die zuständige Stelle Prüfungsausschüsse. § 37 Absatz 2 und 3 sowie § 39 Absatz 2 und die §§ 40 bis 42, 46 und 47 gelten entsprechend.

(4) Der Prüfling ist auf Antrag von der Ablegung einzelner Prüfungsbestandteile durch die zuständige Stelle zu befreien, wenn er eine andere vergleichbare Prüfung vor einer öffentlichen oder staatlich anerkannten Bildungseinrichtung oder vor einem staatlichen Prüfungsausschuss erfolgreich abgelegt hat und die Anmeldung zur Umschulungsprüfung innerhalb von zehn Jahren nach der Bekanntgabe des Bestehens der anderen Prüfung erfolgt.

§63

Gleichstellung von Prüfungszeugnissen

Das Bundesministerium für Wirtschaft und Energie oder das sonst zuständige Fachministerium kann im Einvernehmen mit dem Bundesministerium für Bildung und Forschung nach Anhörung des Hauptausschusses des Bundesinstituts für Berufsbildung durch Rechtsverordnung außerhalb des Anwendungsbereichs dieses Gesetzes oder im Ausland erworbene Prüfungszeugnisse den entsprechenden Zeugnissen über das Bestehen einer Umschulungsprüfung auf der Grundlage der §§ 58 und 59 gleichstellen, wenn die in der Prüfung nachzuweisenden beruflichen Fertigkeiten, Kenntnisse und Fähigkeiten gleichwertig sind.

Kapitel 4
Berufsbildung für besondere Personengruppen

Abschnitt 1
Berufsbildung behinderter Menschen

§ 64

Berufsausbildung

Behinderte Menschen (§ 2 Abs. 1 Satz 1 des Neunten Buches Sozialgesetzbuch) sollen in anerkannten Ausbildungsberufen ausgebildet werden.

§ 65

Berufsausbildung in anerkannten Ausbildungsberufen

(1) Regelungen nach den §§ 9 und 47 sollen die besonderen Verhältnisse behinderter Menschen berücksichtigen. Dies gilt insbesondere für die zeitliche und sachliche Gliederung der Ausbildung, die Dauer von Prüfungszeiten, die Zulassung von Hilfsmitteln und die Inanspruchnahme von Hilfeleistungen Dritter wie Gebärdensprachdolmetscher für hörbehinderte Menschen.

(2) Der Berufsausbildungsvertrag mit einem behinderten Menschen ist in das Verzeichnis der Berufsausbildungsverhältnisse (§ 34) einzutragen. Der behinderte Mensch ist zur Abschlussprüfung auch zuzulassen, wenn die Voraussetzungen des § 43 Abs. 1 Nr. 2 und 3 nicht vorliegen.

§ 66

Ausbildungsregelungen der zuständigen Stellen

(1) Für behinderte Menschen, für die wegen Art und Schwere ihrer Behinderung eine Ausbildung in einem anerkannten Ausbildungsberuf nicht in Betracht kommt, treffen die zuständigen Stellen auf Antrag der behinderten Menschen oder ihrer gesetzlichen Vertreter oder Vertreterinnen Ausbildungsregelungen entsprechend den Empfehlungen des Hauptausschusses des Bundesinstituts für Berufsbildung. Die Ausbildungsinhalte sollen unter Berücksichtigung von Lage und Entwicklung des allgemeinen Arbeitsmarktes aus den Inhalten anerkannter Ausbildungsberufe entwickelt werden. Im Antrag nach Satz 1 ist eine Ausbildungsmöglichkeit in dem angestrebten Ausbildungsgang nachzuweisen.

(2) § 65 Abs. 2 Satz 1 gilt entsprechend.

§ 67

Berufliche Fortbildung, berufliche Umschulung

Für die berufliche Fortbildung und die berufliche Umschulung behinderter Menschen gelten die §§ 64 bis 66 entsprechend, soweit es Art und Schwere der Behinderung erfordern.

Abschnitt 2
Berufsausbildungsvorbereitung

§ 68

Personenkreis und Anforderungen

(1) Die Berufsausbildungsvorbereitung richtet sich an lernbeeinträchtigte oder sozial benachteiligte Personen, deren Entwicklungsstand eine erfolgreiche Ausbildung in einem anerkannten Ausbildungsberuf noch nicht erwarten lässt. Sie muss nach Inhalt, Art, Ziel und Dauer den besonderen Erfordernissen des in Satz 1 genannten Personenkreises entsprechen und durch umfassende sozialpädagogische Betreuung und Unterstützung begleitet werden.

(2) Für die Berufsausbildungsvorbereitung, die nicht im Rahmen des Dritten Buches Sozialgesetzbuch oder anderer vergleichbarer, öffentlich geförderter Maßnahmen durchgeführt wird, gelten die §§ 27 bis 33 entsprechend.

§ 69

Qualifizierungsbausteine, Bescheinigung

(1) Die Vermittlung von Grundlagen für den Erwerb beruflicher Handlungsfähigkeit (§ 1 Abs. 2) kann insbesondere durch inhaltlich und zeitlich abgegrenzte Lerneinheiten erfolgen, die aus den Inhalten anerkannter Ausbildungsberufe entwickelt werden (Qualifizierungsbausteine).

(2) Über vermittelte Grundlagen für den Erwerb beruflicher Handlungsfähigkeit stellt der Anbieter der Berufsausbildungsvorbereitung eine Bescheinigung aus. Das Nähere regelt das Bundesministerium für Bildung und Forschung im Einvernehmen mit den für den Erlass von Ausbildungsordnungen zuständigen Fachministerien nach Anhörung des Hauptausschusses des Bundesinstituts für Berufsbildung durch Rechtsverordnung, die nicht der Zustimmung des Bundesrates bedarf.

§ 70

Überwachung, Beratung

(1) Die nach Landesrecht zuständige Behörde hat die Berufsausbildungsvorbereitung zu untersagen, wenn die Voraussetzungen des § 68 Abs. 1 nicht vorliegen.

(2) Der Anbieter hat die Durchführung von Maßnahmen der Berufsausbildungsvorbereitung vor Beginn der Maßnahme der zuständigen Stelle schriftlich anzuzeigen.

Die Anzeigepflicht erstreckt sich auf den wesentlichen Inhalt des Qualifizierungsvertrages.

(3) Die Absätze 1 und 2 sowie § 76 finden keine Anwendung, soweit die Berufsausbildungsvorbereitung im Rahmen des Dritten Buches Sozialgesetzbuch oder anderer vergleichbarer, öffentlich geförderter Maßnahmen durchgeführt wird.

Teil 3
Organisation der Berufsbildung

Kapitel 1
Zuständige Stellen; zuständige Behörden

Abschnitt 1
Bestimmung der zuständigen Stelle

§ 71
Zuständige Stellen

(1) Für die Berufsbildung in Berufen der Handwerksordnung ist die Handwerkskammer zuständige Stelle im Sinne dieses Gesetzes.

(2) Für die Berufsbildung in nichthandwerklichen Gewerbeberufen ist die Industrie- und Handelskammer zuständige Stelle im Sinne dieses Gesetzes.

(3) Für die Berufsbildung in Berufen der Landwirtschaft, einschließlich der ländlichen Hauswirtschaft, ist die Landwirtschaftskammer zuständige Stelle im Sinne dieses Gesetzes.

(4) Für die Berufsbildung der Fachangestellten im Bereich der Rechtspflege sind jeweils für ihren Bereich die Rechtsanwalts-, Patentanwalts- und Notarkammern und für ihren Tätigkeitsbereich die Notarkassen zuständige Stelle im Sinne dieses Gesetzes.

(5) Für die Berufsbildung der Fachangestellten im Bereich der Wirtschaftprüfung und Steuerberatung sind jeweils für ihren Bereich die Wirtschaftsprüferkammern und die Steuerberaterkammern zuständige Stelle im Sinne dieses Gesetzes.

(6) Für die Berufsbildung der Fachangestellten im Bereich der Gesundheitsdienstberufe sind jeweils für ihren Bereich die Ärzte-, Zahnärzte-, Tierärzte- und Apothekerkammern zuständige Stelle im Sinne dieses Gesetzes.

(7) Soweit die Berufsausbildungsvorbereitung, die Berufsausbildung und die berufliche Umschulung in Betrieben zulassungspflichtiger Handwerke, zulassungsfreier Handwerke und handwerksähnlicher Gewerbe durchgeführt wird, ist abweichend von den Absätzen 2 bis 6 die Handwerkskammer zuständige Stelle im Sinne dieses Gesetzes.

(8) Soweit Kammern für einzelne Berufsbereiche der Absätze 1 bis 6 nicht bestehen, bestimmt das Land die zuständige Stelle.

(9) Zuständige Stellen können vereinbaren, dass die ihnen jeweils durch Gesetz zugewiesenen Aufgaben im Bereich der Berufsbildung durch eine von ihnen für die Beteiligten wahrgenommen werden. Die Vereinbarung bedarf der Genehmigung durch die zuständigen obersten Bundes- oder Landesbehörden.

§ 72

Bestimmung durch Rechtsverordnung

Das zuständige Fachministerium kann im Einvernehmen mit dem Bundesministerium für Bildung und Forschung durch Rechtsverordnung mit Zustimmung des Bundesrates für Berufsbereiche, die durch § 71 nicht geregelt sind, die zuständige Stelle bestimmen.

§ 73

Zuständige Stellen im Bereich des öffentlichen Dienstes

(1) Im öffentlichen Dienst bestimmt für den Bund die oberste Bundesbehörde für ihren Geschäftsbereich die zuständige Stelle

1. in den Fällen der §§ 32, 33 und 76 sowie der §§ 23, 24 und 41a der Handwerksordnung,

2. für die Berufsbildung in anderen als den durch die §§ 71 und 72 erfassten Berufsbereichen;

dies gilt auch für die der Aufsicht des Bundes unterstehenden Körperschaften, Anstalten und Stiftungen des öffentlichen Rechts.

(2) Im öffentlichen Dienst bestimmen die Länder für ihren Bereich sowie für die Gemeinden und Gemeindeverbände die zuständige Stelle für die Berufsbildung in anderen als den durch die §§ 71 und 72 erfassten Berufsbereichen. Dies gilt auch für die der Aufsicht der Länder unterstehenden Körperschaften, Anstalten und Stiftungen des öffentlichen Rechts.

(3) § 71 Absatz 9 gilt entsprechend.

§ 74

Erweiterte Zuständigkeit

§ 73 gilt entsprechend für Ausbildungsberufe, in denen im Bereich der Kirchen und sonstigen Religionsgemeinschaften des öffentlichen Rechts oder außerhalb des öffentlichen Dienstes nach Ausbildungsordnungen des öffentlichen Dienstes ausgebildet wird.

§ 75

Zuständige Stellen im Bereich der Kirchen und sonstigen Religionsgemeinschaften des öffentlichen Rechts

Die Kirchen und sonstigen Religionsgemeinschaften des öffentlichen Rechts bestimmen für ihren Bereich die zuständige Stelle für die Berufsbildung in anderen als den durch die §§ 71, 72 und 74 erfassten Berufsbereichen. Die §§ 77 bis 80 finden keine Anwendung.

Abschnitt 2
Überwachung der Berufsbildung

§ 76
Überwachung, Beratung

(I) Die zuständige Stelle überwacht die Durchführung

1. der Berufsausbildungsvorbereitung,
2. der Berufsausbildung und
3. der beruflichen Umschulung

und fördert diese durch Beratung der an der Berufsbildung beteiligten Personen. Sie hat zu diesem Zweck Berater oder Beraterinnen zu bestellen.

(2) Ausbildende, Umschulende und Anbieter von Maßnahmen der Berufsausbildungsvorbereitung sind auf Verlangen verpflichtet, die für die Überwachung notwendigen Auskünfte zu erteilen und Unterlagen vorzulegen sowie die Besichtigung der Ausbildungsstätten zu gestatten.

(3) Die Durchführung von Auslandsaufenthalten nach § 2 Abs. 3 überwacht und fördert die zuständige Stelle in geeigneter Weise. Beträgt die Dauer eines Ausbildungsabschnitts im Ausland mehr als acht Wochen, ist hierfür ein mit der zuständigen Stelle abgestimmter Plan erforderlich.

(4) Auskunftpflichtige können die Auskunft auf solche Fragen verweigern, deren Beantwortung sie selbst oder einen der in § 52 der Strafprozessordnung bezeichneten Angehörigen der Gefahr strafgerichtlicher Verfolgung oder eines Verfahrens nach dem Gesetz über Ordnungswidrigkeiten aussetzen würde.

(5) Die zuständige Stelle teilt der Aufsichtsbehörde nach dem Jugendarbeitsschutzgesetz Wahrnehmungen mit, die für die Durchführung des Jugendarbeitsschutzgesetzes von Bedeutung sein können.

Abschnitt 3
Berufsbildungsausschuss der zuständigen Stelle

§ 77
Errichtung

(1) Die zuständige Stelle errichtet einen Berufsbildungsausschuss. Ihm gehören sechs Beauftragte der Arbeitgeber, sechs Beauftragte der Arbeitnehmer und sechs Lehrkräfte an berufsbildenden Schulen an, die Lehrkräfte mit beratender Stimme.

(2) Die Beauftragten der Arbeitgeber werden auf Vorschlag der zuständigen Stelle, die Beauftragten der Arbeitnehmer auf Vorschlag der im Bezirk der zuständigen Stelle

bestehenden Gewerkschaften und selbstständigen Vereinigungen von Arbeitnehmern mit sozial- oder berufspolitischer Zwecksetzung, die Lehrkräfte an berufsbildenden Schulen von der nach Landesrecht zuständigen Behörde längstens für vier Jahre als Mitglieder berufen.

(3) Die Tätigkeit im Berufsbildungsausschuss ist ehrenamtlich. Für bare Auslagen und für Zeitversäumnis ist, soweit eine Entschädigung nicht von anderer Seite gewährt wird, eine angemessene Entschädigung zu zahlen, deren Höhe von der zuständigen Stelle mit Genehmigung der obersten Landesbehörde festgesetzt wird.

(4) Die Mitglieder können nach Anhören der an ihrer Berufung Beteiligten aus wichtigem Grund abberufen werden.

(5) Die Mitglieder haben Stellvertreter oder Stellvertreterinnen. Die Absätze 1 bis 4 gelten für die Stellvertreter und Stellvertreterinnen entsprechend.

(6) Der Berufsbildungsausschuss wählt ein Mitglied, das den Vorsitz führt, und ein weiteres Mitglied, das den Vorsitz stellvertretend übernimmt. Der Vorsitz und seine Stellvertretung sollen nicht derselben Mitgliedergruppe angehören.

§ 78

Beschlussfähigkeit, Abstimmung

(1) Der Berufsbildungsausschuss ist beschlussfähig, wenn mehr als die Hälfte seiner stimmberechtigten Mitglieder anwesend ist. Er beschließt mit der Mehrheit der abgegebenen Stimmen.

(2) Zur Wirksamkeit eines Beschlusses ist es erforderlich, dass der Gegenstand bei der Einberufung des Ausschusses bezeichnet ist, es sei denn, dass er mit Zustimmung von zwei Dritteln der stimmberechtigten Mitglieder nachträglich auf die Tagesordnung gesetzt wird.

§ 79

Aufgaben

(1) Der Berufsbildungsausschuss ist in allen wichtigen Angelegenheiten der beruflichen Bildung zu unterrichten und zu hören. Er hat im Rahmen seiner Aufgaben auf eine stetige Entwicklung der Qualität der beruflichen Bildung hinzuwirken.

(2) Wichtige Angelegenheiten, in denen der Berufsbildungsausschuss anzuhören ist, sind insbesondere:

1. Erlass von Verwaltungsgrundsätzen über die Eignung von Ausbildungs- und Umschulungsstätten, für das Führen von Ausbildungsnachweisen nach § 13 Satz 2 Nummer 7, für die Verkürzung der Ausbildungsdauer, für die vorzeitige Zulassung zur Abschlussprüfung, für die Durchführung der Prüfungen, zur Durchführung von über- und außerbetrieblicher Ausbildung sowie Verwaltungsrichtlinien zur beruflichen Bildung,

2. Umsetzung der vom Landesausschuss für Berufsbildung empfohlenen Maßnahmen,

3. wesentliche inhaltliche Änderungen des Ausbildungsvertragsmusters.

(3) Wichtige Angelegenheiten, in denen der Berufsbildungsausschuss zu unterrichten ist, sind insbesondere:

1. Zahl und Art der der zuständigen Stelle angezeigten Maßnahmen der Berufsausbildungsvorbereitung und beruflichen Umschulung sowie der eingetragenen Berufsausbildungsverhältnisse,

2. Zahl und Ergebnisse von durchgeführten Prüfungen sowie hierbei gewonnene Erfahrungen,

3. Tätigkeit der Berater und Beraterinnen nach § 76 Abs. 1 Satz 2,

4. für den räumlichen und fachlichen Zuständigkeitsbereich der zuständigen Stelle neue Formen, Inhalte und Methoden der Berufsbildung,

5. Stellungnahmen oder Vorschläge der zuständigen Stelle gegenüber anderen Stellen und Behörden, soweit sie sich auf die Durchführung dieses Gesetzes oder der auf Grund dieses Gesetzes erlassenen Rechtsvorschriften beziehen,

6. Bau eigener überbetrieblicher Berufsbildungsstätten,

7. Beschlüsse nach Absatz 5 sowie beschlossene Haushaltsansätze zur Durchführung der Berufsbildung mit Ausnahme der Personalkosten,

8. Verfahren zur Beilegung von Streitigkeiten aus Ausbildungsverhältnissen,

9. Arbeitsmarktfragen, soweit sie die Berufsbildung im Zuständigkeitsbereich der zuständigen Stelle berühren.

(4) Der Berufsbildungsausschuss hat die auf Grund dieses Gesetzes von der zuständigen Stelle zu erlassenden Rechtsvorschriften für die Durchführung der Berufsbildung zu beschließen. Gegen Beschlüsse, die gegen Gesetz oder Satzung verstoßen, kann die zur Vertretung der zuständigen Stelle berechtigte Person innerhalb einer Woche Einspruch einlegen. Der Einspruch ist zu begründen und hat aufschiebende Wirkung. Der Berufsbildungsausschuss hat seinen Beschluss zu überprüfen und erneut zu beschließen.

(5) Beschlüsse, zu deren Durchführung die für Berufsbildung im laufenden Haushalt vorgesehenen Mittel nicht ausreichen, bedürfen für ihre Wirksamkeit der Zustimmung der für den Haushaltsplan zuständigen Organe. Das Gleiche gilt für Beschlüsse, zu deren Durchführung in folgenden Haushaltsjahren Mittel bereitgestellt werden müssen, die die Ausgaben für Berufsbildung des laufenden Haushalts nicht unwesentlich übersteigen.

(6) Abweichend von § 77 Abs. 1 haben die Lehrkräfte Stimmrecht bei Beschlüssen zu Angelegenheiten der Berufsausbildungsvorbereitung und Berufsausbildung, soweit sich die Beschlüsse unmittelbar auf die Organisation der schulischen Berufsbildung auswirken.

§ 80

Geschäftsordnung

Der Berufsbildungsausschuss gibt sich eine Geschäftsordnung. Sie kann die Bildung von Unterausschüssen vorsehen und bestimmen, dass ihnen nicht nur Mitglieder des Ausschusses angehören. Für die Unterausschüsse gelten § 77 Abs. 2 bis 6 und § 78 entsprechend.

Abschnitt 4
Zuständige Behörden

§ 81

Zuständige Behörden

(1) Im Bereich des Bundes ist die oberste Bundesbehörde oder die von ihr bestimmte Behörde die zuständige Behörde im Sinne des § 30 Absatz 6, der §§ 32, 33, 40 Absatz 6 und der §§ 47, 54 Absatz 3 und des § 77 Absatz 2 und 3.

(2) Ist eine oberste Bundesbehörde oder eine oberste Landesbehörde zuständige Stelle im Sinne dieses Gesetzes, so bedarf es im Fall des § 40 Absatz 6, des § 47 Absatz 1 und des § 77 Absatz 3 keiner Genehmigung und im Fall des § 54 keiner Bestätigung.

Kapitel 2
Landesausschüsse für Berufsbildung

§ 82

Errichtung, Geschäftsordnung, Abstimmung

(1) Bei der Landesregierung wird ein Landesausschuss für Berufsbildung errichtet. Er setzt sich zusammen aus einer gleichen Zahl von Beauftragten der Arbeitgeber, der Arbeitnehmer und der obersten Landesbehörden. Die Hälfte der Beauftragten der obersten Landesbehörden muss in Fragen des Schulwesens sachverständig sein.

(2) Die Mitglieder des Landesausschusses werden längstens für vier Jahre von der Landesregierung berufen, die Beauftragten der Arbeitgeber auf Vorschlag der auf Landesebene bestehenden Zusammenschlüsse der Kammern, der Arbeitgeberverbände und der Unternehmerverbände, die Beauftragten der Arbeitnehmer auf Vorschlag der auf Landesebene bestehenden Gewerkschaften und selbstständigen Vereinigungen von Arbeitnehmern mit sozial- oder berufspolitischer Zwecksetzung. Die Tätigkeit im Landesausschuss ist ehrenamtlich. Für bare Auslagen und für Zeitversäumnis ist, soweit eine Entschädigung nicht von anderer Seite gewährt wird, eine angemessene Entschädigung zu zahlen, deren Höhe von der Landesregierung oder der von ihr bestimmten obersten Landesbehörde festgesetzt wird. Die Mitglieder können nach Anhören der an ihrer Berufung Beteiligten aus wichtigem Grund abberufen werden. Der Ausschuss wählt ein Mitglied, das den Vorsitz führt, und ein weiteres Mitglied, das den Vorsitz stellvertretend übernimmt. Der Vorsitz und seine Stellvertretung sollen nicht derselben Mitgliedergruppe angehören.

(3) Die Mitglieder haben Stellvertreter oder Stellvertreterinnen. Die Absätze 1 und 2 gelten für die Stellvertreter und Stellvertreterinnen entsprechend.

(4) Der Landesausschuss gibt sich eine Geschäftsordnung, die der Genehmigung der Landesregierung oder der von ihr bestimmten obersten Landesbehörde bedarf. Sie kann die Bildung von Unterausschüssen vorsehen und bestimmen, dass ihnen nicht nur Mitglieder des Landesausschusses angehören. Absatz 2 Satz 2 gilt für die

Unterausschüsse hinsichtlich der Entschädigung entsprechend. An den Sitzungen des Landesausschusses und der Unterausschüsse können Vertreter der beteiligten obersten Landesbehörden, der Gemeinden und Gemeindeverbände sowie der Agentur für Arbeit teilnehmen.

(5) Der Landesausschuss ist beschlussfähig, wenn mehr als die Hälfte seiner Mitglieder anwesend ist. Er beschließt mit der Mehrheit der abgegebenen Stimmen.

§ 83

Aufgaben

(1) Der Landesausschuss hat die Landesregierung in den Fragen der Berufsbildung zu beraten, die sich für das Land ergeben. Er hat im Rahmen seiner Aufgaben auf eine stetige Entwicklung der Qualität der beruflichen Bildung hinzuwirken.

(2) Er hat insbesondere im Interesse einer einheitlichen Berufsbildung auf eine Zusammenarbeit zwischen der schulischen Berufsbildung und der Berufsbildung nach diesem Gesetz sowie auf eine Berücksichtigung der Berufsbildung bei der Neuordnung und Weiterentwicklung des Schulwesens hinzuwirken. Der Landesausschuss kann zur Stärkung der regionalen Ausbildungs- und Beschäftigungssituation Empfehlungen zur inhaltlichen und organisatorischen Abstimmung und zur Verbesserung der Ausbildungsangebote aussprechen.

Teil 4
Berufsbildungsforschung, Planung und Statistik

§ 84

Ziele der Berufsbildungsforschung

Die Berufsbildungsforschung soll

1. Grundlagen der Berufsbildung klären,
2. inländische, europäische und internationale Entwicklungen in der Berufsbildung beobachten,
3. Anforderungen an Inhalte und Ziele der Berufsbildung ermitteln,
4. Weiterentwicklungen der Berufsbildung in Hinblick auf gewandelte wirtschaftliche, gesellschaftliche und technische Erfordernisse vorbereiten,
5. Instrumente und Verfahren der Vermittlung von Berufsbildung sowie den Wissens- und Technologietransfer fördern.

§ 85

Ziele der Berufsbildungsplanung

(1) Durch die Berufsbildungsplanung sind Grundlagen für eine abgestimmte und den technischen, wirtschaftlichen und gesellschaftlichen Anforderungen entsprechende Entwicklung der beruflichen Bildung zu schaffen.

(2) Die Berufsbildungsplanung hat insbesondere dazu beizutragen, dass die Ausbildungsstätten nach Art, Zahl, Größe und Standort ein qualitativ und quantitativ ausreichendes Angebot an beruflichen Ausbildungsplätzen gewährleisten und dass sie unter Berücksichtigung der voraussehbaren Nachfrage und des langfristig zu erwartenden Bedarfs an Ausbildungsplätzen möglichst günstig genutzt werden.

§ 86

Berufsbildungsbericht

(1) Das Bundesministerium für Bildung und Forschung hat Entwicklungen in der beruflichen Bildung ständig zu beobachten und darüber bis zum 15. Mai jeden Jahres der Bundesregierung einen Bericht (Berufsbildungsbericht) vorzulegen. In dem Bericht sind Stand und voraussichtliche Weiterentwicklungen der Berufsbildung darzustellen. Erscheint die Sicherung eines regional und sektoral ausgewogenen Angebots an Ausbildungsplätzen als gefährdet, sollen in den Bericht Vorschläge für die Behebung aufgenommen werden.

(2) Der Bericht soll angeben

1. für das vergangene Kalenderjahr

   a) auf der Grundlage von Angaben der zuständigen Stellen die in das Verzeichnis der Berufsausbildungsverhältnisse nach diesem Gesetz oder der Handwerksordnung eingetragenen Berufsausbildungsverträge, die vor dem 1. Oktober des vergangenen Jahres in den vorangegangenen zwölf Monaten abgeschlossen worden sind und am 30. September des vergangenen Jahres noch bestehen, sowie

   b) die Zahl der am 30. September des vergangenen Jahres nicht besetzten, der Bundesagentur für Arbeit zur Vermittlung angebotenen Ausbildungsplätze und die Zahl der zu diesem Zeitpunkt bei der Bundesagentur für Arbeit gemeldeten Ausbildungsplätze suchenden Personen;

2. für das laufende Kalenderjahr

   a) die bis zum 30. September des laufenden Jahres zu erwartende Zahl der Ausbildungsplätze suchenden Personen,

   b) eine Einschätzung des bis zum 30. September des laufenden Jahres zu erwartenden Angebots an Ausbildungsplätzen.

§ 87

Zweck und Durchführung der Berufsbildungsstatistik

(1) Für Zwecke der Planung und Ordnung der Berufsbildung wird eine Bundesstatistik durchgeführt.

(2) Das Bundesinstitut für Berufsbildung und die Bundesagentur für Arbeit unterstützen das Statistische Bundesamt bei der technischen und methodischen Vorbereitung der Statistik.

(3) Das Erhebungs- und Aufbereitungsprogramm ist im Benehmen mit dem Bundesinstitut für Berufsbildung so zu gestalten, dass die erhobenen Daten für Zwecke der Planung und Ordnung der Berufsbildung im Rahmen der jeweiligen Zuständigkeiten Verwendung finden können.

§ 88

Erhebungen

(1) Die jährliche Bundesstatistik erfasst

1. für jeden Berufsausbildungsvertrag:

   a) Geschlecht, Geburtsjahr, Staatsangehörigkeit der Auszubildenden,

   b) Amtlicher Gemeindeschlüssel des Wohnortes der Auszubildenden bei Vertragsabschluss,

   c) allgemeinbildender Schulabschluss, vorausgegangene Teilnahme an berufsvorbereitender Qualifizierung oder beruflicher Grundbildung, vorherige Berufsausbildung sowie vorheriges Studium der Auszubildenden,

   d) Ausbildungsberuf einschließlich Fachrichtung,

   e) Amtlicher Gemeindeschlüssel und geografische Gitterzelle der Ausbildungsstätte, Wirtschaftszweig, Zugehörigkeit zum öffentlichen Dienst,

   f) Verkürzung der Ausbildungsdauer, Teilzeitberufsausbildung, Dauer der Probezeit,

   g) die bei Vertragsabschluss vereinbarte Vergütung für jedes Ausbildungsjahr,

   h) Tag, Monat und Jahr des vertraglich vereinbarten Beginns und Endes der aktuellen Ausbildung, Tag, Monat und Jahr einer vorzeitigen Auflösung des Berufsausbildungsverhältnisses,

   i) Anschlussvertrag bei Anrechnung einer zuvor absolvierten dualen Berufsausbildung nach diesem Gesetz oder nach der Handwerksordnung mit Angabe des Ausbildungsberufs,

   j) Art der Förderung bei überwiegend öffentlich, insbesondere auf Grund des Dritten Buches Sozialgesetzbuch geförderten Berufsausbildungsverhältnissen,

   k) Tag, Monat und Jahr der Abschlussprüfung, Art der Zulassung zur Prüfung, Tag, Monat und Jahr der Wiederholungsprüfungen, Prüfungserfolg,

   l) ausbildungsintegrierendes duales Studium,

2. für jede Prüfungsteilnahme in der beruflichen Bildung mit Ausnahme der durch Nummer 1 erfassten Ausbildungsverträge: Geschlecht, Geburtsjahr und Vorbildung der Teilnehmenden, Berufsrichtung, Wiederholungsprüfung, Art der Prüfung, Prüfungserfolg,

3. für jeden Ausbilder und jede Ausbilderin: Geschlecht, Geburtsjahr, Art der fachlichen Eignung.

Der Berichtszeitraum für die Erhebungen ist das Kalenderjahr. Die Angaben werden mit dem Datenstand zum 31. Dezember des Berichtszeitraums erhoben.

(2) Hilfsmerkmale sind Name und Anschrift der Auskunftspflichtigen, die laufenden Nummern der Datensätze zu den Auszubildenden, den Prüfungsteilnehmenden und den Ausbildern und Ausbilderinnen sowie die Betriebsnummer der Ausbildungsstät-

te nach § 18i Absatz 1 oder § 18k Absatz 1 des Vierten Buches Sozialgesetzbuch. Die Hilfsmerkmale sind zum frühestmöglichen Zeitpunkt, spätestens jedoch nach Abschluss der wiederkehrenden Erhebung, zu löschen. Die Merkmale nach Absatz 1 Satz 1 Nummer 1 Buchstabe e Wirtschaftszweig, Amtlicher Gemeindeschlüssel und geografische Gitterzelle dürfen mittels des Hilfsmerkmals Betriebsnummer der Ausbildungsstätte nach § 18i Absatz 1 oder § 18k Absatz 1 des Vierten Buches Sozialgesetzbuch aus den Daten des Statistikregisters nach § 13 Absatz 1 des Bundesstatistikgesetzes ermittelt werden und mit den Daten nach Absatz 1 Satz 1 und nach Absatz 2 Satz 1 zusammengeführt werden.

(3) Auskunftspflichtig sind die zuständigen Stellen.

(4) Zu Zwecken der Erstellung der Berufsbildungsberichterstattung sowie zur Durchführung der Berufsbildungsforschung nach § 84 werden die nach Absatz 1 Satz 1 Nummer 1 bis 3 erhobenen Daten als Einzelangaben vom Statistischen Bundesamt und von den statistischen Ämtern der Länder verarbeitet und an das Bundesinstitut für Berufsbildung übermittelt. Hierzu wird beim Bundesinstitut für Berufsbildung eine Organisationseinheit eingerichtet, die räumlich, organisatorisch und personell von den anderen Aufgabenbereichen des Bundesinstituts für Berufsbildung zu trennen ist. Die in der Organisationseinheit tätigen Personen müssen Amtsträger oder für den öffentlichen Dienst besonders Verpflichtete sein. Sie dürfen aus ihrer Tätigkeit gewonnene Erkenntnisse nur zur Erstellung des Berufsbildungsberichts sowie zur Durchführung der Berufsbildungsforschung verwenden. Die nach Satz 1 übermittelten Daten dürfen nicht mit anderen personenbezogenen Daten zusammengeführt werden. Das Nähere zur Ausführung der Sätze 2 und 3 regelt das Bundesministerium für Bildung und Forschung durch Erlass.

Teil 5
Bundesinstitut für Berufsbildung

§ 89
Bundesinstitut für Berufsbildung

Das Bundesinstitut für Berufsbildung ist eine bundesunmittelbare rechtsfähige Anstalt des öffentlichen Rechts. Es hat seinen Sitz in Bonn.

§ 90
Aufgaben

(1) Das Bundesinstitut für Berufsbildung führt seine Aufgaben im Rahmen der Bildungspolitik der Bundesregierung durch.

(2) Das Bundesinstitut für Berufsbildung hat die Aufgabe, durch wissenschaftliche Forschung zur Berufsbildungsforschung beizutragen. Die Forschung wird auf der Grundlage eines jährlichen Forschungsprogramms durchgeführt; das Forschungsprogramm bedarf der Genehmigung des Bundesministeriums für Bildung und Forschung. Weitere Forschungsaufgaben können dem Bundesinstitut für Berufsbildung von obersten Bundesbehörden im Einvernehmen mit dem Bundesministerium für

Bildung und Forschung übertragen werden. Die wesentlichen Ergebnisse der Forschungsarbeit des Bundesinstituts für Berufsbildung sind zu veröffentlichen.

(3) Das Bundesinstitut für Berufsbildung hat die sonstigen Aufgaben:

1. nach Weisung des zuständigen Bundesministeriums

   a) an der Vorbereitung von Ausbildungsordnungen und sonstigen Rechtsverordnungen, die nach diesem Gesetz oder nach dem zweiten Teil der Handwerksordnung zu erlassen sind, mitzuwirken,

   b) an der Vorbereitung des Berufsbildungsberichts mitzuwirken,

   c) an der Durchführung der Berufsbildungsstatistik nach Maßgabe des § 87 mitzuwirken,

   d) Modellversuche einschließlich wissenschaftlicher Begleituntersuchungen zu fördern,

   e) an der internationalen Zusammenarbeit in der beruflichen Bildung mitzuwirken,

   f) weitere Verwaltungsaufgaben des Bundes zur Förderung der Berufsbildung zu übernehmen;

2. nach allgemeinen Verwaltungsvorschriften des zuständigen Bundesministeriums die Förderung überbetrieblicher Berufsbildungsstätten durchzuführen und die Planung, Errichtung und Weiterentwicklung dieser Einrichtungen zu unterstützen;

3. das Verzeichnis der anerkannten Ausbildungsberufe zu führen und zu veröffentlichen;

4. die im Fernunterrichtsschutzgesetz beschriebenen Aufgaben nach den vom Hauptausschuss erlassenen und vom zuständigen Bundesministerium genehmigten Richtlinien wahrzunehmen und durch Förderung von Entwicklungsvorhaben zur Verbesserung und Ausbau des berufsbildenden Fernunterrichts beizutragen.

(3a) Das Bundesinstitut für Berufsbildung nimmt die Aufgaben nach § 53 Absatz 5 Satz 1 und § 54 des Pflegeberufegesetzes wahr.

(4) Das Bundesinstitut für Berufsbildung kann mit Zustimmung des Bundesministeriums für Bildung und Forschung mit Stellen außerhalb der Bundesverwaltung Verträge zur Übernahme weiterer Aufgaben schließen.

§ 91

Organe

Die Organe des Bundesinstituts für Berufsbildung sind:

1. der Hauptausschuss,
2. der Präsident oder die Präsidentin.

§ 92

Hauptausschuss

(1) Der Hauptausschuss hat neben den ihm durch sonstige Vorschriften dieses Gesetzes zugewiesenen Aufgaben folgende weitere Aufgaben:

1. er beschließt über die Angelegenheiten des Bundesinstituts für Berufsbildung, soweit sie nicht dem Präsidenten oder der Präsidentin übertragen sind;

2. er berät die Bundesregierung in grundsätzlichen Fragen der Berufsbildung und kann eine Stellungnahme zu dem Entwurf des Berufsbildungsberichts abgeben;

3. er beschließt das jährliche Forschungsprogramm;

4. er kann Empfehlungen zur einheitlichen Anwendung dieses Gesetzes geben;

5. er kann zu den vom Bundesinstitut vorbereiteten Entwürfen der Verordnungen gemäß § 4 Abs. 1 unter Berücksichtigung der entsprechenden Entwürfe der schulischen Rahmenlehrpläne Stellung nehmen;

6. er beschließt über die in § 90 Abs. 3 Nr. 3 und 4 sowie § 97 Abs. 4 genannten Angelegenheiten des Bundesinstituts für Berufsbildung.

(2) Der Präsident oder die Präsidentin unterrichtet den Hauptausschuss unverzüglich über erteilte Weisungen zur Durchführung von Aufgaben nach § 90 Abs. 3 Nr. 1 und erlassene Verwaltungsvorschriften nach § 90 Abs. 3 Nr. 2.

(3) Dem Hauptausschuss gehören je acht Beauftragte der Arbeitgeber, der Arbeitnehmer und der Länder sowie fünf Beauftragte des Bundes an. Die Beauftragten des Bundes führen acht Stimmen, die nur einheitlich abgegeben werden können; bei der Beratung der Bundesregierung in grundsätzlichen Fragen der Berufsbildung, bei der Stellungnahme zum Entwurf des Berufsbildungsberichts und im Rahmen von Anhörungen nach diesem Gesetz haben sie kein Stimmrecht. An den Sitzungen des Hauptausschusses können je ein Beauftragter oder eine Beauftragte der Bundesagentur für Arbeit, der auf Bundesebene bestehenden kommunalen Spitzenverbände sowie des wissenschaftlichen Beirats mit beratender Stimme teilnehmen.

(4) Die Beauftragten der Arbeitgeber werden auf Vorschlag der auf Bundesebene bestehenden Zusammenschlüsse der Kammern, Arbeitgeberverbände und Unternehmensverbände, die Beauftragten der Arbeitnehmer auf Vorschlag der auf Bundesebene bestehenden Gewerkschaften, die Beauftragten des Bundes auf Vorschlag der Bundesregierung und die Beauftragten der Länder auf Vorschlag des Bundesrates vom Bundesministerium für Bildung und Forschung längstens für vier Jahre berufen.

(5) Der Hauptausschuss wählt auf die Dauer eines Jahres ein Mitglied, das den Vorsitz führt, und ein weiteres Mitglied, das den Vorsitz stellvertretend übernimmt. Der oder die Vorsitzende wird der Reihe nach von den Beauftragten der Arbeitgeber, der Arbeitnehmer, der Länder und des Bundes vorgeschlagen.

(6) Die Tätigkeit im Hauptausschuss ist ehrenamtlich. Für bare Auslagen und Verdienstausfälle ist, soweit eine Entschädigung nicht von anderer Seite gewährt wird, eine angemessene Entschädigung zu zahlen, deren Höhe vom Bundesinstitut für Berufsbildung mit Genehmigung des Bundesministeriums für Bildung und Forschung festgesetzt wird. Die Genehmigung ergeht im Einvernehmen mit dem Bundesministerium der Finanzen.

(7) Die Mitglieder können nach Anhören der an ihrer Berufung Beteiligten aus wichtigem Grund abberufen werden.

(8) Die Beauftragten haben Stellvertreter oder Stellvertreterinnen. Die Absätze 4, 6 und 7 gelten entsprechend.

(9) Der Hauptausschuss kann nach näherer Regelung der Satzung Unterausschüsse einsetzen, denen auch andere als Mitglieder des Hauptausschusses angehören können. Den Unterausschüssen sollen Beauftragte der Arbeitgeber, der

Arbeitnehmer, der Länder und des Bundes angehören. Die Absätze 4 bis 7 gelten für die Unterausschüsse entsprechend.

(10) Bei der Wahrnehmung seiner Aufgaben unterliegt der Hauptausschuss keinen Weisungen.

§ 93

Präsident oder Präsidentin

(1) Der Präsident oder die Präsidentin vertritt das Bundesinstitut für Berufsbildung gerichtlich und außergerichtlich. Er oder sie verwaltet das Bundesinstitut und führt dessen Aufgaben durch. Soweit er oder sie nicht Weisungen und allgemeine Verwaltungsvorschriften des zuständigen Bundesministeriums zu beachten hat (§ 90 Abs. 3 Nr. 1 und 2), führt er oder sie die Aufgaben nach Richtlinien des Hauptausschusses durch.

(2) Der Präsident oder die Präsidentin wird auf Vorschlag der Bundesregierung, der Ständige Vertreter oder die Ständige Vertreterin des Präsidenten oder der Präsidentin auf Vorschlag des Bundesministeriums für Bildung und Forschung im Benehmen mit dem Präsidenten oder der Präsidentin unter Berufung in das Beamtenverhältnis von dem Bundespräsidenten oder der Bundespräsidentin ernannt.

§ 94

Wissenschaftlicher Beirat

(1) Der wissenschaftliche Beirat berät die Organe des Bundesinstituts für Berufsbildung durch Stellungnahmen und Empfehlungen

1. zum Forschungsprogramm des Bundesinstituts für Berufsbildung,
2. zur Zusammenarbeit des Instituts mit Hochschulen und anderen Forschungseinrichtungen und
3. zu den jährlichen Berichten über die wissenschaftlichen Ergebnisse des Bundesinstituts für Berufsbildung.

(2) Zur Wahrnehmung seiner Aufgaben werden dem Beirat von dem Präsidenten oder der Präsidentin des Bundesinstituts für Berufsbildung die erforderlichen Auskünfte erteilt. Auf Wunsch werden ihm einmal jährlich im Rahmen von Kolloquien die wissenschaftlichen Arbeiten des Bundesinstituts für Berufsbildung erläutert.

(3) Dem Beirat gehören bis zu elf anerkannte Fachleute auf dem Gebiet der Berufsbildungsforschung aus dem In- und Ausland an, die nicht Angehörige des Bundesinstituts für Berufsbildung sind. Sie werden von dem Präsidenten oder der Präsidentin des Bundesinstituts für Berufsbildung im Einvernehmen mit dem Bundesministerium für Bildung und Forschung auf vier Jahre bestellt. Einmalige Wiederberufung in Folge ist möglich. An den Sitzungen des wissenschaftlichen Beirats können vier Mitglieder des Hauptausschusses, und zwar je ein Beauftragter oder eine Beauftragte der Arbeitgeber, der Arbeitnehmer, der Länder und des Bundes ohne Stimmrecht teilnehmen.

(4) Der wissenschaftliche Beirat kann sich eine Geschäftsordnung geben.

(5) § 92 Abs. 6 gilt entsprechend.

§95

Ausschuss für Fragen behinderter Menschen

(1) Zur Beratung des Bundesinstituts für Berufsbildung bei seinen Aufgaben auf dem Gebiet der beruflichen Bildung behinderter Menschen wird ein ständiger Unterausschuss des Hauptausschusses errichtet. Der Ausschuss hat darauf hinzuwirken, dass die besonderen Belange der behinderten Menschen in der beruflichen Bildung berücksichtigt werden und die berufliche Bildung behinderter Menschen mit den übrigen Leistungen zur Teilhabe am Arbeitsleben koordiniert wird. Das Bundesinstitut für Berufsbildung trifft Entscheidungen über die Durchführung von Forschungsvorhaben, die die berufliche Bildung behinderter Menschen betreffen, unter Berücksichtigung von Vorschlägen des Ausschusses.

(2) Der Ausschuss besteht aus 17 Mitgliedern, die von dem Präsidenten oder der Präsidentin längstens für vier Jahre berufen werden. Eine Wiederberufung ist zulässig. Die Mitglieder des Ausschusses werden auf Vorschlag des Beirats für die Teilhabe behinderter Menschen (§ 86 des Neunten Buches Sozialgesetzbuch) berufen, und zwar

ein Mitglied, das die Arbeitnehmer vertritt,

ein Mitglied, das die Arbeitgeber vertritt,

drei Mitglieder, die Organisationen behinderter Menschen vertreten,

ein Mitglied, das die Bundesagentur für Arbeit vertritt,

ein Mitglied, das die gesetzliche Rentenversicherung vertritt,

ein Mitglied, das die gesetzliche Unfallversicherung vertritt,

ein Mitglied, das die Freie Wohlfahrtspflege vertritt,

zwei Mitglieder, die Einrichtungen der beruflichen Rehabilitation vertreten,

sechs weitere für die berufliche Bildung behinderter Menschen sachkundige Personen, die in Bildungsstätten oder ambulanten Diensten für behinderte Menschen tätig sind.

(3) Der Ausschuss kann behinderte Menschen, die beruflich ausgebildet, fortgebildet oder umgeschult werden, zu den Beratungen hinzuziehen.

§96

Finanzierung des Bundesinstituts für Berufsbildung

(1) Die Ausgaben für die Errichtung und Verwaltung des Bundesinstituts für Berufsbildung werden durch Zuschüsse des Bundes gedeckt. Die Höhe der Zuschüsse des Bundes regelt das Haushaltsgesetz.

(2) Die Ausgaben zur Durchführung von Aufträgen nach § 90 Abs. 2 Satz 3 und von Aufgaben nach § 90 Abs. 3 Nr. 1 Buchstabe f werden durch das beauftragende Bundesministerium gedeckt. Die Ausgaben zur Durchführung von Verträgen nach § 90 Abs. 4 sind durch den Vertragspartner zu decken.

§97

Haushalt

(1) Der Haushaltsplan wird von dem Präsidenten oder der Präsidentin aufgestellt. Der Hauptausschuss stellt den Haushaltsplan fest.

(2) Der Haushaltsplan bedarf der Genehmigung des Bundesministeriums für Bildung und Forschung. Die Genehmigung erstreckt sich auch auf die Zweckmäßigkeit der Ansätze.

(3) Der Haushaltsplan soll rechtzeitig vor Einreichung der Voranschläge zum Bundeshaushalt, spätestens zum 15. Oktober des vorhergehenden Jahres, dem Bundesministerium für Bildung und Forschung vorgelegt werden.

(4) Über- und außerplanmäßige Ausgaben können vom Hauptausschuss auf Vorschlag des Präsidenten oder der Präsidentin bewilligt werden. Die Bewilligung bedarf der Einwilligung des Bundesministeriums für Bildung und Forschung und des Bundesministeriums der Finanzen. Die Sätze 1 und 2 gelten entsprechend für Maßnahmen, durch die für das Bundesinstitut für Berufsbildung Verpflichtungen entstehen können, für die Ausgaben im Haushaltsplan nicht veranschlagt sind.

(5) Nach Ende des Haushaltsjahres wird die Rechnung von dem Präsidenten oder der Präsidentin aufgestellt. Die Entlastung obliegt dem Hauptausschuss. Sie bedarf nicht der Genehmigung nach § 109 Abs. 3 der Bundeshaushaltsordnung.

§ 98

Satzung

(1) Durch die Satzung des Bundesinstituts für Berufsbildung sind

1. die Art und Weise der Aufgabenerfüllung (§ 90 Abs. 2 und 3) sowie
2. die Organisation

näher zu regeln.

(2) Der Hauptausschuss beschließt mit einer Mehrheit von vier Fünfteln der Stimmen seiner Mitglieder die Satzung. Sie bedarf der Genehmigung des Bundesministeriums für Bildung und Forschung und ist im Bundesanzeiger bekannt zu geben.

(3) Absatz 2 gilt für Satzungsänderungen entsprechend.

§ 99

Personal

(1) Die Aufgaben des Bundesinstituts für Berufsbildung werden von Beamten, Beamtinnen und Dienstkräften, die als Angestellte, Arbeiter und Arbeiterinnen beschäftigt sind, wahrgenommen. Es ist Dienstherr im Sinne des § 2 des Bundesbeamtengesetzes. Die Beamten und Beamtinnen sind Bundesbeamte und Bundesbeamtinnen.

(2) Das Bundesministerium für Bildung und Forschung ernennt und entlässt die Beamten und Beamtinnen des Bundesinstituts, soweit das Recht zur Ernennung und Entlassung der Beamten und Beamtinnen, deren Amt in der Bundesbesoldungsordnung B aufgeführt ist, nicht von dem Bundespräsidenten oder der Bundespräsidentin ausgeübt wird. Das zuständige Bundesministerium kann seine Befugnisse auf den Präsidenten oder die Präsidentin übertragen.

(3) Oberste Dienstbehörde für die Beamten und Beamtinnen des Bundesinstituts ist das Bundesministerium für Bildung und Forschung. Es kann seine Befugnisse auf den Präsidenten oder die Präsidentin übertragen. § 144 Abs. 1 des Bundesbeamtengesetzes und § 83 Abs. 1 des Bundesdisziplinargesetzes bleiben unberührt.

(4) Auf die Angestellten, Arbeiter und Arbeiterinnen des Bundesinstituts sind die für Arbeitnehmer und Arbeitnehmerinnen des Bundes geltenden Tarifverträge und sonstigen Bestimmungen anzuwenden. Ausnahmen bedürfen der vorherigen Zustimmung des Bundesministeriums für Bildung und Forschung; die Zustimmung ergeht im Einvernehmen mit dem Bundesministerium des Innern, für Bau und Heimat und dem Bundesministerium der Finanzen.

§ 100
Aufsicht über das Bundesinstitut für Berufsbildung

Das Bundesinstitut für Berufsbildung unterliegt, soweit in diesem Gesetz nicht weitergehende Aufsichtsbefugnisse vorgesehen sind, der Rechtsaufsicht des Bundesministeriums für Bildung und Forschung.

Teil 6
Bußgeldvorschriften

§ 101
Bußgeldvorschriften

(1) Ordnungswidrig handelt, wer

1. entgegen § 11 Abs. 1 Satz 1, auch in Verbindung mit Abs. 4, den wesentlichen Inhalt des Vertrages oder eine wesentliche Änderung nicht, nicht richtig, nicht vollständig, nicht in der vorgeschriebenen Weise oder nicht rechtzeitig niederlegt,

2. entgegen § 11 Abs. 3, auch in Verbindung mit Abs. 4, eine Ausfertigung der Niederschrift nicht oder nicht rechtzeitig aushändigt,

3. entgegen § 14 Absatz 3 Auszubildenden eine Verrichtung überträgt, die dem Ausbildungszweck nicht dient,

4. entgegen § 15 Absatz 1 Satz 1 oder 2 Auszubildende beschäftigt oder nicht freistellt,

5. entgegen § 18 Absatz 3 Satz 1, auch in Verbindung mit Satz 2, eine dort genannte Vergütung nicht, nicht richtig, nicht vollständig oder nicht rechtzeitig zahlt,

6. entgegen § 28 Abs. 1 oder 2 Auszubildende einstellt oder ausbildet,

7. einer vollziehbaren Anordnung nach § 33 Abs. 1 oder 2 zuwiderhandelt,

8. entgegen § 36 Abs. 1 Satz 1 oder 2, jeweils auch in Verbindung mit Satz 3, die Eintragung in das dort genannte Verzeichnis nicht oder nicht rechtzeitig beantragt oder eine Ausfertigung der Vertragsniederschrift nicht beifügt,

9. entgegen § 53b Absatz 4 Satz 3, § 53c Absatz 4 Satz 3, § 53d Absatz 4 Satz 3 und § 54 Absatz 4 eine Abschlussbezeichnung führt oder

10. entgegen § 76 Abs. 2 eine Auskunft nicht, nicht richtig, nicht vollständig oder nicht rechtzeitig erteilt, eine Unterlage nicht, nicht richtig, nicht vollständig oder nicht rechtzeitig vorlegt oder eine Besichtigung nicht oder nicht rechtzeitig gestattet.

(2) Die Ordnungswidrigkeit kann in den Fällen des Absatzes 1 Nr. 3 bis 7 mit einer Geldbuße bis zu fünftausend Euro, in den übrigen Fällen mit einer Geldbuße bis zu tausend Euro geahndet werden.

(3) Auf Ausbildungsverträge, die vor dem 30. September 2017 abgeschlossen wurden oder bis zu diesem Zeitpunkt abgeschlossen werden, sind § 5 Absatz 2 Satz 1, § 11 Absatz 1 Satz 2, § 13 Satz 2, die §§ 14, 43 Absatz 1 Nummer 2, § 79 Absatz 2 Nummer 1 sowie § 101 Absatz 1 Nummer 3 in ihrer bis zum 5. April 2017 geltenden Fassung weiter anzuwenden.

Teil 7
Übergangs- und Schlussvorschriften

§ 102

Gleichstellung von Abschlusszeugnissen
im Rahmen der deutschen Einheit

Prüfungszeugnisse nach der Systematik der Ausbildungsberufe und der Systematik der Facharbeiterberufe und Prüfungszeugnisse nach § 37 Abs. 2 stehen einander gleich.

§ 103

Fortgeltung bestehender Regelungen

(1) Die vor dem 1. September 1969 anerkannten Lehrberufe und Anlernberufe oder vergleichbar geregelten Ausbildungsberufe gelten als Ausbildungsberufe im Sinne des § 4. Die Berufsbilder, die Berufsbildungspläne, die Prüfungsanforderungen und die Prüfungsordnungen für diese Berufe sind bis zum Erlass von Ausbildungsordnungen nach § 4 und der Prüfungsordnungen nach § 47 anzuwenden.

(2) Die vor dem 1. September 1969 erteilten Prüfungszeugnisse in Berufen, die nach Absatz 1 als anerkannte Ausbildungsberufe gelten, stehen Prüfungszeugnissen nach § 37 Abs. 2 gleich.

§ 104

Übertragung von Zuständigkeiten

Die Landesregierungen werden ermächtigt, durch Rechtsverordnung die nach diesem Gesetz den nach Landesrecht zuständigen Behörden übertragenen Zuständigkeiten nach den §§ 27, 30, 32, 33 und 70 auf zuständige Stellen zu übertragen.

§ 105

Evaluation

Die Regelungen zur Mindestvergütung, zu Prüferdelegationen und die Regelung des § 5 Absatz 2 Satz 1 Nummer 2a werden vom Bundesinstitut für Berufsbildung fünf Jahre nach dem Inkrafttreten des Gesetzes zur Modernisierung und Stärkung der beruflichen Bildung wissenschaftlich evaluiert.

§ 106

Übergangsregelung

(1)) Auf Berufsausbildungsverträge, die bis zum Ablauf des 31. Dezember 2019 abgeschlossen werden, ist § 17 in der bis dahin geltenden Fassung anzuwenden.

(2)) Für Berufsausbildungsverträge mit Ausbildungsbeginn ab dem 1. Januar 2020 gelten § 34 Absatz 2 Nummer 7 und § 88 Absatz 1 Satz 1 Nummer 1 Buchstabe g in der ab dem 1. Januar 2020 geltenden Fassung. Im Übrigen sind für Berufsausbildungsverträge mit Ausbildungsbeginn bis zum Ablauf des 31. Dezember 2020 die §§ 34, 35 Absatz 3 Satz 1 und § 88 in der am 31. Dezember 2019 geltenden Fassung weiterhin anzuwenden.

(3) Sofern für einen anerkannten Fortbildungsabschluss eine Fortbildungsordnung auf Grund des § 53 in der bis zum Ablauf des 31. Dezember 2019 geltenden Fassung erlassen worden ist, ist diese Fortbildungsordnung bis zum erstmaligen Erlass einer Fortbildungsordnung nach § 53 in der ab dem 1. Januar 2020 geltenden Fassung weiterhin anzuwenden. Sofern eine Fortbildungsprüfungsregelung nach § 54 in der bis zum Ablauf des 31. Dezember 2019 geltenden Fassung erlassen worden ist, ist diese Fortbildungsprüfungsregelung bis zum erstmaligen Erlass einer Fortbildungsprüfungsregelung nach § 54 in der ab dem 1. Januar 2020 geltenden Fassung weiterhin anzuwenden.

Gesetz
zur Förderung der beruflichen Aufstiegsfortbildung
(Aufstiegsfortbildungsförderungsgesetz – AFBG)

**in der Fassung der Bekanntmachung der Neufassung
vom 15. Juni 2016 (BGBl. I S. 1450),**

geändert durch

- Artikel 73 des Gesetzes vom 29. März 2017 (BGBl. I S. 626).
- Artikel 4 des Gesetzes vom 12. Juli 2018 (BGBl. I S. 114/).
- Artikel 5 des Gesetzes vom 8. Juli 2019 (BGBl. I S. 1048).
- Artikel 39 des Gesetzes vom 20. November 2019 (BGBl. I S. 1626).

Erster Abschnitt
Förderungsfähige Maßnahmen

§ 1
Ziel der Förderung

Ziel der individuellen Förderung nach diesem Gesetz ist es, Teilnehmerinnen und Teilnehmer an Maßnahmen der beruflichen Aufstiegsfortbildung durch Beiträge zu den Kosten der Maßnahme und zum Lebensunterhalt finanziell zu unterstützen. Leistungen zum Lebensunterhalt werden gewährt, soweit die dafür erforderlichen Mittel anderweitig nicht zur Verfügung stehen.

§ 2
Anforderungen an förderfähige Maßnahmen
beruflicher Aufstiegsfortbildungen

(1) Förderfähig ist die Teilnahme an Fortbildungsmaßnahmen öffentlicher und privater Träger, die in einer fachlichen Richtung gezielt vorbereiten auf (Fortbildungsziel)

1. Fortbildungsabschlüsse zu öffentlich-rechtlich geregelten Prüfungen auf der Grundlage
   a) der §§ 53 und 54 des Berufsbildungsgesetzes oder
   b) der §§ 42, 42a, 45, 51a und 122 der Handwerksordnung,
2. gleichwertige Fortbildungsabschlüsse nach bundes- oder landesrechtlichen Regelungen oder
3. gleichwertige Fortbildungsabschlüsse an anerkannten Ergänzungsschulen auf der Grundlage staatlich genehmigter Prüfungsordnungen.

Liegen keine bundes- oder landesrechtlichen Regelungen vor, ist auch die Teilnahme an Fortbildungsmaßnahmen förderfähig, die auf gleichwertige Fortbildungsabschlüsse nach den Weiterbildungsempfehlungen der Deutschen Krankenhausgesellschaft vorbereiten.

(2) Maßnahmen, deren Durchführung nicht öffentlich-rechtlichen Vorschriften unterliegt, müssen nach der Dauer der Maßnahme, der Gestaltung des Lehrplans, den Unterrichtsmethoden, der Ausbildung und Berufserfahrung der Lehrkräfte und den Lehrgangsbedingungen eine erfolgreiche berufliche Fortbildung erwarten lassen. Dies wird in der Regel angenommen, sofern keine Umstände vorliegen, die der Eignung der Maßnahme zur Vorbereitung auf die Abschlussprüfung nach Absatz 1 entgegenstehen.

(3) Maßnahmen sind förderfähig

1. in Vollzeitform, wenn

   a) sie mindestens 400 Unterrichtsstunden umfassen (Mindestdauer),

   b) sie innerhalb von 36 Kalendermonaten abgeschlossen werden (maximaler Vollzeit-Zeitrahmen) und

   c) in der Regel in jeder Woche an vier Werktagen mindestens 25 Unterrichtsstunden stattfinden (Vollzeit-Fortbildungsdichte);

2. in Teilzeitform, wenn

   a) sie mindestens 400 Unterrichtsstunden umfassen (Mindestdauer),

   b) sie innerhalb von 48 Kalendermonaten abgeschlossen werden (maximaler Teilzeit-Zeitrahmen) und

   c) im Durchschnitt mindestens 18 Unterrichtsstunden je Monat stattfinden (Teilzeit-Fortbildungsdichte).

(4) Jeweils 45 Minuten einer Lehrveranstaltung gelten als Unterrichtsstunde. Förderfähige Unterrichtsstunden sind Präsenzlehrveranstaltungen, deren Inhalte in der Prüfungsregelung verbindlich vorgegeben sind. In förderfähigen Unterrichtsstunden müssen die nach den Fortbildungsregelungen und Lehrplänen vorgesehenen beruflichen Fertigkeiten, Kenntnisse und Fähigkeiten durch hierzu qualifizierte Lehrkräfte planmäßig geordnet vermittelt werden. Förderfähig ist nur die für das Erreichen des jeweiligen Fortbildungsziels angemessene Anzahl von Unterrichtsstunden. Zusätzlich werden die im Lehrplan des Bildungsträgers verbindlich vorgesehenen Klausurenkurse und Prüfungssimulationen mit bis zu 10 Prozent der nach diesem Gesetz förderfähigen Gesamtstunden der Unterrichtsstunden, höchstens aber 50 Stunden, als förderfähig anerkannt.

(5) Die Maßnahmen können aus mehreren selbstständigen Abschnitten (Maßnahmeabschnitte) bestehen. Ein Maßnahmeabschnitt liegt insbesondere dann vor, wenn er auf eine eigenständige Prüfung vorbereitet oder mit seinem Ende eine verbindliche Versetzungsentscheidung erfolgt. Besteht eine Maßnahme aus mehreren Maßnahmeabschnitten, müssen innerhalb des jeweiligen maximalen Zeitrahmens alle Maßnahmeabschnitte der Lehrgangskonzeption abgeschlossen sein. § 11 Absatz 1 Satz 2 und 3 gilt entsprechend. Die Fortbildungsdichte wird für jeden Maßnahmeabschnitt gesondert bestimmt.

(6) Bei vollzeitschulischen Maßnahmen, die mindestens zwei Fachschuljahre umfassen, ist die Vollzeit-Fortbildungsdichte auch dann erreicht, wenn in 70 Prozent der Wochen eines Maßnahmeabschnitts an vier Werktagen mindestens 25 Unterrichtsstunden stattfinden. Ferienwochen zusammenhängender Ferienabschnitte mit mindestens zwei Ferientagen bleiben dabei außer Betracht.

(7) Individuelle Verkürzungen der Maßnahme durch Anrechnung bereits absolvierter Aus- oder Fortbildungen bleiben außer Betracht.

(8) Die Absätze 3 bis 7 gelten auch für den von dem Teilnehmer oder der Teilnehmerin gewählten Lehrgangsablauf.

§ 2a
Anforderungen an Träger der Maßnahmen

Der Träger muss für die Durchführung der Fortbildungsmaßnahme geeignet sein. Die Eignung liegt vor, wenn es sich um einen öffentlichen Träger oder eine Einrichtung handelt, die unter staatlicher Aufsicht steht oder staatlich anerkannt ist, oder durch ein Zertifikat nachgewiesen wird, dass der Träger oder die Einrichtung

1. nach der Akkreditierungs- und Zulassungsverordnung Arbeitsförderung vom 2. April 2012 (BGBl. I S. 504) anerkannt worden ist oder

2. ein System zur Sicherung der Qualität anwendet und

auch im Übrigen keine Umstände vorliegen, die der Eignung des Trägers oder der Einrichtung entgegenstehen.

§ 3
Ausschluss der Förderung

Die Teilnahme an einer Maßnahme wird nach diesem Gesetz nicht gefördert, wenn

1. für den beantragten Bewilligungszeitraum bereits Leistungen nach dem Bundesausbildungsförderungsgesetz bewilligt worden sind, es sei denn, der Teilnehmer oder die Teilnehmerin hat für den Bewilligungszeitraum noch keine Leistungen nach dem Bundesausbildungsförderungsgesetz erhalten und hat für diesen Bewilligungszeitraum auf Leistungen nach dem Bundesausbildungsförderungsgesetz verzichtet,

2. für sie Arbeitslosengeld bei beruflicher Weiterbildung nach dem Dritten Buch Sozialgesetzbuch oder nach § 6 Absatz 1 des Beruflichen Rehabilitierungsgesetzes geleistet wird,

3. Arbeitslosengeld bei Arbeitslosigkeit nach dem Dritten Buch Sozialgesetzbuch geleistet wird und es sich um eine Maßnahme in Vollzeitform handelt,

4. ein Gründungszuschuss nach den §§ 93 und 94 des Dritten Buches Sozialgesetzbuch geleistet wird und es sich um eine Maßnahme in Vollzeitform handelt oder

5. Leistungen zur Rehabilitation nach den für einen Rehabilitationsträger im Sinne des Neunten Buches Sozialgesetzbuch geltenden Vorschriften erbracht werden.

Der Anspruch auf Förderung nach diesem Gesetz ist auf die Leistungen zum Lebensunterhalt beschränkt, wenn die Kosten der Maßnahme nach dem Dritten Buch Sozialgesetzbuch für Personen ohne Vorbeschäftigungszeit übernommen werden.

§ 4
Fernunterricht

Förderung als Teilzeitmaßnahme wird für die Teilnahme an einem Fernunterrichtslehrgang geleistet, wenn der Lehrgang nach § 12 des Fernunterrichtsschutzgesetzes zugelassen ist oder, ohne unter die Bestimmungen des Fernunterrichtsschutzgesetzes zu fallen, von einem öffentlich-rechtlichen Träger veranstaltet wird und die Voraussetzungen des § 2 erfüllt werden. Die Mindestdauer nach § 2 Absatz 3 und die Förderungshöchstdauer nach § 11 Absatz 1 sind nach der Anzahl der durchschnittlich für die Bearbeitung der Fernlehrbriefe benötigten Zeitstunden und der Anzahl der für Präsenzphasen vorgesehenen Unterrichtsstunden zu bemessen.

§ 4a
Mediengestützter Unterricht

Eine Maßnahme, die teilweise unter Einsatz elektronischer Medien durchgeführt wird und die nicht als Fernunterricht nach § 12 des Fernunterrichtsschutzgesetzes zulassungspflichtig ist, wird gefördert, wenn sie durch Präsenzunterricht oder eine diesem vergleichbare und verbindliche mediengestützte Kommunikation ergänzt wird und regelmäßige Erfolgskontrollen durchgeführt werden. Unter mediengestützter Kommunikation sind alle mit einem Präsenzunterricht vergleichbaren Unterrichtsformen sowie Unterrichtsformen zu verstehen, die auf einer Online-Lernplattform abgewickelt werden, bei der der Lernprozess von der Lehrkraft aktiv gesteuert und der Lernfortschritt von ihr regelmäßig kontrolliert wird. Die Mindestdauer nach § 2 Absatz 3 und die Förderungshöchstdauer nach § 11 Absatz 1 bemessen sich in diesen Fällen nach der Anzahl der für den Präsenzunterricht und den für die mediengestützte Kommunikation vorgesehenen Unterrichtsstunden im Sinne des § 2 Absatz 3.

§ 5
Fortbildung im In- und Ausland

(1) Förderfähig ist vorbehaltlich des Absatzes 2 die Teilnahme an Maßnahmen, die im Inland durchgeführt werden.

(2) Die Teilnahme an Maßnahmen, die vollständig oder teilweise in anderen Mitgliedstaaten der Europäischen Union durchgeführt werden, wird gefördert, wenn sie auf der Grundlage von Vereinbarungen der in den jeweiligen Mitgliedstaaten für die Fortbildungsprüfungen zuständigen Stellen durchgeführt wird.

§ 6
Förderfähige Fortbildung, Fortbildungsplan

(1) Förderung wird vorbehaltlich Absatz 3 nur für die gezielte Vorbereitung auf ein Fortbildungsziel im Sinne von § 2 Absatz 1 und nur für die Teilnahme an einer einzigen Maßnahme im Sinne dieses Gesetzes geleistet. Besteht die Maßnahme aus mehreren Maßnahmeabschnitten, sind diese im ersten Förderantrag in einem Fortbildungsplan anzugeben. In den Fällen des Satzes 2 umfasst die Förderung vorbehaltlich § 2 Absatz 3 alle Maßnahmeabschnitte, die als Teile der im Fortbildungsplan genannten Fortbildungsprüfung anerkannt werden. Es können auch Maßnahmeabschnitte, die mit einer eigenständigen Fortbildungsprüfung abschließen, gefördert werden, wenn sie zugleich zur Befreiung von einem oder mehreren Teilen der im Fortbildungsplan genannten Fortbildungsprüfung eines übergeordneten Fortbildungsziels führen.

(2) Die Teilnahme an einem Maßnahmeabschnitt, der von dem Fortbildungsplan abweicht, wird nur gefördert, wenn er

1. inhaltlich einem im Fortbildungsplan angegebenen Maßnahmeabschnitt entspricht oder

2. einen im Fortbildungsplan angegebenen Maßnahmeabschnitt, der nicht mehr angeboten wird, weitgehend ersetzt

und die geänderte Gesamtmaßnahme weiterhin die Fördervoraussetzungen des § 2 Absatz 3 erfüllt und die Förderungshöchstdauer nach § 11 Absatz 1 nicht überschritten wird.

(3) Die Vorbereitung auf ein weiteres Fortbildungsziel im Sinne von § 2 Absatz 1 wird gefördert, wenn dem Teilnehmer oder der Teilnehmerin der Zugang erst durch den erfolgreichen Abschluss der nach diesem Gesetz geförderten Maßnahme eröffnet worden ist. Abweichend von Satz 1 kann die Vorbereitung auf ein weiteres Fortbildungsziel auch dann gefördert werden, wenn besondere Umstände des Einzelfalls dies rechtfertigen. Besondere Umstände des Einzelfalls sind insbesondere dann gegeben, wenn ein wichtiger Grund der Ausübung des Berufs entgegensteht, zu dem die erste Fortbildung qualifiziert hat.

§ 7

Kündigung, Abbruch, Unterbrechung und Wiederholung

(1) Abweichend von § 11 Absatz 2 Satz 2 endet die Förderung, wenn die Maßnahme vor dem Ablauf der vertraglichen Dauer vom Teilnehmer oder der Teilnehmerin abgebrochen oder vom Träger gekündigt wurde.

(2) Wird nach einem Abbruch aus wichtigem Grund oder nach einer Kündigung des Trägers, die der Teilnehmer oder die Teilnehmerin nicht zu vertreten hat, eine Maßnahme mit demselben Fortbildungsziel unverzüglich nach Wegfall des wichtigen Grundes oder der Beendigung der Maßnahme infolge der Kündigung wieder aufgenommen, wird der Teilnehmer oder die Teilnehmerin hierfür erneut gefördert.

(3) Förderung für eine Maßnahme, die auf ein anderes Fortbildungsziel vorbereitet, wird geleistet, wenn für die Aufgabe des früheren Fortbildungsziels ein wichtiger Grund maßgebend war.

(3a) Nach Unterbrechung einer Maßnahme wegen Krankheit, Schwangerschaft oder aus anderem wichtigen Grund wird die Förderung bei Wiederaufnahme fortgesetzt. Während der Unterbrechungsphase besteht vorbehaltlich Absatz 4 Satz 1 kein Anspruch auf Förderung.

(4) Solange die Teilnahme an der Maßnahme wegen Krankheit oder Schwangerschaft unterbrochen wird, wird die Förderung bei Krankheit bis zu drei Monate und bei Schwangerschaft bis zu vier Monate weitergeleistet. Solange die Fortsetzung einer Maßnahme durch von dem Teilnehmer oder der Teilnehmerin nicht zu vertretende Wartezeiten, die acht Wochen überschreiten, nicht möglich ist, gilt die Maßnahme als unterbrochen.

(4a) Der Abbruch oder die Unterbrechung einer Maßnahme aus wichtigem Grund bedürfen der ausdrücklichen Erklärung. Die Erklärung wirkt nur insoweit auf einen vor dem Eingang bei der zuständigen Behörde liegenden Zeitpunkt zurück, wie sie ohne schuldhaftes Zögern erfolgt ist.

(5) Die Wiederholung einer gesamten Maßnahme wird nur einmal gefördert, wenn

1. die besonderen Umstände des Einzelfalles dies rechtfertigen und

2. eine zumutbare Möglichkeit nicht besteht, Fortbildungsstoff im Rahmen einer Verlängerung der Förderungshöchstdauer nach § 11 Absatz 1 Satz 2 nachzuholen.

(6) In den Fällen der Absätze 2 und 5 sollen bereits absolvierte Maßnahmeabschnitte berücksichtigt werden.

(7) Die Absätze 1, 2, 4, 4a und 5 gelten für Maßnahmeabschnitte entsprechend.

(8) Wechselt der Teilnehmer oder die Teilnehmerin unter Beibehaltung des früheren Fortbildungsziels die Fortbildungsstätte, so gelten die Absätze 5 bis 7 entsprechend.

Zweiter Abschnitt
Persönliche Voraussetzungen

§ 8

Staatsangehörigkeit

(1) Förderung wird geleistet

1. Deutschen im Sinne des Grundgesetzes,

2. Unionsbürgern, die ein Recht auf Daueraufenthalt im Sinne des Freizügigkeitsgesetzes/EU besitzen, sowie anderen Ausländern, die eine Niederlassungserlaubnis oder eine Erlaubnis zum Daueraufenthalt nach dem Aufenthaltsgesetz besitzen,

3. Ehegatten, Lebenspartnern und Kindern von Unionsbürgern, die unter den Voraussetzungen des § 3 Absatz 1 und 4 des Freizügigkeitsgesetzes/EU gemeinschaftsrechtlich freizügigkeitsberechtigt sind oder denen diese Rechte als Kinder nur deshalb nicht zustehen, weil sie 21 Jahre oder älter sind und von ihren Eltern oder deren Ehegatten oder Lebenspartnern keinen Unterhalt erhalten,

4. Unionsbürgern, die Ehegatte, Lebenspartner oder Kind eines Deutschen oder einer Deutschen sind, unter den Voraussetzungen des § 2 Absatz 2 des Freizügigkeitsgesetzes/EU freizügigkeitsberechtigt sind und ihren ständigen Wohnsitz im Inland haben,

5. Unionsbürgern, die vor dem Beginn der Fortbildung im Inland in einem Beschäftigungsverhältnis gestanden haben, dessen Gegenstand mit dem der Fortbildung in inhaltlichem Zusammenhang steht,

6. Staatsangehörigen eines anderen Vertragsstaates des Abkommens über den Europäischen Wirtschaftsraum unter den Voraussetzungen der Nummern 2 bis 5,

7. Ausländern, die ihren gewöhnlichen Aufenthalt im Inland haben und die außerhalb des Bundesgebiets als Flüchtlinge im Sinne des Abkommens über die Rechtsstellung der Flüchtlinge vom 28. Juli 1951 (BGBl. 1953 II S. 559) anerkannt und im Gebiet der Bundesrepublik Deutschland nicht nur vorübergehend zum Aufenthalt berechtigt sind,

8. heimatlosen Ausländern im Sinne des Gesetzes über die Rechtsstellung heimatloser Ausländer im Bundesgebiet in der im Bundesgesetzblatt Teil III, Gliede-

rungsnummer 243-1, veröffentlichten bereinigten Fassung, zuletzt geändert durch Artikel 7 des Gesetzes vom 30. Juli 2004 (BGBl. I S. 1950).

(2) Anderen Ausländern wird Förderung geleistet, wenn sie ihren ständigen Wohnsitz im Inland haben und

1. eine Aufenthaltserlaubnis nach den §§ 22, 23 Absatz 1, 2 oder 4 den §§ 23a, 25 Absatz 1 oder 2, den §§ 25a, 25b, 28, 37, 38 Absatz 1 Nummer 2, § 104a oder als Ehegatte, Lebenspartner oder Kind eines Ausländers mit Niederlassungserlaubnis eine Aufenthaltserlaubnis nach § 30 oder den §§ 32 bis 34 des Aufenthaltsgesetzes besitzen,

2. eine Aufenthaltserlaubnis nach § 25 Absatz 3, 4 Satz 2 oder Absatz 5, § 31 des Aufenthaltsgesetzes oder als Ehegatte, Lebenspartner oder Kind eines Ausländers mit Aufenthaltserlaubnis eine Aufenthaltserlaubnis nach § 30, den §§ 32 bis 34 oder § 36a des Aufenthaltsgesetzes besitzen und sich seit mindestens 15 Monaten in Deutschland ununterbrochen rechtmäßig, gestattet oder geduldet aufhalten.

(2a) Geduldeten Ausländern (§ 60a des Aufenthaltsgesetzes), die ihren ständigen Wohnsitz im Inland haben, wird Förderung geleistet, wenn sie sich seit mindestens 15 Monaten ununterbrochen rechtmäßig, gestattet oder geduldet im Bundesgebiet aufhalten.

(3) Im Übrigen wird Ausländern Förderung geleistet, wenn sie selbst sich vor Beginn der Maßnahme insgesamt drei Jahre im Inland

1. aufgehalten haben und

2. rechtmäßig erwerbstätig waren.

Als Erwerbstätigkeit gilt auch die Zeit in einem Berufsausbildungsverhältnis in einem nach dem Berufsbildungsgesetz und der Handwerksordnung anerkannten Ausbildungsberuf oder einem vergleichbaren Berufsausbildungsverhältnis.

(4) Teilnehmer, die nach Absatz 1 oder 2 als Ehegatten oder Lebenspartner persönlich förderungsberechtigt sind, verlieren den Anspruch auf Förderung nicht dadurch, dass sie dauernd getrennt leben oder die Ehe oder Lebenspartnerschaft aufgelöst worden ist, wenn sie sich weiterhin rechtmäßig in Deutschland aufhalten.

(5) Rechts- und Verwaltungsvorschriften, nach denen anderen Ausländern Förderung zu leisten ist, bleiben unberührt.

§ 9

Vorqualifikation der Teilnehmer und Teilnehmerinnen

(1) Der Teilnehmer oder die Teilnehmerin muss vor Beginn der Maßnahme über die nach der jeweiligen Fortbildungsordnung für die Prüfungszulassung erforderliche berufliche Vorqualifikation verfügen.

(2) Förderung wird auch geleistet, wenn ein Abschluss, der für die Zulassung zur Prüfung nach der jeweiligen Fortbildungsordnung erforderlich ist, im Rahmen eines strukturierten, von der zuständigen Prüfstelle anerkannten Programmes bis zum letzten Unterrichtstag einer im Übrigen förderfähigen Maßnahme erworben werden soll.

Besteht die Maßnahme aus mehreren Maßnahmeabschnitten, muss der Abschluss bis zum letzten Unterrichtstag des ersten Maßnahmeabschnitts erworben werden. Es genügt bei mehreren Maßnahmeabschnitten der Erwerb vor Beginn des zweiten Maßnahmeabschnitts, wenn der erforderliche Abschluss durch die Prüfung über den ersten Maßnahmeabschnitt erworben wird. Ein Abschluss im Sinne des Satzes 1 ist:

1. ein Abschluss in einem nach § 4 des Berufsbildungsgesetzes oder nach § 25 der Handwerksordnung anerkannten Ausbildungsberuf oder in einem vergleichbaren bundes- oder landesrechtlich geregelten Beruf oder

2. ein Fortbildungsabschluss im Sinne des § 2 Absatz 1.

Die Förderung wird hinsichtlich des nach Satz 1 zu erwerbenden Abschlusses unter dem Vorbehalt der Einstellung und Rückforderung geleistet. Vor dem Erwerb eines für die Prüfungszulassung erforderlichen Abschlusses nach Satz 4 Nummer 1 ist eine Förderung mit einem Unterhaltsbeitrag nach § 10 Absatz 2 ausgeschlossen.

(3) Förderung wird auch geleistet, wenn die Berufspraxis, die für die Prüfungszulassung zusätzlich zu einem Abschluss erforderlich ist, noch bis zum letzten Unterrichtstag der Maßnahme erworben werden kann und die konkrete Möglichkeit hierzu nachgewiesen wird.

(4) Förderung wird auch geleistet, wenn der Teilnehmer oder die Teilnehmerin bei Antragstellung als höchsten Hochschulabschluss bereits über einen Bachelorabschluss oder einen diesem vergleichbaren Hochschulabschluss verfügt. Förderung wird nicht geleistet, wenn der Teilnehmer oder die Teilnehmerin bereits einen staatlichen oder staatlich anerkannten höheren Hochschulabschluss als die in Satz 1 genannten oder einen nach dem Hochschulrecht der Länder als gleichwertig anerkannten sonstigen Abschluss erworben hat. Die Förderung endet mit Ablauf des Monats des Erwerbs eines höheren Hochschulabschlusses, wenn dieser vor dem letzten Unterrichtstag der Fortbildungsmaßnahme erworben wird.

(5) Bereits erworbene privatrechtlich zertifizierte Fortbildungsabschlüsse stehen einer Förderung nicht entgegen.

§ 9a

Regelmäßige Teilnahme; Teilnahmenachweis

(1) Der Teilnehmer oder die Teilnehmerin hat regelmäßig an der geförderten Maßnahme teilzunehmen. Die Leistungen des Teilnehmers oder der Teilnehmerin müssen erwarten lassen, dass er oder sie die Maßnahme erfolgreich abschließt. Dies wird in der Regel angenommen, solange er oder sie die Maßnahme zügig und ohne Unterbrechung absolviert und er oder sie sich um einen erfolgreichen Abschluss bemüht. Eine regelmäßige Teilnahme liegt vor, wenn die Teilnahme an 70 Prozent der Präsenzstunden und bei Fernunterricht (§ 4) oder bei mediengestütztem Unterricht (§ 4a) an 70 Prozent der Leistungskontrollen nachgewiesen wird. Die Förderung wird hinsichtlich der regelmäßigen Teilnahme an der Maßnahme unter dem Vorbehalt der Einstellung und Rückforderung geleistet.

(2) Der Teilnehmer oder die Teilnehmerin hat sechs Monate nach Beginn, zum Ende und bei Abbruch der Maßnahme einen Nachweis des Bildungsträgers über die re-

gelmäßige Teilnahme vorzulegen. Bei längeren Maßnahmen, bei Maßnahmen mit mehreren Maßnahmeabschnitten oder in besonderen Fällen können darüber hinaus weitere Teilnahmenachweise gefordert werden.

(3) Der Teilnehmer oder die Teilnehmerin hat bei Fernunterricht (§ 4) oder bei mediengestütztem Unterricht (§ 4a) die regelmäßige Teilnahme am Präsenzunterricht oder an einer diesem vergleichbaren und verbindlichen mediengestützten Kommunikation und die regelmäßige Bearbeitung der bei solchen Maßnahmen regelmäßig durchzuführenden Leistungskontrollen nachzuweisen.

Dritter Abschnitt
Leistungen

§ 10
Umfang der Förderung

(1) Während der Teilnahme an einer Maßnahme wird ein Beitrag zu den Kosten der Lehrveranstaltung (Maßnahmebeitrag) geleistet. Soweit für denselben Zweck Leistungen aus öffentlichen Mitteln, vom Arbeitgeber oder von Fördereinrichtungen bezogen werden, wird der Maßnahmebeitrag nach den um diese Leistungen geminderten Kosten bemessen.

(2) Bei Maßnahmen in Vollzeitform im Sinne des § 2 Absatz 3 Satz 1 Nummer 1 wird darüber hinaus ein Beitrag zur Deckung des Unterhaltsbedarfs (Unterhaltsbeitrag) geleistet. Als monatlicher Unterhaltsbedarf gilt für einen Teilnehmer oder eine Teilnehmerin der Bedarfssatz nach § 13 Absatz 1 Nummer 1 und Absatz 2 Nummer 2 und § 13a des Bundesausbildungsförderungsgesetzes. Der Unterhaltsbedarf erhöht sich für den Teilnehmer oder die Teilnehmerin um 60 Euro, für den jeweiligen Ehegatten oder Lebenspartner um 235 Euro und für jedes Kind, für das er oder sie einen Anspruch auf Kindergeld nach dem Einkommensteuergesetz oder dem Bundeskindergeldgesetz hat, um 235 Euro. Auf den Unterhaltsbedarf sind Einkommen und Vermögen des Antragstellers oder der Antragstellerin und Einkommen des jeweiligen Ehegatten oder Lebenspartners in dieser Reihenfolge anzurechnen.

(3) Alleinerziehende, die in einem Haushalt mit Kindern, die das zehnte Lebensjahr noch nicht vollendet haben, oder mit behinderten Kindern leben, erhalten bei Voll- und Teilzeitmaßnahmen bis zum Ablauf des Monats, in dem planmäßig der letzte Unterricht abgehalten wird, einen Kinderbetreuungszuschlag in Höhe von 130 Euro für jeden Monat je Kind.

§ 11
Förderungsdauer

(1) Eine Teilnahme an Maßnahmen in Vollzeitform wird bis zur Dauer von 24 Kalendermonaten, in Teilzeitform bis zur Dauer von 48 Kalendermonaten gefördert (Förderungshöchstdauer). Abweichend von Satz 1 wird die Förderungshöchstdauer angemessen verlängert, soweit

1. eine Schwangerschaft, die Erziehung und Pflege eines Kindes bis zur Vollendung des zehnten Lebensjahres, die Betreuung eines behinderten Kindes, eine Behinderung oder schwere Krankheit des Teilnehmers oder der Teilnehmerin, die Pflege eines im Sinne der in der bis zum 31. Dezember 2016 geltenden Fassung der §§ 14 und 15 Absatz 1 Nummer 2 und 3 des Elften Buches Sozialgesetzbuch pflegebedürftigen, in § 7 Absatz 3 des Pflegezeitgesetzes bezeichneten nahen Angehörigen, die nicht von einem oder einer anderen im Haushalt lebenden Angehörigen übernommen werden kann, oder

2. andere besondere Umstände des Einzelfalles dies rechtfertigen oder

3. die längere Dauer der Vorbereitung auf das Fortbildungsziel rechtlich vorgeschrieben ist.

In den Fällen des Satzes 2 Nummer 1 und 2 darf die Förderungshöchstdauer längstens um zwölf Kalendermonate verlängert werden. Ab dem 1. Januar 2017 findet Satz 2 Nummer 1 auf Teilnehmer und Teilnehmerinnen nur Anwendung, wenn sie Personen mit mindestens Pflegegrad 3 in der ab dem 1. Januar 2017 geltenden Fassung der §§ 14 und 15 des Elften Buches Sozialgesetzbuch pflegen.

(2) Der Unterhaltsbeitrag und der Kinderbetreuungszuschlag werden von Beginn des Monats an geleistet, in dem mit dem Unterricht tatsächlich begonnen wird, frühestens jedoch vom Beginn des Antragsmonats an. Diese Leistungen enden mit Ablauf des Monats, in dem planmäßig der letzte Unterricht abgehalten wird; für Teilnehmer und Teilnehmerinnen, die sich nachweislich und unverzüglich zur Prüfung angemeldet haben, werden diese Leistungen auf Antrag bis zum Ablauf des Monats gewährt, in dem der letzte Prüfungstag liegt, jedoch höchstens für drei weitere Monate (Prüfungsvorbereitungsphase).

(3) Liegt bei Maßnahmen in Vollzeitform zwischen zwei Maßnahmeabschnitten nur ein Monat, so gilt der neue Abschnitt als bereits zu Beginn dieses Monats aufgenommen.

(4) (weggefallen)

§ 12

Förderungsart

(1) Der Maßnahmebeitrag nach § 10 Absatz 1 besteht aus einem Anspruch auf

1. Förderung der Lehrgangs- und Prüfungsgebühren bis zu einem Gesamtbetrag von 15 000 Euro und

2. Förderung der Erstellung der fachpraktischen Arbeit in der Meisterprüfung des Handwerks sowie vergleichbarer Arbeiten in anderen Wirtschaftsbereichen bis zur Hälfte der notwendigen dem Teilnehmer oder der Teilnehmerin entstandenen Materialkosten, höchstens jedoch bis zu einem Gesamtbetrag von 2 000 Euro.

Der Maßnahmebeitrag nach Satz 1 wird in Höhe von 40 Prozent als Zuschuss geleistet. Darüber hinaus besteht der Maßnahmebeitrag vorbehaltlich Absatz 4 aus einem Anspruch auf Abschluss eines Darlehensvertrags mit der Kreditanstalt für Wiederaufbau nach Maßgabe des § 13.

(2) Der Zuschussanteil am Unterhaltsbeitrag beträgt 50 Prozent einschließlich der Erhöhungsbeträge für den Teilnehmer oder die Teilnehmerin und den jeweiligen Ehegatten oder Lebenspartner. Dabei bleibt ein Pauschalbetrag in Höhe von 103 Euro

außer Betracht. Der Erhöhungsbetrag für jedes Kind nach § 10 Absatz 2 Satz 3 wird zu 55 Prozent und der Kinderbetreuungszuschlag nach § 10 Absatz 3 in voller Höhe als Zuschuss geleistet. Die Zuschüsse nach den Sätzen 1 bis 3 werden bis zum Ablauf des Monats, in dem planmäßig der letzte Unterricht abgehalten wird, gewährt. Im Übrigen besteht vorbehaltlich Absatz 4 ein Anspruch auf Abschluss eines Darlehensvertrags mit der Kreditanstalt für Wiederaufbau nach Maßgabe des § 13. Abweichend von den Sätzen 1 bis 5 wird der Unterhaltsbeitrag in den Fällen des § 11 Absatz 1 Nummer 1 für den Zeitraum, um den die Förderungshöchstdauer verlängert worden ist, in voller Höhe als Zuschuss geleistet.

(3) Während der Prüfungsvorbereitungsphase nach § 11 Absatz 2 Satz 2 zweiter Halbsatz besteht für den Unterhaltsbeitrag einschließlich der Erhöhungsbeträge sowie für den Kinderbetreuungszuschlag vorbehaltlich Absatz 4 ein Anspruch auf Abschluss eines Darlehensvertrags mit der Kreditanstalt für Wiederaufbau nach Maßgabe des § 13.

(4) Der Teilnehmer oder die Teilnehmerin kann den Abschluss eines Darlehensvertrags innerhalb von drei Monaten verlangen. Die Frist beginnt mit dem auf die Bekanntgabe des Bescheids folgenden Monat.

§ 13

Darlehensbedingungen

(1) Die Kreditanstalt für Wiederaufbau hat auf Verlangen des Antragstellers oder der Antragstellerin mit diesem oder dieser einen privatrechtlichen Vertrag über ein Darlehen in der im Bescheid angegebenen Höhe zu schließen. Der Darlehensvertrag kann auch über einen von dem Antragsteller oder der Antragstellerin bestimmten geringeren, durch Hundert teilbaren Betrag geschlossen werden. Soweit das im Bescheid angegebene Darlehen geändert wird, wird der Vertrag entsprechend angepasst. Im Falle einer Änderung zugunsten des Antragstellers oder der Antragstellerin gilt dies nur, soweit dieser oder diese es verlangt. Zu Unrecht gezahlte Darlehensbeträge sind unverzüglich an die Kreditanstalt für Wiederaufbau zurückzuzahlen. Der Darlehensvertrag muss die in den Absätzen 2 bis 7 und § 13b Absatz 1 bis 3 genannten Bedingungen enthalten.

(2) Das Darlehen nach Absatz 1 ist zu verzinsen. Als Zinssatz gilt jeweils für sechs Monate – vorbehaltlich des Gleichbleibens der Rechtslage – der European Interbank Offered Rate (EURIBOR) für die Geldbeschaffung von ersten Adressaten in den Teilnehmerstaaten der Europäischen Währungsunion mit einer Laufzeit von sechs Monaten nach dem Stand vom 1. April und 1. Oktober, zuzüglich eines Verwaltungskostenaufschlags in Höhe von 1 vom Hundert. Fallen die in Satz 2 genannten Stichtage nicht auf einen Tag, an dem ein EURIBOR-Satz ermittelt wird, so gilt der nächste festgelegte EURIBOR-Satz. Ab dem Beginn der Rückzahlungspflicht nach Absatz 5 ist auf Verlangen des Darlehensnehmers oder der Darlehensnehmerin zum 1. April oder 1. Oktober eines Jahres für die restliche Laufzeit des Darlehens, längstens für zehn Jahre, ein Festzins zu vereinbaren. Die Festzinsvereinbarung muss einen Monat im Voraus verlangt werden. Im Falle des Satzes 4 gilt – vorbehaltlich des Gleichbleibens der Rechtslage – der Zinssatz für Bankschuldverschreibungen mit einer der Dauer der Zinsfestschreibung entsprechenden Laufzeit, zuzüglich eines Verwaltungskostenaufschlags in Höhe von bis zu 1 vom Hundert. Ab Beginn der Rück-

zahlungspflicht nach Absatz 5 erhöhen sich die Zinssätze nach den Sätzen 2 und 6 um einen Risikozuschlag in Höhe von bis zu 0,7 vom Hundert.

(3) Das Darlehen ist während der Dauer der Maßnahme und einer anschließenden Karenzzeit von zwei Jahren, längstens jedoch während eines Zeitraums von sechs Jahren, für den Darlehensnehmer oder die Darlehensnehmerin zins- und tilgungsfrei.

(4) Das Darlehen nach § 12 Absatz 2 ist bis zu der im Bescheid angegebenen Höhe unbar monatlich im Voraus zu zahlen. Abweichend von Satz 1 werden Darlehen bis zu 30 Euro monatlich für den Bewilligungszeitraum in einem Betrag im Voraus gezahlt. Darlehensbeträge für bereits abgelaufene Monate sind mit dem für den nächsten Monat fälligen Betrag, sonst unverzüglich, zu zahlen. Das Darlehen nach § 12 Absatz 1 ist mit Ausnahme der Kosten für die Prüfungsgebühr bis zu der im Bescheid angegebenen Höhe, in der Regel höchstens bis zu einem Betrag von 4 000 Euro unbar in einem Betrag zu zahlen. Die Erstattung der Prüfungsgebühr erfolgt nach Maßgabe des § 24 Absatz 1 Satz 4. Über die Auszahlung höherer Darlehen trifft die Kreditanstalt für Wiederaufbau mit dem Darlehensnehmer oder der Darlehensnehmerin eine Vereinbarung unter Berücksichtigung der Fälligkeit der Lehrgangsgebühren.

(5) Das Darlehen ist nach Ablauf der Karenzzeit innerhalb von zehn Jahren – vorbehaltlich des Gleichbleibens der Rechtslage – in monatlichen Raten von grundsätzlich mindestens 128 Euro zurückzuzahlen. Die Kreditanstalt für Wiederaufbau kann die Zahlung für jeweils drei aufeinanderfolgende Monate in einem Betrag geltend machen, es sei denn, der Darlehensnehmer oder die Darlehensnehmerin verlangt eine monatliche Ratenzahlung. Die Rückzahlungsraten sind bei monatlicher Zahlungsweise jeweils am Ende des Monats, bei vierteljährlicher Zahlungsweise jeweils am Ende des dritten Monats zu leisten. Der Rückzahlungsbetrag wird von der Kreditanstalt für Wiederaufbau im Lastschrifteinzugsverfahren eingezogen. Das Darlehen kann auch in Teilbeträgen vorzeitig zurückgezahlt werden.

(6) 30 Tage vor dem Beginn der Rückzahlung teilt die Kreditanstalt für Wiederaufbau dem Darlehensnehmer oder der Darlehensnehmerin – unbeschadet der Fälligkeit der ersten Rückzahlungsrate nach Absatz 3 – die Höhe der Darlehensschuld, die zu diesem Zeitpunkt geltende Zinsregelung, die Höhe der monatlichen Rückzahlungsrate und den Tilgungszeitraum mit.

(7) Mit dem Tod des Darlehensnehmers oder der Darlehensnehmerin erlischt die Darlehensrestschuld, soweit sie noch nicht fällig ist.

(8) Mit der Eröffnung des gerichtlichen Insolvenzverfahrens über das Vermögen einer natürlichen Person oder nach der Abweisung des Antrags auf Eröffnung des Insolvenzverfahrens mangels Masse werden die Darlehensrestschuld und Zinsschuld zur sofortigen Rückzahlung fällig. Die Absätze 3, 5 und 6 sowie § 13b finden keine Anwendung.

§ 13a

Einkommensabhängige Rückzahlung

Von der Verpflichtung zur Rückzahlung ist der Darlehensnehmer oder die Darlehensnehmerin auf seinen oder ihren Antrag durch die Kreditanstalt für Wiederaufbau freizustellen, soweit das Einkommen monatlich den Betrag nach § 18a Absatz 1 des

Bundesausbildungsförderungsgesetzes nicht übersteigt. Sofern der übersteigende Betrag geringer ist als die monatlich zurückzuzahlende Mindestrate von 128 Euro, ist die Rückzahlungsrate auf den übersteigenden Betrag zu reduzieren. Die Freistellung ist in diesen Fällen auf die Differenz zwischen dem übersteigenden Betrag und der Mindestrate beschränkt. § 18a Absatz 3 und 4 des Bundesausbildungsförderungsgesetzes ist entsprechend anzuwenden. Eine Freistellung von der Verpflichtung zur Rückzahlung kann für längstens fünf Jahre erfolgen.

§ 13b
Erlass und Stundung

(1) Hat der Darlehensnehmer oder die Darlehensnehmerin die Fortbildungsprüfung bestanden, wird ihm oder ihr gegen Vorlage des Prüfungszeugnisses 40 Prozent des zu diesem Zeitpunkt noch nicht fällig gewordenen Darlehens für die Lehrgangs- und Prüfungsgebühren nach § 12 Absatz 1 Satz 1 Nummer 1 erlassen.

(2) Hat der Darlehensnehmer oder die Darlehensnehmerin innerhalb von drei Jahren nach Beendigung der Maßnahme im Inland ein Unternehmen oder eine freiberufliche Existenz gegründet oder übernommen oder einen bestehenden Gewerbebetrieb erweitert und trägt er oder sie dafür überwiegend die unternehmerische Verantwortung, wird auf Antrag und gegen Vorlage der erforderlichen Nachweise das bis zu diesem Zeitpunkt noch nicht fällig gewordene, auf die Lehrgangs- und Prüfungsgebühren entfallende Restdarlehen nach § 12 Absatz 1 Satz 1 Nummer 1 teilweise erlassen, wenn er oder sie

1. die Fortbildungsprüfung bestanden hat,

2. das Unternehmen, die freiberufliche Existenz oder den erweiterten Gewerbebetrieb mindestens ein Jahr führt und

3. spätestens am Ende des dritten Jahres nach der Gründung oder Übernahme des Unternehmens oder der freiberuflichen Existenz oder der Erweiterung des Gewerbebetriebs mindestens eine Person zusätzlich eingestellt hat und zum Zeitpunkt der Antragstellung noch beschäftigt.

Die Höhe des Erlasses beträgt im Einzelnen:

a) 33 Prozent für einen zusätzlichen Auszubildenden oder eine zusätzliche Auszubildende, dessen oder deren Ausbildungsverhältnis seit mindestens zwölf Monaten besteht,

b) 33 Prozent für einen zusätzlichen Arbeitnehmer oder eine zusätzliche Arbeitnehmerin, dessen oder deren sozialversicherungspflichtiges unbefristetes Vollzeitarbeitsverhältnis zum Zeitpunkt der Antragstellung seit mindestens sechs Monaten besteht und ungekündigt ist, oder

c) 66 Prozent für einen zusätzlichen Auszubildenden oder eine zusätzliche Auszubildende und einen zusätzlichen Arbeitnehmer oder eine zusätzliche Arbeitnehmerin oder für zwei zusätzliche Arbeitnehmer oder Arbeitnehmerinnen, sofern die jeweiligen Beschäftigungsvoraussetzungen nach den Buchstaben a und b erfüllt sind.

Insgesamt dürfen nicht mehr als 66 Prozent des noch nicht fällig gewordenen Restdarlehens für die Lehrgangs- und Prüfungsgebühren erlassen werden.

In den ersten drei Jahren nach der Existenzgründung fällige Rückzahlungsraten werden auf Antrag des Darlehensnehmers oder der Darlehensnehmerin in Höhe von maximal 66 Prozent des noch nicht fällig gewordenen Restdarlehens für die Lehrgangs- und Prüfungsgebühren gestundet. Die Darlehensschuld erhöht sich um die nach Satz 4 gestundeten Zinsen, wenn die Voraussetzungen für einen Erlass nach Absatz 2 nicht erfüllt werden.

(3) Für jeden Monat, für den der Darlehensnehmer oder die Darlehensnehmerin glaubhaft macht, dass

1. sein oder ihr Einkommen den Betrag nach § 18a Absatz 1 und 2 des Bundesausbildungsförderungsgesetzes nicht übersteigt,

2. er oder sie ein Kind, das das zehnte Lebensjahr noch nicht vollendet hat, erzieht oder ein behindertes Kind betreut oder einen im Sinne der in der bis zum 31. Dezember 2016 geltenden Fassung der §§ 14 und 15 Absatz 1 Nummer 2 und 3 des Elften Buches Sozialgesetzbuch pflegebedürftigen, in § 7 Absatz 3 des Pflegezeitgesetzes bezeichneten nahen Angehörigen pflegt und die Pflege nicht von einem oder einer anderen im Haushalt lebenden Angehörigen übernommen werden kann und

3. er oder sie nicht oder wöchentlich nicht mehr als 30 Stunden erwerbstätig ist,

wird auf Antrag die Rückzahlungsrate nach § 13 Absatz 5 längstens für einen Zeitraum von zunächst zwölf Monaten gestundet. Der Darlehensnehmer oder die Darlehensnehmerin ist verpflichtet, während der Dauer der Stundung jede nach dem Zeitpunkt der Antragstellung eintretende Änderung der Verhältnisse nach Satz 1 Nummer 1 bis 3 der Kreditanstalt für Wiederaufbau schriftlich oder elektronisch mitzuteilen. Kommt der Darlehensnehmer oder die Darlehensnehmerin dieser Verpflichtung nicht nach, gerät er oder sie mit jeder zu Unrecht gestundeten Rate auch ohne Mahnung in Verzug. Nach Ablauf des Stundungszeitraums werden auf Antrag die gestundeten Raten erlassen, soweit der Darlehensnehmer oder die Darlehensnehmerin nachweist, dass zum Zeitpunkt der Antragstellung die Voraussetzungen des Satzes 1 Nummer 1 bis 3 noch gegeben sind. Kind des Darlehensnehmers oder der Darlehensnehmerin ist ein Kind, für das er oder sie einen Anspruch auf Kindergeld nach dem Einkommensteuergesetz oder dem Bundeskindergeldgesetz hat, soweit das Kind das zehnte Lebensjahr noch nicht vollendet hat, sowie Kinder im Sinne des § 32 Absatz 4 Nummer 3 des Einkommensteuergesetzes oder des § 2 Absatz 2 Nummer 3 des Bundeskindergeldgesetzes. Ab dem 1. Januar 2017 findet Satz 1 Nummer 2 auf Darlehensnehmer und Darlehensnehmerinnen nur Anwendung, wenn sie Personen mit mindestens Pflegegrad 3 in der ab dem 1. Januar 2017 geltenden Fassung der §§ 14 und 15 des Elften Buches Sozialgesetzbuch pflegen.

(4) Über den Antrag des Darlehensnehmers oder der Darlehensnehmerin auf Stundung und Erlass entscheidet in den Fällen der Absätze 1 bis 3 die Kreditanstalt für Wiederaufbau.

§ 14

Kreditanstalt für Wiederaufbau

(1) Bis zum Ende des vierten Jahres nach Beginn der Darlehensrückzahlung wird der Kreditanstalt für Wiederaufbau auf Verlangen die Darlehens- und Zinsschuld ei-

nes Darlehensnehmers oder einer Darlehensnehmerin erstattet, von dem oder von der eine termingerechte Zahlung nicht zu erwarten ist. Dies ist insbesondere der Fall, wenn

1. der Darlehensnehmer oder die Darlehensnehmerin die Rückzahlungsrate für sechs aufeinanderfolgende Monate nicht geleistet hat oder für diesen Zeitraum mit einem Betrag in Höhe des Vierfachen der monatlichen Rückzahlungsrate im Rückstand ist,

2. der Darlehensvertrag von der Kreditanstalt für Wiederaufbau entsprechend den geltenden Bestimmungen wirksam gekündigt worden ist,

3. die Rückzahlung des Darlehens infolge der Erwerbs- oder Arbeitsunfähigkeit oder einer Erkrankung des Darlehensnehmers oder der Darlehensnehmerin von mehr als einem Jahr Dauer nachhaltig erschwert oder unmöglich geworden ist,

4. der Darlehensnehmer oder die Darlehensnehmerin zahlungsunfähig geworden ist oder Hilfe zum Lebensunterhalt nach dem Zwölften Buch Sozialgesetzbuch oder Leistungen zur Sicherung des Lebensunterhalts nach dem Zweiten Buch Sozialgesetzbuch erhält oder

5. der Aufenthalt des Darlehensnehmers oder der Darlehensnehmerin seit mehr als sechs Monaten nicht ermittelt werden konnte.

Mit der Zahlung nach Satz 1 geht der Anspruch aus dem Darlehensvertrag auf den Bund über.

(2) Der Kreditanstalt für Wiederaufbau werden jeweils zum 30. März, 30. Juni, 30. September und 30. Dezember eines Jahres erstattet:

1. Zinsen, von deren Zahlung der Darlehensnehmer oder die Darlehensnehmerin nach § 13 Absatz 3 freigestellt ist,

2. Beträge, die sie nach § 13b erlassen hat,

3. Beträge, die ihr nach Absatz 1 zu erstatten sind,

4. Zinsen für die nach § 13b gestundeten Rückzahlungsraten in Höhe des nach § 13 Absatz 2 Satz 2 geltenden EURIBOR-Satzes,

5. Darlehensforderungen, die wegen des Todes des Darlehensnehmers oder der Darlehensnehmerin nach § 13 Absatz 7 erloschen sind.

Wird ein Darlehen mit einem festen Zinssatz nach § 13 Absatz 5 Satz 5 vorzeitig zurückgezahlt, erhält die Kreditanstalt für Wiederaufbau eine Vorfälligkeitsentschädigung in Höhe des ihr entstandenen Wiederanlageschadens.

(3) Für die Verwaltung und Einziehung der Darlehen nach § 18 erhält die Kreditanstalt für Wiederaufbau neben den notwendigen Kosten der Rechtsverfolgung jeweils für zwölf Monate eine Verwaltungskostenpauschale in Höhe von 2,5 vom Hundert des Restdarlehens, höchstens jedoch 128 Euro.

§ 15

Aufrechnung

Mit einem Anspruch auf Erstattung von Zuschüssen kann gegen den Anspruch auf entsprechende Leistungen in voller Höhe aufgerechnet werden.

§ 16

Rückzahlungspflicht

(1) Haben die Voraussetzungen für die Leistung des Unterhaltsbeitrages an keinem Tag des Kalendermonats vorgelegen, für den er gezahlt worden ist, so ist außer in den Fällen der §§ 44 bis 50 des Zehnten Buches Sozialgesetzbuch insoweit der Bewilligungsbescheid aufzuheben und der Unterhaltsbeitrag zu erstatten, als der Teilnehmer oder die Teilnehmerin, der jeweilige Ehegatte oder Lebenspartner Einkommen erzielt hat, das bei der Bewilligung nicht berücksichtigt worden ist; Regelanpassungen gesetzlicher Renten und Versorgungsbezüge bleiben hierbei außer Betracht.

(2) Soweit Leistungen nach diesem Gesetz unter dem Vorbehalt der Rückforderung gewährt wurden und der entsprechende Vorbehalt greift, ist der Bewilligungsbescheid insoweit aufzuheben und der Teilnehmer oder die Teilnehmerin hat die erhaltenen Leistungen insoweit zu erstatten.

(3) Weist der Teilnehmer oder die Teilnehmerin in einem Nachweis des Bildungsträgers nicht die regelmäßige Teilnahme an der Maßnahme nach und kann diese bis zum Ende der Maßnahme nicht mehr erreicht werden, so ist der Bewilligungsbescheid insgesamt aufzuheben und der Teilnehmer oder die Teilnehmerin hat die erhaltenen Leistungen zu erstatten, es sei denn, er oder sie hat die Maßnahme aus wichtigem Grund abgebrochen und bis zum Abbruch regelmäßig an der Maßnahme teilgenommen.

(4) Weist der Teilnehmer oder die Teilnehmerin nach sechs Monaten oder in einem weiteren Nachweis des Bildungsträgers nach § 9a Absatz 2 Satz 2 während der Maßnahme nicht die regelmäßige Teilnahme nach, kann diese aber bis zum Ende der Maßnahme noch erreicht werden, erfolgt die Aufhebung des Bewilligungsbescheides insgesamt erst, wenn auch in einem weiteren Teilnahmenachweis des Bildungsträgers die regelmäßige Teilnahme nicht erreicht wird. Die zuständige Behörde weist den Teilnehmer oder die Teilnehmerin in Textform auf den nächsten Vorlagezeitpunkt und die Folge eines erneut nicht erfolgreichen Teilnahmenachweises hin.

(5) Besteht eine Vollzeitmaßnahme aus mehreren Maßnahmeabschnitten und wird der Bewilligungsbescheid insgesamt aufgehoben, ist der Unterhaltsbeitrag nur für die Maßnahmeabschnitte zu erstatten, an denen der Teilnehmer oder die Teilnehmerin nicht regelmäßig teilgenommen hat.

Vierter Abschnitt
Einkommens- und Vermögensanrechnung

§ 17

Einkommens- und Vermögensanrechnung

(1) Für die Anrechnung des Einkommens und des Vermögens nach § 10 Absatz 2 gelten mit Ausnahme des § 29 des Bundesausbildungsförderungsgesetzes und der Ermächtigungen zum Erlass von Rechtsverordnungen in § 21 Absatz 3 Nummer 4 die Abschnitte IV und V des Bundesausbildungsförderungsgesetzes sowie die Verord-

nung zur Bezeichnung der als Einkommen geltenden sonstigen Einnahmen nach § 21 Absatz 3 Nummer 4 des Bundesausbildungsförderungsgesetzes mit der Maßgabe entsprechend, dass an die Stelle des Amtes für Ausbildungsförderung die für dieses Gesetz zuständige Behörde tritt und dass in den Fällen des § 24 Absatz 2 und 3 des Bundesausbildungsförderungsgesetzes über den Antrag ohne Vorbehalt der Rückforderung entschieden wird. § 11 Absatz 4 des Bundesausbildungsförderungsgesetzes ist entsprechend anzuwenden.

(2) Als Ehegatte oder Lebenspartner im Sinne dieses Gesetzes gilt der nicht dauerhaft getrennt lebende Ehegatte oder Lebenspartner, sofern dieses Gesetz nichts anderes bestimmt.

§ 17a
Freibeträge vom Vermögen

(1) Von dem Vermögen bleiben anrechnungsfrei

1. für den Teilnehmer oder die Teilnehmerin selbst 45 000 Euro,
2. für den jeweiligen Ehegatten oder Lebenspartner 2 100 Euro,
3. für jedes Kind des Teilnehmers oder der Teilnehmerin 2 100 Euro.

(2) Zur Vermeidung unbilliger Härten kann ein weiterer Teil des Vermögens anrechnungsfrei bleiben.

Fünfter Abschnitt
Organisation

§ 18
Übergegangene Darlehensforderungen

Die nach § 14 Absatz 1 auf den Bund übergegangenen Darlehensforderungen werden von der Kreditanstalt für Wiederaufbau verwaltet und eingezogen.

Sechster Abschnitt
Verfahren

§ 19
Antrag

(1) Über die Förderungsleistung einschließlich der Höhe der Darlehenssumme entscheidet die zuständige Behörde auf schriftlichen Antrag. Der Maßnahmebeitrag muss spätestens bis zum Ende der Maßnahme, bei mehreren in sich selbstständigen Abschnitten bis zum Ende des jeweiligen Maßnahmeabschnittes beantragt werden.

(2) Soweit für die Erhebung der für Entscheidungen nach diesem Gesetz erforderlichen Tatsachen Vordrucke vorgesehen sind, sind diese zu benutzen.

§ 19a
Örtliche Zuständigkeit

Für die Entscheidung über die Förderungsleistungen ist die von den Ländern für die Durchführung dieses Gesetzes bestimmte Behörde des Bezirks zuständig, in dem der Teilnehmer oder die Teilnehmerin bei Antragstellung seinen oder ihren ständigen Wohnsitz hat. Hat der Teilnehmer oder die Teilnehmerin im Inland keinen ständigen Wohnsitz, so ist die Behörde zuständig, in deren Bezirk die Fortbildungsstätte liegt.

§ 19b
Vorschuss; elektronisches Antragsverfahren

(1) Können bei der erstmaligen Antragstellung für einen Bewilligungszeitraum die zur Entscheidung über einen vollständigen Antrag erforderlichen Feststellungen nicht innerhalb von sechs Kalenderwochen getroffen oder können Zahlungen nicht innerhalb von zehn Kalenderwochen geleistet werden, so werden unter dem Vorbehalt der Rückforderung geleistet:

1. der Zuschuss zum voraussichtlichen Unterhaltsbeitrag für vier Monate und

2. der Zuschuss zum Maßnahmebeitrag, soweit der Teilnehmer oder die Teilnehmerin die Fälligkeit der Kosten der Lehrveranstaltung nachweist.

(2) Die Länder sind verpflichtet, bis zum 1. August 2016 eine elektronische Antragstellung zu ermöglichen, die den Vorgaben des § 36a Absatz 2 Satz 4 Nummer 1 oder 2 des Ersten Buches Sozialgesetzbuch entspricht.

§ 20
Mitteilungspflicht

Die Kreditanstalt für Wiederaufbau unterrichtet die zuständige Behörde über den Abschluss eines Darlehensvertrages nach § 13 Absatz 1. Die zuständige Behörde unterrichtet in diesen Fällen die Kreditanstalt für Wiederaufbau über Änderungen des Bescheids, die zu einer Verringerung der Leistungen nach diesem Gesetz führen.

§ 21
Auskunftspflichten

(1) Die Träger der Maßnahmen sind verpflichtet, den zuständigen Behörden auf Verlangen alle Auskünfte zu erteilen und Urkunden vorzulegen sowie die Besichtigung der Fortbildungsstätte zu gestatten, soweit die Durchführung dieses Gesetzes es erfordert. Sie sind verpflichtet, für die Förderung relevante Veränderungen ihres Geschäftsbetriebs und der Maßnahme, das Einstellen eines Lehrgangs, den Nichtantritt, die vorzeitige Beendigung, die nicht regelmäßige Teilnahme, den Abbruch der

Maßnahme durch den Teilnehmer oder die Teilnehmerin oder eine Kündigung der Maßnahme vor Ablauf der vertraglichen Dauer nach § 7 Absatz 1 den zuständigen Behörden unverzüglich mitzuteilen, sobald ihnen diese Umstände bekannt werden.

(2) § 60 Absatz 1 Satz 1 und Absatz 2 des Ersten Buches Sozialgesetzbuch gilt entsprechend für denjenigen oder diejenige, der oder die Leistungen zu erstatten hat und den jeweiligen Ehegatten oder Lebenspartner des Antragstellers oder der Antragstellerin.

(3) Öffentliche und nicht öffentliche Stellen dürfen personenbezogene Daten, die zur Durchführung dieses Gesetzes erforderlich sind, den für die Durchführung dieses Gesetzes zuständigen Behörden auf deren Verlangen übermitteln, soweit hierdurch schutzwürdige Belange der betroffenen Person oder der betroffenen Personen nicht beeinträchtigt werden oder das öffentliche Interesse das Geheimhaltungsinteresse der betroffenen Person oder der betroffenen Personen überwiegt. Die Übermittlung unterbleibt, wenn dem besondere gesetzliche Verwendungsregelungen entgegenstehen.

(4) Soweit dies zur Durchführung dieses Gesetzes erforderlich ist, hat

1. der jeweilige Arbeitgeber auf Verlangen dem Teilnehmer oder der Teilnehmerin und dem jeweiligen Ehegatten oder Lebenspartner sowie der zuständigen Behörde eine Bescheinigung über den Arbeitslohn und den als Lohnsteuerabzugsmerkmal mitgeteilten Freibetrag auszustellen,

2. die jeweilige Zusatzversorgungseinrichtung des öffentlichen Dienstes oder öffentlich-rechtliche Zusatzversorgungseinrichtung auf Verlangen der zuständigen Behörde Auskünfte über die von ihr geleistete Alters- und Hinterbliebenenversorgung des Teilnehmers oder der Teilnehmerin und des jeweiligen Ehegatten oder Lebenspartners zu erteilen.

(5) Die zuständige Behörde kann den in den Absätzen 1 bis 3 bezeichneten Institutionen und Personen eine angemessene Frist zur Erteilung von Auskünften und Vorlage von Urkunden setzen.

§ 22

Ersatzpflicht des Ehegatten oder Lebenspartners

Hat der Ehegatte oder Lebenspartner des Teilnehmers oder der Teilnehmerin die Leistung von Förderung an diesen oder diese dadurch herbeigeführt, dass er oder sie vorsätzlich oder grob fahrlässig falsche oder unvollständige Angaben gemacht oder eine Anzeige nach § 21 Absatz 2 unterlassen hat, so hat er oder sie den zu Unrecht geleisteten Förderungsbetrag zu ersetzen. Der Betrag ist vom Zeitpunkt der zu Unrecht erfolgten Leistung an mit 3 vom Hundert über dem Basiszinssatz nach § 247 des Bürgerlichen Gesetzbuchs für das Jahr zu verzinsen.

§ 23

Bescheid

(1) Entscheidungen nach diesem Gesetz sind dem Antragsteller oder der Antragstellerin schriftlich oder elektronisch mitzuteilen (Bescheid). In dem Bescheid über

den ersten Förderantrag für eine Maßnahme wird dem Grunde nach über die Förderung der Maßnahme einschließlich aller Maßnahmeabschnitte des nach § 6 Absatz 1 Satz 2 vorzulegenden Fortbildungsplans entschieden und der maximale Zeitrahmen nach § 2 Absatz 3 festgesetzt.

(2) In dem Bescheid sind anzugeben:

1. die Höhe des Zuschussanteils zum Maßnahmebeitrag nach § 12 Absatz 1 Satz 2,

2. die Höhe des Maßnahmedarlehens nach § 12 Absatz 1 Satz 1 und 3,

3. die Dauer der Zins- und Tilgungsfreiheit nach § 13 Absatz 3,

4. die Frist nach § 12 Absatz 4, bis zu der der Abschluss eines Darlehensvertrags verlangt werden kann,

5. das Ende der Förderungshöchstdauer nach § 11 und

6. der Zeitpunkt zur Vorlage des Teilnahmenachweises sowie die Rechtsfolgen der Nichtvorlage und der nicht regelmäßigen Teilnahme nach § 9a.

Bei Maßnahmen in Vollzeitform sind zusätzlich anzugeben:

1. die Höhe des Zuschussanteils zum Unterhaltsbeitrag nach § 12 Absatz 2 Satz 1 und 2,

2. die Höhe des Zuschussanteils zum Erhöhungsbetrag für Kinder nach § 12 Absatz 2 Satz 3,

3. die Höhe des Unterhaltsdarlehens nach § 12 Absatz 2 Satz 5,

4. die Höhe des Einkommens des Teilnehmers oder der Teilnehmerin, des jeweiligen Ehegatten oder Lebenspartners sowie die Höhe des Vermögens des Teilnehmers oder der Teilnehmerin nach § 17,

5. die Höhe der bei der Ermittlung des Einkommens berücksichtigten Steuern und Abzüge zur Abgeltung der Aufwendungen für die soziale Sicherung nach § 17,

6. die Höhe der gewährten Freibeträge nach den §§ 17 und 17a,

7. die Höhe der auf den Bedarf angerechneten Beträge vom Einkommen und Vermögen des Teilnehmers oder der Teilnehmerin sowie vom Einkommen des jeweiligen Ehegatten oder Lebenspartners nach § 10 Absatz 2 Satz 4 und § 17.

Bei Alleinerziehenden ist zusätzlich der Zuschuss für den Kinderbetreuungszuschlag nach § 10 Absatz 3 anzugeben.

Bei Gewährung einer Förderung für die Prüfungsvorbereitungsphase ist zusätzlich anzugeben:

1. die Höhe des Unterhaltsdarlehens sowie

2. bei Alleinerziehenden die Höhe des Darlehens für den Kinderbetreuungszuschlag nach § 12 Absatz 3.

(3) Besteht eine Maßnahme aus mehreren Maßnahmeabschnitten, kann die Förderung auf einen oder mehrere Maßnahmeabschnitte beschränkt werden (Bewilligungszeitraum). Auch in diesem Fall erfolgt die Förderung nach § 9a Absatz 1 Satz 5 unter dem Vorbehalt der regelmäßigen Teilnahme an der Maßnahme einschließlich aller Maßnahmeabschnitte des nach § 6 Absatz 1 Satz 2 vorzulegenden Fortbildungsplans.

(4) Auf Antrag hat die zuständige Behörde vorab zu entscheiden, ob für die Teilnahme an einer Maßnahme nach fachlicher Richtung, Fortbildungsziel, zeitlicher und

inhaltlicher Gestaltung und Art des Trägers dem Grunde nach die Förderungsvoraussetzungen vorliegen. Die zuständige Behörde ist an die Entscheidung nicht mehr gebunden, wenn mit der Maßnahme nicht binnen eines Jahres nach Antragstellung begonnen wird.

§ 24
Zahlweise

(1) Die Zuschussanteile am Unterhaltsbeitrag nach § 12 Absatz 2 und der Zuschuss für die Kinderbetreuung nach § 10 Absatz 3 und § 12 Absatz 2 Satz 3 sind unbar monatlich im Voraus zu zahlen. Der Zuschussanteil zum Maßnahmebeitrag nach § 12 Absatz 1 Satz 2 kann bis zu der im Bescheid angegebenen Höhe, höchstens bis zu einem Betrag von 2 600 Euro, in einem Betrag gezahlt werden. Die nach § 19 zuständige Stelle kann unter Berücksichtigung der Fälligkeit der Lehrgangsgebühren die Auszahlung eines höheren Betrages bewilligen. Der Maßnahmebeitrag für die Prüfungsgebühr und der Förderbetrag für die Erstellung der fachpraktischen Arbeit nach § 12 Absatz 1 Satz 1 Nummer 2 werden erst bei Fälligkeit und gegen Vorlage der Rechnungen oder des Gebührenbescheids bis zu zwei Jahren nach Ende der Maßnahme ausgezahlt. Die Auszahlung der Bankdarlehen erfolgt nach Maßgabe des § 13 durch die Kreditanstalt für Wiederaufbau.

(2) Die monatlichen Zuschussanteile am Unterhaltsbeitrag und der Zuschuss für die Kinderbetreuung nach § 10 Absatz 3 und § 12 Absatz 2 Satz 3 werden bei Restbeträgen bis zu 0,49 Euro auf volle Euro abgerundet und bei Restbeträgen ab 0,50 Euro auf volle Euro aufgerundet.

(3) Monatliche Zuschussbeträge unter 16 Euro werden nicht geleistet.

§ 25
Änderung des Bescheides

Ändert sich ein für die Leistung der Förderung maßgeblicher Umstand, so wird der Bescheid geändert

1. zugunsten des Teilnehmers oder der Teilnehmerin vom Beginn des Monats, in dem die Änderung eingetreten ist, rückwirkend jedoch höchstens für die drei Monate vor dem Monat, in dem sie der zuständigen Behörde mitgeteilt wurde,

2. zuungunsten des Teilnehmers oder der Teilnehmerin vom Beginn des Monats, der auf den Eintritt der Änderung folgt,

wenn diese Änderung zu einer Erhöhung oder Minderung des Unterhaltsbeitrages oder des Maßnahmebeitrags um wenigstens 16 Euro führt. Nicht als Änderung im Sinne des Satzes 1 gelten Regelanpassungen gesetzlicher Renten und Versorgungsbezüge. § 48 des Zehnten Buches Sozialgesetzbuch findet keine Anwendung; Erstattungen richten sich nach § 50 des Zehnten Buches Sozialgesetzbuch. Abweichend von Satz 1 wird der Bescheid vom Beginn des Bewilligungszeitraums geändert, wenn in den Fällen des § 22 Absatz 2 und des § 24 Absatz 3 des Bundesausbildungsförderungsgesetzes eine Änderung des Einkommens des Teilnehmers oder der Teilnehmerin, des jeweiligen Ehegatten oder Lebenspartners oder in den

Fällen des § 25 Absatz 6 Bundesausbildungsförderungsgesetzes eine Änderung des Freibetrages eingetreten ist.

§ 26

Rechtsweg

Für öffentlich-rechtliche Streitigkeiten nach diesem Gesetz ist der Verwaltungsrechtsweg, für Streitigkeiten aus dem Darlehensvertrag der ordentliche Rechtsweg gegeben.

§ 27

Statistik

(1) Über die Förderung nach diesem Gesetz werden eine halbjährliche und eine jährliche Bundesstatistik durchgeführt.

(2) Die Statistik erfasst zur Mitte des Jahres für das vorausgegangene Kalenderhalbjahr und jährlich für das vorausgegangene Kalenderjahr die Zahl der Geförderten (Erst- und Folgegeförderte), der Anträge und Bewilligungen (Erst- und Folgebewilligungen), der Ablehnungen, der Abbrüche und Unterbrechungen der bewilligten und ausgezahlten Darlehen sowie Zahl und Höhe der nach § 13a gewährten Freistellungen und der nach § 13b gewährten Darlehenserlasse und Stundungen und für jeden Geförderten folgende Erhebungsmerkmale:

1. von dem Teilnehmer oder der Teilnehmerin: Geschlecht, Geburtsjahr, Staatsangehörigkeit, Art des ersten berufsqualifizierenden Ausbildungsabschlusses und der beruflichen Vorqualifikation, vorhandene Hochschulabschlüsse, Fortbildungsziel, Fortbildungsstätte nach Art und rechtlicher Stellung, Monat und Jahr des Beginns und des Endes der Förderungshöchstdauer, Art, Höhe und Zusammensetzung des Maßnahmebeitrages nach § 12 Absatz 1,

2. von dem Teilnehmer oder der Teilnehmerin an Maßnahmen in Vollzeitform zusätzlich: Familienstand, Unterhaltsberechtigtenverhältnis der Kinder, Höhe und Zusammensetzung des monatlichen Gesamtbedarfs des Teilnehmers oder der Teilnehmerin, auf den Bedarf anzurechnende Beträge vom Einkommen und Vermögen des Teilnehmers oder der Teilnehmerin, Monat und Jahr des Beginns und Endes des Bewilligungszeitraums sowie Art, Zusammensetzung und Höhe des Unterhaltsbeitrages während der Maßnahme nach § 12 Absatz 2 sowie während der Prüfungsvorbereitungsphase nach § 12 Absatz 3 gegliedert nach Monaten, Höhe und Zusammensetzung des Einkommens nach § 21 und den Freibetrag nach § 23 Absatz 1 Satz 2 sowie, wenn eine Vermögensanrechnung erfolgt, die Höhe des Vermögens nach § 27 und des Härtefreibetrages nach § 29 Absatz 3 des Bundesausbildungsförderungsgesetzes,

3. von alleinerziehenden Teilnehmern und Teilnehmerinnen zusätzlich: Art, Höhe und Zusammensetzung des Kinderbetreuungszuschlags,

4. von dem jeweiligen Ehegatten oder Lebenspartner des Teilnehmers oder der Teilnehmerin an Maßnahmen in Vollzeitform: Höhe und Zusammensetzung des Ein-

kommens und des Freibetrags vom Einkommen und der vom Einkommen auf den Bedarf des Teilnehmers oder der Teilnehmerin anzurechnende Betrag.

(3) Hilfsmerkmale sind Name und Anschrift der zuständigen Behörden.

(4) Für die Durchführung der Statistik besteht Auskunftspflicht. Auskunftspflichtig sind die zuständigen Behörden und die Kreditanstalt für Wiederaufbau.

§ 27a
Anwendung des Sozialgesetzbuches

Soweit dieses Gesetz keine abweichenden Regelungen enthält, finden die §§ 1 bis 3, 11 bis 17, 30 bis 67 des Ersten Buches Sozialgesetzbuch und das Zehnte Buch Sozialgesetzbuch Anwendung; wird eine Leistung auf das Konto des Teilnehmers bei einem Kreditinstitut überwiesen, gilt bei fehlender Deckung des Kontos § 850k Abs. 6 der Zivilprozessordnung entsprechend.

Siebter Abschnitt
Aufbringung der Mittel

§ 28
Aufbringung der Mittel

(1) Die Ausgaben nach diesem Gesetz einschließlich der Erstattung an die Kreditanstalt für Wiederaufbau nach § 14 Absatz 2 werden vom Bund zu 78 vom Hundert und von den Ländern zu 22 vom Hundert getragen.

(2) Die Kreditanstalt für Wiederaufbau führt 22 vom Hundert des von ihr nach § 18 für den Bund eingezogenen Darlehensbetrages an das Land ab, in dem der Darlehensnehmer oder die Darlehensnehmerin seinen oder ihren Wohnsitz hat.

Achter Abschnitt
Bußgeld-, Übergangs- und Schlussvorschriften

§ 29
Bußgeldvorschriften

(1) Ordnungswidrig handelt, wer vorsätzlich oder fahrlässig

1. entgegen § 21 Absatz 1 eine Auskunft nicht, nicht richtig, nicht vollständig oder nicht rechtzeitig erteilt, eine Urkunde nicht, nicht richtig, nicht vollständig oder nicht rechtzeitig vorlegt oder eine Mitteilung nicht, nicht richtig, nicht vollständig oder nicht rechtzeitig macht oder

2. entgegen § 60 Absatz 1 Satz 1 des Ersten Buches Sozialgesetzbuch, auch in Verbindung mit § 21 Absatz 2, eine Angabe oder eine Änderungsmitteilung nicht,

nicht richtig, nicht vollständig oder nicht rechtzeitig macht oder eine Beweisurkunde nicht, nicht richtig, nicht vollständig oder nicht rechtzeitig vorlegt.

(2) Die Ordnungswidrigkeit kann mit einer Geldbuße bis zu dreitausend Euro geahndet werden.

§ 30
Übergangsvorschriften

(1) Für bis zum 31. Juli 2016 abgeschlossene Maßnahmen der beruflichen Aufstiegsfortbildung sind die Vorschriften dieses Gesetzes in der bis zum Ablauf des 31. Juli 2016 geltenden Fassung weiterhin anzuwenden.

(2) Für bis zum 31. Juli 2016 begonnene, noch nicht abgeschlossene Maßnahmen der beruflichen Aufstiegsfortbildung sind die Vorschriften dieses Gesetzes in der bis zum Ablauf des 31. Juli 2016 geltenden Fassung mit Ausnahme der §§ 10, 12 und 17a weiterhin anzuwenden.

(3) Die §§ 13a und 13b gelten für Freistellungs- und Erlassanträge, die ab dem 1. August 2016 bei der Kreditanstalt für Wiederaufbau eingehen, in der ab dem 1. August 2016 geltenden Fassung.

Ausbilder-Eignungsverordnung

Vom 21. Januar 2009 (BGBl. I S. 88)

Auf Grund des § 30 Absatz 5 des Berufsbildungsgesetzes vom 23. März 2005 (BGBl. I S. 931) verordnet das Bundesministerium für Bildung und Forschung nach Anhörung des Hauptausschusses des Bundesinstituts für Berufsbildung:

§ 1

Geltungsbereich

Ausbilder und Ausbilderinnen haben für die Ausbildung in anerkannten Ausbildungsberufen nach dem Berufsbildungsgesetz den Erwerb der berufs- und arbeitspädagogischen Fertigkeiten, Kenntnisse und Fähigkeiten nach dieser Verordnung nachzuweisen. Dies gilt nicht für die Ausbildung im Bereich der Angehörigen der freien Berufe.

§ 2

Berufs- und arbeitspädagogische Eignung

Die berufs- und arbeitspädagogische Eignung umfasst die Kompetenz zum selbstständigen Planen, Durchführen und Kontrollieren der Berufsausbildung in den Handlungsfeldern:

1. Ausbildungsvoraussetzungen prüfen und Ausbildung planen,
2. Ausbildung vorbereiten und bei der Einstellung von Auszubildenden mitwirken,
3. Ausbildung durchführen und
4. Ausbildung abschließen.

§ 3

Handlungsfelder

(1) Das Handlungsfeld nach § 2 Nummer 1 umfasst die berufs- und arbeitspädagogische Eignung, Ausbildungsvoraussetzungen zu prüfen und Ausbildung zu planen. Die Ausbilder und Ausbilderinnen sind dabei in der Lage,

1. die Vorteile und den Nutzen betrieblicher Ausbildung darstellen und begründen zu können,
2. bei den Planungen und Entscheidungen hinsichtlich des betrieblichen Ausbildungsbedarfs auf der Grundlage der rechtlichen, tarifvertraglichen und betrieblichen Rahmenbedingungen mitzuwirken,
3. die Strukturen des Berufsbildungssystems und seine Schnittstellen darzustellen,
4. Ausbildungsberufe für den Betrieb auszuwählen und dies zu begründen,

5. die Eignung des Betriebes für die Ausbildung in dem angestrebten Ausbildungsberuf zu prüfen sowie, ob und inwieweit Ausbildungsinhalte durch Maßnahmen außerhalb der Ausbildungsstätte, insbesondere Ausbildung im Verbund, überbetriebliche und außerbetriebliche Ausbildung, vermittelt werden können,

6. die Möglichkeiten des Einsatzes von auf die Berufsausbildung vorbereitenden Maßnahmen einzuschätzen sowie

7. im Betrieb die Aufgaben der an der Ausbildung Mitwirkenden unter Berücksichtigung ihrer Funktionen und Qualifikationen abzustimmen.

(2) Das Handlungsfeld nach § 2 Nummer 2 umfasst die berufs- und arbeitspädagogische Eignung, die Ausbildung unter Berücksichtigung organisatorischer sowie rechtlicher Aspekte vorzubereiten. Die Ausbilder und Ausbilderinnen sind dabei in der Lage,

1. auf der Grundlage einer Ausbildungsordnung einen betrieblichen Ausbildungsplan zu erstellen, der sich insbesondere an berufstypischen Arbeits- und Geschäftsprozessen orientiert,

2. die Möglichkeiten der Mitwirkung und Mitbestimmung der betrieblichen Interessenvertretungen in der Berufsbildung zu berücksichtigen,

3. den Kooperationsbedarf zu ermitteln und sich inhaltlich sowie organisatorisch mit den Kooperationspartnern, insbesondere der Berufsschule, abzustimmen,

4. Kriterien und Verfahren zur Auswahl von Auszubildenden auch unter Berücksichtigung ihrer Verschiedenartigkeit anzuwenden,

5. den Berufsausbildungsvertrag vorzubereiten und die Eintragung des Vertrages bei der zuständigen Stelle zu veranlassen sowie

6. die Möglichkeiten zu prüfen, ob Teile der Berufsausbildung im Ausland durchgeführt werden können.

(3) Das Handlungsfeld nach § 2 Nummer 3 umfasst die berufs- und arbeitspädagogische Eignung, selbstständiges Lernen in berufstypischen Arbeits- und Geschäftprozessen handlungsorientiert zu fördern. Die Ausbilder und Ausbilderinnen sind dabei in der Lage,

1. lernförderliche Bedingungen und eine motivierende Lernkultur zu schaffen, Rückmeldungen zu geben und zu empfangen,

2. die Probezeit zu organisieren, zu gestalten und zu bewerten,

3. aus dem betrieblichen Ausbildungsplan und den berufstypischen Arbeits- und Geschäftprozessen betriebliche Lern- und Arbeitsaufgaben zu entwickeln und zu gestalten,

4. Ausbildungsmethoden und -medien zielgruppengerecht auszuwählen und situationsspezifisch einzusetzen,

5. Auszubildende bei Lernschwierigkeiten durch individuelle Gestaltung der Ausbildung und Lernberatung zu unterstützen, bei Bedarf ausbildungsunterstützende Hilfen einzusetzen und die Möglichkeit zur Verlängerung der Ausbildungszeit zu prüfen,

6. Auszubildenden zusätzliche Ausbildungsangebote, insbesondere in Form von Zusatzqualifikationen, zu machen und die Möglichkeit der Verkürzung der Ausbildungsdauer und die der vorzeitigen Zulassung zur Abschlussprüfung zu prüfen,

7. die soziale und persönliche Entwicklung von Auszubildenden zu fördern, Probleme und Konflikte rechtzeitig zu erkennen sowie auf eine Lösung hinzuwirken,

8. Leistungen festzustellen und zu bewerten, Leistungsbeurteilungen Dritter und Prüfungsergebnisse auszuwerten, Beurteilungsgespräche zu führen, Rückschlüsse für den weiteren Ausbildungsverlauf zu ziehen sowie

9. interkulturelle Kompetenzen zu fördern.

(4) Das Handlungsfeld nach § 2 Nummer 4 umfasst die berufs- und arbeitspädagogische Eignung, die Ausbildung zu einem erfolgreichen Abschluss zu führen und dem Auszubildenden Perspektiven für seine berufliche Weiterentwicklung aufzuzeigen. Die Ausbilder und Ausbilderinnen sind dabei in der Lage,

1. Auszubildende auf die Abschluss- oder Gesellenprüfung unter Berücksichtigung der Prüfungstermine vorzubereiten und die Ausbildung zu einem erfolgreichen Abschluss zu führen,

2. für die Anmeldung der Auszubildenden zu Prüfungen bei der zuständigen Stelle zu sorgen und diese auf durchführungsrelevante Besonderheiten hinzuweisen,

3. an der Erstellung eines schriftlichen Zeugnisses auf der Grundlage von Leistungsbeurteilungen mitzuwirken sowie

4. Auszubildende über betriebliche Entwicklungswege und berufliche Weiterbildungsmöglichkeiten zu informieren und zu beraten.

§ 4

Nachweis der Eignung

(1) Die Eignung nach § 2 ist in einer Prüfung nachzuweisen. Die Prüfung besteht aus einem schriftlichen und einem praktischen Teil. Die Prüfung ist bestanden, wenn jeder Prüfungsteil mit mindestens „ausreichend" bewertet wurde. Innerhalb eines Prüfungsverfahrens kann eine nicht bestandene Prüfung zweimal wiederholt werden. Ein bestandener Prüfungsteil kann dabei angerechnet werden.

(2) Im schriftlichen Teil der Prüfung sind fallbezogene Aufgaben aus allen Handlungsfeldern zu bearbeiten. Die schriftliche Prüfung soll drei Stunden dauern.

(3) Der praktische Teil der Prüfung besteht aus der Präsentation einer Ausbildungssituation und einem Fachgespräch mit einer Dauer von insgesamt höchstens 30 Minuten. Hierfür wählt der Prüfungsteilnehmer eine berufstypische Ausbildungssituation aus. Die Präsentation soll 15 Minuten nicht überschreiten. Die Auswahl und Gestaltung der Ausbildungssituation sind im Fachgespräch zu erläutern. Anstelle der Präsentation kann eine Ausbildungssituation auch praktisch durchgeführt werden.

(4) Im Bereich der Landwirtschaft und im Bereich der Hauswirtschaft besteht der praktische Teil aus der Durchführung einer vom Prüfungsteilnehmer in Abstimmung mit dem Prüfungsausschuss auszuwählenden Ausbildungssituation und einem Fachgespräch, in dem die Auswahl und Gestaltung der Ausbildungssituation zu begründen sind. Die Prüfung im praktischen Teil soll höchstens 60 Minuten dauern.

(5) Für die Abnahme der Prüfung errichtet die zuständige Stelle einen Prüfungs-ausschuss. § 37 Absatz 2 und 3, § 39 Absatz 1 Satz 2, die §§ 40 bis 42, 46 und 47 des Berufsbildungsgesetzes gelten entsprechend.

§ 5

Zeugnis

Über die bestandene Prüfung ist jeweils ein Zeugnis nach den Anlagen 1 und 2 auszustellen.

§ 6

Andere Nachweise

(1) Wer die Prüfung nach einer vor Inkrafttreten dieser Verordnung geltenden Aus-bilder-Eignungsverordnung bestanden hat, die auf Grund des Berufsbildungs-gesetzes erlassen worden ist, gilt für die Berufsausbildung als im Sinne dieser Ver-ordnung berufs- und arbeitspädagogisch geeignet.

(2) Wer durch eine Meisterprüfung oder eine andere Prüfung der beruflichen Fort-bildung nach der Handwerksordnung oder dem Berufsbildungsgesetz eine berufs- und arbeitspädagogische Eignung nachgewiesen hat, gilt für die Berufsausbildung als im Sinne dieser Verordnung berufs- und arbeitspädagogisch geeignet.

(3) Wer eine sonstige staatliche, staatlich anerkannte oder von einer öffentlich-rechtlichen Körperschaft abgenommene Prüfung bestanden hat, deren Inhalt den in § 3 genannten Anforderungen ganz oder teilweise entspricht, kann von der zuständi-gen Stelle auf Antrag ganz oder teilweise von der Prüfung nach § 4 befreit werden. Die zuständige Stelle erteilt darüber eine Bescheinigung.

(4) Die zuständige Stelle kann von der Vorlage des Nachweises über den Erwerb der berufs- und arbeitspädagogischen Fertigkeiten, Kenntnisse und Fähigkeiten auf Antrag befreien, wenn das Vorliegen berufs- und arbeitspädagogischer Eignung auf andere Weise glaubhaft gemacht wird und die ordnungsgemäße Ausbildung sicher-gestellt ist. Die zuständige Stelle kann Auflagen erteilen. Auf Antrag erteilt die zu-ständige Stelle hierüber eine Bescheinigung.

§ 7

Fortführen der Ausbildertätigkeit

Wer vor dem 1. August 2009 als Ausbilder im Sinne des § 28 Absatz 1 Satz 2 des Berufsbildungsgesetzes tätig war, ist vom Nachweis nach den §§ 5 und 6 dieser Ver-ordnung befreit, es sei denn, dass die bisherige Ausbildertätigkeit zu Beanstandun-gen mit einer Aufforderung zur Mängelbeseitigung durch die zuständige Stelle geführt hat. Sind nach Aufforderung die Mängel beseitigt worden und Gefährdungen für eine ordnungsgemäße Ausbildung nicht zu erwarten, kann die zuständige Stelle vom Nachweis nach den §§ 5 und 6 befreien; sie kann dabei Auflagen erteilen.

§8

Übergangsregelung

Begonnene Prüfungsverfahren können bis zum Ablauf des 31. Juli 2010 nach den bisherigen Vorschriften zu Ende geführt werden. Die zuständige Stelle kann auf Antrag des Prüfungsteilnehmers oder der Prüfungsteilnehmerin die Wiederholungsprüfung nach dieser Verordnung durchführen; § 4 Absatz 1 Satz 5 findet in diesem Fall keine Anwendung. Im Übrigen kann bei der Anmeldung zur Prüfung bis zum Ablauf des 30. April 2010 die Anwendung der bisherigen Vorschriften beantragt werden.

§9

Inkrafttreten, Außerkrafttreten

Diese Verordnung tritt am 1. August 2009 in Kraft. Gleichzeitig tritt die Ausbilder-Eignungsverordnung vom 16. Februar 1999 (BGBl. I S. 157, 700), die zuletzt durch die Verordnung vom 14. Mai 2008 (BGBl. I S. 854) geändert worden ist, außer Kraft.

Anlage 1
(zu § 5)

Muster

....

Zeugnis

Herr/Frau ....

geboren am .... in ....

hat am .... die Prüfung

nach der Ausbilder-Eignungsverordnung vom 21. Januar 2009 (BGBl. I S. 88)

bestanden.

Damit wurden die berufs- und arbeitspädagogischen Fertigkeiten, Kenntnisse und Fähigkeiten im Sinne des § 30 des Berufsbildungsgesetzes nachgewiesen.

Ort/Datum ....

Unterschrift(en) ....

(Siegel der zuständigen Stelle)

Anlage 2
(zu § 5)

Muster

....

Zeugnis

Herr/Frau ....

geboren am .... in ....

hat am .... die Prüfung

nach der Ausbilder-Eignungsverordnung vom 21. Januar 2009 (BGBl. I S. 88) mit folgenden Ergebnissen bestanden:

	Punkte	Note
1. Schriftlicher Prüfungsteil	....	....
2. Praktischer Prüfungsteil	....	....

Damit wurden die berufs- und arbeitspädagogischen Fertigkeiten, Kenntnisse und Fähigkeiten im Sinne des § 30 des Berufsbildungsgesetzes nachgewiesen.

Ort/Datum ....

Unterschrift(en) ....

Gesetz zur Bekämpfung der Schwarzarbeit und illegalen Beschäftigung (Schwarzarbeitsbekämpfungsgesetz – SchwarzArbG)

Vom 23. Juli 2004 (BGBl. I S. 1842),

geändert durch
- Artikel 5 des Gesetzes vom 14. März 2005 (BGBl. I S. 721).
- Artikel 6 des Gesetzes vom 24. Juni 2005 (BGBl. I S. 1841).
- Artikel 6 Abs. 7 des Gesetzes vom 19. August 2007 (BGBl. I S. 1970).
- Artikel 4a des Gesetzes vom 7. September 2007 (BGBl. I S. 2246).
- Artikel 2 des Gesetzes vom 21. Dezember 2008 (BGBl. I S. 2933).
- Artikel 2 des Gesetzes vom 22. April 2009 (BGBl. I S. 818).
- Artikel 2 des Gesetzes vom 20. Juli 2011 (BGBl. I S. 1506).
- Artikel 8 des Gesetzes vom 22. November 2011 (BGBl. I S. 2258).
- Artikel 7 des Gesetzes vom 21. Juli 2012 (BGBl. I S. 1566).
- Artikel 3 des Gesetzes vom 11. August 2014 (BGBl. I S. 1348).
- Artikel 2 des Gesetzes vom 2. Dezember 2014 (BGBl. I S. 1922).
- Artikel 4 Abs. 6 des Gesetzes vom 11. Oktober 2016 (BGBl. I S. 2226).
- Artikel 3 des Gesetzes vom 21. Oktober 2016 (BGBl. I S. 2372).
- Artikel 4 des Gesetzes vom 21. Februar 2017 (BGBl. I S. 258).
- Artikel 1 des Gesetzes vom 6. März 2017 (BGBl. I S. 399).
- Artikel 6 des Gesetzes vom 23. Juni 2017 (BGBl. I S. 1822).
- Artikel 2 Abs. 1 des Gesetzes vom 18. Juli 2017 (BGBl. I S. 2739).
- Artikel 1 des Gesetzes vom 11. Juli 2019 (BGBl. I S. 1066).
- Artikel 49 des Gesetzes vom 15. August 2019 (BGBl. I S. 1307).
- Artikel 63 des Gesetzes vom 20. November 2019 (BGBl. I S. 1626).
- Artikel 26 Abs. 5 des Gesetzes vom 20. November 2019 (BGBl. I S. 1724).
- Artikel 32 des Gesetzes vom 12. Dezember 2019 (BGBl. I S. 2451).

Inhaltsübersicht

Abschnitt 1
Zweck

§ 1

Zweck des Gesetzes

(1) Zweck des Gesetzes ist die Bekämpfung der Schwarzarbeit und illegalen Beschäftigung.

(2) Schwarzarbeit leistet, wer Dienst- oder Werkleistungen erbringt oder ausführen lässt und dabei

1. als Arbeitgeber, Unternehmer oder versicherungspflichtiger Selbstständiger seine sich auf Grund der Dienst- oder Werkleistungen ergebenden sozialversicherungsrechtlichen Melde-, Beitrags- oder Aufzeichnungspflichten nicht erfüllt,

2. als Steuerpflichtiger seine sich auf Grund der Dienst- oder Werkleistungen ergebenden steuerlichen Pflichten nicht erfüllt,

3. als Empfänger von Sozialleistungen seine sich auf Grund der Dienst- oder Werkleistungen ergebenden Mitteilungspflichten gegenüber dem Sozialleistungsträger nicht erfüllt,

4. als Erbringer von Dienst- oder Werkleistungen seiner sich daraus ergebenden Verpflichtung zur Anzeige vom Beginn des selbstständigen Betriebes eines stehenden Gewerbes (§ 14 der Gewerbeordnung) nicht nachgekommen ist oder die erforderliche Reisegewerbekarte (§ 55 der Gewerbeordnung) nicht erworben hat, oder

5. als Erbringer von Dienst- oder Werkleistungen ein zulassungspflichtiges Handwerk als stehendes Gewerbe selbstständig betreibt, ohne in der Handwerksrolle eingetragen zu sein (§ 1 der Handwerksordnung).

Schwarzarbeit leistet auch, wer vortäuscht, eine Dienst- oder Werkleistung zu erbringen oder ausführen zu lassen, und wenn er selbst oder ein Dritter dadurch Sozialleistungen nach dem Zweiten oder Dritten Buch Sozialgesetzbuch zu Unrecht bezieht.

(3) Illegale Beschäftigung übt aus, wer

1. Ausländer und Ausländerinnen als Arbeitgeber unerlaubt beschäftigt oder als Entleiher unerlaubt tätig werden lässt,

2. als Ausländer oder Ausländerin unerlaubt eine Erwerbstätigkeit ausübt,

3. als Arbeitgeber Arbeitnehmer und Arbeitnehmerinnen

   a) ohne erforderliche Erlaubnis nach § 1 Absatz 1 Satz 1 des Arbeitnehmerüberlassungsgesetzes oder

   b) entgegen den Bestimmungen nach § 1 Absatz 1 Satz 5 und 6, § 1a oder § 1b des Arbeitnehmerüberlassungsgesetzes

   überlässt oder für sich tätig werden lässt,

4. als Arbeitgeber Arbeitnehmer und Arbeitnehmerinnen beschäftigt, ohne dass die Arbeitsbedingungen nach Maßgabe des Mindestlohngesetzes, des Arbeitnehmer-Entsendegesetzes oder des § 8 Absatz 5 des Arbeitnehmerüberlassungsgesetzes in Verbindung mit einer Rechtsverordnung nach § 3a Absatz 2 Satz 1 des Arbeitnehmerüberlassungsgesetzes eingehalten werden, oder

5. als Arbeitgeber Arbeitnehmer und Arbeitnehmerinnen zu ausbeuterischen Arbeitsbedingungen beschäftigt.

(4) Die Absätze 2 und 3 finden keine Anwendung für nicht nachhaltig auf Gewinn gerichtete Dienst- oder Werkleistungen, die

1. von Angehörigen im Sinne des § 15 der Abgabenordnung oder Lebenspartnern,

2. aus Gefälligkeit,

3. im Wege der Nachbarschaftshilfe oder

4. im Wege der Selbsthilfe im Sinne des § 36 Abs. 2 und 4 des Zweiten Wohnungsbaugesetzes in der Fassung der Bekanntmachung vom 19. August 1994 (BGBl. I

S. 2137) oder als Selbsthilfe im Sinne des § 12 Abs. 1 Satz 2 des Wohnraum-förderungsgesetzes vom 13. September 2001 (BGBl. I S. 2376), zuletzt ge-ändert durch Artikel 7 des Gesetzes vom 29. Dezember 2003 (BGBl. I S. 3076), erbracht werden. Als nicht nachhaltig auf Gewinn gerichtet gilt insbesondere eine Tätigkeit, die gegen geringes Entgelt erbracht wird.

Abschnitt 2
Prüfungen

§ 2*

Prüfungsaufgaben

(1) Die Behörden der Zollverwaltung prüfen, ob

1. die sich aus den Dienst- oder Werkleistungen ergebenden Pflichten nach § 28a des Vierten Buches Sozialgesetzbuch erfüllt werden oder wurden,

2. auf Grund der Dienst- oder Werkleistungen oder der Vortäuschung von Dienst- oder Werkleistungen Sozialleistungen nach dem Zweiten oder Dritten Buch Sozialgesetzbuch zu Unrecht bezogen werden oder wurden,

3. die Angaben des Arbeitgebers, die für die Sozialleistungen nach dem Zweiten und Dritten Buch Sozialgesetzbuch erheblich sind, zutreffend bescheinigt wurden,

4. Ausländer und Ausländerinnen

   a) entgegen § 4a Absatz 4 und 5 Satz 1 und 2 des Aufenthaltsgesetzes beschäf-tigt oder beauftragt werden oder wurden oder

   b) entgegen § 284 Absatz 1 des Dritten Buches Sozialgesetzbuch beschäftigt wer-den oder wurden,

5. Arbeitnehmer und Arbeitnehmerinnen

   a) ohne erforderliche Erlaubnis nach § 1 Absatz 1 Satz 1 des Arbeitnehmerüber-lassungsgesetzes ver- oder entliehen werden oder wurden und

   b) entgegen den Bestimmungen nach § 1 Absatz 1 Satz 5 und 6, § 1a oder § 1b des Arbeitnehmerüberlassungsgesetzes ver- oder entliehen werden oder wur-den,

6. die Arbeitsbedingungen nach Maßgabe des Mindestlohngesetzes, des Arbeitneh-mer-Entsendegesetzes und des § 8 Absatz 5 des Arbeitnehmerüberlassungsge-setzes in Verbindung mit einer Rechtsverordnung nach § 3a Absatz 2 Satz 1 des Arbeitnehmerüberlassungsgesetzes eingehalten werden oder wurden,

7. Arbeitnehmer und Arbeitnehmerinnen zu ausbeuterischen Arbeitsbedingungen beschäftigt werden oder wurden und

8. die Arbeitskraft im öffentlichen Raum entgegen § 5a angeboten oder nachgefragt wird oder wurde.

Zur Erfüllung ihrer Mitteilungspflicht nach § 6 Absatz 1 Satz 1 in Verbindung mit § 6 Absatz 4 Nummer 4 prüfen die Behörden der Zollverwaltung im Rahmen ihrer Prü-

---

* *Die §§ 2 und 5 des Schwarzarbeitsbekämpfungsgesetzes sollten durch Art. 63 Nr. 1 und 2 des Zweiten Datenschutz-Anpassungs- und Umsetzungsgesetzes EU vom 20. November 2019 (BGBl. I S. 1626) geän-dert werden. Diese Änderungen passen jedoch nicht zu den beiden genannten Paragrafen. Das zuständi-ge Ministerium wird eine Anpassung der Änderungen beschließen und bekanntgeben.*

fungen nach Satz 1 auch, ob Anhaltspunkte dafür bestehen, dass Steuerpflichtige den sich aus den Dienst- oder Werkleistungen ergebenden steuerlichen Pflichten im Sinne von § 1 Absatz 2 Satz 1 Nummer 2 nicht nachgekommen sind. Zur Erfüllung ihrer Mitteilungspflicht nach § 6 Absatz 1 Satz 1 in Verbindung mit § 6 Absatz 4 Nummer 4 und 7 prüfen die Behörden der Zollverwaltung im Rahmen ihrer Prüfungen nach Satz 1 auch, ob Anhaltspunkte dafür bestehen, dass Kindergeldempfänger ihren Mitwirkungspflichten nicht nachgekommen sind.

(2) Die Prüfung der Erfüllung steuerlicher Pflichten nach § 1 Absatz 2 Satz 1 Nummer 2 obliegt den zuständigen Landesfinanzbehörden und die Prüfung der Erfüllung kindergeldrechtlicher Mitwirkungspflichten den zuständigen Familienkassen. Die Behörden der Zollverwaltung sind zur Mitwirkung an Prüfungen der Landesfinanzbehörden und der Familienkassen bei der Bundesagentur für Arbeit berechtigt. Grundsätze der Zusammenarbeit der Behörden der Zollverwaltung mit den Landesfinanzbehörden werden von den obersten Finanzbehörden des Bundes und der Länder im gegenseitigen Einvernehmen geregelt. Grundsätze der Zusammenarbeit der Behörden der Zollverwaltung mit den Familienkassen bei der Bundesagentur für Arbeit werden von den Behörden der Zollverwaltung und den Familienkassen bei der Bundesagentur für Arbeit im Einvernehmen mit den Fachaufsichtsbehörden geregelt.

(3) Die nach Landesrecht für die Verfolgung und Ahndung von Ordnungswidrigkeiten nach diesem Gesetz zuständigen Behörden prüfen, ob

1. der Verpflichtung zur Anzeige vom Beginn des selbstständigen Betriebes eines stehenden Gewerbes (§ 14 der Gewerbeordnung) nachgekommen oder die erforderliche Reisegewerbekarte (§ 55 der Gewerbeordnung) erworben wurde,

2. ein zulassungspflichtiges Handwerk als stehendes Gewerbe selbstständig betrieben wird und die Eintragung in die Handwerksrolle vorliegt.

(4) Die Behörden der Zollverwaltung werden bei den Prüfungen nach Absatz 1 unterstützt von

1. den Finanzbehörden,

2. der Bundesagentur für Arbeit, auch in ihrer Funktion als Familienkasse,

3. der Bundesnetzagentur für Elektrizität, Gas, Telekommunikation, Post und Eisenbahnen,

4. den Einzugsstellen (§ 28i des Vierten Buches Sozialgesetzbuch),

5. den Trägern der Rentenversicherung,

6. den Trägern der Unfallversicherung,

7. den gemeinsamen Einrichtungen und den zugelassenen Trägern nach dem Zweiten Buch Sozialgesetzbuch sowie der Bundesargentur für Arbeit als verantwortliche Stelle für die zentral verwalteten IT-Verfahren nach § 50 Absatz 3 des Zweiten Buches Sozialgesetzbuch,

8. den nach dem Asylbewerberleistungsgesetz zuständigen Behörden,

9. den in § 71 Abs. 1 bis 3 des Aufenthaltsgesetzes genannten Behörden,

10. dem Bundesamt für Güterverkehr,

11. den nach Landesrecht für die Genehmigung und Überwachung des Gelegenheitsverkehrs mit Kraftfahrzeugen nach § 46 des Personenbeförderungsgesetzes zuständigen Behörden,

12. den nach Landesrecht für die Genehmigung und Überwachung des gewerblichen Güterkraftverkehrs zuständigen Behörden,

13. den für den Arbeitsschutz zuständigen Landesbehörden,

14. den Polizeivollzugsbehörden des Buches und der Länder auf Ersuchen im Einzelfall,

15. den nach Landesrecht für die Verfolgung und Ahndung von Ordnungswidrigkeiten nach diesem Gesetz zuständigen Behörden,

16. den nach § 14 der Gewerbeordnung für die Entgegennahme der Gewerbeanzeigen zuständigen Stellen,

17. den nach Landesrecht für die Überprüfung der Einhaltung der Vergabe- und Tariftreuegesetze der Länder zuständigen Prüfungs- oder Kontrollstellen,

18. den nach Landesrecht für die Entgegennahme der Anmeldung von Prostituierten nach § 3 des Prostituiertenschutzgesetzes und für die Erlaubniserteilung an Prostitutionsgewerbetreibende nach § 12 des Prostituiertenschutzgesetzes zuständigen Behörden,

19. den nach Landesrecht für die Erlaubniserteilung nach § 34a der Gewerbeordnung zuständigen Behörden und

20. den gemeinsamen Einrichtungen der Tarifvertragsparteien im Sinne des § 4 Absatz 2 des Tarifvertragsgesetzes.

Die Aufgaben dieser Stellen nach anderen Rechtsvorschriften bleiben unberührt. Die Prüfungen können mit anderen Prüfungen der in diesem Absatz genannten Stellen verbunden werden; die Vorschriften über die Unterrichtung und Zusammenarbeit bleiben hiervon unberührt. Verwaltungskosten der unterstützenden Stellen werden nicht erstattet.

§ 2a
Mitführungs- und Vorlagepflicht von Ausweispapieren

(1) Bei der Erbringung von Dienst- und Werkleistungen sind die in folgenden Wirtschaftsbereichen oder Wirtschaftszweigen tätigen Personen verpflichtet, ihren Personalausweis, Pass, Passersatz oder Ausweisersatz mitzuführen und den Behörden der Zollverwaltung auf Verlangen vorzulegen:

1. im Baugewerbe,

2. im Gaststätten- und Beherbergungsgewerbe,

3. im Personenbeförderungsgewerbe,

4. im Speditions-, Transport-, und damit verbundenen Logistikgewerbe,

5. im Schaustellergewerbe,

6. bei Unternehmen der Forstwirtschaft,

7. im Gebäudereinigungsgewerbe,

8. bei Unternehmen, die sich am Auf- und Abbau von Messen und Ausstellungen beteiligen,

9. in der Fleischwirtschaft,

10. im Prostitutionsgewerbe,

11. im Wach- und Sicherheitsgewerbe.

(2) Der Arbeitgeber hat jeden und jede seiner Arbeitnehmer und Arbeitnehmerinnen nachweislich und schriftlich auf die Pflicht nach Absatz 1 hinzuweisen, diesen Hinweis für die Dauer der Erbringung der Dienst- oder Werkleistungen aufzubewahren und auf Verlangen bei den Prüfungen nach § 2 Abs. 1 vorzulegen.

(3) Die Vorlagepflichten nach den Absätzen 1 und 2 bestehen auch gegenüber den nach Landesrecht für die Verfolgung und Ahndung von Ordnungswidrigkeiten nach diesem Gesetz zuständigen Behörden in den Fällen des § 2 Absatz 3.

§3
Befugnisse bei der Prüfung von Personen

(1) Zur Durchführung der Prüfungen nach § 2 Absatz 1 sind die Behörden der Zollverwaltung und die sie gemäß § 2 Absatz 4 unterstützenden Stellen befugt, Geschäftsräume, mit Ausnahme von Wohnungen, und Grundstücke des Arbeitgebers, des Auftraggebers von Dienst- oder Werkleistungen, des Entleihers sowie des Selbstständigen während der Arbeitszeiten der dort tätigen Personen oder während der Geschäftszeiten zu betreten. Dabei sind die Behörden der Zollverwaltung und die sie gemäß § 2 Absatz 4 unterstützenden Stellen befugt,

1. von den Personen, die in den Geschäftsräumen und auf den Grundstücken tätig sind, Auskünfte über ihre Beschäftigungsverhältnisse oder ihre tatsächlichen oder scheinbaren Tätigkeiten einzuholen und

2. Einsicht in Unterlagen zu nehmen, die von diesen Personen mitgeführt werden und von denen anzunehmen ist, dass aus ihnen Umfang, Art oder Dauer ihrer Beschäftigungsverhältnisse oder ihrer tatsächlichen oder scheinbaren Tätigkeiten hervorgehen oder abgeleitet werden können.

(2) Ist eine Person zur Ausführung von Dienst- oder Werkleistungen bei Dritten tätig, gilt Absatz 1 entsprechend. Bietet eine Person im öffentlichen Raum Dienst- oder Werkleistungen an, gilt Absatz 1 Satz 2 entsprechend.

(3) Zur Durchführung der Prüfungen nach § 2 Absatz 1 sind die Behörden der Zollverwaltung und die sie gemäß § 2 Absatz 4 unterstützenden Stellen befugt, die Personalien zu überprüfen

1. der Personen, die in den Geschäftsräumen oder auf dem Grundstück des Arbeitgebers, des Auftraggebers von Dienst- oder Werkleistungen und des Entleihers tätig sind, und

2. des Selbstständigen.

Sie können zu diesem Zweck die in Satz 1 genannten Personen anhalten, sie nach ihren Personalien (Vor-, Familien- und Geburtsnamen, Ort und Tag der Geburt, Beruf, Wohnort, Wohnung und Staatsangehörigkeit) befragen und verlangen, dass sie mitgeführte Ausweispapiere zur Prüfung aushändigen.

(4) Im Verteidigungsbereich darf ein Betretensrecht nur im Einvernehmen mit dem Bundesministerium der Verteidigung ausgeübt werden.

(5) Die Bediensteten der Zollverwaltung dürfen Beförderungsmittel anhalten. Führer von Beförderungsmitteln haben auf Verlangen zu halten und den Zollbediensteten zu ermöglichen, in das Beförderungsmittel zu gelangen und es wieder zu verlassen. Die Zollverwaltung unterrichtet die Polizeivollzugsbehörden der Länder über groß angelegte Kontrollen.

(6) Die Absätze 1 bis 4 gelten entsprechend für die nach Landesrecht für die Verfolgung und Ahndung von Ordnungswidrigkeiten nach diesem Gesetz zuständigen Behörden zur Durchführung von Prüfungen nach § 2 Absatz 3, sofern Anhaltspunkte dafür vorliegen, dass Schwarzarbeit im Sinne des § 1 Absatz 2 Nummer 4 und 5 geleistet wird.

§4

Befugnisse bei der Prüfung von Geschäftsunterlagen

(1) Zur Durchführung der Prüfungen nach §2 Absatz 1 sind die Behörden der Zollverwaltung und die sie gemäß §2 Absatz 4 unterstützenden Stellen befugt, Geschäftsräume, mit Ausnahme von Wohnungen, und Grundstücke des Arbeitgebers, des Auftraggebers von Dienst- oder Werkleistungen, des Entleihers sowie des Selbstständigen während der Geschäftszeiten zu betreten und dort Einsicht in die Lohn- und Meldeunterlagen, Bücher und andere Geschäftsunterlagen zu nehmen, aus denen Umfang, Art oder Dauer von tatsächlich bestehenden oder vorgespiegelten Beschäftigungsverhältnissen oder Tätigkeiten hervorgehen oder abgeleitet werden können.

(2) Zur Durchführung der Prüfungen nach §2 Absatz 3 sind die nach Landesrecht für die Verfolgung und Ahndung von Ordnungswidrigkeiten nach diesem Gesetz zuständigen Behörden befugt, Geschäftsräume und Grundstücke einer selbstständig tätigen Person, des Arbeitgebers und des Auftraggebers während der Arbeitszeit der dort tätigen Personen zu betreten und dort Einsicht in Unterlagen zu nehmen, von denen anzunehmen ist, dass aus ihnen Umfang, Art oder Dauer der Ausübung eines Gewerbes, eines Reisegewerbes oder eines zulassungspflichtigen Handwerks oder der Beschäftigungsverhältnisse hervorgehen oder abgeleitet werden können, sofern Anhaltspunkte dafür vorliegen, dass Schwarzarbeit im Sinne des §1 Absatz 2 Nummer 4 und 5 geleistet wird.

(3) Die Behörden der Zollverwaltung sind zur Durchführung der Prüfungen nach §2 Abs. 1 befugt, Einsicht in die Unterlagen zu nehmen, aus denen die Vergütung der tatsächlich erbrachten oder vorgetäuschten Dienst- oder Werkleistungen hervorgeht, die natürliche oder juristische Personen oder Personenvereinigungen in Auftrag gegeben haben. Satz 1 gilt im Rahmen der Durchführung der Prüfung nach §2 Absatz 1 Nummer 4, 5, und 6 entsprechend für Unterlagen, aus denen die Vergütung des Leiharbeitsverhältnisses hervorgeht.

(4) Die Behörden der Zollverwaltung sind zur Durchführung der Prüfungen nach §2 Abs. 1 befugt, bei dem Auftraggeber, der nicht Unternehmer im Sinne des §2 des Umsatzsteuergesetzes 1999 ist, Einsicht in die Rechnungen, einen Zahlungsbeleg oder eine andere beweiskräftige Unterlage über ausgeführte Werklieferungen oder sonstige Leistungen im Zusammenhang mit einem Grundstück zu nehmen.

§5*

Duldungs- und Mitwirkungspflichten

(1) Arbeitgeber, tatsächlich oder scheinbar beschäftigte Arbeitnehmer und Arbeitnehmerinnen, Auftraggeber von Dienst- oder Werkleistungen, tatsächlich oder scheinbar selbstständig tätige Personen und Dritte, die bei einer Prüfung nach §2 Absatz 1 und 3 angetroffen werden, sowie Entleiher, die bei einer Prüfung nach §2 Absatz 1 Satz 1 Nummer 5 und 6 angetroffen werden, haben

---

* *Siehe Anmerkung zu § 2, S. 352.*

1. die Prüfung zu dulden und dabei mitzuwirken, insbesondere für die Prüfung erhebliche Auskünfte zu erteilen und die in den §§ 3 und 4 genannten Unterlagen vorzulegen,

2. in den Fällen des § 3 Absatz 1, 2 und 6 sowie des § 4 Absatz 1, 2 und 3 auch das Betreten der Grundstücke und der Geschäftsräume zu dulden und

3. in den Fällen des § 2 Absatz 1 auf Verlangen der Behörden der Zollverwaltung schriftlich oder an Amtsstelle mündlich Auskünfte zu erteilen oder die in den §§ 3 und 4 genannten Unterlagen vorzulegen.

Auskünfte, die die verpflichtete Person oder einen ihrer in § 15 der Abgabenordnung bezeichneten Angehörigen der Gefahr aussetzen würden, wegen einer Straftat oder Ordnungswidrigkeit verfolgt zu werden, können verweigert werden.

(2) Die Behörden der Zollverwaltung sind insbesondere dann befugt, eine mündliche Auskunft an Amtsstelle zu verlangen, wenn trotz Aufforderung keine schriftliche Auskunft erteilt worden ist oder wenn eine schriftliche Auskunft nicht zu einer Klärung des Sachverhalts geführt hat. Über die mündliche Auskunft an Amtsstelle ist auf Antrag des Auskunftspflichtigen eine Niederschrift aufzunehmen. Die Niederschrift soll den Namen der anwesenden Personen, den Ort, den Tag und den wesentlichen Inhalt der Auskunft enthalten. Sie soll von dem Amtsträger, dem die mündliche Auskunft erteilt wird, und dem Auskunftspflichtigen unterschrieben werden. Den Beteiligten ist eine Abschrift der Niederschrift zu überlassen.

(3) Ausländer sind ferner verpflichtet, ihren Pass, Passersatz oder Ausweisersatz und ihren Aufenthaltstitel, ihre Duldung oder ihre Aufenthaltsgestattung den Behörden der Zollverwaltung auf Verlangen vorzulegen und, sofern sich Anhaltspunkte für einen Verstoß gegen ausländerrechtliche Vorschriften ergeben, zur Weiterleitung an die zuständige Ausländerbehörde zu überlassen. Werden die Dokumente einbehalten, erhält der betroffene Ausländer eine Bescheinigung, welche die einbehaltenen Dokumente und die Ausländerbehörde bezeichnet, an die die Dokumente weitergeleitet werden. Der Ausländer ist verpflichtet, unverzüglich mit der Bescheinigung bei der Ausländerbehörde zu erscheinen. Darauf ist in der Bescheinigung hinzuweisen. Gibt die Ausländerbehörde die einbehaltenen Dokumente zurück oder werden Ersatzdokumente ausgestellt oder vorgelegt, behält die Ausländerbehörde die Bescheinigung ein.

(4) In Fällen des § 4 Absatz 4 haben die Auftraggeber, die nicht Unternehmer im Sinne des § 2 des Umsatzsteuergesetzes 1999 sind, eine Prüfung nach § 2 Abs. 1 zu dulden und dabei mitzuwirken, insbesondere die für die Prüfung erheblichen Auskünfte zu erteilen und die in § 4 Absatz 4 genannten Unterlagen vorzulegen. Absatz 1 Satz 3 gilt entsprechend.

(5) In Datenverarbeitungsanlagen gespeicherte Daten haben der Arbeitgeber und der Auftraggeber sowie der Entleiher im Rahmen einer Prüfung nach § 2 Absatz 1 Nummer 4, 5 und 6 auszusondern und den Behörden der Zollverwaltung auf deren Verlangen auf automatisiert verarbeitbaren Datenträgern oder in Listen zu übermitteln. Der Arbeitgeber und der Auftraggeber sowie der Entleiher im Rahmen einer Prüfung nach § 2 Absatz 1 Nummer 4, 5 und 6 dürfen automatisiert verarbeitbare Datenträger oder Datenlisten, die die erforderlichen Daten enthalten, ungesondert zur Verfügung stellen, wenn die Aussonderung mit einem unverhältnismäßigen Aufwand verbunden wäre und überwiegende schutzwürdige Interessen des Betroffenen nicht entgegenstehen. In diesem Fall haben die Behörden der Zollverwaltung die Daten zu trennen und die nicht nach

Satz 1 zu übermittelnden Daten zu löschen. Soweit die übermittelten Daten für Zwecke der Ermittlung von Straftaten oder Ordnungswidrigkeiten, der Ermittlung von steuerlich erheblichen Sachverhalten oder der Festsetzung von Sozialversicherungsbeiträgen oder Sozialleistungen nicht benötigt werden, sind die Datenträger oder Listen nach Abschluss der Prüfungen nach § 2 Abs. 1 auf Verlangen des Arbeitgebers oder des Auftraggebers zurückzugeben oder die Daten unverzüglich zu löschen.

§ 5a
Unzulässiges Anbieten und Nachfragen der Arbeitskraft

(1) Es ist einer Person verboten, ihre Arbeitskraft als Tagelöhner im öffentlichen Raum aus einer Gruppe heraus in einer Weise anzubieten, die geeignet ist, Schwarzarbeit oder illegale Beschäftigung zu ermöglichen. Ebenso ist es einer Person verboten, ein unzulässiges Anbieten der Arbeitskraft dadurch nachzufragen, dass sie ein solches Angebot einholt oder annimmt.

(2) Die Behörden der Zollverwaltung können eine Person, die gegen das Verbot des unzulässigen Anbietens und Nachfragens der Arbeitskraft verstößt, vorübergehend von einem Ort verweisen oder ihr vorübergehend das Betreten eines Ortes verbieten.

§ 6
Unterrichtung von und Zusammenarbeit mit Behörden im Inland und in der Europäischen Union sowie im Europäischen Wirtschaftsraum

(1) Die Behörden der Zollverwaltung und die sie gemäß § 2 Absatz 4 unterstützenden Stellen sind verpflichtet, einander die für deren Prüfungen erforderlichen Informationen einschließlich personenbezogener Daten und die Ergebnisse der Prüfungen zu übermitteln, soweit deren Kenntnis für die Erfüllung der Aufgaben der Behörden oder Stellen erforderlich ist. Die Behörden der Zollverwaltung einerseits und die Strafverfolgungsbehörden und die Polizeivollzugsbehörden andererseits sind verpflichtet, einander die erforderlichen Informationen, einschließlich personenbezogener Daten, für die Verhütung und Verfolgung von Straftaten und Ordnungswidrigkeiten, die in Zusammenhang mit einem der in § 2 Abs. 1 genannten Prüfgegenstände stehen, zu übermitteln. An Strafverfolgungsbehörden und Polizeivollzugsbehörden sind darüber hinaus Informationen einschließlich personenbezogener Daten zu übermitteln, sofern tatsächliche Anhaltspunkte dafür vorliegen, dass diese Informationen für die Verhütung und Verfolgung von Straftaten oder Ordnungswidrigkeiten, die nicht in Zusammenhang mit einem der in § 2 Abs. 1 genannten Prüfgegenstände stehen, erforderlich sind.

(2) Die Behörden der Zollverwaltung dürfen zur Wahrnehmung ihrer Aufgaben nach § 2 Abs. 1 sowie zur Verfolgung von Straftaten oder Ordnungswidrigkeiten die Dateisysteme der Bundesagentur für Arbeit über erteilte Arbeitsgenehmigungen-EU und Zustimmungen zur Beschäftigung, über im Rahmen von Werkvertragskontingenten beschäftigte ausländische Arbeitnehmer und Arbeitnehmerinnen sowie über Leistungsempfänger nach dem Dritten Buch Sozialgesetzbuch automatisiert abrufen; die Strafverfolgungsbehörden sind zum automatisierten Abruf nur berechtigt, soweit dies zur Verfolgung von Straftaten oder Ordnungswidrigkeiten erforderlich ist. § 79 Abs. 2 bis 4 des Zehnten Buches Sozialgesetzbuch gilt entsprechend. Die Behörden

der Zollverwaltung dürfen, soweit dies zur Verfolgung von Straftaten oder Ordnungswidrigkeiten erforderlich ist, Daten aus den Datenbeständen der Träger der Rentenversicherung automatisiert abrufen; § 150 Absatz 5 Satz 1 des Sechsten Buches Sozialgesetzbuch bleibt unberührt. Die Behörden der Zollverwaltung dürfen, soweit dies zur Vorbereitung und Durchführung von Prüfungen nach § 2 Absatz 1 Satz 1 Nummer 2 und 3 und zur Verhütung und Verfolgung von Straftaten und Ordnungswidrigkeiten, die mit dieser Prüfungsaufgabe zusammenhängen, erforderlich ist, Daten aus folgenden Datenbeständen automatisiert abrufen:

1. die Datenbestände der gemeinsamen Einrichtungen und der zugelassenen kommunalen Träger nach dem Zweiten Buch Sozialgesetzbuch und

2. die Datenbestände der Bundesagentur für Arbeit als verantwortliche Stelle für die zentral verwalteten IT-Verfahren nach § 50 Absatz 3 des Zweiten Buches Sozialgesetzbuch über Leistungsempfänger nach dem Zweiten Buch Sozialgesetzbuch.

Das Bundesministerium für Arbeit und Soziales wird ermächtigt, durch Rechtsverordnung mit Zustimmung des Bundesrates die Voraussetzungen für das Abrufverfahren nach Satz 4 sowie die Durchführung des Abrufverfahrens festzulegen.

(3) Die Behörden der Zollverwaltung dürfen die beim Bundeszentralamt für Steuern nach § 5 Absatz 1 Nummer 13 des Finanzverwaltungsgesetzes vorgehaltenen Daten abrufen, soweit dies zur Wahrnehmung ihrer Prüfungsaufgaben nach § 2 Absatz 1 oder für die damit unmittelbar zusammenhängenden Bußgeld- und Strafverfahren erforderlich ist. Für den Abruf der nach § 30 der Abgabenordnung dem Steuergeheimnis unterliegenden Daten ist ein automatisiertes Verfahren auf Abruf einzurichten. Die Verantwortung für die Zulässigkeit des einzelnen Abrufs trägt die Behörde der Zollverwaltung, die die Daten abruft. Die abrufende Stelle darf die Daten nach Satz 1 zu dem Zweck verarbeiten, zu dem sie die Daten abgerufen hat. Ist zu befürchten, dass ein Datenabruf nach Satz 1 den Untersuchungszweck eines Ermittlungsverfahrens im Sinne des § 30 Absatz 2 Nummer 1 Buchstabe b der Abgabenordnung gefährdet, so kann die für dieses Verfahren zuständige Finanzbehörde oder die zuständige Staatsanwaltschaft anordnen, dass kein Datenabruf erfolgen darf. § 478 Absatz 1 Satz 1 und 2 der Strafprozessordnung findet Anwendung, wenn die Daten Verfahren betreffen, die zu einem Strafverfahren geführt haben. Weitere Einzelheiten insbesondere zum automatischen Verfahren auf Abruf einschließlich der Protokollierung sowie zum Nachweis der aus den Artikeln 24, 25 und 32 der Verordnung (EU) 2016/679 des Europäischen Parlaments und des Rates vom 27. April 2016 zum Schutz natürlicher Personen bei der Verarbeitung personenbezogener Daten, zum freien Datenverkehr und zur Aufhebung der Richtlinie 95/46/EG (Datenschutz-Grundverordnung; ABl. L 119 vom 4.5.2016, S. 1; L 314 vom 22.11.2016, S. 72; L 127 vom 23.5.2018, S. 2) oder § 64 des Bundesdatenschutzgesetzes erforderlichen technischen und organisatorischen Maßnahmen regelt eine Rechtsverordnung des Bundesministeriums der Finanzen, die der Zustimmung des Bundesrates bedarf.

(4) Die Behörden der Zollverwaltung unterrichten die jeweils zuständigen Stellen, wenn sich bei der Durchführung ihrer Aufgaben nach diesem Gesetz Anhaltspunkte ergeben für Verstöße gegen

1. dieses Gesetz,

2. das Arbeitnehmerüberlassungsgesetz,

3. Bestimmungen des Vierten und Siebten Buches Sozialgesetzbuch zur Zahlung von Beiträgen,

4. die Steuergesetze,
5. das Aufenthaltsgesetz,
6. die Mitwirkungspflicht nach § 60 Abs. 1 Satz 1 Nr. 1 und 2 des Ersten Buches Sozialgesetzbuch oder die Meldepflicht nach § 8a des Asylbewerberleistungsgesetzes,
7. das Bundeskindergeldgesetz,
8. die Handwerks- oder Gewerbeordnung,
9. das Güterkraftverkehrsgesetz,
10. das Personenbeförderungsgesetz,
11. sonstige Strafgesetze,
12. das Arbeitnehmer-Entsendegesetz,
13. das Mindestlohngesetz,
14. die Arbeitsschutzgesetze oder
15. die Vergabe- und Tariftreuegesetze der Länder.

Nach § 5 Absatz 3 Satz 1 in Verwahrung genommene Urkunden sind der Ausländerbehörde unverzüglich zu übermitteln.

(5) Bestehen Anhaltspunkte dafür, dass eine nach § 5 Absatz 3 Satz 1 in Verwahrung genommene Urkunde unecht oder verfälscht ist, ist sie an die zuständige Polizeivollzugsbehörde zu übermitteln.

(6) Auf die Zusammenarbeit der Behörden der Zollverwaltung mit Behörden anderer Mitgliedstaaten der Europäischen Union und mit Behörden anderer Vertragsstaaten des Abkommens über den Europäischen Wirtschaftraum gemäß § 20 Absatz 2 des Arbeitnehmer-Entsendegesetzes, § 18 Absatz 2 des Mindestlohngesetzes und § 18 Absatz 6 des Arbeitnehmerüberlassungsgesetzes finden die §§ 8a bis 8e des Verwaltungsverfahrensgesetzes in Verbindung mit Artikel 6 Absatz 1, 2 und 4 bis 9, den Artikeln 7 und 21 der Richtlinie 2014/67/EU des Europäischen Parlaments und des Rates vom 15. Mai 2014 zur Durchsetzung der Richtlinie 96/71/EG über die Entsendung von Arbeitnehmern im Rahmen der Erbringung von Dienstleistungen und zur Änderung der Verordnung (EU) Nr. 1024/2012 über die Verwaltungszusammenarbeit mit Hilfe des Binnenmarkt-Informationssystems („IMI-Verordnung") (ABl. L 159 vom 28.5.2014, S. 11) Anwendung.

§ 6a

Übermittlung personenbezogener Daten an Mitgliedstaaten der Europäischen Union

(1) Die Behörden der Zollverwaltung können personenbezogene Daten, die in Zusammenhang mit einem der in § 2 Absatz 1 genannten Prüfgegenstände stehen, zum Zweck der Verhütung von Straftaten an eine für die Verhütung und Verfolgung zuständige Behörde eines Mitgliedstaates der Europäischen Union übermitteln. Dabei ist eine Übermittlung personenbezogener Daten ohne Ersuchen nur zulässig, wenn im Einzelfall die Gefahr der Begehung einer Straftat im Sinne des Artikels 2 Absatz 2 des Rahmenbeschlusses 2002/584/JI des Rates vom 13. Juni 2002 über den Europäischen Haftbefehl und die Übergabeverfahren zwischen den Mitgliedstaaten (ABl. L 190 vom 18.7.2002, S. 1), der zuletzt durch den Rahmenbeschluss 2009/299/JI (ABl.

L 81 vom 27.3.2009, S. 24) geändert worden ist, besteht und konkrete Anhaltspunkte dafür vorliegen, dass die Übermittlung dieser personenbezogenen Daten dazu beitragen könnte, eine solche Straftat zu verhindern.

(2) Die Übermittlung personenbezogener Daten nach Absatz 1 ist nur zulässig, wenn das Ersuchen mindestens folgende Angaben enthält:

1. die Bezeichnung und die Anschrift der ersuchenden Behörde,

2. die Bezeichnung der Straftat, zu deren Verhütung die Daten benötigt werden,

3. die Beschreibung des Sachverhalts, der dem Ersuchen zugrunde liegt,

4. die Benennung des Zwecks, zu dem die Daten erbeten werden,

5. der Zusammenhang zwischen dem Zweck, zu dem die Informationen oder Erkenntnisse erbeten werden, und der Person, auf die sich diese Informationen beziehen,

6. Einzelheiten zur Identität der betroffenen Person, sofern sich das Ersuchen auf eine bekannte Person bezieht, und

7. Gründe für die Annahme, dass sachdienliche Informationen und Erkenntnisse im Inland vorliegen.

(3) Die Datenübermittlung nach Absatz 1 unterbleibt, wenn

1. hierdurch wesentliche Sicherheitsinteressen des Bundes oder der Länder beeinträchtigt würden,

2. die Übermittlung der Daten unverhältnismäßig wäre oder die Daten für die Zwecke, für die sie übermittelt werden sollen, nicht erforderlich sind,

3. die zu übermittelnden Daten bei der ersuchten Behörde nicht vorhanden sind und nur durch das Ergreifen von Zwangsmaßnahmen erlangt werden können oder

4. besondere bundesgesetzliche Verwendungsregelungen entgegenstehen; die Verpflichtung zur Wahrung gesetzlicher Geheimhaltungspflichten oder von Berufs- oder besonderen Amtsgeheimnissen, die nicht auf gesetzlichen Vorschriften beruhen, bleibt unberührt.

(4) Die Übermittlung kann unterbleiben, wenn

1. die Tat, zu deren Verhütung die Daten übermittelt werden sollen, nach deutschem Recht mit einer Freiheitsstrafe von im Höchstmaß einem Jahr oder weniger bedroht ist,

2. die übermittelten Daten als Beweismittel vor einer Justizbehörde verwendet werden sollen,

3. die zu übermittelnden Daten bei der ersuchten Behörde nicht vorhanden sind, jedoch ohne das Ergreifen von Zwangsmaßnahmen erlangt werden können, oder

4. der Erfolg laufender Ermittlungen oder Leib, Leben oder Freiheit einer Person gefährdet würde.

(5) Personenbezogene Daten, die nach dem Rahmenbeschluss 2006/960/JI des Rates vom 18. Dezember 2006 über die Vereinfachung des Austauschs von Informationen und Erkenntnissen zwischen den Strafverfolgungsbehörden der Mitgliedstaaten der Europäischen Union (ABl. L 386 vom 29.12.2006, S. 89, L 75 vom 15.3.2007, S. 26) an die Behörden der Zollverwaltung übermittelt worden sind, dürfen ohne Zustimmung des übermittelnden Staates nur für die Zwecke, für die sie übermittelt wur-

den, oder zur Abwehr einer gegenwärtigen und erheblichen Gefahr für die öffentliche Sicherheit verarbeitet werden. Für einen anderen Zweck oder als Beweismittel in einem gerichtlichen Verfahren dürfen sie nur verarbeitet werden, wenn der übermittelnde Staat zugestimmt hat. Bedingungen, die der übermittelnde Staat für die Verarbeitung der Daten stellt, sind zu beachten.

(6) Die Behörden der Zollverwaltung erteilen dem übermittelnden Staat auf dessen Ersuchen zu Zwecken der Datenschutzkontrolle Auskunft darüber, wie die übermittelten Daten verarbeitet wurden.

(7) Die Absätze 1 bis 6 finden auch Anwendung auf die Übermittlung von personenbezogenen Daten an für die Verhütung und Verfolgung von Straftaten zuständige Behörden eines Schengen-assoziierten Staates im Sinne von § 91 Absatz 3 des Gesetzes über die internationale Rechtshilfe in Strafsachen.

§ 7
Auskunftsansprüche bei anonymen Angeboten und Werbemaßnahmen

Wurden Angebote oder Werbemaßnahmen ohne Angabe von Name und Anschrift veröffentlicht und bestehen in diesem Zusammenhang Anhaltspunkte für Schwarzarbeit oder illegale Beschäftigung nach § 1, so ist derjenige, der das Angebot oder die Werbemaßnahme veröffentlicht hat, verpflichtet, den Behörden der Zollverwaltung Namen und Anschrift des Auftraggebers des Angebots oder der Werbemaßnahme auf Verlangen unentgeltlich mitzuteilen. Soweit Name und Anschrift nicht vorliegen, sind die Daten mitzuteilen, die eine Identifizierung des Auftraggebers ermöglichen. Bei Anhaltspunkten nach § 1 Absatz 2 Satz 1 Nummer 4 oder 5 besteht diese Verpflichtung gegenüber den nach Landesrecht für die Verfolgung und Ahndung von Ordnungswidrigkeiten nach diesem Gesetz zuständigen Behörden.

Abschnitt 3
Bußgeld- und Strafvorschriften

§ 8
Bußgeldvorschriften

(1) Ordnungswidrig handelt, wer

1. a) (weggefallen)

   b) (weggefallen)

   c) (weggefallen)

   d) der Verpflichtung zur Anzeige vom Beginn des selbstständigen Betriebes eines stehenden Gewerbes (§ 14 der Gewerbeordnung) nicht nachgekommen ist oder die erforderliche Reisegewerbekarte (§ 55 der Gewerbeordnung) nicht erworben hat oder

   e) ein zulassungspflichtiges Handwerk als stehendes Gewerbe selbstständig betreibt, ohne in die Handwerksrolle eingetragen zu sein (§ 1 der Handwerksordnung) und Dienst- oder Werkleistungen in erheblichem Umfang erbringt oder

2. Dienst- oder Werkleistungen in erheblichem Umfang ausführen lässt, indem er eine oder mehrere Personen beauftragt, von der oder denen er weiß oder fahrlässig nicht weiß, dass diese Leistungen unter vorsätzlichem Verstoß gegen eine in Nummer 1 genannte Vorschrift erbringen.

(2) Ordnungswidrig handelt, wer vorsätzlich oder fahrlässig

1. entgegen § 2a Abs. 1 ein dort genanntes Dokument nicht mitführt oder nicht oder nicht rechtzeitig vorlegt,

2. entgegen § 2a Abs. 2 den schriftlichen Hinweis nicht oder nicht für die vorgeschriebene Dauer aufbewahrt oder nicht oder nicht rechtzeitig vorlegt,

3. entgegen

   a) § 5 Absatz 1 Satz 1 Nummer 1, 2 oder 3 oder

   b) § 5 Absatz 4 Satz 1

   eine Prüfung oder das Betreten eines Grundstücks oder eines Geschäftsraumes nicht duldet oder bei einer Prüfung nicht mitwirkt,

4. entgegen § 5 Absatz 3 Satz 1 ein dort genanntes Dokument nicht oder nicht rechtzeitig vorlegt,

5. entgegen § 5 Absatz 5 Satz 1 Daten nicht, nicht richtig, nicht vollständig, nicht in der vorgeschriebenen Weise oder nicht rechtzeitig übermittelt,

6. entgegen § 5a Absatz 1 Satz 1 seine Arbeitskraft anbietet oder

7. entgegen § 5a Absatz 1 Satz 2 eine Arbeitskraft nachfragt.

(3) Ordnungswidrig handelt, wer als Arbeitgeber eine in § 266a Absatz 2 Nummer 1 oder 2 des Strafgesetzbuches bezeichnete Handlung leichtfertig begeht und dadurch der Einzugsstelle Beiträge des Arbeitnehmers oder der Arbeitnehmerin zur Sozialversicherung einschließlich der Arbeitsförderung oder vom Arbeitgeber zu tragende Beiträge zur Sozialversicherung einschließlich der Arbeitsförderung, unabhängig davon, ob Arbeitsentgelt gezahlt wird, leichtfertig vorenthält.

(4) Ordnungswidrig handelt, wer

1. einen Beleg ausstellt, der in tatsächlicher Hinsicht nicht richtig ist und das Erbringen oder Ausführenlassen einer Dienst- oder Werkleistung vorspiegelt, oder

2. einen in Nummer 1 genannten Beleg in den Verkehr bringt

und dadurch Schwarzarbeit im Sinne des § 1 Absatz 2 oder illegale Beschäftigung im Sinne des § 1 Absatz 3 ermöglicht.

(5) Ordnungswidrig handelt, wer eine in Absatz 4 genannte Handlung begeht und

1. aus grobem Eigennutz für sich oder einen anderen Vermögensvorteile großen Ausmaßes erlangt oder

2. als Mitglied einer Bande handelt, die sich zur fortgesetzten Begehung solcher Taten verbunden hat.

(6) Die Ordnungswidrigkeit kann in den Fällen des Absatzes 5 mit einer Geldbuße bis zu fünfhunderttausend Euro, in den Fällen des Absatzes 4 mit einer Geldbuße bis zu einhunderttausend Euro, in den Fällen des Absatzes 1 Nummer 1 Buchstabe d und e, Nummer 2 in Verbindung mit Nummer 1 Buchstabe d und e sowie in den Fällen des Absatzes 3 mit einer Geldbuße bis zu fünfzigtausend Euro, in den Fällen des Absat-

zes 2 Nummer 3 Buchstabe a, Nummer 5 und 7 mit einer Geldbuße bis zu dreißigtausend Euro, in den Fällen des Absatzes 2 Nummer 1 und 6 mit einer Geldbuße bis zu fünftausend Euro und in den übrigen Fällen mit einer Geldbuße bis zu tausend Euro geahndet werden.

(7) Absatz 1 findet keine Anwendung für nicht nachhaltig auf Gewinn gerichtete Dienst- oder Werkleistungen, die

1. von Angehörigen im Sinne des § 15 der Abgabenordnung oder Lebenspartnern,

2. aus Gefälligkeit,

3. im Wege der Nachbarschaftshilfe oder

4. im Wege der Selbsthilfe im Sinne des § 36 Abs. 2 und 4 des Zweiten Wohnungsbaugesetzes in der Fassung der Bekanntmachung vom 19. August 1994 (BGBl. I S. 2137) oder als Selbsthilfe im Sinne des § 12 Abs. 1 Satz 2 des Wohnraumförderungsgesetzes vom 13. September 2001 (BGBl. I S. 2376), zuletzt geändert durch Artikel 7 des Gesetzes vom 29. Dezember 2003 (BGBl. I S. 3076),

erbracht werden. Als nicht nachhaltig auf Gewinn gerichtet gilt insbesondere eine Tätigkeit, die gegen geringes Entgelt erbracht wird.

(8) Das Bundesministerium der Finanzen wird ermächtigt, durch Rechtsverordnung mit Zustimmung des Bundesrates Vorschriften über Regelsätze für Geldbußen wegen einer Ordnungswidrigkeit nach Absatz 1 oder 2 zu erlassen.

(9) Eine Geldbuße wird in den Fällen des Absatzes 3 nicht festgesetzt, wenn der Arbeitgeber spätestens im Zeitpunkt der Fälligkeit oder unverzüglich danach gegenüber der Einzugsstelle

1. schriftlich die Höhe der vorenthaltenen Beiträge mitteilt,

2. schriftlich darlegt, warum die fristgemäße Zahlung nicht möglich ist, obwohl er sich darum ernsthaft bemüht hat, und

3. die vorenthaltenen Beiträge nachträglich innerhalb der von der Einzugsstelle bestimmten angemessenen Frist entrichtet.

§ 9

(weggefallen)

§ 10

Beschäftigung von Ausländern ohne Genehmigung oder ohne Aufenthaltstitel und zu ungünstigen Arbeitsbedingungen

(1) Wer vorsätzlich eine in § 404 Abs. 2 Nr. 3 des Dritten Buches Sozialgesetzbuch bezeichnete Handlung begeht und den Ausländer zu Arbeitsbedingungen beschäftigt, die in einem auffälligen Missverhältnis zu den Arbeitsbedingungen deutscher Arbeitnehmer und Arbeitnehmerinnen stehen, die die gleiche oder eine vergleichbare Tätigkeit ausüben, wird mit Freiheitsstrafe bis zu drei Jahren oder mit Geldstrafe bestraft.

(2) In besonders schweren Fällen des Absatzes 1 ist die Strafe Freiheitsstrafe von sechs Monaten bis zu fünf Jahren. Ein besonders schwerer Fall liegt in der Regel vor, wenn der Täter gewerbsmäßig oder aus grobem Eigennutz handelt.

§ 10a

Beschäftigung von Ausländern ohne Aufenthaltstitel, die Opfer von Menschenhandel sind

Mit Freiheitsstrafe bis zu drei Jahren oder mit Geldstrafe wird bestraft, wer entgegen § 4a Absatz 5 Satz 1 des Aufenthaltsgesetzes einen Ausländer beschäftigt und hierbei eine Lage ausnutzt, in der sich der Ausländer durch eine gegen ihn gerichtete Tat eines Dritten nach § 232a Absatz 1 bis 5 oder § 232b des Strafgesetzbuches befindet.

§ 11

Erwerbstätigkeit von Ausländern ohne Genehmigung oder ohne Aufenthaltstitel in größerem Umfang oder von minderjährigen Ausländern

(1) Wer

1. gleichzeitig mehr als fünf Ausländer entgegen § 284 Abs. 1 des Dritten Buches Sozialgesetzbuch beschäftigt oder entgegen § 4 Abs. 3 Satz 2 des Aufenthaltsgesetzes beschäftigt oder mit Dienst- oder Werkleistungen beauftragt,

2. eine in

   a) § 404 Abs. 2 Nr. 3 des Dritten Buches Sozialgesetzbuch,

   b) § 404 Abs. 2 Nr. 4 des Dritten Buches Sozialgesetzbuch,

   c) § 98 Absatz 2a Nummer 1 des Aufenthaltsgesetzes oder

   d) § 98 Abs. 3 Nr. 1 des Aufenthaltsgesetzes

   bezeichnete vorsätzliche Handlung beharrlich wiederholt oder

3. entgegen § 4 Absatz 3 Satz 2 des Aufenthaltsgesetzes eine Person unter 18 Jahren beschäftigt,

wird mit Freiheitsstrafe bis zu einem Jahr oder mit Geldstrafe bestraft.

(2) Handelt der Täter in den Fällen des Absatzes 1 Nummer 1, Nummer 2 Buchstabe a oder Buchstabe c oder Nummer 3 aus grobem Eigennutz, ist die Strafe Freiheitsstrafe bis zu drei Jahren oder Geldstrafe.

Abschnitt 4
Ermittlungen

§ 12

Allgemeines zu den Ordnungswidrigkeiten

(1) Verwaltungsbehörden im Sinne des § 36 Abs. 1 Nr. 1 des Gesetzes über Ordnungswidrigkeiten sind

1. (weggefallen)

2. in den Fällen des § 8 Abs. 1 Nr. 1 Buchstabe d und e und Nr. 2 in Verbindung mit Nr. 1 Buchstabe d und e die nach Landesrecht zuständige Behörde,

3. in den Fällen des § 8 Abs. 2 die Behörden der Zollverwaltung sowie die nach Landesrecht zuständige Behörde jeweils für ihren Geschäftsbereich,

4. in den Fällen des § 8 Absatz 3 bis 5 die Behörden der Zollverwaltung.

(2) Die Geldbußen fließen in die Kasse der Verwaltungsbehörde, die den Bußgeldbescheid erlassen hat.

(3) Die nach Absatz 2 zuständige Kasse trägt abweichend von § 105 Abs. 2 des Gesetzes über Ordnungswidrigkeiten die notwendigen Auslagen. Sie ist auch ersatzpflichtig im Sinne des § 110 Abs. 4 des Gesetzes über Ordnungswidrigkeiten.

(4) Die Behörden der Zollverwaltung unterrichten das Gewerbezentralregister über rechtskräftige Bußgeldbescheide nach § 8 Absatz 2 Nummer 3 Buchstabe a und Nummer 5 sowie Absatz 3 bis 5, sofern die Geldbuße mehr als zweihundert Euro beträgt.

(5) Nimmt die Staatsanwaltschaft an der Hauptverhandlung nach § 75 Absatz 2 des Gesetzes über Ordnungswidrigkeiten nicht teil, so gibt das Gericht den Behörden der Zollverwaltung Gelegenheit, die Gründe vorzubringen, die aus ihrer Sicht für die Entscheidung von Bedeutung sind. Dies gilt auch, wenn das Gericht erwägt, das Verfahren einzustellen. Der Vertreter der Behörden der Zollverwaltung erhält in der Hauptverhandlung auf Verlangen das Wort. Ihm ist zu gestatten, Fragen an Betroffene, Zeugen und Sachverständige zu richten.

§ 13
Zusammenarbeit in Bußgeldverfahren

(1) Die Behörden der Zollverwaltung arbeiten insbesondere mit den in § 2 Absatz 4 genannten unterstützenden Stellen zusammen.

(2) Ergeben sich für die in § 2 Absatz 4 Nummer 2 bis 20 genannten unterstützenden Stellen im Zusammenhang mit der Erfüllung ihrer gesetzlichen Aufgaben Anhaltspunkte für in § 8 genannte Verstöße, unterrichten sie die für die Verfolgung und Ahndung von Ordnungswidrigkeiten nach diesem Gesetz zuständigen Behörden. § 31a der Abgabenordnung bleibt unberührt.

(3) Gerichte und Staatsanwaltschaften sollen den nach diesem Gesetz zuständigen Stellen Erkenntnisse übermitteln, die aus ihrer Sicht zur Verfolgung von Ordnungswidrigkeiten nach § 8 erforderlich sind, soweit nicht für das Gericht oder die Staatsanwaltschaft erkennbar ist, dass schutzwürdige Interessen der betroffenen Person oder anderer Verfahrensbeteiligter an dem Ausschluss der Übermittlung überwiegen. Dabei ist zu berücksichtigen, wie gesichert die zu übermittelnden Erkenntnisse sind.

§ 14
Ermittlungsbefugnisse

(1) Die Behörden der Zollverwaltung haben bei der Verfolgung von Straftaten und Ordnungswidrigkeiten, die mit einem der in § 2 Abs. 1 genannten Prüfgegenstände unmittelbar zusammenhängen, die gleichen Befugnisse wie die Polizeivollzugsbehörden nach der Strafprozessordnung und dem Gesetz über Ordnungswidrigkeiten. Ihre Beamten sind insoweit Ermittlungspersonen der Staatsanwaltschaft. In den Dienst der Zollverwaltung übergeleitete Angestellte nehmen die Befugnisse nach Satz 1 wahr und sind insoweit Ermittlungspersonen der Staatsanwaltschaft, wenn sie

1. das 21. Lebensjahr vollendet haben,

2. am 31. Dezember 2003 im Dienst der Bundesanstalt für Arbeit gestanden haben und

3. dort mindestens zwei Jahre lang zur Bekämpfung der Schwarzarbeit oder der illegalen Beschäftigung eingesetzt waren.

(2) Zur Bekämpfung von Schwarzarbeit und illegaler Beschäftigung können die Behörden der Zollverwaltung, die Polizeibehörden und die Landesfinanzbehörden in Abstimmung mit der Staatsanwaltschaft gemeinsame Ermittlungsgruppen bilden.

(3) Die Behörden der Zollverwaltung dürfen bei der Verfolgung von Straftaten nach Absatz 1 erkennungsdienstliche Maßnahmen nach § 81b der Strafprozessordnung auch zur Vorsorge für künftige Strafverfahren durchführen.

§ 14a

Selbstständige Durchführung von Ermittlungsverfahren

(1) Die Behörden der Zollverwaltung führen in den Fällen, in denen ihnen die Befugnisse nach § 14 zustehen, die Ermittlungsverfahren nach Maßgabe dieser Vorschrift und in den Grenzen des § 14b selbstständig durch, wenn die Tat ausschließlich eine Straftat nach § 266a des Strafgesetzbuches darstellt und die Staatsanwaltschaft die Strafsache an die Behörden der Zollverwaltung abgegeben hat. Die allgemeinen Gesetze über das Strafverfahren sind anzuwenden.

(2) Eine Abgabe durch die Staatsanwaltschaft nach Absatz 1 erfolgt nicht, wenn besondere Umstände es angezeigt erscheinen lassen, dass das Ermittlungsverfahren unter der Verantwortung der Staatsanwaltschaft fortzuführen ist. Dies ist insbesondere der Fall, wenn

1. eine Maßnahme nach den §§ 99, 102, 103 oder 104 der Strafprozessordnung beantragt worden ist,

2. eine Maßnahme nach § 100a der Strafprozessordnung beantragt worden ist,

3. die Anordnung der Untersuchungshaft nach § 112 der Strafprozessordnung beantragt worden ist,

4. die Strafsache besondere Schwierigkeiten aufweist,

5. der Beschuldigte außer dieser Tat noch einer anderen, prozessual selbstständigen Straftat beschuldigt wird und die Taten in einem einheitlichen Ermittlungsverfahren verfolgt werden sollen,

6. eine Freiheitsstrafe zu erwarten ist, die nicht im Strafbefehlsverfahren festgesetzt werden kann,

7. gegen die folgenden Personen ermittelt wird:

   a) Mitglieder des Europäischen Parlaments, des Deutschen Bundestages oder einer gesetzgebenden Körperschaft eines Landes,

   b) Mitglieder diplomatischer Vertretungen und andere von der inländischen Gerichtsbarkeit befreite Personen,

   c) Mitglieder einer Truppe oder eines zivilen Gefolges eines NATO-Staates oder deren Angehörige,

d) Personen, die in den Anwendungsbereich des Jugendgerichtsgesetzes fallen, oder

e) Personen, bei denen Anhaltspunkte dafür vorliegen, dass sie vermindert schuldfähig (§ 21 des Strafgesetzbuches) oder aus psychischen Gründen in ihrer Verteidigung behindert sind, oder

8. ein Amtsträger der Zollverwaltung der Beteiligung verdächtig ist.

(3) Soll nach Abgabe durch die Staatsanwaltschaft nach Absatz 1 eine Maßnahme nach Absatz 2 Satz 2 Nummer 1 oder 2 beantragt werden, so haben die Behörden der Zollverwaltung nicht die Befugnis, bei Gefahr im Verzug selbst Anordnungen vorzunehmen. Soll nach einer Abgabe durch die Staatsanwaltschaft nach Absatz 1 eine Maßnahme nach Absatz 2 Satz 2 Nummer 2 oder 3 beantragt werden oder ergibt sich nachträglich, dass ein Fall des Absatzes 2 Satz 2 Nummer 4 bis 8 vorliegt, geben die Behörden der Zollverwaltung die Strafsache an die Staatsanwaltschaft zurück.

(4) Im Übrigen können die Behörden der Zollverwaltung die Strafsache jederzeit an die Staatsanwaltschaft zurückgeben, die Staatsanwaltschaft kann die Strafsache jederzeit wieder an sich ziehen.

§ 14b
Rechte und Pflichten bei der selbstständigen Durchführung von Ermittlungsverfahren

(1) Führen die Behörden der Zollverwaltung das Ermittlungsverfahren nach § 14a selbstständig durch, so nehmen sie die Rechte und Pflichten wahr, die der Staatsanwaltschaft im Ermittlungsverfahren zustehen.

(2) Sie haben nicht die Befugnis, Ermittlungen durch die Behörden und Beamten des Polizeidienstes vornehmen zu lassen.

(3) Bieten die Ermittlungen genügenden Anlass zur Erhebung der öffentlichen Klage, so beantragt die Behörde der Zollverwaltung über die Staatsanwaltschaft bei dem zuständigen Gericht den Erlass eines Strafbefehls, wenn die Strafsache zur Behandlung im Strafbefehlsverfahren geeignet erscheint; andernfalls legt die Behörde der Zollverwaltung die Akten der Staatsanwaltschaft vor.

(4) Hat die Behörde der Zollverwaltung den Erlass eines Strafbefehls beantragt, so nimmt sie die Rechte und Pflichten der Staatsanwaltschaft wahr, solange nicht nach § 408 Absatz 3 Satz 2 der Strafprozessordnung die Hauptverhandlung anberaumt oder Einspruch gegen den Strafbefehl erhoben ist.

(5) Hat die Behörde der Zollverwaltung den Antrag gestellt, eine Einziehung gemäß § 435 der Strafprozessordnung selbstständig anzuordnen oder eine Geldbuße gegen eine juristische Person oder eine Personenvereinigung gemäß § 444 Absatz 3 der Strafprozessordnung selbstständig festzusetzen, so nimmt sie die Rechte und Pflichten der Staatsanwaltschaft wahr, solange die mündliche Verhandlung nicht beantragt oder vom Gericht angeordnet ist.

§ 14c
Sachliche und örtliche Zuständigkeit bei der selbstständigen Durchführung von Ermittlungsverfahren

(1) Sachlich zuständig für die Durchführung des selbstständigen Ermittlungsverfahrens nach § 14a ist das Hauptzollamt.

(2) Örtlich zuständig für die Durchführung des selbstständigen Ermittlungsverfahrens ist das Hauptzollamt,

1. in dessen Bezirk die Straftat begangen oder entdeckt worden ist,
2. das zum Zeitpunkt der Abgabe des Ermittlungsverfahrens durch die Staatsanwaltschaft für die Prüfung gemäß § 2 Absatz 1 zuständig ist oder
3. in dessen Bezirk der Beschuldigte zum Zeitpunkt der Abgabe des Ermittlungsverfahrens seinen Wohnsitz hat; hat der Beschuldigte im räumlichen Geltungsbereich dieses Gesetzes keinen Wohnsitz, so wird die Zuständigkeit durch den Ort des gewöhnlichen Aufenthalts bestimmt.

Sind nach Satz 1 mehrere Hauptzollämter zuständig, so ist das Hauptzollamt örtlich zuständig, an das die Staatsanwaltschaft das Ermittlungsverfahren abgegeben hat.

(3) Ändert sich in den Fällen des Absatzes 2 Satz 1 Nummer 3 der Wohnsitz oder der Ort des gewöhnlichen Aufenthalts des Beschuldigten nach Abgabe des Ermittlungsverfahrens, so ist auch das Hauptzollamt örtlich zuständig, in dessen Bezirk der neue Wohnsitz oder Ort des gewöhnlichen Aufenthalts liegt. Übergibt das nach Absatz 2 örtlich zuständige Hauptzollamt das Ermittlungsverfahren an das nach Satz 1 auch örtlich zuständige Hauptzollamt, so hat es die Staatsanwaltschaft davon in Kenntnis zu setzen.

Abschnitt 5
Datenschutz

§ 15

Allgemeines

Für die Wahrnehmung der Aufgaben nach diesem Gesetz durch die Behörden der Zollverwaltung gelten hinsichtlich der Sozialdaten die Vorschriften des Zweiten Kapitels des Zehnten Buches Sozialgesetzbuch. Diese Aufgaben gelten in datenschutzrechtlicher Hinsicht auch als Aufgaben nach dem Sozialgesetzbuch. Die Vorschriften des Vierten Abschnitts des Ersten Teils der Abgabenordnung zum Steuergeheimnis bleiben unberührt.

§ 16
Zentrales Informationssystem
für die Finanzkontrolle Schwarzarbeit

(1) Die Behörden der Zollverwaltung führen ein zentrales Informationssystem für die Finanzkontrolle Schwarzarbeit, in dem die zur Aufgabenerfüllung nach diesem Gesetz erhobenen und übermittelten Daten automatisiert verarbeitet werden.

(2) Im zentralen Informationssystem für die Finanzkontrolle Schwarzarbeit werden folgende Daten gespeichert:

1. Familienname, frühere Namen, Vornamen, Tag und Ort der Geburt einschließlich Bezirk, Geburtsland, Geschlecht, Staatsangehörigkeiten, Wohnanschriften, Familienstand, Berufsbezeichnung, Steuernummer, Personalausweis und Reisepassnummer, Kontodaten, Sozialversicherungsnummer, bei Unternehmen Name, Sitz, Rechtsform, Registernummer und -ort, Vertretungsverhältnisse des Unternehmens, Adressdaten, Steuernummer, Betriebsnummer, Kontodaten,

2. die Bezeichnung der aktenführenden Dienststelle der Zollverwaltung und das Aktenzeichen und

3. der Zeitpunkt der Einleitung des Verfahrens, der Zeitpunkt der letzten Verfahrenshandlung und der Zeitpunkt der Erledigung des Verfahrens, jeweils durch die Behörden der Zollverwaltung, sowie der Zeitpunkt und die Art der Erledigung durch das Gericht oder die Staatsanwaltschaft.

Das Bundesministerium der Finanzen kann durch Rechtsverordnung ergänzend weitere Daten bestimmen, soweit diese für die Finanzkontrolle Schwarzarbeit im Rahmen ihrer Aufgaben

1. zur Vorbereitung und Durchführung von Prüfungen nach § 2 Absatz 1, oder

2. zur Verhütung und Verfolgung von Straftaten und Ordnungswidrigkeiten, die mit einem der in § 2 Absatz 1 genannten Prüfgegenstände zusammenhängen,

erforderlich sind.

(3) Im zentralen Informationssystem für die Finanzkontrolle Schwarzarbeit dürfen personenbezogene Daten nur zu folgenden Zwecken verarbeitet werden:

1. zur Vorbereitung und Durchführung von Prüfungen nach § 2 Absatz 1,

2. zur Verhütung und Verfolgung von Straftaten und Ordnungswidrigkeiten, die mit einem der in § 2 Absatz 1 genannten Prüfgegenstände zusammenhängen,

3. zur Besteuerung, soweit sie im Zusammenhang mit der Erbringung von Dienst- oder Werkleistungen steht,

4. zur Erfüllung von Aufgaben, welche den Behörden der Zollverwaltung nach § 5a des Finanzverwaltungsgesetzes oder § 17a des Zollverwaltungsgesetzes zugewiesen sind, und

5. zur Fortbildung im Bereich der Finanzkontrolle Schwarzarbeit, soweit die Daten anonymisiert werden.

(4) Die Generalzolldirektion erstellt für die automatisierte Verarbeitung nach Absatz 1 eine Errichtungsanordnung, die der Zustimmung des Bundesministeriums der Finanzen bedarf. In der Errichtungsanordnung sind festzulegen:

1. die Bezeichnung des Verantwortlichen,
2. die Rechtsgrundlage und der Zweck der Verarbeitung,
3. der Personenkreis, über den Daten gespeichert werden,
4. die Art und der Inhalt der gespeicherten personenbezogenen Daten,
5. die Arten der personenbezogenen Daten, die der Erschließung der Sammlung dienen,
6. die Anlieferung oder die Eingabe der gespeicherten Daten,
7. die Voraussetzungen, unter denen gespeicherte personenbezogene Daten an welche Empfänger und in welchen Verfahren übermittelt werden,
8. die Prüffristen und die Speicherungsdauer,
9. die Protokollierung sowie
10. die Verpflichtung zur Erstellung und zur Pflege eines Rollen- und Berechtigungskonzeptes.

Die oder der Bundesbeauftragte für den Datenschutz und die Informationsfreiheit ist vor Erlass der Errichtungsanordnung anzuhören.

§ 17
Übermittlung von Daten aus dem zentralen Informationssystem

(1) Die Übermittlung von Daten aus dem zentralen Informationssystem für die Finanzkontrolle Schwarzarbeit erfolgt auf Ersuchen an

1. (weggefallen)
2. die Staatsanwaltschaften für Zwecke der Strafverfolgung,
3. die Polizeivollzugsbehörden des Bundes und der Länder für die Verhütung und Verfolgung von Straftaten und Ordnungswidrigkeiten, die im Zusammenhang mit einem der in § 2 Abs. 1 genannten Prüfgegenstände stehen,
4. die Finanzbehörden der Länder zur Durchführung eines Steuerstraf- oder Steuerordnungswidrigkeitenverfahrens und für die Besteuerung, soweit die Besteuerung im Zusammenhang mit der Erbringung oder der Vortäuschung der Erbringung von Dienst- oder Werkleistungen steht,
5. die Zentralstelle für Finanztransaktionsuntersuchungen zur Erfüllung ihrer Aufgaben nach § 28 Absatz 1 Satz 2 Nummer 2 des Geldwäschegesetzes,
6. die Bundesagentur für Arbeit zur Durchführung von Ordnungswidrigkeitenverfahren wegen Leistungsmissbrauchs und für die damit zusammenhängende Einstellung der Gewährung von Leistungen nach dem Dritten Buch Sozialgesetzbuch,
7. die Bundesagentur für Arbeit zur Durchführung von Ordnungswidrigkeitenverfahren nach dem Arbeitnehmerüberlassungsgesetz sowie für den Widerruf, die Versagung oder die Versagung der Verlängerung der Erlaubnis im Sinne des § 1 Absatz 1 Satz 1 des Arbeitnehmerüberlassungsgesetzes,
8. die Bundesagentur für Arbeit in ihrer Funktion als Familienkasse zur Durchführung von Steuerstrafverfahren und Ordnungswidrigkeitenverfahren und für die

damit zusammenhängende Einstellung der Gewährung von Kindergeldleistungen und des Kinderzuschlags,

9. die gemeinsamen Einrichtungen und die zugelassenen kommunalen Träger nach dem Zweiten Buch Sozialgesetzbuch zur Durchführung von Ordnungswidrigkeitenverfahren wegen Leistungsmissbrauchs und für die damit zusammenhängende Leistungsbearbeitung nach dem Zweiten Buch Sozialgesetzbuch oder

10. die Träger nach dem Zwölften Buch Sozialgesetzbuch zur Durchführung von Ordnungswidrigkeitenverfahren wegen Leistungsmissbrauchs und für die damit zusammenhängende Leistungsbearbeitung nach dem Zwölften Buch Sozialgesetzbuch.

Soweit durch eine Übermittlung von Daten die Gefährdung des Untersuchungszwecks eines Ermittlungsverfahrens zu besorgen ist, kann die für dieses Verfahren zuständige Behörde der Zollverwaltung oder die zuständige Staatsanwaltschaft anordnen, dass keine Übermittlung von Daten erfolgen darf. § 480 Absatz 1 Satz 1 und 2 der Strafprozessordnung findet Anwendung, wenn die Daten Verfahren betreffen, die zu einem Strafverfahren geführt haben.

(2) Die Übermittlung der Daten erfolgt im Wege eines automatisierten Abrufverfahrens oder eines automatisierten Anfrage- und Auskunftsverfahrens, im Fall einer Störung der Datenfernübertragung oder bei außergewöhnlicher Dringlichkeit telefonisch oder durch Telefax. Die beteiligten Stellen haben zu gewährleisten, dass dem jeweiligen Stand der Technik entsprechende Maßnahmen zur Sicherstellung von Datenschutz und Datensicherheit getroffen werden, die insbesondere die Vertraulichkeit und Unversehrtheit der Daten gewährleisten; im Fall der Nutzung allgemein zugänglicher Netze sind dem jeweiligen Stand der Technik entsprechende Verschlüsselungsverfahren anzuwenden. Es gilt § 79 Abs. 2 bis 4 des Zehnten Buches Sozialgesetzbuch.

§ 18

Auskunft an die betroffene Person

Für die Auskunft an die betroffene Person gilt § 83 des Zehnten Buches Sozialgesetzbuch. Die Auskunft bedarf des Einvernehmens der zuständigen Staatsanwaltschaft, wenn sie Daten aus einem Verfahren betrifft, das zu einem Strafverfahren geführt hat.

§ 19

Löschung

Die Daten im zentralen Informationssystem für die Finanzkontrolle Schwarzarbeit und die dazugehörigen Verfahrensakten in Papierform sind nach den Bestimmungen des § 489 der Strafprozessordnung, des § 49c des Gesetzes über Ordnungswidrigkeiten und des § 84 des Zehnten Buches Sozialgesetzbuch zu löschen und zu vernichten, spätestens jedoch

1. ein Jahr nach Ablauf des Kalenderjahres, in dem eine Prüfung nach § 2 ohne Einleitung eines Ermittlungsverfahrens abgeschlossen worden ist,

2. fünf Jahre nach Ablauf des Kalenderjahres, in dem ein Ermittlungsverfahren rechtskräftig abgeschlossen worden ist, oder

3. zwei Jahre nach Ablauf des Kalenderjahres, in dem ein Strafverfahren abgeschlossen worden ist, wenn

   a) die Person, über die Daten nach § 16 gespeichert wurden, von dem betreffenden Tatvorwurf rechtskräftig freigesprochen worden ist,

   b) die Eröffnung des Hauptverfahrens unanfechtbar abgelehnt worden ist oder

   c) das Verfahren nicht nur vorläufig eingestellt worden ist.

Abschnitt 6
Verwaltungsverfahren, Rechtsweg

§ 20
Entschädigung der Zeugen und Sachverständigen

Werden Zeugen und Sachverständige von den Behörden der Zollverwaltung herangezogen, so erhalten sie auf Antrag in entsprechender Anwendung des Justizvergütungs- und -entschädigungsgesetzes eine Entschädigung oder Vergütung.

§ 21
Ausschluss von öffentlichen Aufträgen

(1) Von der Teilnahme an einem Wettbewerb um einen Liefer-, Bau- oder Dienstleistungsauftrag der in §§ 99 und 100 des Gesetzes gegen Wettbewerbsbeschränkungen genannten Auftraggeber sollen Bewerber bis zu einer Dauer von drei Jahren ausgeschlossen werden, die oder deren nach Satzung oder Gesetz Vertretungsberechtigte nach

1. § 8 Abs. 1 Nr. 2, §§ 10 bis 11,

2. § 404 Abs. 1 oder 2 Nr. 3 des Dritten Buches Sozialgesetzbuch,

3. §§ 15, 15a, 16 Abs. 1 Nr. 1, 1c, 1d, 1f oder 2 des Arbeitnehmerüberlassungsgesetzes oder

4. § 266a Abs. 1 bis 4 des Strafgesetzbuches

zu einer Freiheitsstrafe von mehr als drei Monaten oder einer Geldstrafe von mehr als neunzig Tagessätzen verurteilt oder mit einer Geldbuße von wenigstens zweitausendfünfhundert Euro belegt worden sind. Das Gleiche gilt auch schon vor Durchführung eines Straf- oder Bußgeldverfahrens, wenn im Einzelfall angesichts der Beweislage kein vernünftiger Zweifel an einer schwerwiegenden Verfehlung nach Satz 1 besteht. Die für die Verfolgung oder Ahndung zuständigen Behörden nach Satz 1 Nr. 1 bis 4 dürfen den öffentlichen Auftraggebern nach § 99 des Gesetzes gegen Wettbewerbsbeschränkungen und solchen Stellen, die von öffentlichen Auftraggebern zugelassene Präqualifikationsverzeichnisse oder Unternehmer- und Lieferantenverzeichnisse führen, auf Verlangen die erforderlichen Auskünfte geben. Öffentliche Auftraggeber nach Satz 3 fordern im Rahmen ihrer Tätigkeit Auskünfte aus dem Wettbewerbsregister an oder verlangen vom Bewerber eine Erklärung, dass die Voraussetzungen für einen Ausschluss nach Satz 1 oder 2 nicht vorliegen; auch im Falle einer Erklärung des Bewerbers können öffentliche Auftraggeber Auskünfte aus dem Wettbewerbsregister jederzeit anfordern. Für den Bewerber, der den Zuschlag erhalten soll, fordert der öffentliche Auftraggeber nach Satz 3 bei Aufträgen ab einer Höhe von 30 000 Euro vor Zuschlagserteilung eine Auskunft aus dem Wettbewerbsregister an.

(2) Eine Verfehlung nach Absatz 1 steht einer Verletzung von Pflichten nach § 241 Abs. 2 des Bürgerlichen Gesetzbuchs gleich.

§ 22

Verwaltungsverfahren

Soweit dieses Gesetz nichts anderes bestimmt, gelten die Vorschriften der Abgabenordnung sinngemäß für das Verwaltungsverfahren der Behörden der Zollverwaltung nach diesem Gesetz.

§ 23

Rechtsweg

In öffentlich-rechtlichen Streitigkeiten über Verwaltungshandeln der Behörden der Zollverwaltung nach diesem Gesetz ist der Finanzrechtsweg gegeben.